JN107987

親友イヴォン・シュイナードと行ったスコットランドで、嵐の中、
凍った岩壁を大胆にもロープなしで登るダグ・トンプキンス。
（写真提供：イヴォン・シュイナード）

ダグ・トンプキンスは、1964年、サンフランシスコにザ・ノース・フェイスを開店する。通販カタログの第1号（写真）では、クライミングやアウトドアを楽しみたければ、荷物を最小限に抑えて身軽に旅をするべきだ、しかも、自然になるべく近いところを旅するべきだと訴えた。（写真提供：トンプキンス・ファミリーアーカイブ）

1961年、チリのポルティリョスキー場でトレーニングをした後、小休止中のダグ・トンプキンス（左）とオリンピック金メダリストのビリー・キッド（右）。BMWディーラーからバイクを「借りて」試乗したところ、頭のおかしいガイジンふたりを警察が指名手配する騒ぎになってしまう。（写真提供：トンプキンス・ファミリーアーカイブ）

サンフランシスコに開いたザ・ノース・フェイスは、シンガーのジャニス・ジョプリンやジョーン・バエズなど、さまざまな人が訪れる場となった。1966年冬シーズン開幕時には、店内でグレイトフル・デッドのライブを敢行。警備は、自動二輪を駆る荒くれとして知られるヘルズ・エンジェルスに頼んだ。（写真提供：スキ・ヒル）

1968年にロサンゼルスから2万5000キロあまりも車を走らせ、パタゴニアのフィッツロイ山を登りに行こうと準備を進める自称「ファンホッグ」の仲間4人。右から順に、ダグ・トンプキンス、ディック・ドーワース、イヴォン・シュイナード、リト・テハダ・フローレスである。（写真提供：パタゴニアアーカイブス）

ダグ・トンプキンス（左）と親友のイヴォン・シュイナード（右）。1968年、2チームしか登攀に成功していない凍ったピーク、フィッツロイ山を登るため、ひたすら車を走らせているところ。（写真提供：リト・テハダ・フローレス）

時速130キロの強風が吹き荒れ、一時避難場所のつもりだった雪洞に何週間も閉じ込められて食料がほぼ底をつく窮地となる。写真は日誌を書くディック・ドーワース（右）とリト・テハダ・フローレス（左）。（写真提供：クリス・ジョーンズ）

ダグ・トンプキンスと妻のスージー、娘のクインシーとサマー。小さな飛行機でカリフォルニアから南アメリカへ飛ぶところである。子どもたちが寝たり遊んだりできるように、後席は取り外して発泡スチロールを貼った。（写真提供：ポール・ライアン）

年を取るにつれ、ダグ・トンプキンスは活動の主軸をクライミングからカヤックに移していく。チリのとある川で初下りに挑戦したとき、独裁者アウグスト・ピノチェトの私有地にそうと知らず入って撃たれそうになったこともある。（写真提供：ロブ・レッサー）

エスプリ社カタログの写真撮影を指揮する「イメージディレクター」のダグ・トンプキンス。社員や「生身の人」をモデルに起用し、モデルはお金を払ってプロに頼むものという常識を覆した。「ブルック・シールズならだれでも雇える」と言って。
（写真提供：ヘリー・ロバートソン）

エスプリ社のロゴが一世を風靡した。

エスプリ社のスタイルは、画期的だ、大胆だ、刺激的だと、デザインやアーキテクチャーの雑誌で絶賛された。また、エスプリ現象を解説するこの特集記事のように、その大半は「ダグ会長」の成果であるとされた。（写真提供：シャロン・ライスドルフ／ブループリント）

ワシントン州の国有林に接する皆伐現場。野蛮な皆伐を空から見たことで、トンプキンスは、ファッション界の大立者という立場を捨て、そのような破壊を止める活動に突き進む。（写真提供：ダニエル・ダンサー）

トンプキンスがアルゼンチン北西部を訪れた 1998 年、コンゴウインコは絶滅の危機に瀕していた。けがをしたコンゴウインコやペットとして飼われていたコンゴウインコに飛び方を教えるには、トレーナーと獣医が何年も努力する必要があった。自然を取り戻すには、地域を「再野生化」する方法、「リワイルド」する方法を研究しなければならなかったのだ。（写真提供：ベス・ウォールド）

ダグとクリスは基金から数万ドルを拠出し、オオアリクイの野生復帰センターを創設。母アリクイが狩猟や犬との戦いで殺されたり、交通事故で死んだりすると、孤児が生まれる。その孤児を集めて養育し、再野生化することに成功した。（写真提供：トンプキンス・コンサベーション）

トンプキンス夫妻が再野生化やリワイルディングと呼ばれる環境保護戦略を進めた結果、野生のピューマがかつての生息域に復活を果たした。（写真提供：チャンタル・ヘンダーソン）

ダグとクリスのトンプキンス夫妻は、1日12時間もコンピューターを前に働くことも多かったが、可能なときには丘を歩いて自然を堪能した。近くには野生のピューマがいるはずで、そう思うと、ちょっとした散歩も胸が躍るものとなった。「自分の心を再野生化するようになったんです」とクリスは言う。（写真提供：リック・リッジウェイ）

A Wild Idea

ザ・ノース・フェイスの創業者はなぜ会社を売ってパタゴニアに100万エーカーの荒野を買ったのか？

ダグ・トンプキンスの冒険人生

ジョナサン・フランクリン 著　井口耕二 訳

山と溪谷社

A WILD IDEA by Jonathan Franklin

Copyright© Jonathan Franklin, 2021
Translation copyright © 2024, by Koji Inokuchi
Japanese translation rights arranged with
Peters, Fraser & Dunlop Ltd., London, through
Tuttle-Mori Agency, Inc., Tokyo

トティンハ——あなたはすばらしい。おかげで、この4年間が人生最良の時期になった。

目次

前書き

ダグ・トンプキンスはすごい人だ。不可能を可能にしてしまった。アメリカ株式会社で高みに登り、チップを換金すると、それをつぎ込んで自然を守る闘いを展開した。原生林に草原、河川、湿地を守る闘いだ。彼が南アメリカにつくった国立公園もあちこち訪れてみたが、いずれもすばらしいところだった。

ところが、2015年12月、カヤックの事故でダグが亡くなったとの報がウルグアイの友だち、ラファから届いた。その瞬間、私は自分の愚かさを呪った。なぜ、この異才の人にもっと時間を使わなかったのか。なぜ、過去10年でほんの数回しか取材せずに来たのか。

私は、彼が歩んだ非凡な人生の心髄をとらえたいと考え、本書を書くことにした。私ならそれができると思ったのだ。私も、昔からアウトドアが大好きだった。ニューハンプシャー州でボルダリングもしたし、マサチューセッツ州で湿地帯探索の旅をしたこともある。ダグと同じく昔はアルペンスキーの選手で、スピードとコントロールの限界を試すことに生きがいを感じていた。ダグは情熱に従ってサンフランシスコに移り、1989年にはチリ南部へとまた移っている。私も同じく、1989年、サンフランシスコを出発し、マウンテンバイクでチリ南部を探検する旅に出ている。ダグと同じく私も、人生の半分を米国で、半分を南アメリカで過ごしてきた。

本書を書くにあたり、その必要はおそらくないだろうと思いつつ、一応、亡くなったダグの妻、クリス・トンプキンスに許可を求めた。思ったとおりで「私の許可など求める必要はありません。好きに書いていただいてけっこうです」と返ってきた。

納得の答えなのだが、でも、私はそういうふうに書きたかったわけではない。異彩を放つ彼の内面を描きたいのだ。ガーディアン紙の記者として19年、彼の記事を書いてきたから知っているのだが、彼に近しい人々は警戒心が強く、特に外部の人間に対してはがちがちに守りを固めがちだ。だが、クリスの返事はノー、手を貸すことはできないだった。8カ月後にもう一度尋ねたが、やはりノーと言われてしまった。忙しすぎるのだ。

私はあきらめずにまた押した。時間がないのはわかった、せめて、祝福していただけないか、同じ目的に向かい、それぞれに歩む者として認めていただけないか、と。公認ではなく、共同制作でいいのだ、と。ダグの死という衝撃が尾を引く中でも、メモや感想、物語の共有くらいはできるはずだ。こうして接点を見いだし、その2年後には、思いもよらなかったほどの協力を得ることができた。最後は、何時間もクリスから直接話を聞くことさえできた。

クリスは私の電話に応え、メールを読んでくれた。チリのバジェ・チャカブコやプマリン公園で、長時間、取材につきあってくれた。アルゼンチンのリンコン・デル・ソコロでも会ってくれた。そして、本書の仕上げ段階では、カリフォルニア州の自宅からビデオ通話で話をする時間を取ってくれた。ダグに贈られた愛のメッセージや私的なメール、写真も見せてくれたし、ふたりが歩んだ時間も物語ってくれた。自然保護にダグがどれほどの情熱を傾けていたのかも教えてくれたし、彼がどういう人生を歩んだのかまで教えてくれた。

私は、4年近くも、ダグ・トンプキンスの世界を探索した。パタゴニアではチャカブコ・バレーを歩いた。あのあたりには野生のピューマがいることを知った上で。怖くはなく、むしろ爽快だった。憧れに近い感覚さえあった。人間も食物連鎖の一部なのだと思いだす必要があったのかもしれない。

ダグがつくったアルゼンチンの国立公園では、姿こそ確認できなかったが、樹上でホエザルの家族が交わす声を聞くことはできた。7歳の娘、アキラが鳴き声をまねると、自分たちと大きさは同じくらいだがなんとも珍妙なこいつはだれだと思ったのか、ホエザルが下りてきた。ホエザルの家族と娘はしばらく見つめあい、声を交わした。アキラがまねする声を聞きながら、家族同士がなにやら盛んに言葉を交わしている。どういう新顔なのかと議論しているのだろうか。そこにいる全員がつながりを感じていた。わかりあっている、交わっていると感じていた。この取材に子どもたちを連れていったのは、ダグ・トンプキンスが守ったワイルドスポットになにかを感じてくれるのではないかと思ったからだ。多少なりとも野性を取り戻してくれるかもしれないと思ったからだ。アキラとホエザルの出会いを見ると、あながち私の妄想とばかり言えないように思う。

本書は、大自然を愛した男の旅を記したものだ。ワイルドな山、森林、河川。ダグ・トンプキンス自身も野性の人だ。負けず嫌いで並外れて活動的。そして、パーティで会うとよく議論した友人で隣人のスティーブ・ジョブズと同じく、さまざまな欠点を抱えている。真っ赤なフェラーリを駆る環境保護活動家。友だちの長椅子で寝るのを好むミリオネア。細かなことにうるさいくせに、目の前にいる娘ふたりが目に入らない。尊大、独善的で、議論が大好き。逆に妥協は大嫌いだ。

ダグ・トンプキンスの世界は黒か緑か、悩みの種か大きく育つ種かだ。他人にどう思われようと気にしない。メディアにたたかれても笑っている。近くに住んでいたアントレプレナー、トーマス・キンバーにはこう言ったそうだ。

「気にすることなんかない。50年もしたら、連中、ぼくの銅像を建てるって騒いでいるはずだから」

車を運転するときもカヤックを進めるときもそうなのだが、ダグ・トンプキンスは、後ろをふり返ることがまずない。であるにもかかわらず、しかも、欠点が多いにもかかわらず、私は、このロッククライマーから目を離せなかった。資本主義の頂点を極めた49歳のとき、ぐるりと見回し「登る山をまちがえた」とみずから認めた男から。

この複雑な人物を理解するため、私は、中学1年生のときのクラスメート、ストーン・アーメントロートから、生涯の友イヴォン・シュイナードにいたるまで、165回ほども取材をくり返した。最初の妻、スージーからもふたりの娘からも直接話を聞いた。彼のことが大好きな社員数十人からも、さらには、彼を嫌っている社員数十人からも聞いた。そこで思ったのは、敵だったのに味方に転じた人が多いことだ。地球が死にかけているなど、こいつは大げさなやつだと批判していた人々も、絶滅こそ「すべての危機の母」だとはどういう意味なのだろうと首をかしげた人々も、次第に、世界が終わると妄想を語っているのではなく、未来をかいま見るチャンスをくれているのだと考えるようになったのだ。

地球は、かつてないほど守護者を必要としている。環境関係は悪いニュースだらけだ。森林火災。地球温暖化。絶滅。こういう損失や破壊を少しでもスローダウンしようと、ダグ・トンプキンスは必死で闘っていた。ダグは、ディープエコロジーを提唱したメンター、アルネ・ネスの言葉をよく引用していたし、「ネスは21世紀については悲観的だが、22世紀については楽観的だ」と語っていた。ダグ自身も、人間の行動については悲観的だったが、それでもなお、地球の回復は可能だと信じていた。

新型コロナのロックダウン中、まだ意外と身近なところに動物がいるのだと都市部や都市郊外の住民も認識した。街なかにピューマが現れる、観光客がいなくなったビーチでカメが産卵する、突然静かになった海沿いの水路を何十年かぶりにイルカが探索するといったことが起きたのだ。一時的にでも猶予が与えられれば、息を継ぐチャンスさえ与えられれば、自然は息を吹き返す。だが行動しなければ変化は得られない。経済成長は経済的健全性の指標だとする考え方を皮肉った自然派作家、エドワード・アビーの言葉をダグは引用している。「成長のための成長は、がん細胞の哲学だ」である。

成長ではなく安定が環境を健全にする鍵だとダグは考えた。地球は限りある存在なのだから、取っただけ返さなければならない、そして、ほんの少し世界をよくして死ななければならない。そう考えたのだ。

ダグ・トンプキンスの生涯を記すにあたり、私は、11歳の娘、ゾーイにも理解できる物語にしたいと思った。まだ幼い彼女にも、尊い遺産という概念を理解してほしい、その手助けがしたいと思ったのだ。だから、本書を準備した4年間、耳にたこができるほどダグ・トンプキンスについて語った上で、さらに、一番立派な人生の目標は地球を「少しだけよくすること」だとダグ・トンプキンスは考えていたんだよとゾーイに伝えた。すると彼女はにっこりうなずき、子どもらしい、大人には答えにくい問いを返してきた。

「どうして少しだけなの？」

ジョナサン・フランクリン

チリ、プンタ・デ・ロボスにて

フィッツロイを登るダグラス・トンプキンス（1968年）。

Part 1

Part 1

第1章 リュックサック革命

わらしべ１本持たせて砂漠に放りだしても、ほんの何週間かで帝国をつくってしまう――ダグはそんな漢《おとこ》だ。彼ほどのやり手はほかに知らない。どこでどういう状況になろうとも、だれよりも早く、だれよりも上手に立ちまわってなんとかしてしまう。教科書に載せられるようなやり方ではないかもしれないし、合法でさえないかもしれない。でもともかく、なんとかしてしまうのだ。

―― ディック・ドーワース

（1960年代の世界最速スキーヤー。ダグ・トンプキンスとよく旅をした）

ダグ・トンプキンスはサンフランシスコの歩道をうろついていた。ヒッピーや足元のあやしい水兵にアルペンスキーの板を売っていたのだ。目から鼻に抜けるタイプでなにを言われても切り返してしまう。そんな彼は高校中退の22歳、路上の物売りで上手に身を立てていた。商品は特製のクライミングピトンからフィッシャーマンズセーターまで幅広い。お店の前を通る人々の流れに分け入り、フェンシングの選手さながらに突いたり引いたりして売り込む、売り込む、売り込む。「このフィッシャーマンズセーターはスコットランドからの輸入品で、どんな風が吹いても大丈夫なんですよ」「寝袋もありますよ?」「ウールのパンツも」「あ、もしかしてアイスアックスをお探しですか?」など、ノースビーチでも異彩を放つお店の前で人々に声をかけるのだ。

時は１９６５年。お店は1年ほど前にオープンしたばかりで、台所は火の車である。用意した５０００ドルは店舗の改装と若干の仕入れでぜんぶ消えてしまった。バイト代など払えるはずもなく、クライミング仲間に路上販売を手伝ってもらう形でしのいでいる。「サンフランシスコでも一番ホットなエリアにどっぷり浸れるぜ？　ビールくらいはつけるからさ」と言って。

ダグは洒落者《しゃれもの》で、サーカスの芸人もかくやというくらい、なんだかんだおもしろい格好をよくした。黒いシルクハットをかぶってみたり引きずりそうなほど下まで伸びたジャケットを着たりするのだが、どれもやんちゃでかっこいい。お店もそんな感じだ。店名「ザ・ノース・フェイス」の由来を尋ねられると、彼は、ため息をひとつついてこう答えていた。

「みんな、南壁《サウスフェイス》ばかり登るんだよね。雪はやわらかいし、日が射して暖かいし。でもぼくは難しい壁のほうがいい。かたく凍っている壁、北壁《ノースフェイス》さ。難しくて登りがいがあるじゃないか。人生もそういう道を歩きたいと思うんだ」

時速150キロ近いスピードで山の斜面を滑りおりる男ならではの言葉だろう。

このザ・ノース・フェイスがのちに世界的な衣料品会社になるわけだが、じつはダグ・トンプキンスは、21歳で開店したこのお店以外にもうふたつのブランドを世界トップクラスに育て上げることになる。いわゆるディスラプションが得意だったし、衣料品会社のパタゴニアを立ち上げた親友のイヴォン・シュイナードが言うように、掟破《おきて》りが三度のメシより好きだったからだ。

「アントレプレナーといわれる人々を理解したいなら、不良少年を観察するのがいいでしょう。彼らは、そんなん知るか、オレは好きなようにするぜと行動で語っていますから。ダグもそうでした。ご多分に漏れず、机にじっと座ってああしろこうしろと言われるなどがまんできないタイプでしたし、加えて彼はあれやこれやアイデアが渦巻いてじっとしていられないタイプでもありましたからね。だから、高校を中退してしまったのです」

ボブ・ディランの大きなポスターが飾られたショーウインドーの前で、ダグ・トンプキンスとイヴォン・シュイナードは、ノースビーチをぶらつく人々に声をかけつづけた。チャイナタウンをめざす人にも、波止場から戻ってくる人にも。イヴォンは、ダグの娘クインシーを肩車していた。話のきっかけにするためだ。クインシーが疲れたら、ショーウインドーに寝かせた。トナカイの毛皮でつくったもふもふの敷物を積み上げたものの上で寝るすっぱだかの赤ん坊は、いいうわさのネタだった。

ダグの店は、流行のスキー用品にスキー服、最先端の山道具に登山服の店として、また、「トナカイの敷物で赤ん坊が寝ている店」として名をはせていく。店内はがやがやしていることが多かった。「ザ・ノース・フェイス論戦」がしょっちゅうくり広げられ、そういう議論が好きな人々がよく集まるからだ。

ダグとイヴォンは、ボケツッコミのお笑い芸人ふたり組かと言いたくなる調子で通行人に声をかけた。お祭り騒ぎがしたいほろ酔い気分の水兵にオーストリアから輸入した40メートルのスパンナイロン製クライミングロープを売りつけたのはだれだ、などの自虐ネタを連発するのだ。

店の向かって右は飲み屋のビッグアールズ・サルーンだ。左では、ザ・コンドル・クラブのダンサーが客引きをしている。ここはちょっと変わったストリップバーで、夜、盛り上がってくると、巨乳のキャロル・ドーダがはにかむ姿を描いたグランドピアノが天井から降ろされる。そうなると、大音量の音楽で、ザ・ノース・フェイスの床が地震かと思うほど揺れてしまう。ショーの幕あいには、ストリッパーとクライマーが一緒に飲んだりする。どっちも伝統やしきたりを壊して回るはみ出し者だからだ。

「あの店とダグはすんごい浮いてました。店の前ではストリップショーの客引きが大声を上げているし、通りはだらしのない連中がぶらついているわけです。でも、彼は、いつも生き生きとしていました」

アルペンスキーの板を買ったのがきっかけでダグと友だちになったクライマー、クリス・ジョーンズはこう語っている。

ダンスのお店と水兵さん御用達の飲み屋が並ぶなか、ザ・ノース・フェイスは、ノースビーチ界隈《かいわい》でくり広げられる文化大革命の中心地となっていた。通りの向かいには、詩人ローレンス・ファーリンゲティのシティライツ書房があり、伝統的な枠組みにとらわれない詩や小説を出版しては米国の有名モラリストから批判を集めていた。たとえばアレン・ギンズバーグの詩『吠える』は、違法薬物やほえてしまうほどいいセックスを持ち上げるとはなにごとかと大炎上した。もちろん、批判が集まれば集まるほど、反抗心を持つ人々にとって『吠える』の魅力は高まるわけだ。

泥沼化したベトナム戦争で国が二分されると、ダグは、それもまるごと取り込んだ。彼はのちにこう書いている。

「ドラッグは、ドラッグ、音楽、おおらかなセックスといった、当時進んでいた文化的・社会的な動きのひとつにすぎない。あのころはあれもこれも価値観が大きく変わりつつあって、壮大な実験をしている状態だった。社会的な振り子が大きく振れた時期なのだ。新しい倫理が生まれようとしていた。そして、私は、そういう社会改革のまっただ中にいたわけだ」

ノースビーチは1950年代にイタリア系移民の街として発展した場所であり、西に数キロのヘイト・アシュベリーほどカウンターカルチャー色が強くなかった。ヘイト・アシュベリーは社会の主流にのみこまれたくない若者であふれ、革新的な60年代を象徴する場所だったが、ノースビーチは、落ちついた50年代を色濃く残していたのだ。とはいえ変化はいたるところで進んでいて、ノースビーチの一風変わった旅人や革新的な詩はその一環だ。サンフランシスコ湾の向こう側、カリフォルニア大学バークレー校のスプロールホールではフリースピーチ運動が興っていて、「身を挺して事に当たれ」という活動家マリオ・サビオの檄《げき》が全米に広がっていく。オークランドでは、ブラックパンサー党が黒人解放運動を闘っていた。そして国の反対側では、ジョン・エドガー・フーバーのＦＢＩが非合法な手段を講じてでも反乱のきざしをつぶそうとやっきになっていた。

ダグとイヴォンは、米国のそんな様をノースビーチでその身に感じていた。ヒッピー、観光客、酔っ払い。ふたりとも、がやがやした雰囲気が好きなのだ。ダグの妻スージー・ラッセルも、フランスでビキニを買ってきて余裕のあるお友だちにばらまくなど、一役買っていた。

一休みしたくなると、店の奥から地下室に下りてなにかつまむ。階段はあっちにもこっちにも穴が開いているし、壁も配線がむき出しだ。ゴミだらけの地下室は湿っぽくてひんやりしている。明かりは裸電球ひとつ。斜面を削りこむようにつくった部屋で床はなんとなく傾いているため、大麻なしでもラリった感じになれる。

この地下室には、ベンチュラのビーチサイドでイヴォン・シュイナードが鍛造したクライミング用品が置かれている。工作が得意なイヴォンが作ったロッククライミング用品だ。シュイナード・イクイップメントのギアは信頼できると評判で、ピトンなどのクライミングギアを車に山と積んでヨセミテに行くと、よれよれのドル札を出してクライマーが買ってくれる。イヴォンが兵役で韓国に駐留し、いなかった3年間は、ダグが卸売りだけなんとかさばいた。そのイヴォンもようやく兵役が明けて戻ってきたが、これからどうするか決めかねていて、とりあえず、近くのプレシディオ陸軍基地で掃除をするなどぶらぶらしていた。

仕入れの資金も足りないくらいで市場調査の余裕などなかったが、アウトドアをテーマとした旅がこれから人気になるとダグは予想し、はやりそうなデザインの商品や革新的な各種用品を次から次へと仕入れていく。わずかながら固定客も付き、ザ・ノース・フェイスは特別な店だとの口コミも広がっていった。初代店長ダンカン・ドゥエーレの言葉を紹介しよう。

「トナカイの敷物は大人気でした。珍しいと飛ぶように売れたのです。ボーダー柄のフィッシャーマンズセーターもよく売れました。ビキニも。支離滅裂ですよね。でもこれがダグの商売です。スタイルを示すんだと言うんですよ。ただ、詳しく説明はしてくれません。本人もよくわかっていなかったんだと思います。ともかく、スタイルを売ろうとしていました。私は、登山とバックパックに関するものを売ると、もうちょっとはっきり区別していました。荷物が軽くなれば楽しみが増える。そういうスタイルなんだと」

登山家としても探検家としても一流であるダグとイヴォンは、用品マニアを軽蔑していた。必ずしも必要でない装備がどんどん増えていることに眉をひそめていたのだ。実用的でないものは単なる重りだ。自分たちは登山愛好家などではなく、真剣なクライマーだ。「ダートバッグ」と言われる人種、無精ひげを生やした勇敢な人種だ。本格的なアウトドアを愛する人、荷物を軽くするために歯ブラシの柄まで削るタイプだ。

周りが飲み屋やストリップクラブばかりとなかなかな立地だが、ザ・ノース・フェイスははやった。壁に貼られているポスターはアルペンスキーのレースシーンだ。木製の看板は手彫りの素人細工である。床には緑色のウールカーペットが敷かれ、レッドウッドの棚にはスキーセットがたくさん立てかけてある。イヴォンの手になる鍛造ピトンや鍛造カラビナも並べられている。古代文明の遺物かなにかみたいな感じだ。天井からは寝袋がぶら下がっている。たまたま通りかかって中をのぞいた人は、たいがい、ぽかんと口を開けてしまう。なんとも言えない雰囲気で、お店というより博物館といったほうがいいかもしれない。詩人のアレン・ギンズバーグもよく立ち寄っていた。近くに住み、シティライツ書房に顔を出しているうち、ザ・ノース・フェイスを美しいと思うようになったらしい。お気に入りはアンセル・アダムスが撮ったヨセミテ国立公園のポスターだ。ダグの友だちでザ・ノース・フェイスもときどき手伝っていたスキーコーチのリト・テハダ・フローレスは言う。

「ギンズバーグはエル・キャピタンの写真を飽かず眺めていました。あそこを登ろうとする人がいるなんて、最後まで信じられなかったようです」

「まあ、シュイナードをはじめ、我々はみんな社会の落ちこぼれですからね。高校だって行きたいと思いませんでしたし」――こう言うのはヨセミテのクライマー、ジョー・マッケオンだ。「1960年代の初頭は男ならアメフトかレスリングかって時代でしたが、私はどちらもやりませんでした。ヨセミテで岩登りをしてくると、『入部試験を受けてみろよ』ってアメフトのコーチに言われたりしていました」

リトはクライミングを絶賛した。

「我々はクライマーでしたからね。あのころはヒッピー全盛で、いろいろとおもしろいことが起きてましたが、我々は無関係でした。我々は我々が好む旅をしていたわけです。クライミング、はまる人ははまるんですよ。テニスみたいなスポーツとは違います。クライミングはハラハラドキドキですし、深いところもありますし、スリル満点ですからね」

イヴォン、ダグ、リトは、いつも、ヨセミテ渓谷に何日もこもった。クライマー御用達のキャンプサイト、キャンプ4はうるさくて、公園管理事務所に目をつけられていた。昼間は岩を登り、夜はパークレンジャーの目を盗む。だから自分たちはアウトローだ、「バレーコング」だと自称した。民間人の死者を200万人以上も出した米国のベトナム侵攻や絨毯《じゅうたん》爆撃に反対する田舎者的な雰囲気をそこはかとなくかもしていたのだ。

「クライミングは健康の証ですよ」

取材にダグはこう答えている。

「健康なんだと実感できることをするには、外に出て体を動かし、前に進む必要があります。血が駆け巡るのを感じるんです。一度あの感覚を味わったら、もっともっとまたやる気になります。そしてくり返すんです」

ダグは常連と言えるほどヨセミテに通っていたわけではないが、９００メートルもの岩壁、サラテ・ウォールをイヴォンのリードながら4日で登りきるという偉業を達成し、キャンプ4の有名人となった。この岩壁の完登は史上4度目だったのだ。

ヨセミテ渓谷でつるりとした花崗岩の岩肌を登るとき、ダグは、生きていると実感した。ひとつまちがえただけで命を落とすかもしれないロッククライミングをしていると、場面に応じた判断、連携、バランスがひとつに溶けあう気がするのだ。次から次へと判断し、だれも登ったことのない登頂ルートをみつける。これほどおもしろいものはちょっとない。

ダグとイヴォンが山に行っているあいだノースビーチに残り、注文書を書いたり在庫を確認したりして店を切りまわしていたザ・ノース・フェイス店長のドゥエーレによると、ふたりは、いつか、３４０キロもあるジョン・ミューア・トレイルを上着のポケットに入る食べ物だけで踏破してみたいねとよく話していたらしい。

イヴォンとダグは、ちょくちょく一緒に出かけた。ブリティッシュコロンビア。スイスアルプス。スコットランドのケアンゴーム山脈。いつもぴーぴーで、ヒッチハイクにキャンプが定番だ。お金を払って泊まるのはほんとうに珍しかった。イヴォンなど、貨物列車にもぐりこんでいたら警察にみつかって無職・無銭・無計画でつかまり、アリゾナ州ウィンズローで17日間も投獄されたことさえある。

「グッドウィルの寄付品回収箱もよく使いましたね」

笑いながらイヴォンは言う。

「服がたくさん入っているので暖かくて寝やすいんですよ。寄付の服を入れる人がいると、そのたび目が覚めてしまうのには往生しましたが」

ふたたびドゥエーレの言葉を紹介しよう。

「イヴォンは口数が少なくていつもなにか考えている内省的な人です。ダグは正反対で、生まれつきのリーダー。しかも10億人にひとりクラスです。カリスマ性が高くてエネルギーに満ちあふれていますし、次から次へと新しいことを思いつくんです。規則の類いには無頓着でした。友だちと自転車で走っていて赤信号を突っきり、警官に追いかけられたことがあるんですが、『どうして止まらなかったんだ?』と尋ねられると『いや〜、逃げられると思ったのになぁ』って返していました」

ダグ・トンプキンスことダグラス・レインフォード・トンプキンスはロッククライミングのダートバッグになるべく生まれてきたような人間だった。メイフラワー号に乗ってきた人の子孫で、生まれはニューヨークのグリニッチビレッジ。美術品や骨とう品に囲まれて育った。第二次世界大戦ではグライダーのパイロットとして活躍した父親のジョン・〝ジャック〟・トンプキンスが高級アンティーク家具を商っていたからだ。彼が小さな自家用機ででかけるとき、副操縦士席にはダグがいた(分厚いクッションに座る形で)。だからダグは、小学生のとき、すでに、航空地図を読み解けるようになっていた。ときどきは操縦もやらせてもらった。そんなことをしながら、博物館に収められていてもおかしくない高級家具を求めて全米各地を父親とふたりで回り、お宝を見る目を養っていったわけだ。

ニューイングランド州の教会ではこんなことがあったという。出物は食堂テーブル。鑑定する父親に対し、これはすごいものなんだなどと聖職者がしたり顔で語りまくる。父親は首を振った。

「このテーブルの価値、おわかりになっていないようですな。私にはわかります。売値が安すぎです。このテーブルの価値はそんなものではありません。もっと高く買いますよ。具体的にはこの額をお支払いしようと思います。これで十分、商売になりますから」

聖職者は驚いた顔で、ではその値でと同意した。

ニューヨークに戻る道すがら、父親は息子にこう語った。

「ほんとうにいい取引というのはだね、売り手・買い手の両方が喜ぶものをいうんだよ」

父親がお宝を掘りだす目で稼いだ結果、家族は、マンハッタンの北、ニューヨーク州ミルブルックの農場へと引っ越すことになった。このあたりはハーバードのティモシー・リアリー教授が住んでいて、LSDが使える宿もあったりした。

ダグは商売っ気があり、むちゃなことを平気でする子だった。海遊びに行ったときには、逃げだせないよう母親が木に縛りつけたなんて話もあるらしい。企画力もなかなかだった。たとえば8歳のときには、動物を育ててみたいと鶏を飼い、最後は、卵を売って小銭を稼ぐなどしていた。羊を入念に世話して、カウンティフェアで入賞の常連になったこともある。とにかくめはしが利くのだ。負けん気も強い。その証拠に、アスリートとしても活躍している。

トンプキンス家の農場には、がちょう、馬、山羊、うさぎがいた。通りからは少し引っ込んでいて、周りには牧草地やパインの森が広がっている。建物はニューイングランド風のカントリースタイル。家具は当然にアンティークばかりで、訪れた人はどうぞどうぞ見てまわってくださいと言われるし、欲しければ売ってもらえる。家具の見えにくい場所にローマ数字のような数字や文字が描かれていた。じつはそれが価格で、ディナーパーティ中やカクテルのあと、両親は、そのあたりに置いた家具を売り込むのも仕事にしていたわけだ。

父親はカルビン派のタスクマスターとして仕事の割り振りもしていた。ほめることはめったになく、暮らし向きはそこそこ。だが父親はそういう暮らしに満足していた。ピンクと赤の乗馬服を着ると、キツネ狩りをする英国貴族といった感じになる。自家用機を持っているとか入口から家まで距離があるあたりを見ると、無限の広がりが好きなのだとわかるだろう。

「おとなりさんが見える家は買うなよ」――小さなダグを父親はこう諭した。この一言が息子の人生を大きく変えることになるなどとは思いもせずに。

アンティーク家具の鑑定眼もたたき込んだ。教科書は、さまざまな家具の写真が載っていて、それぞれがなぜ良品なのか、粗悪品なのか、傑作なのかが解説してある本である。まずはそれで自習しろというわけだ。ダグはまだ子どもだったが、ほとんど暗記してしまうほど読み込んだ。どういう構造がいいのか、どういうものが美しいのかなど、このとき身につけた美意識や眼力は、その後の人生で大いに役立つことになる。

アンティーク家具はけっこう儲かったようで、車や飛行機もいいものになったし、ダグも、9歳でコネチカット州の寄宿学校、インディアン・マウンテン校に入れてもらうことができた。古代ギリシアのようなやり方のルネサンス教育を掲げる学校で、ダグは、フランス語を読む、ラテン語を書く、新聞記事を批判的に読む、時事問題について議論するなど勉学に励んだ。スポーツも盛んな学校なのだが、中学2年生のときにはそのスポーツでもトップの成績を収めて表彰されている。

高校は、やはりコネチカット州の寄宿学校、ポムフレットだった。アイビーリーグの大学に大勢が進学する名門校だ。ここまでは、いいところのおぼっちゃんとして両親が敷いたレールに乗っていたわけだが、ロッククライミングを経験したあたりから話がおかしくなっていく。

「ロッククライミングに連れていってくれた人がいましてですね。じつは女性なんですが。その人、キャッツキル山脈でスキーを教えているコーチと不倫してて、ぼくはカモフラージュだったんですよ。ロッククライミングに連れていくなんて口実で、その男に会いにいくのが本当の目的だったわけです」

「登り方を教えてくれたのは、相手の男です。連れてこられたぼくを放っておくわけにもいきませんからね」

「で、そこにいたクライマー連中と意気投合しちゃったんです。政治的には左寄りの進歩的な人ばかりでした。いまで言う『環境』系の人たちだったと言ってもいいでしょう。クライミングをすればアウトドアに親しむことになりますし、昔からの自然とつながることになります。これで方向が変わりました。人生の道筋がまったく違うものになったのです」

クライミングを始めたダグはイヴォン・シュイナードと知りあう。出会ったのは、高校時代、登りに行ったニューヨーク州シャワンガンク山脈だ。そこで、ぬるぬるべたべたの人生が大好きでさと笑う硬派クライマーの一行と知りあったのだ。連中は、社会規範に縛られたくないからと、ブルガリア山岳会と自称していた。

ロッククライミングにはまったダグは、毎週のように山に行っては難しいルートを探すようになる。ロープワークも懸垂下降も、ピトンの打ちこみ方も学んだ。そのうち、月曜日は学校をサボるようにもなった。週末が三日あれば、山登りもスキーももっとできるからだ。退学に向けた一歩と言えるだろう。

ダグはスキーも度胸満点の達人だった。直滑降もゲートを縫うように滑るのも得意で、滑降だろうが回転だろうがレースは連戦連勝。学校の友だちには1964年の冬季オリンピックに出れそうだぜと吹いていたらしい。そんな彼にとって学校は足かせでしかなかった。授業に出る時間があったら、山に登ったり斜面を滑りおりたりしているほうがいいというわけだ。クラスでただひとり、米国の反対側まで車を運転していった男としても知られていた。年上の友だちと学校をふけ、デビルスタワーに登ろうとワイオミング州に行ったのだ。無免許だった。免許が取れる16歳にまだなっていなかったからだ。

もうあと何週間かで卒業というときになって、ダグは退学を言い渡された。学校のアンティーク家具を質に入れたなど、うわさが飛び交う。両親は大びっくり。ダグも大びっくりだった。自由になったからだ。

「大学に行けと両親に言われたけど、もう手遅れでしたね。座って講義を聴くより、自分の目で世界が見たくなっていて。だから学校はやめることにしました。選んだ仕事は空師《そらし》。いいお金になるんですよ。しばらく木を切り倒してお金を貯め、旅に出ました」

ダグは、3年ほど、巨木を切り倒す仕事についた。革の器具を足元に巻き付け、クライミング用スパイクを幹に刺しながら30メートルくらいの高さまで木を登る。そして、ロープやのこぎりを体からぶら下げてあっちこっち移動し、枝を払ったりこずえを切り落としたりする。枝を払い終わった古木は切り倒す。天職のような仕事だった。ロッククライミングのスキルが生きるし、空中を渡り歩くのは楽しくてしかたない。「原生林」と呼ばれる森を空から見られるのもいい。いいお金にもなった。

森の中を自由に動けるやつだと認められると、爆薬の設置も頼まれるようになった。道路をつくるのにじゃまな岩を爆破したりすることがあるのだ。ダグはなにも恐れないので、ダイナマイトの設置も楽しんでしまう。

母フェイスは、当時についてこう語っている。

「食い詰めれば言うことを聞くだろうと考えていました。だから『やりたいことがあるというなら好きにしなさい。でもお金は出しませんからね。大学に行くなら、費用はすべて親が持ちますけど』と言ってやったんです。だめでした。結局、大学へは行ってもらえませんでした」

モンタナ州で牧草をまとめる仕事も1シーズンして、ダグは、20キロ近くの重たいものを扱う術《すべ》と、腕まわりと胸まわりの筋肉を身につけた。肌はこんがりと焼けているし髪は白っぽいしで、服を作業用からパーティ用に替えるとすごく人目を引くタイプだ。アウトドアの活動に役立つと思えばどんな仕事でもやってみた。アスペンの有名なジェローム・ホテルで雑用係をしたこともある。当時のアスペンは野趣あふれる場所で、すぐ近くにもスキーのできるところがあるし、ロッキー山脈からカリフォルニア州のスコーバレーまで、そこここのスキーレースに参戦するにも便利だった。

アルペンスキーのオリンピック代表選手だったビリー・キッドは、１９５０年代末から60年代にかけてダグ・トンプキンスと競ったことがなんどもあるという。

「いい選手でした。なんでもやると決めたらとことん集中するタイプなのです。夏になると一緒にチリのポルティリョに行きました。あっちは冬なので、長期滞在してトレーニングするわけです」

世界選手権に優勝したり、アルペンスキーのオリンピックメダルを米国に初めてもたらしたりした少し前には、アンデス山脈の街で、ダグと一緒に単車を転がしたりもしたそうだ。現地のＢＭＷ販売店を説得し、２台貸してもらったのだ。ところが、ダグと一緒に旅をすることが多かったジャーナリストのトム・ブロコウによると、街を走りまわっていたら事故を起こしてしまい、必死で証拠を隠したらしい。

「一晩かけてバイクを洗い、色が変わってしまったところは靴クリームでごまかしたそうです。そして、バイクを店に返し、街を後にしました。翌日には全国で指名手配になるなど大騒ぎです。ダグはチリにもいろいろとコネがあるので、最後はうやむやにしてもらったようです」

スキーのトレーニングを終えると、ダグは飛行機のヒッチハイクで南米を巡った。ふつうなら商用路線で家に戻るところを、南米に点在する小さな地方空港を探しては管制官をうまいこと言いくるめたりしたのだ。そして、もうひとりくらいなら乗せられる小型機があると、自分は経験豊富なナビゲーターだと売り込む。そんなやり方で飛行機をただ乗りし、ダグは、チリからペルー、さらにコロンビアと、あっちやこっちの街を経由しながら家をめざした。高校を中退して間もないティーンエージャーのすることとはとても思えない。ペルーのイキトス近くでは、クライミングのスキルを買われ、アマゾンのジャングルでサルを捕まえてくれと研究の手伝いを頼まれたりもした。

ニューイングランド州のレースでダグと知りあったビリーは、次のように語っている。

「ダグは、スキー選手としてオリンピックをめざすと決めたら、ひざを故障したりしないかぎりなんとかしてしまったでしょう。まあ、スキーレースはけがが付きものですし、特にあのころは、木のスキーに革のブーツでネジがふっとびでもしないかぎりビンディングが外れることはありませんでしたけどね」

実際、けがで遅くなり、トップ争いから脱落したと証言するのは、クライマー仲間のクロード・シュールだ。1964年ごろもまだ滑ってはいたが、オリンピックに出られるほどではなく、アルペンスキーの強化チームに招待されることもなかった。運動神経はすばらしく、勝利に対するこだわりもすさまじかったダグは、その後ロッククライミングに突きすすみ、カリフォルニア山岳ガイドサービスなるものを立ち上げる。この3年後に始まる米国アウトドアリーダーシップスクールなど、アウトドア系教育プログラムのはしりである。

カリフォルニア山岳ガイドサービスは、チャック・プラット、トム・フロスト、ロイヤル・ロビンス、さらにはイヴォン・シュイナードなど、そうそうたるクライマーを教師役にそろえた。こういう山が登れるようになるよと写真満載のパンフレットも用意した。パンフレットは美しかったが、生徒はいわゆるダートバッグばかりで、おんぼろワゴン車に高校生を詰め込んだ感じだったらしい。学校と並行して、ダグは、バークレーのガレージを拠点にキャンプ用品や山道具の販売も始めた。

「とにかくじっとしていられないやつでしてね」

そう評するのはイヴォン・シュイナードだ。

「商売っ気がありまくりで、新しいアイデアが次から次へと湧いてくるのです。事業家として優れているかどうかはよくわかりませんが、リスクを恐れず新しいことをトライするタイプであることはまちがいありません。人のアドバイスをうのみにしないし、ああしろこうしろと言われるのは大嫌い。権威を振りかざす人も大嫌い。そんなですから、どんなこともだいたいひとりでやっていました」

1962年秋、ダグは、タホ湖畔に広がるエメラルドベイ州立公園のあたりでシエラネバダ山脈の森から道に出た。ちょっといかめしいがハンサムで体は引き締まっている。ただ財布はからっぽで、サンフランシスコまでただで乗せてくれる車が必要だった。ヒッチハイクだ。止まってくれた車に乗り込む。運転していたスージー・ラッセルは、ラフな服装にクライミングロープを弾薬帯かなにかのように肩から斜めにかけていた彼を、ちょっとかっこいいかもと思っていた。

「どこから来たの？」

この質問にあわてず騒がず返ってきたのは

「東。いいほうの海岸さ」

という一言だった。

スージーはまだ19歳だったが、リノのカジノでキノのランナーとして働き、しっかり自立していた。そんな彼女だったから、サンフランシスコでダグを降ろしたときも、上から目線の失礼なきこりだ、いなくなればせいせいすると思っていた。ところが1週間ほどあと、ダグからメッセージが届く。スーパーでステーキを万引きしたかどで拘置所に入れられた、保釈金を送ってくれないかというのだ。しかたがない。財布に入っていた65ドルを用立てることにした。踏み倒されるのだろうなと思いつつ。ところが、予想に反してダグはお金を返してきた。しかも花束を添えて、だ（とはいえ、その花は、アパートのとなりにあった葬祭場のゴミ箱から持ってきたものだった）。

晩メシにも誘われた。楽しかった。そして、ふたりでメキシコに行こうという話になった。ダグがフォルクスワーゲンのワゴン車で実家まで迎えに来る。スージーの持ち物は、下着2枚にTシャツ1枚、ビキニの水着1枚。足元ははだし。それだけだったという。

1年もたたずにふたりは結婚した。式が終わると、おんぼろワゴンでニューヨーク州ミルブルックから西へ向かった。アンティーク家具をいくつか届けながらカリフォルニア州北部まで走るのだ。ワゴンは窓ガラスがなくなっていたので、運転中も寝袋にくるまっていたという。時は１９６３年。ふたりはカウンターカルチャー革命の洗礼を早い段階で受けた流浪の極楽とんぼだ。世の中は、ヒッピー、幻覚剤、政治闘争がカリフォルニア州から全米に広がる前夜だった。

カリフォルニア州スコーバレーの保養地に着くと、ダグはスキーパトロール、スージーはウエイトレスの仕事についた。家は半地下の部屋を借りた。同時に、「ダグのラグ」なるブランドを立ち上げた。ペルシャ絨毯《じゅうたん》の販売に乗りだしたのだ。

「ダグはすごく精力的でしたし、体を使うのが大好きでした」

スージーはこう証言する。

「でもそうなったのは、父親からずっとひどい扱いを受けてきたからだと思います。ほめてくれない。認めてもくれない。あんまりですよ」

高卒でさえもなく、学歴がないのも気にしていたとスージーは言う。

「アイビーリーグのひとつ、エール大学に行ったといつも語っていました。なりたかった姿の自分を想像し、それらしくあろうとしていたのです」

スキー用品や山道具の事業がうまく回ったこともあり、拠点をバークレーのガレージから別の地下室に移すことにした（費用も節約になる）。この地下室は1階のスイス・スキー・ショップの一部を借りる形だったのだが、１９６５年春、このショップをひと夏閉じるから、そのあいだ、好きに使っていいぞという話が舞いこんだ。90日の期間限定サブリースだというのに、ダグは、店内を完全に改装することにした。そして、サンフランシスコから北に行ったソノマ・カウンティで、分厚いレッドウッドの板でできた鶏小屋をみつける。木目も色合いもすばらしく、父親が高く評価していたアンティークに通じるものがある。この板を店の壁に貼ったらすてきだろうなとダグは思った。一方、農家は、半分壊れた小屋などめざわりだし、火事の心配もあるとしか思っておらず、無料でトラック1台分も粗大ゴミを持っていってくれるという話に飛びついた。

「3カ月の期間限定なのにそこまで投資するなんてなにを考えているんだと思いました。でも、彼は、やるならすごいものにしたいと思ってしまう人なのです」

創業期のザ・ノース・フェイスに入ったスティーブ・コミートはこう語っている。

「いつも、『大丈夫。うまくいくよ。全速前進！　魚雷なにするものぞ！』って感じなんです」

広告宣伝に使えるお金はなかった。だから迷案をひねりだした。高層ビルを懸垂下降で降り、6階で物思いにふけるビルオーナーからコーヒーをひったくったら話題になるのではないか、と。実際、パシフィック・ナショナル・バンク最上階のペントハウスに180メートルものロープをドゥエーレが固定し、ダグのクライミング仲間であるギャラン・ローウェルとドゥエーレのふたりが6階まで降下。そこでコーヒーを飲んでみた。予告しておいたのであっちもこっちも取りあげてくれた。サンフランシスコ・クロニクル紙は特集まで組んでくれた。ダメ押しとして電話帳に広告を出すとともに、「ザ・ノース・フェイス　コロンバス街308号」と印刷したマッチ5000個も発注した。

ドゥエーレによると、このときは少々失敗したらしい。

「いや、5000って、紙マッチ5000個のつもりだったんですよ。なのに紙マッチが山ほど入った箱が5000箱も届きましてね」

「スイス・スキー・ショップから『我々は街の中心部に移転する。きみも一緒に来るかい？』と言われたらしいのですが、ここまで投資していたこともあり、ダグは『それはできません。シーズンは始まったばかりですし。広告も打ちましたし。これからお客さんが来るんです』と答えたそうです。そしたら『だったら、リースを引き継ぐかい？』と言われて、本当の意味でザ・ノース・フェイスの店舗が生まれたのです」

ダグの友だちで写真家・映画監督のエドガー・ボイルズも、すごい改装だったと当時をふり返っている。すべて手作りで、とにかく手間がかかっていたのだ。

「どうしてここまでできるのかと首をひねらざるをえません。どれも芸術品と言えそうな仕上がりでした」

ザ・ノース・フェイスは創業2年目に入った。世の中は追い風だった。都市に住み、山に行く人が増えていたのだ。世の中が豊かになって中産階級にも遊びに行く余裕が生まれたし、車が普及したのでどこかの国立公園まで家族でキャンプに出かけるなんてこともできるようになった。ハイキングやキャンピングが人気のレジャーになろうとしていた。国立公園に行く人も、１９５８年の５３００万人から１９６８年には１億３０００万人と急増している。ダグは、ラングのプラスチック製スキー靴やぴっちりしたストレッチスキーパンツといった最新のスキー用品を販売する契約も結んだ。

ザ・ノース・フェイスには体力自慢のクライマーに見た目重視のスキーギャル、さすらいの詩人、風変わりな旅行者が集まっていて、いつもにぎやかだった。みんな、なにか買いに来ているというより居間で開かれるカクテルパーティに来ているという感じだ。

そんな店内がダグは大好きだった。サーカスに惹かれる彼にとって、お店は芸が披露される小屋で自分は座長だったのだ。

魅力的な品ぞろえができている自信はあったが、いかんせん、店が小さい。そう思っていると、イヴォンからカタログ通販はどうだ、シュイナード・イクイップメントはカタログ通販でクライミング用具をばんばん売っているぞと言われた。それだと思ったダグは、自分もカタログ通販に乗りだすことにした（実務を担当したドゥエーレは大変だった)。

ふつうなら財布に向かって安さをアピールするのだが、ダグは心をターゲットにした。ザ・ノース・フェイスのカタログは大判で、商品は鉛筆スケッチだ。写真なし、モデルもなし。1ページめはダグラス・トンプキンス手書きのごあいさつである。エレガントなのに押しが強い。反逆精神が感じられる。押し立てるのは、そんなの無理だと思ってしまうメッセージ――「荷物を減らして楽しみを増やそう」だ。

カタログは1万部用意した。ところが発送の二日後、郵政公社のトラックが郵便袋15袋を積んで現れた。送り先ごとに仕分けて出せというのだ。知ったことかとダグは反発した。

「仕分けなんぞせんでいい。各袋のてっぺんだけ順番に並べれば、仕分けしたように見えるだろう」

そして、ドゥエーレとふたり、何冊かだけ郵便番号順にピックアップすると、ほかはそのままでまた発送した。二日後、またトラックが来て、また、1万冊のカタログ、15袋を置いていった。仕分けないなら次は捨てるぞということらしい。

「突っ返されたのが金曜日だったので、週末、サンフランシスコのワシントン・スクエア・パークに行き、1万冊を広げて郵便番号順に仕分けをすることにしました。ダグとふたり、歩きまわって郵便番号を確認して並べ替えたんです。いいお天気で、公園の半分くらい使ったでしょうか。通りかかった人から『なにをしているんですか?』『1冊、いただけます?』『プロモーションのイベントかなにかですか?』などとずいぶん尋ねられました。もちろんそんなつもりはなかったのですが、でも、実質、そんな感じになってましたね。あのあと1万部を発送したわけですが、いいお天気の公園にずら~っと並べたことのほうがずっといい露出になったように思います」

カタログの出来もすばらしかったしイヴォンのアドバイスもあったしで、ザ・ノース・フェイスの商売は繁盛した。次から次へと注文が入る。イヴォンのクライミングギアもよく売れるようになった。シュイナード製品は、ドゥエーレが南カリフォルニアまでワゴンを走らせては、車が沈むほど満載して帰ってこなければならないほど売れていた。

このころクライマーは、サブカルチャーのひとつとして注目されていて、ミュージシャンと同じように追っかけまで登場していた。

ザ・ノース・フェイスでも、黄色いポルシェがタイヤを鳴らして店の前に止まり、「ダ〜〜〜グ！　い・く・わ・よ〜〜！」と声が響いたことがあると、ダグの友人、リック・リッジウェイが語っている。有無を言わせぬ力強い声で、ダグが乗るとポルシェはふっとんで消えたという。

だが、数ブロックも走るとダグは怖くなった。車は速くてなんぼだと思っていたが、さすがに速すぎる。だから、車の速度が落ちたのを見計らって飛び降りると、店まで歩いて戻った。ジャニス・ジョプリンの車には二度と乗らない——ダグはそう漏らしたそうだ。

ちりちりの茶髪にあごひげを蓄えたダグは自由恋愛を信奉し、フィルモアではジェファーソン・エアプレインのロックを楽しむなどしていたし、友だちのヤーン・ウェナーからロックンロールの雑誌、ローリングストーン誌を立ち上げるつもりなのだが出資しないかなどと誘われたりしていた。週末にはクライマー夫婦、フランシス・ファークワーとメアリー・ファークワーの談話会に顔を出し、環境活動家のデビッド・ブラウアーとあれこれ語りあったりもした。ブラウアーは自然保護団体シエラクラブの会長で、レッドウッド国立公園やポイント・レイズ国立海浜公園の創設を呼びかけた人物だ。よく通るバリトンで話もうまく、人を惹きつける才もある。山屋に対しては、旅の精神を発信することが大事だとよく語っていた。

「山登りは人生のスパイスであって主食ではありません。主食とは、つまり、肉やポテトのことです。リスクは人生のスパイスです。山に登る人や川でラフティングをする人ならわかるはずです」

そんな話をブラウアーから聞いていると、大ドルイドのもとに集まる聖職者のひとりであるように感じたとダグは言う。ブラウアーがくりだすキレのいい警句やスローガンに心を強く惹かれたのだ。

「彼は核心に迫るのが上手です。政策を変えさせるにはどうすればいいのか、難のあるダムや森林の下手な扱いなどをやめさせるにはどうすればいいのか、戦略をさっと思いつくことができます。根気よく、圧力をかけつづけることもできます。絶対にあきらめませんし、タオルを投げるなど死んでもいやだと思う人なのです」

イヴォンもダグも結婚して子どもを育てるつもりだと言いつつ、なにかというと、シュイナード・イクイップメントやザ・ノース・フェイスの経営から逃げだす傾向があった。何週間も自然の中でハイキングやクライミング、キャンピングをしたりするのだ。何カ月ものこともある。そして、道具の出来が悪いと文句たらたらで戻ってくる。これはいいと思うものがめったにないのはなぜなんだ？　すぐに乾く寝袋をつくれるやつはいないのか？　凧《たこ》じゃないんだから、風をはらまないテントはできないのか？　そんなことばかり言うのだ。

たとえばアイスアックス。氷にたたきつけると2回に1回ははじかれてしまう。設計がよくないからだ。腕の振りと同じカーブのアイスアックスをだれかつくっていないのか？　自分たちの期待に応えてくれる装備が欲しい。ふたりはそう思っていた。

さて、1966年10月、冬のシーズンに向けてダグはザ・ノース・フェイスのプロモーションを企画していた。話題になることをしよう。そう考え、音楽プロモーターをしている友だち、ジェリー・マンダーに助けを求めることにした。パーティを開くのだ。生演奏にたっぷりのマリファナ、冷たいビールがあれば成功まちがいなし。バンドは毛むくじゃらなイメージの新人でギタリストはジェリーとかいうらしい。

「バンド名はグレイトフル・デッドっていうんだけど、この連中でいいかい？」

マンダーに問われたダグは笑顔で答えた。

「グレイトフル・デッド、ね。いい名前だと思うよ」

2・5メートルと大きなアンセル・アダムスの風景写真を背景にステージをしつらえ、そこでグレイトフル・デッドが演る。スージーは一人ひとりにあいさつをして回る。グレイトフル・デッドのリーダー、ロン・〝ピッグペン〟・マッカーナンとツーショットを撮ったりもした。ジョーン・バエズも顔を出してくれたし、彼女の妹ミミ・ファアリーニャも歌ってくれた。パーティは店のなかに収まるはずもなく、前の道まで人があふれる。けんかでも始まったら大変だと、ダグはヘルズ・エンジェルスに警備を頼んでいた。ひげぼうぼうにチェーンじゃらじゃらの連中で、実力で騒ぎを鎮めることにかけては頼れる存在だ。

パーティ後、ダグは、ヘルズ・エンジェルスとグレイトフル・デッドをバネッシーズのディナーに招待した。白いテーブルクロスが鮮やかな高級イタリアンで、ウエイターは蝶ネクタイ姿。そこに革ベスト姿のむさ苦しい大男が山のように押しかけたわけだ。あまりのミスマッチに、ダグもスージーも笑いをこらえることができなかったという。

グレイトフル・デッドを呼んだことから、ザ・ノース・フェイスは、文化という面でも注目のスポットになった。カタログ通販は順調に拡大。店舗も、バークレーとパロアルトに支店を出した。カタログはあちこちですごく注目を集めたし、店舗は店舗で、ヒッピーにダートバッグ・クライマー、ダグやスージーの友だちが集まる画廊みたいな雰囲気があり、文化の発信地として注目された。

ケルアックが予想した「リュックサック革命」が1960年代頭に現実となり、ダグは、アウトドアのウェアや道具というニッチ市場をつかんだわけだ。通信販売もどんどん増えていて、フランチャイズ展開をしないかという提案があちらからもこちらからも寄せられるようになっていた。そんな忙しい毎日をようやく逃れ、ポイント・レイズ国立海浜公園に行ったり、娘を連れてミューアウッズ国定公園をハイキングしたり、ヨセミテ国立公園でクライミングをしたりしようとすると、こんどは、知り合いや見ず知らずの人に取り囲まれ、アウトドア用品についてあれこれ尋ねられてしまう。製品の最前線やこれからのトレンドについて詳しいと知れわたっていたからだ。

「気が狂いそうでしたね。オレはなにをしているんだろうって思いましたよ。体を動かすのが好きでこの道に来たはずなのに、道具の話ばかりしなければならないなんてって」

ザ・ノース・フェイスなど売ってしまおう。ダグはそう心を決めた。借金もあったし、なにより、新しいことがしたかった。遠征だ。逃げるんだ。決まり事などすべて振り捨て、新しい道を刻む冒険がしたかった。

そして、1967年、実際にザ・ノース・フェイスを売却。価格はたったの5万ドルである。優れたコンセプトを立ち上げ、アドレナリンでブランドを高みに押し上げてきたわけだが、こんどはまったく違うなにかに身を投じようと考えたのだ。

現金はふたつの事業に投資する。

片方は、妻のスージーが友だちのジェーンと手堅く進めていた衣料品のプレイン・ジェーン社だ。ふたりの創造性と多少の現金、ダグのマーケティング力があればかなりのことができるはずだ。パタンナーを雇って型紙起こしを任せることだってできるかもしれない。実際、事業は順調に拡大していた。ジェーンがパリでモデルをしては最新ファッションを持ちかえる。それをふたりがかりでばらすと、米国女性の体格にあう服に仕立ててフリーマーケットで売る。

残りは、自身の冒険を映画にしたいという昔からの夢に投じる。山に登り、歩き、探検をしてお金が稼げるならこんないいことはないと思ったのだ。

ちょうど、ブルース・ブラウン監督の『エンドレス・サマー』が話題になっていた。制作費5万ドルで3000万ドルも興行収入をあげたサーフィン賛歌映画で、旅のドキュメンタリーとしては記録的な全米ヒットになったのだ。トウモロコシ畑が広がり、サーファーにとってはエデンの園から一番遠いところだと思うようなカンザス州ローレンスでさえ、ブラウン監督が描く幻想的なサーフィンをひと目見ようと農場で働く少年や大学生が列をなしていた。アドレナリンが出る映画ならヒットするのかもしれない――ダグはそう考えた。ブラウン監督と同じように、過激なクライミングを求める自分の情熱を映画にすればいいのではないか、と。だから、ザ・ノース・フェイスの売値も、『エンドレス・サマー』の制作予算と同じ5万ドルにしたのだ。映画の監督くらい、できないことはないだろう。唯一の問題は、どういう映画にするのか、だ。

こうして、1968年の春、ダグは夢中になって写真の勉強をした。同時に、人生のコンパスが北半球から南半球へと大きく振れる。白黒写真で見た端正なシルエットに心を奪われてしまったのだ。見れば見るほど完璧だとしか思えなかった。並ぶものがないほど美しい。いてもたってもいられなくて、愛車、黒のトライアンフにまたがると、景色がきれいなことで知られるサンフランシスコ州道1号線を南に向かった。サンフランシスコを後にすると、風に髪をなびかせつつ、スキーヤーのように右に左にバイクを倒して走る。カーブも駆け抜ける。左はレッドウッドの森、右は海に落ちる絶壁で太平洋の荒波が打ち寄せている。イヴォンに会いたい。会って、新たな愛について語りたい。そればかりを思っていた。

南カリフォルニアに着くと、イヴォンは、ビーチサイドの掘っ立て小屋でピトンの鍛造に励んでいた。そんなイヴォンを誘い、いつものようにベンチュラ・ビーチでサーフィンをしたり飲んだりする。そして、すごいものをみつけたんだと打ち明けた。写真を取りだす。アルゼンチンのフィッツロイ山だ。標高3405メートル。草原の向こうに、矢尻のようにそそり立っている。周りを囲むピークも鋭く、編み針を立てたんじゃないかと感じるほどだ。岩壁は花崗岩で、ほぼ垂直。風が強く、雪も深いので、フィッツロイは登頂が難しい。実際、2パーティしか成功していないし、米国人で成功した例はない。アルパイン誌のフィッツロイ評は「格別のアイスクライミング。天候は不安定。風は暴力的」だった。ダグは魂をすっかり持っていかれていた。

このときダグとイヴォンが見入っていた写真は、とある登山雑誌の裏表紙だった。この写真を見ただけで、すごく難しい山であることがわかる。やりのようにそそり立つ花崗岩は、ヨセミテでいつも登っているタイプだ。違いはアメリカ大陸の南端付近で赤道よりも南極大陸に近い場所、文字どおり地球の果てであることだ。登る難しさと同じくらい、美しさも半端ない。6本の塔が針のようにそびえる光景を見て心がふるえないクライマーなどいるはずがない。

標高はエベレストの3分の1くらいしかないが、登頂の難しさはむしろ上をいくと思われる。最後の600メートルは、エンパイアステートビルを登るようなものだ。花崗岩の塊としてはリオデジャネイロの奇岩、ポン・デ・アスーカルのほうが有名だが、フィッツロイは氷河に囲まれているし強風が吹き付けるし、氷に覆われてもいる。伝説の類いや謎にもことかかない。周囲にたなびく雲は、昔、火山の噴煙だと考えられていて、1908年までは「フィッツロイ火山」と地図に記されていたほどだ。

南アメリカにあるアンデス山脈の南端、パタゴニアの山だ。魅力的だが、それと同じくらい神秘的な地である。フィッツロイに登れるクライマーは少ない。イヴォンなら登れるが、最初から最後までリードしてもらうのはさすがに難しいのではないだろうか。映画の撮影も問題だ。

ふたりはその日の予定をすべて振り捨て、一大冒険旅行の計画を練ることにした。登れない山をどう登るか。季節はいつが一番いいのか。ほかにだれを誘うべきなのか。

イヴォンは話に乗るという。ちょうど、フランス人クライマー、リオネル・テレイがフィッツロイの初登について書いた記録を読んだところだったのだ。クライミングとは高潔な試みであり、"理性や感性を超えた先にあるものだ"とテレイは語っていた。クライマーは「無償の征服者」なのだ、と。そして、フィッツロイは特に難しい山だと記していた。風が強すぎてテントがまともに使えず、何日も、手で雪洞を掘ってしのがざるをえなかったし、風の轟音から耳が聞こえなくなり、聴力が戻るのに３カ月かかった隊員もいたという。死人もひとり出ている。ジャッカス・ポインセノットという隊員がベースキャンプ近くで急流に落ち、岩の下で溺れたのだ。せめてもということでピークのひとつにその隊員の名前をつけたが、川を渡るだけの一番簡単な部分で命がひとつ失われたことは、仲間にとって悔やんでも悔やみきれない悲しみだった。山は数えきれないほど登ってきたし二度と登りたくない山はふたつだけなのだが、フィッツロイはその片方だとテレイをして言わしめるほどの山なのだ。

暑いベンチュラ・ビーチでサーフィンをしたりブレーンストーミングをしたりをくり返し、イヴォンとダグは、6カ月の遠征計画を練り上げた。

「まずはカリフォルニアから車で南下し、中央アメリカと南アメリカの西海岸でサーフィンをして、チリに入ったら1カ月ほどスキーをする。そして、満を持してパタゴニア入りするんだ」——ダグが熱弁をふるう。「6カ月、冒険しまくろうぜ」

こうして、ダグが言う「1968年版飽くなき冒険旅行~カリフォルニアからパタゴニア」の骨子がかたまった。

フィッツロイは6月から10月まで吹雪に閉ざされる。だから、11月の現地到着をめざすことにした。このタイミングなら夏の強風も避けられる。だが、春の終わりの猛吹雪から初夏の強風までの期間などあっという間に終わってしまうし、いつ始まっていつ終わるのか予想も難しい。出発は7月。北半球と南半球は季節が反対だから、南下するうちに夏から春になるはずだ。

ダグはこうふり返っている。

「夢物語を積み上げるような感じであれこれ計画を考えました。そして夕方には、一応、旅の計画をでっち上げはしました。夜、アイスクリーム屋に忍び込み、巨大なサンデーやバナナスプリットをつくるいたずら小僧みたいな感じです。ぜんぶタダなんですが、ソーダをつくるやつがシロップをけちるもんで甘くないんですよ」

第2章 無償の征服者

なぜ2万5000キロもワゴンを走らせて山を登りに行ったのかと尋ねられても困るんですよね。なぜなんて考えもしませんでしたから。どうしてそこまでするのか、じっと座って考えるなんてしなかったんです。そんなことをしたら、おじけづいたんじゃないでしょうか。

―― ダグ・トンプキンス

ビーチでイヴォンとブレーンストーミングをしたわずか数週間後の1968年7月、ザ・ノース・フェイス売却で得た5万ドルの残りをぜんぶつぎ込み、ダグ・トンプキンスは、ボレックスの16ミリカメラ2台、登山家デビッド・ブラウアーからもらったフィルム12本にスペアタイヤ、クライミングロープ、アルペンスキーの板、ウエットスーツなどなどを1965年式フォード・エコノラインに積み込んでいった。ダグは心残りなくサンフランシスコを後にできたが、妻のスージーにとってはいろいろと大変な出発だった。なにせ、妊娠9カ月で長女クインシー（2歳）の世話もしていたのだから。衣料品会社のプレイン・ジェーン社も友だちと共同創業したばかりだった。なのに、次女のサマーが生まれると、すぐ、ダグは出発してしまったのだ。

「あのときダグは、スージーにお金を渡し、『自分のアパレルラインを立ち上げたいって話を友だちのジェーン・ティセとずいぶん前からしていたよね？　このお金でやってみたらいい。そうすれば、ぼくがこの冒険をしているあいだ、退屈する暇がなくていいんじゃないかな』って感じのことを言ったんですよ」

内実はこんな感じだったのだと、とある友だちが語ってくれた。

「こうすれば家族を置いてでかけても問題はない、とはなりませんが、ぎりぎり、見捨てられたと思われることなくでかけることはできますからね」

こうしてダグは、サンフランシスコを出発し、南に向けて走りはじめた。同乗者はリト。タホ湖近くのスコーバレーにいたとき知りあったスキー仲間だ。ボリビアの出身でスペイン語が話せる。今回の旅ではカメラマンを務めることになっていた。

同じクライマーとして、ダグには強い絆を感じていたとリトは言う。

「文字どおりパートナーに命を預けることになりますからね。なにかあったとき、落ちたりしたとき、命を救ってくれるのは、パートナーが握っているロープなのですから。そこまで信じていれば、絆も強くなりますよ」

ベンチュラでイヴォン・シュイナードとリチャード・〝ディック〟・ドーワースが合流した。ドーワースは筋骨隆々の大男だが本の虫で、日記を事細かに記すタイプだ。世界的なアルペンスキー選手でもある。オリンピックで大活躍したジャン＝クロード・キリーとも競ったことがあるし、スピードスキーで時速170キロの世界記録を打ち立てたこともある。もうひとり、5人目となるクライマー、クリス・ジョーンズはすでに南アメリカ入りし、アンデス山脈の難しい山々に挑戦していた。彼は、適当なところで合流することになっている。

彼らは「ファンホッグ」と自称した。身なりよりおもしろいことを大事にする男たちというイメージだ。そのファンホッグ4人も、ロサンゼルスに着くと、あごひげは刈り込み、もみあげは整え、口ひげもこぎれいにした。キャンプ用品満載のワゴンに乗った怪しげな外国人4人が入国を申請するのだから、せめてこぎれいでないとメキシコ政府に身柄を拘束されかねないと思ったのだ。同じ理由で、マリファナもなしなら覚醒剤もなし、ＬＳＤもなしだ。

クライミングロープ、キャンプストーブ、スキー板、防寒着などは、イヴォンが棚をつくりつけ、そこに収納した。サーフボードは車の上にくくりつけた。サーフィン映画『エンドレス・サマー』の私的続編はとりあえず順調だった。登攀《とうはん》不能といわれる山を登る旅、だれも乗ったことのない波に乗る旅、煙を吐く火山の雪に覆われた斜面を滑りおりる旅、そして、何枚かの写真でしか見たことがなく、焚き火をしながらとりとめもなく語られる話にしか出てこない神秘の土地、パタゴニアにいたる旅だ。

１９６８年の夏、米国は文化的な闘いで二分されていた。ダグたちが出発する3カ月前の4月、マーティン・ルーサー・キング・ジュニアがメンフィスでジェームズ・アール・レイに暗殺された。これをきっかけに各地で暴動が起き、相当数の死者も出たし、国民の気持ちにも深い傷がついた。そして6月、こんどはロバート・Ｆ・ケネディがロサンゼルスでサーハン・サーハンに暗殺される。カリフォルニア州で民主党の大統領候補指名選挙に勝ち、その祝勝会から帰ろうとしたときのことだ。兄ジョン・Ｆ・ケネディの後を継ごうとしたのに、後を追ってしまった格好である。大いなる希望が次々銃弾に倒れていた。

正気の沙汰とは思えない米国から、ある意味、一番遠いところにあったのがフィッツロイだ。2万５０００キロも南に走らなければならないし、その道パンアメリカンハイウェイは、放牧地まで往復する牛が踏み固めただけといった雰囲気のところさえある。地図はスペイン語しかなかったりするし、道やガソリンスタンドのマークがぱらりと描かれているだけだったりする。あとは、マヤやインカの遺跡がところどころにあるくらいだ。

前席にふたり、後席にふたりが座る。長旅のお供としてカセットテープは25時間分を用意した。流れるのはグレイトフル・デッドにジェファーソン・エアプレイン、ジョーン・バエズ、ボブ・ディランだ。

夜通し運転するドライバーが眠くならないように、ナグラのテープデッキとスピーカーが取り付けられていた。

国境を越えてメキシコに入ると、まずは、太平洋岸の漁村、サン・ブラスを訪れた。そこで、ダグとイヴォンが並んでサーフィンをする姿を砂浜から撮影。映像はチープ版『エンドレス・サマー』でオリジナリティのかけらもない。エキストラくらい用意できないのかとダグは口をとがらせたが、これは仲間がみんなでなだめた。まだまだ走らなければならないし、ビーチも数えきれないほどある。その道中も撮影していくのだから、と。どうもダグは、突っ走る以外にリラックスする方法を知らないらしい。ドーワースも「止まると死ぬとでも思っているのだろうか」と記録に記している。

メキシコシティに着くと、そこまでに撮影したフィルムを現像に出した。撮影した16ミリフィルムを現像して米国に送っておけば、なにごとかあってもフィルムは残るからだ。だが、現像してみると、映像はぼけぼけのぶれぶれだった。ロサンゼルスを出発する最初のシーンも、国境を越えてティファナの街に入るところも、サン・ブラスのサーフィンも、なにもかもだ。カメラを開けてみると、フィルムをガイドに押しつけるプレートがしっかりはまっていなかった。きちんとセットしなおしてから、次の目的地、中央アメリカをめざす。

道中、どの村にも、露天商がたくさん出ていた。ダグは、片言のスペイン語をあやつり、物色して歩く。屋台の食べ物はどれもすごくおいしい。手織りの布、陶器、金属の細工物など、手作りが当然の文化も満喫した。

中央アメリカは活気にあふれていた。カラフルでスパイシー。見たこともないような食べ物がずらりと並んでいる。フルーツは激安。パイナップルひとつが1セントで買えてしまう。

昼も夜も車を走らせたので、予定よりも先行していた。ハンドルをよく握っていたのはドーワースだ。

特に夜の運転が好きで疲れを知らないようにも見える。眠くならないようにとLSDをちょっとだけ決めているのではないかとイヴォンが疑ったほどだ。

　対してリトは目が悪く、ワゴンの暗いヘッドライトで夜に運転するのは危なすぎた。というか運転があまりに下手で、昼間も、どうしても彼でなければならないとき以外は運転しないことになっていた。ダグは飛ばしすぎる。エンジンをめいっぱいふかし、仲間の頭を天井に打ちつけながら走るのだ。「行かなきゃ。行かなきゃ」とつぶやきつつ。雨あられのように降りそそぐ文句などどこ吹く風だ。

　グアテマラでは占いを試してみた。鳥かご三つにおみくじが入っていて、お金を払うと、小鳥がその1枚を取ってきてくれるのだ。リトに撮影してもらいながらダグがおみくじを開く。はっとした。「家族が探しています」とスペイン語で書かれていたからだ。

　アンティグアでは町外れの丘で寝ていると

1965年式フォード・エコノラインに乗った4人は、25時間分のカセットテープを長旅のお供にパタゴニアをめざしてひたすら南へ走った。

ころを夜討ちにあってしまった。ワゴンの周りで野宿していたら、銃に弾を装填する音で目を覚ますはめになったのだ。

「頭まですっぽり寝袋に入っていて、隙間からかろうじて外が見える状態だった。片目だけ開いて状況を確認した。10代の若い兵士が自動小銃をこちらに向け、スペイン語でなにか叫んでいる。銃口がふるえているのが見えた」

ダグはこう記している。

スペイン語でまっとうに話ができる唯一のファンホッグ、リトが両手を上げ、若い兵士と早口でなにごとかやりとりしている。どうやら、前夜、撃ったけど逃げられた男を捜していると、そういうことらしい。というわけで、残りのファンホッグも、ひとりずつ、ゆっくりと寝袋から出ると、撃たれていないことを確認してもらった。また、リトが、冒険好きの仲間で長旅をしているところだ、だからナンバープレートがカリフォルニア州なのだと説明するとともに、なにか気づいたら連絡すると約束した。

兵士が去ると、すぐ、荷物を車に積んで出発した。「殺し屋の目だった。撃ちたくてたまらない。そんな目だった。まちがいない」――ドーワースはそう記している。

そこからパナマまで走りつづけた。道はここで途切れている。パンアメリカンハイウェイはアラスカ州からフエゴ諸島までのびる道なのだが、ここダリエン地峡だけは例外で道がない。熱帯病、沼、毎日の土砂降り、政治的な対立などさまざまな問題もあるし、そもそも陸路の交通量が少ないこともあるしで、このあたりには人がほとんどいないのだ。130キロのギャップをなんとかして越えなければならない。予約していたコロンビアのブエナベンチュラに行く船がこなかったので、スペイン船籍の貨物船でカリブ海側のカルタヘナへ行くことになった。内戦が始まって騒然としているコロンビアを1600キロ余計に走らなければならなくなったわけだ。

ゲリラとも政府軍ともかかわりたくない。そう思ったファンホッグ一行は、エクアドルに向けて最短コースで突っ走った。国境を越えてほっとしたのもつかの間、こんどは、イヴォンがかばんをひったくられてしまう。書類がごっそりなくなったのも痛いが、もっと痛いのは、撮影ずみフィルムが8本もなくなったことだ。

ペルーに入るころ、ダグは心配でしかたなくなっていた。旅は予定どおりにこなせているが、映画に使えそうな映像はほとんど撮れていない。映画はやばそうだ。

ペルーの治安もなかなかで、ガラスを割られたりした。山道具や残りわずかなお金をワゴンから盗もうとしたのだろう。なお、ガソリン代を工面するためサーフボードはここで売りはらっている。

また、このあたりで英国人クライマー、クリス・ジョーンズが合流した。合流前にはペルー側のアンデス山脈をあちこち登ってきたという。

ペルーからチリに入ると、ダグとディックはほっとした。スキーのトレーニングでなんども来たことがあって、スパゲッティのように細長いこの国は民主共和制で安定しており、暴力を心配する必要がまずないし、びっくりするようなことも少ないとわかっていたからだ。

チリ北部にはアタカマ砂漠が広がっていて、とにかく乾燥している。なにせ100年以上も雨が降っていないところもあるし、昼間の気温は40℃に達したりするのだ。夜は気温が大きく下がるし、もともと空中に水分などないに等しいので、世界一澄んだ夜空が広がる。だから満天の星が楽しめる。

4世紀前、インカ帝国の時代には、リマからチリ中央部のインカ帝国南端まで、オアシス伝いに伝令が走ったという。つまり走っても越えられるということなのだが、エコノラインはもう故障ばかりのボロボロで、人の住まない砂漠を1100キロも走りきれるのか、インカ時代の伝令にかなわないのではないかとファンホッグはみな心配した。6気筒のエンジンなのに、ちゃんと動いているのは3気筒だけという体たらくなのだ。後ろのバンパーにはボブ・ディランのメッセージ、「ふり返るな《Don't Look Back》」というステッカーを貼っておいたが、それも、ほとんど読めないほどあせてしまっている。イヴォンがあの手この手でエンジンのお守りをしているが、もう長くないのは明らかだった。

チリ北部の町、イキケでも事件が起きた。くじらが見られるかもしれないと太平洋を望む絶壁の上で野宿したときのことだ。夜、ダグがふと目を覚ますと、車が動いていた。

「なにをどうしたわけでもなにがあったわけでもないのに、ギアが抜け、地面で寝ているぼくらに向けて、また、その先の断崖絶壁に向けて、確実な死に向けて、車が動きだしていた」

ダグはのちにこう記している。

「いやもうびっくりして、車に飛び込み、かがんで、手でブレーキをかけた。これで、仲間を乗り越え、その向こうの断崖へと走る前になんとか車を止めることができた」

その二日後、エコノラインはよたよたとサンティアゴに到着した。イヴォンがエンジンをばらす。そして、エンジンシリンダーのボーリングをしてくれる旋盤工を探す。それから1週間をかけ、イヴォンは、85馬力エンジンを復活させた。さすがの腕前である。イヴォンとダグがエンジンの修理をしているあいだ、クリス・ジョーンズ、リト、ディック・ドーワースの3人はフリーマーケットを巡ってロープや山道具を買い集めた。ついでに地元のアイスクリーム屋を試したり、デモ行進を眺めたりもした。

サンティアゴから南は、時速35キロくらいでしか進めなかった。そこまではほこりっぽかったパンアメリカン「ハイウェイ」が泥に深いわだちという滑りやすい道になってしまったからだ。このあたりの表土は2メートルほどが「チョコレート」と呼ばれる泥なのだ。この泥にスタックしたワゴンを押しだすのに比べたら、タイヤ交換などすごく簡単に感じてしまう。夜は、ジャック・ケルアックの『オン・ザ・ロード』やテリー・サザーンの短編集『レッド・ダート・マリファナ』を声にだして読みながら深い森で野宿した。

ドーワースはこう記している。

「チリの自然はすごかった。オレゴン、ワシントン、ブリティッシュコロンビアあたりが思いだされるなぁと感じたかと思えば、こんなの見たことないぞと思う光景が広がる。原始の自然だ。人の手が感じられない。織りなす風景と緑色がうまくかみあっている。けがれなく、未開だった時代の地球が残っている感じなのだ」

ダグも、とある光景に目がくぎ付けになった。1日走っただけで、青々とした楽園から灰色の残骸に変わっていた。コロノスと呼ばれる入植者が森林をどんどん切り開き、牛などの放牧場にしてしまったのだ。道路脇には肩くらいの高さで切られた切り株が並んでいる。昔あった山火事の残骸だ。数えきれないほどたくさんの木が地面に横たわっている。暴風で森の木がぜんぶ倒れてしまったかのようだ。上空からは、国中にマッチ棒がばらまかれているように見えるという。一部は農民が薪《まき》に利用したりするが、大半は放置され、無残な姿をさらしている。「大火の時代」とドーワースが表現したものなれの果てである。

サンティアゴから南にかなり進み、ジャイマ火山の近くまで来ると、標高3125メートルの火口まで登り、斜面を1000メートルも滑りおりたらおもしろそうだという話になった。斜面は分厚い雪に覆われていて滑りやすそうだ。だが火口からは有毒なガスや煙が吹きだしている。頂上まで行くのは無理かもしれない。ともかく、スキー板と大型スキーザックを持ち、革のスキー靴で火口に向けてゆっくり登ってみた。登れば登るほど地面の温度が上がっていく。

8時間で登りきると、火口を南に回り込んだ。強い風が有毒ガスを北側に吹き飛ばしてくれていたからだ。火口の縁にスキーポールを突き立てることができたとダグは言う。つづけて、きれいなパウダースノーを滑るところをリトに撮影してもらう。ダグとディックが並び、きれいなターンをくり返す。すぐ後ろで

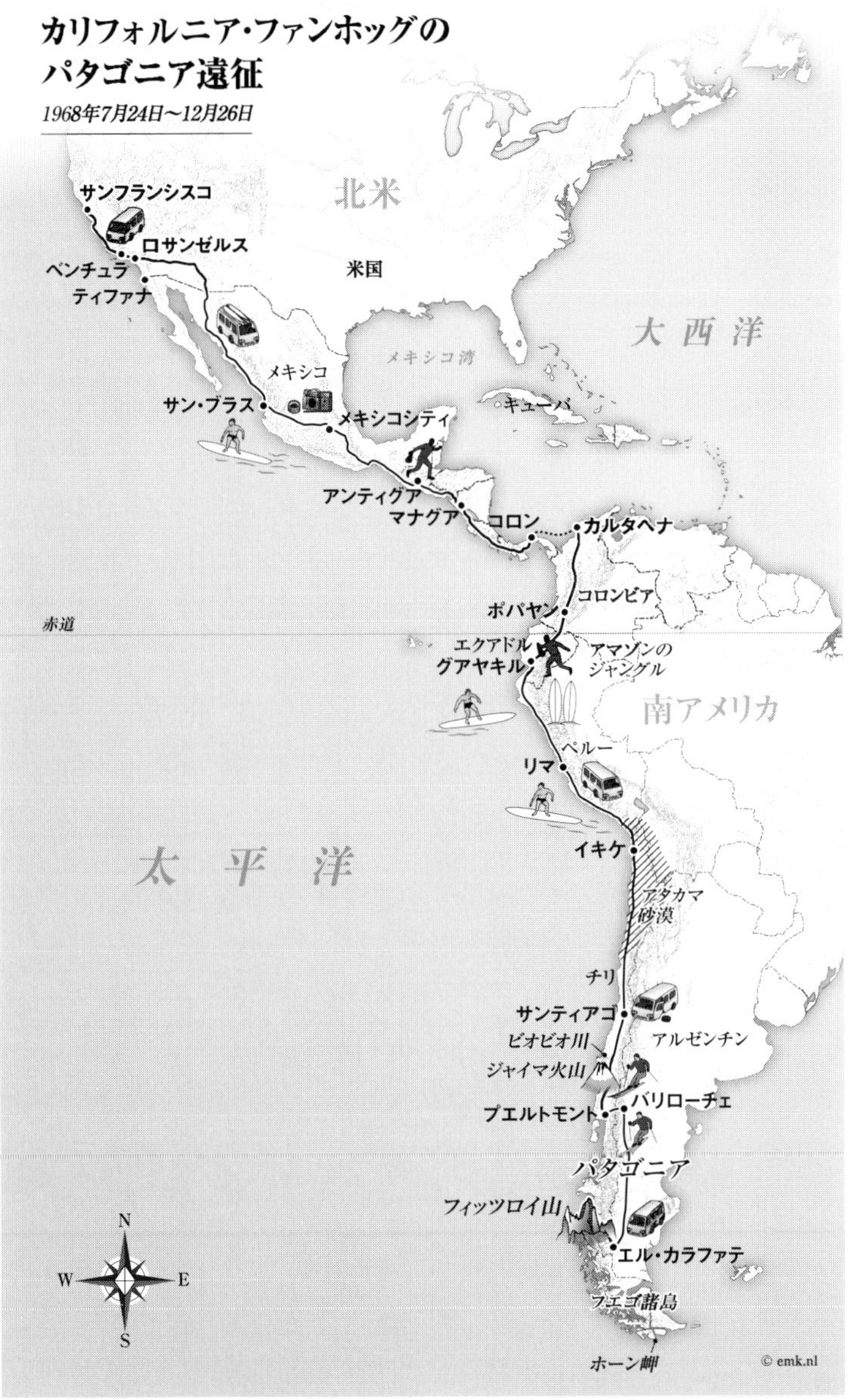
カリフォルニア・ファンホッグの
パタゴニア遠征
1968年7月24日〜12月26日
北米
米国
大西洋
サンフランシスコ
ロサンゼルス
ベンチュラ
ティファナ
メキシコ湾
メキシコ
サン・ブラス
メキシコシティ
キューバ
アンティグア
マナグア
コロン
カルタヘナ
コロンビア
ポパヤン
赤道
エクアドル
グアヤキル
アマゾンの
ジャングル
南アメリカ
ペルー
リマ
太平洋
イキケ
アタカマ
砂漠
チリ
サンティアゴ
ビオビオ川
アルゼンチン
ジャイマ火山
プエルトモント
バリローチェ
パタゴニア
フィッツロイ山
エル・カラファテ
フエゴ諸島
ホーン岬
N
W
E
S
© emk.nl

はイヴォンがスキーの先端をクロスさせ、ポールを振り乱して悪態をつきながらひっくり返っている。クリス・ジョーンズはスキーのテクニックがいまいちなので、カメラに写らないように注意していた。そんな感じで、1週間、毎日、登っては滑り、撮影した。なお、スキー板はこのあと95ドルで売ってしまった。ガソリンその他を買うお金が足りなくなっていたからだ。

チリ南部の港町プエルトモントに着くと、ダグは偽造に手を染めた。アルゼンチンの税関に出す書類をなくしてしまった、税関のハンコがないと困るんだ、なんとかならないかとまじめな印刷所を丸め込んだのだ。アンデス山脈の向こう側にいるチリのライバル、横柄でいい暮らしをしているアルゼンチン人の目をくらましてやろうぜ、と。そして、なんども店に顔を出して、もうちょっとこうだ、もうちょっとああだと口を出す。本物とほとんど見分けのつかないものが完成した。料金はわずかに3ドルである。

プエルトモントからは小型のフェリー（車は2台しか積めない）で凍った湖を渡る。周りは雪をたたえた山々にフィヨルドで、ノルウェーの絵はがきかと思うような景色が広がっている。船はディーゼルエンジンがしょっちゅう止まるおんぼろもおんぼろで、そのうち、もう無理だわと岸辺に置き去りにされるのではないかと一行が心配したほどだった。船から見えるのは原生林で人の気配がない。道もない。町もない。人の気配がまったくない。所有者は、たいがい、払い下げられた土地を相続したサンティアゴの富裕層なのだが、彼らが現地に足を運ぶことはまずないし、それどころか、そのあたりを自分が所有していると認識してさえいなかったりする。湿地で農業も牧畜業もできないし、水が冷たすぎて泳ぐこともできない。漁業は盛んだ。カナダのノヴァスコシア州やアメリカのニューハンプシャー州で州の魚とされているカワマスが何十年か前、釣り人によって持ちこまれ、大繁殖したからだ。カワマスはサケ科で攻撃性が強い。チリでもどんどん増えてほかの魚を食べ尽くし、川や湖に住む魚の8割を占めるほどになっていた。

アルゼンチン入国前、ファンホッグ一行は、ハンコが偽造だとばれませんようにと祈った。そして、祝杯をあげる。書類が通ったのだ。おかげで、6000ドルの保証金を払わずワゴン車をアルゼンチンに持ちこむことができた。車はアルゼンチンで売りはらうので、保証金など払っても没収されるだけだ。

アルゼンチンに入ると、車はほとんどいなかった。だから、青空の下、パンパと呼ばれる草原をぶっ飛ばしていく。平らな大牧草地は米国南西部を思わせる光景だ。携帯寝具と銃を持ち、たくさんの犬を連れたカウボーイにときどき出会う。見回りのカウボーイだ。このあたりは乾燥していて暑く、住む人は少ない。雨は山のチリ側で降ってしまうのだ。ダチョウによく似たレアの群れはわりと見かけるが、それ以外、野生動物を見ることもほとんどない。居留地も、羊用や牛用の薬はあれこれ取りそろえているようだが、人間用の物資は最低限のレベルだ。またこのあたりでは、鋳鉄ストーブに石炭をくべるのに、あちらでもこちらでもシャベルが使われていた。それを見て、そうだ、小さなシャベルがあれば便利だ、リオネル・テレイのフィッツロイ登頂記にそんなことが書かれていたとイヴォンが思いだし、2本買いこむことになった。

そうこうするうちに、観光都市バリローチェに到着した。青く澄んだナウエル・ワピ湖の南岸にあるきれいな街だ。ドイツやオーストリアの雰囲気が漂い、クーヘンやシュトルーデルが売られている。家は木製の太いはりがアクセントの石造りで、たまの大雪に備えて屋根は急勾配になっている。ドーワースの記録によると、「ステーキが安すぎてほかのものが頼めない。あと、キャンディが信じられないほどおいしい」そうだ。

一行は、セロカテドラル山のふもとにある山小屋、レフジオ・フレイを拠点にクライミングを始めた。「しばらくまともに食えなくなるとわかっていたので、ボクサーみたいにステーキばかり食っていた」とダグも記している。

みな、ぼろぼろだった。ワゴンに揺られる、アイスクリームを食べる、エンジンの修理をするという生活では、フィッツロイを登れる体などできるはずがない。特にやばいのがドーワースだ。もともとヨセミテで数カ月トレーニングしただけでロッククライミングの経験も少なすぎるし、山頂まで行けるかどうか心もとないかぎりだった。人間離れの体力とすばらしいスキー技術から、シェルパとして、また、映画のイメージキャラクターとしての役割が期待されただけなのかもしれない――ドーワースはそう思うこともあったという。だが、バリローチェあたりの山々をイヴォンと登りはじめると、ドーワースはめきめき腕を上げていく。もともと優れたアスリートだし、挑戦が大好きだったからだろう。「クライミングをすると、つい犯してしまうミスから身を守れるようになる」とドーワースは記している。

クライミングには、ほかのスポーツにはない側面がたくさんある。とても危ないので、自分が置かれた状況とリスクをしっかり検討し、判断しなければならない。つまり、どういう状況なのか、そのリスクにどれほどの価値があるのか、だ。また、そういう危険な部分を安全に通れるだけのスキルや能力が自分にあるのかも判断しなければならない。リスクを避けたり最小限に抑えたりする方法も学ばなければならない。そうしなければ死んでしまうからね。その上で、想定外は起きるものだ、判断をミスるとやばいことになると覚悟しておかなければならない……死に直面しなければ命のなんたるかなどわかるはずがない。だから、限界に挑む。そうすれば痛みや困難を学べるし、それに耐える方法も知ることができる。猛烈に集中するときと猛烈にふり返るときがある……バランスのいい人生というのはそういうものだと私は思う……物欲の世界とはまるで違う世界だ。

――ダグ・トンプキンス

クライミングは催眠術のようだとリトは言う。

「クライミング中は、神経を張り詰めていなければなりません。あらゆることに注意し、あらゆることに気を配っていなければなりません。ダグも私もラッキーでした。ふたりとも、ほんとうにまずい状況には陥らずにすみましたし、死にかける経験もせずにすみました。注意を怠らなかったからです。大胆ではありましたが、同時に抜かりもなかったわけです」

バリローチェでは、風呂に入り、ひげをそり、食べ物を補充した。留守宅に電話もしたがこれはなかなかにやっかいだった。アルゼンチンや米国のオペレーター、何人も経由してつないでもらうので大変だったのだ。

電話代もすさまじかった。だから、ダグはスージーへの電話をなるべく短く切りあげようとした。だがスージーの話が終わらない。立ち上げたアパレル会社が成功して大変なことになっているという。パートナーのジェーンがデザインしたドレスがサンフランシスコ・クロニクル紙の全面広告に出て、さばききれないほど注文が殺到している。だから手を貸してほしいというのだ。

ダグはバリローチェからサンフランシスコへの航空券を手配すると着替えだけをかばんに詰め、ちょっと帰ってくるわとファンホッグの仲間に告げた。

みな、びっくり仰天である。映画の核となるシーンを撮ろうというときに監督がいなくなる？　地球の裏側まで妻に会いに行く？　ありえないだろう。

ダグは引かなかった。これは大事なことで外せないし、1週間だけだから、と。

こうしてダグは、人生の意義について悩みつつ、帰国の飛行機に乗った。収入なし、貯金ほとんどなしで小さな子どもがふたり。大人ひとりで幼い娘ふたりの面倒をみつつ、小さいながらも事業を経営してきたスージーは、何カ月も3人分の働きをしたわけだ。だが、ダグにとって子育ては不得意分野である。娘とは何カ月も接していないし、家族で遊びに行くのも、ダグのやり方では控えめに言って「頭がおかしい」ものになってしまう。スージーは助けてくれと言っている。ああでも、記念碑となる映画をつくるとスージーに宣言してしまっているんだよな。そんな映画、とてもつくれそうにない状況なのだが。

サンフランシスコに戻ると、スージーから詳しく説明を受けた。サンフランシスコの高級百貨店ジョセフ・マグニンが「プレイン・ジェーン」コレクションのドレスを新聞広告に取りあげた。それをきっかけに注文が殺到。ジョセフ・マグニンから何百着もの注文が舞い込むことになった。総額1万5000ドル（2021年の10万ドルに相当）。ステーションワゴン1台で商売をしていたプレイン・ジェーン社は、小さいながらも事務所を持ち、社員を雇用する小企業になった。

ザ・ノース・フェイスを経営した3年間で手に入れたコネを活用し、ダグは、衣料品の製造を必死で勉強した。ジェーン・ティセとスージーは、2ベッドルームの小さなアパートで休みなく働いている。そこにダグも加わり、みんなでブレーンストーミングをくり返す。どこなら、これほど多くのドレスをこれほど短期間でつくってくれるだろうか。ダグはチャイナタウンを当たってみることにした。スージーは、布地を卸してくれるところに当てがあるという。ジェーンはとにかくデザインだ。ジェーンのアシスタントとして入ったエイプリル・スタークはこう証言している。

「ほんとのパパママ事業でした。ジェーンがドレスのスケッチを描くんです。で、有能なパタンナーを入れたので、彼が型紙を起こすわけです」

裁断には、ジェーンのアパートのキッチンテーブルを使った。事務所は風俗店の上だ。ダグはチャイナタウンに行っては裏路地の小さな縫製場を巡り、金融街に行っては受注契約を担保にお金を借りると駆けずりまわった。

1週間がすぎた。南アメリカに戻らなければならない。ファンホッグの仲間が待っている。いつでも出発できるように荷物の用意も終わっているだろう。だが、まだだ。まだ戻れない。ダグは電報を打つことにした――「モウ1シユウ　マタオワラヌ　スヘテシユンチヨウ　タク」

仲間は騒然となった。

「ジョーンズは真っ赤になって怒っていた。イヴォンは意気消沈で肩を落としている。私もがっかりだ」――ドーワースは、バリローチェのミュンヘンバーでビールをしこたま飲みつつ、こう書いたという。「彼はほかの人のことをまったく考えなかったりする。今回は友だちだというのに、考えてくれなかったわけだ」

ようやくバリローチェに戻ったとき、ダグは、言い訳めいたことを言おうともしなかった。どころか、バリローチェを発ってエル・ボルソンを抜け、ロス・アレルセス国立公園のまだ先、人がほとんど住まない地域に早く行こうとみんなをせかした。このあたりまで来ると、カウボーイの集落や大規模な羊牧場がぽつぽつあるだけで、買物ができる場所などめったにない。わだちや穴で走りにくい道を少しずつ、フィッツロイに向けて進んでいく。11回もパンクしながら腰に響く道を300キロ近くも走り、ようやく、フィッツロイの姿を拝むことができた。

「見た瞬間、アゲアゲのサゲサゲになった」――ダグはこう記している。

まさかと思った。3カ月半、ものすごい距離を走ってきた結果がこれか。どこでまちがったのだろう。こんなだとは思わなかったんだ。ものすごくでかい。ものすごく美しい。ものすごく怖い。シャモニーを大きくしたら、バガブー山群を大きくしたらこんな感じと言えばいいだろうか。とにかくでかい。それしか頭に浮かばない。まだ100キロも手前にいるというのに、だ。南には100キロ以上もあるビエドマ湖があり、湖に流れ込む氷河はヒマラヤの山に匹敵するサイズだ。今回の旅で一番気弱になったのは、フィッツロイの姿が見えた最初の数分だろう。とにかく怖くて自信など吹き飛んでしまった。エル・キャピタンのビッグルートを登ってやろうと車を走らせてヨセミテに行き、あの壁を見た瞬間に感じるのと同じ恐怖だ。あそこを登るのか？　ちょっと待て。登れるのか？　やめたほうがいいんじゃないか？　そう思ってしまうのだ。

――ダグ・トンプキンス

探検と運転を何カ月もつづけ、ついに見ることができたフィッツロイ山。（写真提供：ダグ・トンプキンス）

Part 1

第3章 雪洞

冒険1回で人生が一変することもある。私は、31日間も雪洞にこもることになった。ストーブで溶かす氷を切りだそうとして、アイスアックスをひざに刺してしまったからだ。雪洞に横たわり、10～20センチ上の氷の天井をにらむことしかできない。ストーブに火をつけると壁が溶け、寝袋が濡れて使い物にならなくなる。この雪洞で、私は、30歳の誕生日を迎えた。人生で最低、最悪の瞬間だった。

―― イヴォン・シュイナード

フィッツロイの尖塔《せんとう》に向かい、ビエドマ湖を巡る未舗装路があるのだが、それも山まで続かず、ラス・ブエルタス川で終わってしまう。吊《つ》り橋がかかっているので川は渡れるが、ワゴン車に来れるのはここまでだ。いや、よく走ってくれたものだ。ここからは歩く。

「フィッツロイへ行くには荷馬しか方法がない。あとは自分の足だ。だから、必要なものを厳選した」――ダグはこう記している。

アルゼンチン陸軍のシルベニア中尉と出会い、国立公園の森林を抜けてフィッツロイのふもとまで、荷馬として軍馬をただで使わせてもらえることになった。各種装備を背負って何往復もしなくてすむわけだ。ダグは大いに喜んだ。チリ式のカウボーイハットをかぶりダッフルバッグを肩にかけると、リトに撮影を頼み、ぐらぐらと揺れる吊り橋をはずんだ足取りで渡っていく。下は惨事で知られる川だ。フランス遠征隊の隊員がひとり、急流にのまれて死んだところなのだ。この隊員にちなんで、フィッツロイにつらなる花崗岩ピークのひとつが「アグハ・ポインセノット」と名付けられている。パタゴニアは目に美しい地だが、油断禁物なのだ。だがダグの気持ちははずんでいた。だから真ん中あたりで橋をつっているワイヤーをつかむと、おふざけで懸垂までした。満面の笑みである。

ここから丸一日歩いたところにベースキャンプを置いた。1954年の初登でリオネル・テレイがベースキャンプを置いたのと同じ場所だ。さびた缶が埋まっていた。歴史の足跡だ。炉の残骸も出てきた。これはイヴォンがパンを焼くのに活用した。周りはブナの森。少し進めば、雪と氷と岩の世界になる。

ここを拠点に、フィッツロイがまとう氷河と雪までもうちょっとの半ば凍った湖、ラゴ・デ・ロス・トレスの先までルートを探して歩く。雪の急斜面を快調に登っていくと、ピエドラス・ブランカス氷河の手前で絶壁に突き当たった。もっと上の難所に続く「ホワイト・ハイウェイ」だ。パッソ・スペリオーレなどと呼ばれるコルもあった。頂上も見える。ここを第1キャンプにしよう。高い山を登る際、第1キャンプ、第2キャンプとテントを設営して山頂までのばしていくのがふつうなのだが、フィッツロイでその方法は使えない。どんなテントもパタゴニアの風に勝てないからだ。だから、過去の遠征も、吹きだまりに雪洞を掘って利用している。雪洞を掘り、ベースキャンプまで何往復もして荷物を運び上げるのは大変な作業だ。何日もかかったが、最後は、どんな天候にも耐えられる雪洞が完成した。

次のステップは、最後の花崗岩ピークの手前に広がるピエドラス・ブランカス氷河だ。とにかく慎重に少しずつ進む。クレバスにかかる雪の橋をひとりが踏み抜いても大丈夫なように、アンザイレン必須である。ダグも、クレバスに滑り落ちること4回、どうにもできずロープに支えられること2回だった。さすがはフィッツロイで守りがかたい。

ピエドラス・ブランカス氷河を渡り終えると、そびえ立つ最終ピークの花崗岩から飛びだしたような巨大バットレスに行きつく。バットレスというより、リッジというほうがいいかもしれない。シラとかチェアとか言われるこのバットレスの上にハイキャンプとなる雪洞を掘ることにした。ここから最終アタックをかけるのだ。この難しいピッチはイヴォンがリードした。そして、チーム全員がシラの上に立つ。目の前には、最後の花崗岩がほぼ垂直に９００メートルもそびえている。フィッツロイ一番の難所である。

天気が変わらないうちにと、ファンホッグ全員で雪洞を掘った。パタゴニアの登山は大気次第で別物になるし、フィッツロイの天気はひどく過酷からそれなりに過酷の範囲なのだ。何時間もかけて穴を掘り、広げ、固めていく。雪洞なし、むき出しのリッジで一晩を過ごすのは自殺行為だ。太平洋からの強風がほぼ常に、垂直の山壁に吹き付けてくる。ドーワースが言うように、谷から山に沿って雪が吹き上がる光景など、ほかではまず見られないだろう。天気が天気なので、周到に準備をしてからでなければ頂上アタックなど危なくてできたものではない。天候悪化で下りられなくなった場合に備え、雪洞２カ所にそれぞれ、少なくとも何日分か、食料、調理用のガス、缶詰などを用意しなければならない。１週間分ずつくらいは必要だろう。

というわけで、しばらくはがまんで体を動かしつづけた。行ったり来たりして物資を運び上げるのだ。まずは深い雪をかきわけて第１キャンプの雪洞まで、つづけてシラのハイキャンプまで。よさげなシーンがあれば撮影もした。冒険登山ではなく苦役にしか感じられない。がまんにも限界があり、みな、いらついてくる。ダグはモチベーションが高い分、いらだちもひどかった。

ついに、食事をともにしたり冗談を言いあったり、おんぼろワゴンの旅で生まれたチームの絆が崩れる日が来た。氷河で撮影していたとき、指示にすぐ反応しなかったとダグがリトを叱りとばしたのだ。リトはカメラを置き、じゃあもう撮影なんかやめると言いだす。ダグはリトをぐいっと押しのけてカメラを拾うと、下に向かった。非常食もロープもなしに危険なクレバス地帯を下りていく。クリスの日誌も持っていった。別れの一言を記すためだ。映画なんぞくそくらえ。

みんな、やる気がなさすぎる。怒りにまかせ、4ページも非難の言葉をつづっていく。

「こんなに落ち込んだことはない……むかつく。とにかくむかつく。みんなに対しても、自分に対しても。一番は自分に対して、だな」

チームワークが大事なのにという言葉もあった。

「不平や不満をいだくことなく全員がそれぞれに役割を果たせれば、それ以上のことはない。遠征ではおもしろくないこともしなければならないわけで、そういうときこそ、そうでなければならない」

ダグは、暗くなる前にみんなのところへ戻った。話し合いをしようと雪洞の前にみんなを集め、意見を求める。

ドーワースが一言——「あれはなんだ？　リトにあれはないぞ」

一呼吸あって、「わかった」とダグ。

このセラピーセッションが効いたのか、乱暴は収まったとドーワースは言う。

「あのあとリトをじゃけんに扱うことはありませんでした。たった2秒で反省し、行動を変えたんです。あんなにさっと変われる人、見たことがありません」

チームが復活し、登ったり下りたりを何日もくり返してキャンプに物資をたくわえたら、あと必要なのは好天だけだ。1日だけでいい。それだけで頂上まで行ける。

ふたつめの雪洞にこもって待つ。待つ。待つ。だが天気は変わらない。太平洋とパタゴニア南部の氷原で湿気をたっぷり含んだ風が吹き付け、毎日、嵐ばかりだ。待つ以外にすることがない。日誌に書くのも、あの料理はこんなにおいしいという話だったりする。好きなお店のメニューをリストアップしたりもした。ダグ、リト、クリスは南米で人気のカードゲーム、トルッコで遊んだりもした。イヴォンはゲームに加わらず、ジョーゼフ・キャンベルの『千の顔をもつ英雄』を読んでいた。

器用なイヴォンは、スピーディーステッチャーで、ブーツやジャケットなど装備の補修をよくした。ゲートルの長さもくり返し調整したし、ブーツに付けるクランポンもしっかり研いだ。調理も担当した。雪を溶かして水をつくり、なにか食べられるものをつくるのだ。ときどきは温かい飲み物も用意した。水の準備は大変で、雪や氷の塊を取りに行くのは交代だ。イヴォンのとき、突風が吹いた。

「アイスアックスをひざに刺してしまいました。かなり深く。腱も傷つけてしまったようです。すごく痛いのですが……どうすることもできません……外科の心得がある人などいないのですから」

気温は常に零下なので血は簡単に止まったが、傷はなかなか治らない。ダグは自己催眠の手法でイヴォンの気をまぎらわそうとした。じつはふたりとも自己催眠を学んだことがあり、キャンプファイヤーの余興によく使っていたのだ。そんなわけで、これからどう生きていくのかなどをずいぶん話しあった。自由に生きよう、ワイルドに生きよう、自分の道を行こう、と。雪洞にこもる日は、入口が雪で埋まるほど続いた。

「ずっと薄暗くて、ずっと寒いんです。ずっと零度。あと、ずっとじめじめしていました」

イヴォン・シュイナードはこうふり返っている。

ずっと待つのはつらい。ほかにやれることもないので、物語を語りあった。あれこれについて、とりとめもなく話しあったりもした。最後は、たいがい、遠征が終わったあとどうするのか、だった。このときの話について、ジョーンズは次のように語っている。

「イヴォンは『金を稼がなきゃいけない。パンがいるからね。でも、なんか空回りしてるんだよな』とよく言ってて、そんな彼に、ダグがいろいろとアドバイスをしていました。背中を押していたんです」

アイスハンマーやピトンなどは耐久消費財で、しっかりした製品なら10年も使えたりする。対してシャツやパンツなら、くり返し買ってもらえる。ジョーンズによると、イヴォンが「非」耐久消費財に手を広げたのは、ダグにこう言われたからなのだそうだ。

雪洞にこもりっぱなしの生活で、5人は穴居人みたいになってしまった。あごひげはもじゃもじゃ。シャワーなし、石けんなし、制汗剤なしで、ついでに言えば物語の在庫もなくなっていた。こういうことがしたい、ああするぞ、こうするぞという話もいやというほどくり返した。そのひとつがダグとイヴォンの誓いだ。ふたりとも一生懸命に事業をしているのにあまり儲かっていない。また、権威が嫌いだった。だからこう誓った。

「どんな事業にせよ、自分がやりたいようにしかやらない。株式は公開しない。株を他人に渡さない」

事業の目的は利益の最大化ではない。むしろ心安らかに過ごすこと、枕を高くして眠ること、ワイルドな世界を探検すること、お昼に思い立って午後サーフィンすること、1カ月サーフィンをして過ごすことを目的にすべきだ。

「年に4カ月休めない仕事には就かない」——イヴォン・シュイナードはこう記している。ダグも同じように考えた。そのためには、事業に支配されてはいけない。自分が事業を支配しなければならない。

このとき、イヴォンは、会社をパタゴニアという名前にしたらいいのではないかと思いついた。あのころはパタゴニアと言われてもどこかわかる人などまずいなかったからだ。

「ティンブクトゥあたりと同じなんですよ。ティンブクトゥなんて、ふつうは知らないでしょう？　それと同じです。メキシコでも、『どこに行ってきたの？』と尋ねられた子どもが、親をびっくりさせたくて『パタゴニアだよ』って答えるほどなんです」

イヴォンはこう語っている。

こうして、何回、物語を語りあい、人生の計画を練っても、嵐は途切れなかったとリトは言う。

「登れそうな日がまったくないんですよ。ずっと嵐が吹き荒れていて。とてもじゃないけど登れません。

まあ、下る分にはなんとかなりそうかなぁ、なんて言いあってました」

ただただ待つ日が11日も続いた。これはしんどかったとジョーンズは言う。

「雪洞の補修くらいしかやることがないんです。あとはあれこれ思いを巡らせること。ふるさととか食べ物とか、それこそ、ありとあらゆることに思いを巡らせました。外に出ることさえできない日もありました。同じ話を何回聞いたことか。新しい話なんて出てこないんですよ。時が止まってしまった感じでした」

食べ物も底を突きかけていた。残りはオートミールの缶詰がいくつか、豆のスープが1瓶、ベーコンの塊がいくつかだ。1食をほんの二口、三口でがまんして食いのばさなければならない。

「ほんとにちょっとしか食べられませんでした。びっくりするくらい少ないんですよ。1日1000カロリーくらいだったんじゃないでしょうか。あほみたいな量です。体温を保てるくらい食べることさえできなかったんです」

嵐が少し収まったように感じるたび、入口の雪を掘って外に出て、天気を確認した。だが、幸運の女神はほほ笑んでくれない。時速80キロくらいの強風が吹き荒れていて、とてもじゃないが登れる状態ではない。だからといって、ずっと雪洞にこもっていることもできない。何週間も嵐に閉じ込められ、食料もストーブのガスも残り少なくなってしまったのだ。

「下りて食料などを取ってくれればと思っても、天気がどうなるか怖くてそれさえできずにいました。食料が足らないのだからどこかで下りなければならないわけですが、死にたくはありませんからね」

がまんにがまんを重ねたが、それも限界だ。逃げだすことにした。

「このくらいの嵐なら登れるかなと思っても、我々は、9割方、撤退を選ぶ。ふつうの嵐ならつらいだけで死ぬ心配はない。フィッツロイの嵐は話が違う。逃げるしかなかった」

ダグはこう記している。

雪に覆われたシラを懸垂下降で降り、視界がホワイトアウトした状態でピエドラス・ブランカス氷河をゆっくりと低いほうの雪洞まで、さらに、森のなかにつくったベースキャンプまで後退する。時間もかかれば神経もすり減る行程だ。懸垂下降は嫌いだとイヴォンは言う。

「懸垂下降は大好きな人が多く、ぼーん、ぼーんと大きく飛んで降りる懸垂下降をしないクライミングなんてと言う人さえいます。でも我々は大嫌いでした。だって、アンカーとロープに命を預けることになるんですよ?」

フランス遠征隊と同じ場所に設けたベースキャンプまで戻ると、装備を雪から掘りだした。イヴォンがパンを焼き、みな、服を乾かす。そんなこんなで体をまた動かせたからだろう、みな、体に力が戻ったし、気力も回復した。だが朝の雲は真っ赤で、次の嵐が近づいていることを示していた。雪洞に閉じ込められているよりベースキャンプにいるほうがなんぼか楽だ。でも、山のことばかりが気になる。フィッツロイが雲に隠れることはまずなく、頂上とそこにいたる絶壁はだいたい見えている。だが、そのピークからは雪煙が立っている。強風が吹いているのだ。登るどころか、立つことさえまずできないほどの強風が。だから待った。登りたい、登りたいと思いつつ。ここまできてあきらめるなどできるはずがない。そして、ついに、25日続いた嵐が静まる日がきた。5人は、喜び勇んで出発。低いほうの雪洞で一夜を過ごし、翌朝、高いほうの雪洞に向かった。

シラの頂部まで登ったが、雪洞がみつけられない。上では花崗岩のピークを巻いて竜巻状に雪が舞っている。とにかく視界が悪かったとリトは言う。

「自分の手さえ満足に見えないんですよ。雪煙や氷のかけらがピークから飛ばされているのはわかりました。音がすごいんです。これは登れないと思いました」

雪洞を丹念に探す。雪は降っているが、地面まで雪が落ちることはないように思える。風で風景が一変していた。見慣れた岩も雪に埋もれてしまったほどで、まるで違う場所のように思える。1時間探しても雪洞はみつからなかった。これは自分たちのミスだったとダグは言う。

「入口に目印を残すべきでした。雪洞は、風に飛ばされてきた雪で完全に埋まっていました」

歓声が上がった。クリス・ジョーンズだ。雪洞をみつけたらしい。クリスとダグが交代で入口の雪を掘る。道具はバリローチェで買った小さなシャベルだ。時間はかかったが、雪洞を掘りだすことに成功。入口は雪がいったん融けてからホッケーリンクかと思うほどかたく凍っていて、ボブスレーのコースかというくらいによく滑った。そこをクリスとダグがふたり並んで匍匐《ほふく》前進していく。海兵隊かと言いたくなる光景だ。ダグが新雪を押しのけ、穴の内側に手を突っ込むと、頭が通るくらいの穴が開いた。そこから中に滑りこむ。冷えきったほかのメンバーが後に続いた。雪洞はうねり、床は濡れていた。だから「カドー窟」と呼ぶことにした。ダグにはピーター・〝カドー〟・アベナーリという親友がいるのだが、彼はルーズで物事にとんちゃくせず、仲間内では、ぐちゃぐちゃなものはなんでも「カドースタイルだね」の一言でくくられていたからだ。

食べる物はある。床は濡れている。気温は零度だ。日は長いので、いまからなら日が落ちる前に下まで下りられる。雪洞で夜明かしする手もある。

「あのころは、天気が悪化してこれ以上は無理となるまで登っていたのです。天気予報なんてものは利用できなかったしGPSもなかったし。なにがどうなっているのか知る方法なんてありませんでした。だから、お天気さまさまだったのです」とイヴォンはふり返る。

天井は風に飛ばされてしまった。床は割れていて、そこからクレバスへと雪が吸い込まれていく。ふさいでもふさいでも、またどこかが割れてしまう。ストーブも凍っていて、火をつけるだけでも一苦労だ。口を開く者はほとんどいない。ここまで登って疲れたこともあり、風が吹き荒れる中、みな、死んだように寝た。天気は悪いが、なぜか登頂はできる気がしていた。雲が吹き飛ばされて空が青くなったら、最終アタックを始めよう。

それから二日がたった1968年12月18日の夜、雪洞から外をうかがったダグとイヴォンは目を輝かせた。星がまたたいている。すぐ、最終アタックの準備にかかった。下りに備えてロープを多めに持つ。ヘッドランプも装備する。万が一、山頂で夜明かしなんてことになったら、背中にしょった服だけでなんとかしなければならない。出発は4時、目覚ましは3時にした。だが、ロープや装備の準備をしているあいだに、ダグが2時間早い1時にした。最初のほうは暗くてもなんとかなると考えたからだ。

暗い中を出発した。めちゃくちゃ寒い。夜明け前、まだ暗いうちにバットレス南西の岩壁に取りつくことができた。待ちに待ったロッククライミングの始まりだ。初見でまちがいのない判断を下していかなければならないし、クライミング戦略も工夫する必要があった。5人もいるので安全は確保しやすいが、クライミングロープが3本しかないのだ。たった3本でどう動けばいいのか。どうすれば全員がアンザイレンできるのか。どうすればピッチをフォローできるのか。イヴォンとダグが交代でリードする。ロープ1本分リードしたらそこにフォロー用のロープを固定する。ジョーンズはリーダーのバックアップとして、リーダーが使ったプロテクションを回収する。リトは、凍りそうなカメラを抱えてひとりで登る。待ちに待ったアタックだからだろう、30メートルと長いボレックスのフィルムを交換するときも、待ってくれとリトが頼むことはなかった。

フォロー用にリーダーが置いたロープは、ユマールというクライミングギアを使って登る。ここで大事な役割を果たしたのが、メンバーの中で一番経験の浅いディック・ドーワースだ。ピッチを登りきったら使ったロープをまとめてリーダーに渡すのだ。5人とも自分の登りに集中するのだが、ドーワースは、ほかのメンバーが見えず、声も聞こえないのが気になってしかたがない。仲間はずれにされたような、単な

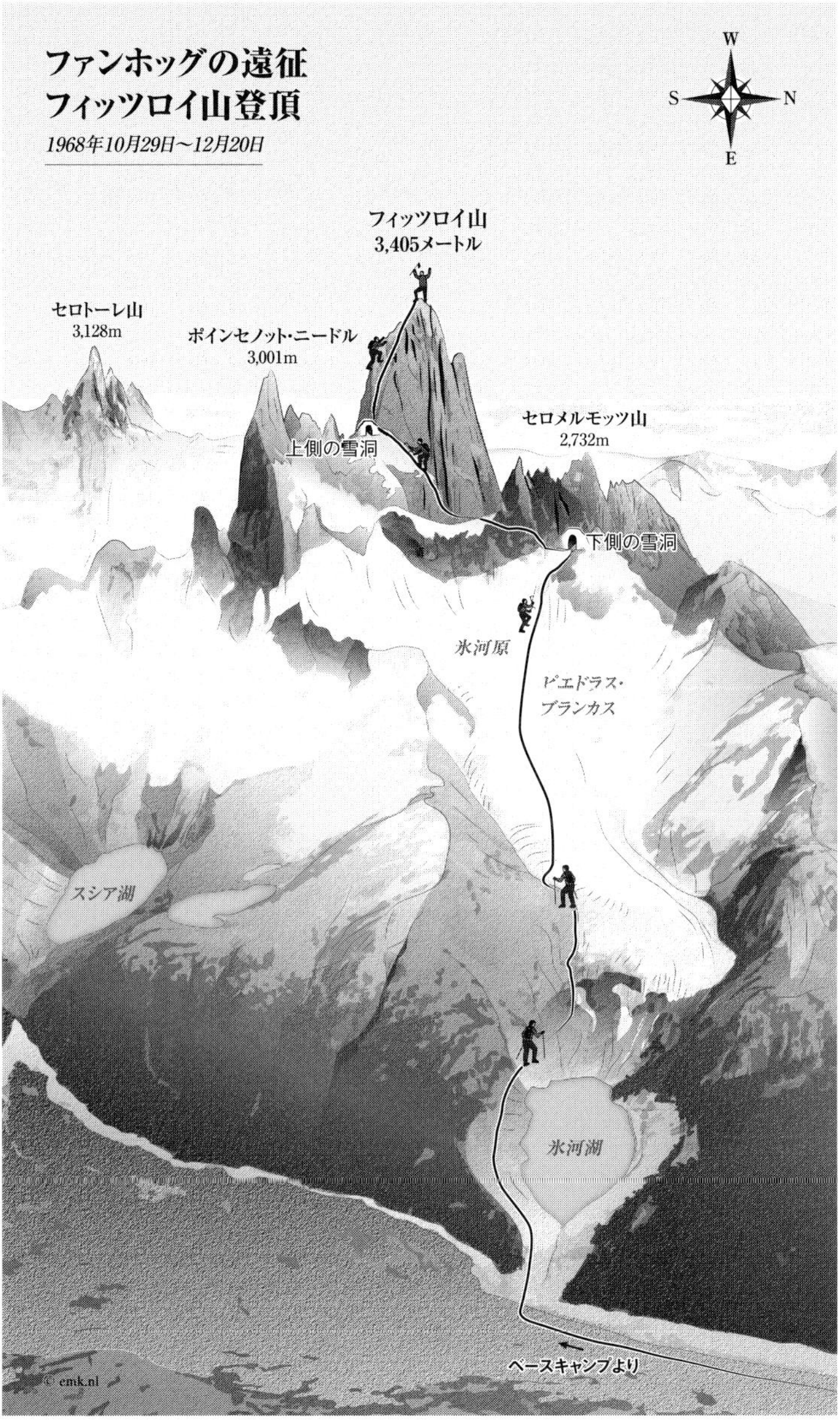
ファンホッグの遠征
フィッツロイ山登頂
1968年10月29日〜12月20日
W
S
N
E
フィッツロイ山
3,405メートル
セロトーレ山
3,128m
ポインセノット・ニードル
3,001m
上側の雪洞
セロメルモッツ山
2,732m
下側の雪洞
氷河原
ピエドラス・
ブランカス
スシア湖
氷河湖
ベースキャンプより
© emk.nl

る足手まといと言われているような気がして不安になってしまったのだ。気持ちを落ちつけ、あらためて集中する。「落ちたら死ぬぞ」という言葉が口をついたが、その危険についてはなるべく考えないことにして、「そっちには行くなよ。そっちには行くなよ。そっちには行くなよ」と自分に言い聞かせながら登ったという。

　リッジから頂上の向こうまで雲がかかって日陰になっており、凍えるほど寒かった。日の光を浴びられたのはお昼すぎだ。岩は冷たいが使えるクラックがそこここにある。どこをどう登るのが一番いいのか考えるのは、イヴォンとダグの役目だ。それにしても、フィッツロイの花崗岩はファンホッグが大好きなヨセミテ渓谷の岩肌とよく似ている。違いはとても冷たいことくらいだろうか。みな、手にはウールの指切り手袋をしていた。手は温かく保ちたいが、岩には指そのものを引っかけたいからだ。単なる手編みの手袋なのだが、ダグは「最高のクライミングギア」だと胸を張っていた。

　登るにつれて、雲も上に押し上げられていく。気温は低いままだが、これなら行けるかもしれない。コル最後の難しいピッチをクリア。さあ頂上だと思ったがまだまだだった。

「もう大丈夫と思ったんですよ。ところが、岩の尖塔が何本も頂上の手前にあったんです。つまり、もう何時間か登らないといけない。しかも、その尖塔は薄い氷に覆われていてすごく危ない状態でした」

　こうジョーンズが言えば、リトもここが正念場だったと証言する。

「さあ頂上だというところまで来て大問題に突き当たりました。刀みたいなリッジです。氷に覆われた尖塔を何本も越えていかなければならない。頂上まであとどのくらいあるのかまったくわかりませんでした。それを知る方法はひとつしかありません」

　ファンホッグは登りつづけ、向こう側に越えてまた登るをくり返した。ドーワースは言う。

「ダグは憑《つ》かれたように登っていました。凍ったくぼみや汚れた雪を踏みしめて」

結局、越えなければならない尖塔は4本もあった。のこぎり状のリッジを越えるのに何時間もかかったわけだ。ダグが先行して1ピッチを懸垂下降し、クラックを6メートル登るとロープを外した。このときについて、ダグは次のように語っている。

「この先にまだ難しい箇所があるかもしれないと思うとたまらなくて、ほかのメンバーが登りきるのをまたず先行してしまいました。少し登るともう大丈夫だとわかったので、スーパークーロワールの端まで行き、雲の隙間に見え隠れする仲間の様子をうかがうことにしました」

イヴォン、リト、ディック、クリス――仲間がひとり、またひとりと姿を現す。撮影で人一倍苦労したはずだし、登頂の瞬間を撮影してもらう必要があるしで、先頭はリトということになった。みな、しっかりした足取りで頂上へ登っていく。下から見てとても登れないと思った岩が足の下にある。みんなの気持ちは、イヴォンがうまく言い表してくれた――「やったね。解放を勝ち取ったよ」

ダグは満面の笑みであたりを見回した。ずっと下に雲が渦巻いていて、下山ルートがいまいちよく見えない。ビエドマ湖はちらちらと見えている。パタゴニアの広大な氷原やたくさんの火山が一望できる。最高だったとダグは言う。

「あの瞬間、我々は世界のてっぺんにいました。目に入るものすべてが我が物だ――そう感じたんです。雪洞の居心地が最低だったとか、手足がすごく冷えたとか、つらかったとか、食べ物がまずかったとか少なかったとか、最終アタックができるくらいの好天に恵まれるかどうか何週間もわからなくてやきもきしたとか、そんなことぜんぶが吹っ飛んでしまいました。目的を達成した瞬間、クライマーなら深い満足を覚えるものなのですが、我々5人もそういう状態だったのです」

下から吹き上げる風に乗ってガスがかかりはじめた。ぐずぐずしていると、ダグの言う「パタゴニアの爆撃機」で大変なことになりかねない。急いで下ろう。

風が強まるなか、下山が始まった。ダブルロープで懸垂下降してはロープ回収をくり返すのだ。強い風が吹いているとロープがあおられて引っかかってしまったりする。下りこそ気をつけなければならないのだとイヴォンは言う。

「気は抜けません。常に気を張っていなければならないのです。ガイドに頼ってエベレストを登る人が多いのですが、そういう人は、ガイドになにかあったら途方に暮れてしまいます。我々は違います。ここで嵐に襲われたらこの小さなガリーに避難しようなど、いろいろと想定しながら登っています。常に考えているわけです。登りより下りのほうが危ないというのも身に染みています」

夏は日が長く、なかなか暗くならない。だが、運悪く、風でロープがしなり、レッジに引っかかってしまった。

「手はかじかむし、雪の中、ヘッドランプの明かりが頼りでよく見えないし、ロープは引っかかるしで、最悪の状況でした」とダグは言う。

午前2時、懸垂下降をあきらめ、小さなレッジの上でビバークすることにした。ビバークはキャンプとまるで違う。クライミング中のビバークとは、動かずにじっと朝を待つだけの行為だ。ロープをクモの巣状にして体を固定する。ドーワースはブーツを履いたまま寝た。足先の感覚がない。ダグは、風にあおられて装備が岩にぶつかっているのを感じたという。ともかく、体を休める。ふるえながらではあるけれど。イヴォンも「くっそ寒くて、眠れたものではありませんでした。じっと座っていただけという感じです」と言っている。

明るくなるとすぐ、高いほうの雪洞をめざして行動を開始した。「サーカスのライオン芸で使われるむち」のような音がするほど風が強く、懸垂下降のロープがあばれる。ゆっくりとしか下れない。

「崩れかけの雪洞にたどり着いたのは11時でした。みな、疲れきっていましたし、冷えきっていました。

だから、軽い祝勝会のあと、夕方まで死んだように眠りました」

ここまでは台本どおりだ。新ルートでフィッツロイの登頂に成功した。撮影もできた。だが、留守宅は不安に沈んでいた。ファンホッグが生きているのか死んでいるのかさっぱりわからなかったからだ。帰宅予定はとっくの昔にすぎている。救援隊を組織すべきなのかもしれない。スージーはイヴォンの妻マリンダ・イヴォンに相談した。だが、南アメリカの危険な山に登れる人が浮かばない。しかたない。年が明けてからアメリカン・アルパイン・クラブに連絡し、パートナーが行方不明だ、助けてくれと頼むことにした。

ダグもイヴォンもこのときは気づいていなかったが、ふたりが生涯、親友でありつづけたのも、事業の世界を渡っていけたのも、この冒険旅行があったればこそである。この冒険旅行があったから、ふたりとも、片足を山に置き、もう片足を、自然への敬意を理念に掲げる事業経営に置いて進むことになったのだ。

いずれにせよ、衣料品の会社パタゴニアのトップとして、イヴォン・シュイナードが企業たるもの、貢献を惜しむべきでないという考え方を世の中に広めていくことになるとは想像もできなかったはずだし、ダグはダグで、自然保護の世界で押しも押されもせぬ人になるとは想像もできなかったはずだ。イヴォンは、雪洞に閉じ込められた期間は人生で最低、最悪の瞬間だったとあちこちで語ることになるのだが、後年、つらい思いをしながらがんばったことには大きな価値があったと思うようにもなったという。

「あの経験があったからどんな逆境にも立ちむかうことができました。だから、あれは、最高、最良の瞬間でもあったのです」

Part 1

第4章 プレイン・ジェーン社のメインストリーム進出

ダグは実行力がすさまじくて、おもしろそうだとかチャンスかもしれないだとか思うことがあると、ぜんぶ、現実にしてしまうんです。

―― スージー・トンプキンス

1969年、ダグ・トンプキンスは、なんどもなんども新年を祝うことになった。時間帯の入り組んだところを飛んだので、チリのサンティアゴ、ペルーのリマ、ロサンゼルス、そして最後、サンフランシスコでも家に着いたところで新年の乾杯をしたのだ。スージーは空港まで迎えに来てくれた。家に着くと、あらためて、6カ月の赤ん坊、次女のサマーを紹介された。正直なところ、だれだこれという感じである。娘は娘で、生まれてすぐ世界の果てをめざして出ていった父親のことなど覚えているはずがなかった。

サンフランシスコに戻ったダグは、次の課題に全力で取り組んだ。リトは何カ月もフィルムの整理である。最終的に2本のドキュメンタリーに仕上げたが、どちらも、『エンドレス・サマー』のようなことにはなってくれなかった。ただ、クライミングの映画はごく珍しいこともあり、リトの短編映画『フィッツ・ロイ：南西バットレスの初登』はイタリアで開かれた1969年トレント国際映画祭でグランプリを獲得したし、少々ながら熱狂的なファンもついた。

ダグは、新しい事業の構想を練った。サンフランシスコでレストランなんかいいんじゃないか。雪洞に閉じ込められているあいだ、ずっと食べ物についてブレーンストーミングをしたおかげで、料理に興味もわいたしよさげなアイデアも浮かぶようになっていた。世の中ではアウトドア用品の人気が高まりつつあり、イヴォンのクライミングギアも売上が伸びていた。だがアウトドア用品の販売はやらない。ワイルドな自然を生計の手だてとしては絶対に使わない、それは自然に対する愛を穢《けが》す行為に思えるからだ。イヴォンは山に登りつつ、優れた山道具をダートバッグ仲間に売っているが、自分のスタイルは違う。アウトドアなしには生きられないし、冒険の映画も儲からないと決まったわけではない。だから、年に8カ月、街なかで過ごせばすむような事業にしたい。それ以上長く街なかにとどまるのは無理だ。つきあいはじめたころから、スージーにははっきり言ってある。年に4カ月、場合によっては6カ月、ぼくはどこかに消える、と。いなくなってもいいかといちいち尋ねない。理由などもいちいち説明しない。その4カ月間、自分は父親でもなければCEOでもない。そのあいだはダグというひとりの人間として仲間と自然にどっぷりと浸り、自分の力を試したり、世間の人は雑誌などで読むだけの髪が逆立つような旅をしたりするのだ。

この点についてはイヴォンも同意見だという。

「年に3カ月から4カ月、大好きなことをする時間を持てないのなら、仕事をまちがえていると思う」

アスリートならまずまちがいなく、情熱に満ちたチームメイトとして信頼できるとイヴォンは考え、パタゴニア社にサーファーを積極的に採用した。

「ビジネスマンにサーフィンを教えるよりサーファーにビジネスを教えるほうが簡単ですからね」とイヴォンは笑う。「サーファーなら、いい波が来たらボードを持って海に飛んでいきますよね。来週火曜日の夕方4時からサーフィンなんて予定表に書き込んだりしないんです」

ダグは一度出かけると何カ月も帰ってこない。基本的に家族より仲間との旅や仕事が優先なのだ。ただ、ちょっとした冒険旅行を娘に経験させるくらいはよくしていた。

「ダグは、しょっちゅう、新しいことを思いつくんです。あそこに行こう、あれをしよう、と。で、小さな娘ふたりを連れて、突然、ポイント・レイズ国立海浜公園に行ったりするわけです」

旧友のエドガー・ボイルズはこう証言している。

「みんなで丘を登り、子どもたちも一緒に一晩キャンプするんです。ダグは、いつも、身軽が一番、荷物を増やすなど愚の骨頂だと言ってました。まあ、避難生活みたいなキャンプになることもあるんですけどね。必要なものがぜんぶあることもあるけど、ないこともあるわけです」

このころに撮った白黒の家族写真を見ると、娘との関係がなんだかんだと想像できる。娘の片方と手をつないでいるのだが、そのつなぎ方がなんともなのだ。ダグが伸ばした指1本を娘が握っている。娘の表情は、だれこのおじさん、どうしてこんなことしなきゃいけないのという感じだ。

プレイン・ジェーン社が順調だったことを受け、ダグとスージーは、衣料品業界についてもっと勉強しようとマンハッタンに飛んだ。あちこちを訪問するうち、すごい営業がいるとのうわさを小耳にはさむ。衣料品の営業なら彼が最高だとみなが絶賛するのだ。おもしろそうだ——そう思ったダグは、アレン・シュワルツに面談を申し込んだ。

「ダグに会ったのは、ライカカメラがイーストエンド街に持つ美しいブラウンストーンの建物でした。そこで言われたのです。『ウチで働かないか』と。『お宅は事業と言える規模じゃない』と返したら『うわさどおりのすご腕なら、手数料10%に所有権20%でお願いするが?』と食い下がるんですよ。『ゼロの20%はゼロだからね』と突っぱねても『証明してみせてくれよ』とあきらめません。それならと『来週、30万ドル売ってやる。手数料3万ドル分だ。1万5000ドルを先払いしてくれ。残りの半分は貸しにしておく』って言ってやりました」

この条件をダグはその場でのんだ。売上は、1カ月で40万ドルに達した。シュワルツの言葉を紹介しよう。

「カジュアルコーナー、ザ・リミテッド、サックス、ブルーミングデールズとあっちにもこっちにも売って売って売りまくりました。ニューヨークの大手ぜんぶに売り込んだんです。どこも、店舗数が何千軒という大型チェーンです。あらゆるモノを売り込みました」

売るのはすご腕のアレンに任せ、スージーとダグは製品ラインを増やすほうに集中した。ブラウスのスイートベイビー・ジェーン（ジェームス・テイラーのヒット曲『スイート・ベイビー・ジェーン』にちなんで名付けた）、ジャスミンティーズ（輸入Tシャツ）、セシリーニット（ニットのセーターやスカート）などだ。すべてコピー商品である。人気になりそうなものをいち早くみつけ、デザインをいじったり色を変えるなどして製品にし、売りまくるのだ。

プレイン・ジェーン社を立ち上げてわずか3年の1972年、売上は800万ドルを超え、「スージーとダグ」は話題のカップルとなった。サンフランシスコのスタイルをリードする存在になったのだ。どの服も、明るい色使いで着心地も超いいと飛ぶように売れた。お金の心配もする必要がなくなった。借金を返し、まっとうな事務所を借り、給料を予定どおりに払っても、山ほどのお金が手元に残った。このお金で、ダグは真っ赤なフェラーリを買う。この車について、リトがおもしろい話をしてくれた。

「ベアバレーで時速180キロくらい出し、スピード違反で捕まったんですよ。そのときダグは、フェラーリはほんとうに特別な車で、そのくらいスピードを出しても問題ないんだと裁判官に訴えました。そうしたら、『フェラーリか。一度乗ってみたいと思っていたんだよね。ちょっと乗せてくれないかい？』と言われ、裁判官を乗せてしばらく走ったそうです。戻ったら、ちゃんと規定どおり高額の罰金が科されましたけどね。ダグらしいと言えばダグらしい話です。ルールなんて自分に都合よくねじ曲げられると思っているんですよ」

イヴォンもカリフォルニア南部で大成功していた。妻で事業パートナーのマリンダとふたり、丈夫なラグビーシャツなら登山服にも使えるのではないかと考え、思いきってスコットランドから輸入してみたら大当たりしたのだ。山を登りに行ったとき、イヴォンが目をつけたものだ。それまでアウトドアウェアと言えば明るい褐色、暗い褐色、明るいグレーにふつうのグレーくらいしかなかったのだが、ラグビーシャツは明るい色が多い。「みっともなくない色」の丈夫な服をこれからも売ってくれという手紙が顧客から届き、これはいけると確信したそうだ。

イヴォンは「クリーンクライミング」を提唱し、ロッククライミングの世界に革命を起こそうともしていた。金属製のピトンを打ち込んで岩肌を傷めるのはやめよう、割れ目に手でセットできるアルミニウム製のチョックを使おうというのだ。「ストッパー」や「ヘキセントリック」といった名前でチョックの販売もした。環境にやさしいという製品哲学が感じられる名前だ。

ダグと同じようにイヴォンも常識にとらわれずに事業を展開した。オーストリアからウールのミトン、スコットランドからビバークザックという具合に、これはいいと思った製品を輸入した。パタゴニア社のロゴは、フィッツロイのシルエットに嵐雲などの模様を加えてくれと友だちに頼んでつくってもらった。友だちのダグには、仕事でも助けてもらうことがある。海外に縫製工場をつくるときには、香港にダグが持つコネを活用させてもらい、短期間で月３０００枚のシャツをつくることに成功した。そんなこんなで、イヴォンも「布きれ事業」に乗りだしたわけだ。

イギリス領香港は、プレイン・ジェーン社の急成長を支える要だった。英語も通じるし、みな、米国人と比べものにならないほどよく働くのだ。Ｔシャツもほかのコピー衣料もぜんぶ香港でつくった。きっかけはサンフランシスコの事務所で働いてもらっていた社員だ。その兄弟が香港にいるとのことで、マイケル・インなる人物に連絡を取ったのだ。次の仕事を探している最中で、とりあえずなにもすることがない状態だったという。インは１日20時間も働いてダグの注文をさばき、大量生産ができる仕組みを香港につくりあげた。これにはさすがのダグも驚いたらしい。自分は仕事魔でがんばりすぎると思っていたのに、マイケル・インはその上を行ったからだ。彼がいなければ、プレイン・ジェーン社がたくさんの製品をつくって売ることはできなかったとダグは言う。

あれこれ立ち上げたブランドをまとめる名前を会社につけよう。そう思ったダグにリトが提案したのが「人の心」を意味する「エスプリ・デ・コープ」だ。これはいい。団体や法人を意味するコーポレーションも連想されるし、女性用衣料品を売り込む文言のネタに海兵隊《マリーン・コープス》をよく使っていたからだ。

１９７３年、エスプリ社の売上は月１００万ドルに達していた。

「在庫があるものだけ売ってくれ。それ以上つくれと言われてもできないからな」と営業部隊に言うなど、ダグがブレーキを踏んでいたというのに、である。需要の伸びになにがなんでも対応するのではなく、品質を犠牲にしないですむレベルに成長速度を抑えるほうをダグは選んだのだ。取引先を厳選し、ここだと思った百貨店にのみ商品を卸す。

「米国にはぜんぶで４万５０００店あるのですが、そのうち２０００店とのみ取引をしました。その２０００店はほかの４万３０００店よりいい店だと判断したからです。これこそが競争でしょう」

衣料品はものすごい数の企業が市場シェアを奪いあう過酷な業界だとダグは見ていた。ファッションは３カ月周期でどんどん変わっていく。だから、先が読めなければならない。トレンドを予想して型紙を起こし、商品を在庫しておけば、トレンドが現実になったとき大儲けできる。

「衣料品会社は、みな、腰が軽くて状況にすばやく反応しますし、思いきった攻めを展開します。あの業界はそういうところなのです」とダグは言う。「我々が渡りあうのはそういう連中なんです。だから、ゲリラのように軍勢を小さな単位に分けておかないと戦えません」

このころエスプリ・デ・コープは、ミニスカートから流れるようなベルボトムまで、西海岸の解放運動を彷彿《ほうふつ》とさせる商品を扱っていた。少し背伸びがしたい15歳の少女とか好みにうるさい25歳の女性とかが自分用に買うタイプの服だ。メインストリームは無視する。サンフランシスコ界隈《かいわい》に広がるカウンターカルチャーの価値と欧州のファッションテイストをひとつにしたのがエスプリ・デ・コープだからだ。女性解放運動はまだまだ続く。その中で自由にまつわる不安や苦悩ではなく、一人ひとりの選択を祝う――それがエスプリ・デ・コープだからだ。在庫を持たせてくれという話は、「うちの服を売りたければ、売り場にちゃんと展示してくれ」とダグが断った。タグからボタンからハンガーまで、すべて指示どおりにしろというのだ。おろそかにしていいことなどひとつもない。

アウトドアを楽しんでこようと思ったとき、ダグは、ザ・ノース・フェイス時代と同じく、ダンカン・ドゥエーレを頼った。電話をしたのは、イヴォンとスコットランドに出発するほんの数日前になってからだったが。

「ちょっと来てくれないか。話があるんだ」

ダグのところまで行ったダンカンは次のように言われたという。

「えっとだね、いま、こういう衣料品の商いをしてるんだけど、それを切り盛りしてくれる人が必要なんだ。だから頼むよ。ぼくは来週からしばらくいなくなるからさ」

そんなことを言われても、ドゥエーレはドゥエーレで別の仕事に就いていた。

「しかたがないので、そのころしていた仕事を辞め、土曜の朝にまたダグのところへ行きました。そうしたら、なにを売っているのかとか、どの生地は注文ずみだとか、そんなことをメモした付せんを山のように渡されました。それだけでアイガーを登りに行っちゃったんですよ。まあ、どういう具合なのか、結局、スコットランドに行ったらしいんですが。売上債権を銀行に換金してもらう、いわゆるファクタリングが積み上がっていたのをよく覚えています。市場で人気が沸騰していたんです」

ダグはめったなことでは部下をほめないのだが、ふたりだけで話を聞いたときにはドゥエーレを絶賛していた。

「彼にはほんとうにいろいろな仕事を頼みました。どんな仕事でも上手にこなしてくれるんです。あっという間にあれこれを学び、的確な判断を下せるようになりますからね」

営業のシュワルツも、ダグはビジョナリーであり、会社を実際に切り回していたのはドゥエーレだという。

「ダンカンは一種の天才です。ファッションは素人で、田舎のログハウスにでも住んでそうなんですけどね。アップルのウォズニアックみたいな感じです」

ダグは、事業の常識をいくつも打ち砕いたし、当たり前と言われることに疑問の目を向けた。たとえば社員の4分の3は女性だし、有機栽培の野菜に全粒粉のパン、まっとうなジュースを社員食堂に用意した。会議は大嫌いで、会議は最大で3人まで、例外は認めないと全社に通達した。

「会議が終わったとき、参加した人全員が、それぞれ、自分で決断したと感じてほしいのです」

美観にもうるさかった。長髪はOK。スピーカーはジャックが見えないものなら使っていい。事務所には植物が300鉢も置かれていて、その世話をするためにひとり雇っていた。木製の床を傷つけないように、足元ははだしかソックスでなければならない。そんな具合である。

使っていない場所の電球をつけたままにする、吸い殻を放置するのは罪だった。個人の持ち物にも容赦しなかったとスージー・トンプキンスは言う。

「オリーブオイルの缶をペン立てにしている社員がいたんです。いい感じに古い缶だったんですが、ダグは片付けろって言うんですよ。個人の持ち物だからと取りなしてもだめで、そんなものを置くのはまかりならんの一点張りで」

直属の部下17人には「15分もかからずに書けて、5分で読めなければならない。それ以上はぼくの手に余る」と言って、「金曜レポート」を求めた。毎週、1時間半ほどかけて報告書を読み込む。

「あのレポートを読むと全体を把握できます。ただまあ、あのレポートは、ぼくのためと同じくらい彼らのために書かせていたのですが」

ダグは事実上のCEOだったわけだが、「イメージディレクター」を自称し、社員の頭上で2回宙返りをすることで知られていた。ダグの執務室より大きなトランポリンがエスプリ・デ・コープには用意されていたのだ。

「トランポリンは屋上に設置されていたので、すごい眺めでしたね」

ダグにトランポリンを教えた高飛び込みの選手、ピーター・バックレーは言う。

「雲の中まで飛び上がる感じになるんです。トランポリンからは落ちることもありますが、そんなときはだれかに押し戻してもらいます。危ない技を練習するときは安全ベルトも使います。ダグはすごいアスリートで、どんどん上達しました。怖がらないんですよ」

エスプリ社の10箇条

1. 身のほどをわきまえるべし。
2. 需要に応えるのではなく、需要を生みだせ。
3. まずブランドを確立しろ。結果はついてくる。
4. 量より質を優先しろ。
5. 顧客、サプライヤー、社員、会社の共栄をめざせ。

6. 社員一人ひとりのエネルギーから生まれる副産物が会社をつくる。
7. 社員はみな平等だ。不平や不満は互いに話しあって解決すること。
8. 潜在能力を引きだすチャンスを一人ひとりに与えること。
9. いい仕事をして成果を出していると胸を張れ。
10. 事業対象の社会が豊かになるよう努力しろ。

トランポリンの脇には木工の作業場がしつらえられていた。ここでオークの机や彫刻を施した額、チャイナタウンの縫製工場で使う作業台などをつくるのはジム・スウィーニーだ。高等数学の博士号を持っているのだが、「人間、なにをするかだ」というモットーを表現する方法として木工や細工を仕事にしたという変わり者である。スウィーニーは趣味がよく、ダグの求めに応じてどんな家具でもつくってしまう。ふたりは家具のデザインやロッククライミングについて語りあったり、LSDを分けあったりでよく一緒にいた。

スウィーニーから見たダグは、熱帯魚の「ジャック・デンプシー」だという（ボクシングのチャンピオンにちなんだ名前の魚だ）。

「ひとつの水槽にデンプシーを2匹入れると、2匹とも、体が大きく見えるように横を向くんです。この水槽はオレのものだと言いたいのでしょう。結局は、それぞれが縄張りを持つようになるわけですが。彼らの縄張り争いは神経戦です。かみついたりはしません。でも、だんだんと、ここはどっちの縄張りというのがはっきりしてきます。そして、最後は、強いほうの魚がほぼ全体を縄張りにしてしまいます。もう片方は隅っこで身を小さくするしかありません。ダグはこのデンプシーにちょっと似ていて、新しい領域に参入すると、まず、『メンツは把握した。これでよし』ってなるんですが、そのうち、『こっちにも手を出せるな』とか言いだします。それをくり返して、だんだんと支配領域を広げていくんです」

アドレナリンを求めるダグは、サンフランシスコ湾の向こう、オークランドで飛行機の操縦を習うことにした。練習機はCitabria《シタブリア》。airbatic《曲芸飛行》を逆に読んだ名前の飛行機だ。

「ふつうならセスナ社がつくっている三輪ギアの練習機を使うのに、テールドラッガーから入ってしまうあたり、彼らしいですね」とパイロット仲間のエドガー・ボイルズは言う。「ほどなく1機買い、競技スポーツかなにかと勘違いしているみたいに飛びまくっていました」

免許証のインクがまだ乾いていないのではないかと思うような時期に、ダグは、家族を乗せ、カリフォルニア州から南アメリカ大陸の南端まで、数年前にワゴン車で走ったコースを飛んだ。

まだ4歳のクインシーと2歳のサマーを乗せるため、後席は取り外して特注パッドを取り付け、ベビーサークルにしてあった。機内の様子を覚えているとクインシーは言う。

「空飛ぶフォルクスワーゲン・ビートルですね。後席部分は発泡スチロールになっていて、上昇から急降下すると、体が浮くんです」

オークランドを出発し、メキシコ、コスタリカ、パナマ、コロンビア、エクアドル、ペルー、チリと南下する。最後は、南アメリカ大陸南端にほど近いフエゴ諸島だ。一日の終わりには、子どもたちがじっと見守る中、セスナを着陸させ、そのあたりで適当にキャンプをする。しかも、やったもん勝ちだとばかり、人里離れたビーチに降りることが多かった。メキシコではどこまで潮が満ちるのかを見誤ってしまい、エンジンを吹かしながらスージーに押してもらって乾いたところまで移動し、なんとか飛び立つなんてこともやらかした。それから12時間、家族はどこに行くこともできない。ダグは近くの村まで飛び、食べ物を買ってしっかり梱包《こんぽう》すると、それを低空から落として家族に届けた。このあたり、妻のスージーはどう思っていたのだろうか。

「ビーチに降りてはよくトラブってました。野原に降りることもありました。危ないこともそれなりにありました。なんですが、人間のタイプと年齢によっては、そういうのを怖いと考えなかったりするんですよね。おお～、すごいって思うだけで」

夜は野宿したり飛行機の後席部分で寝たりした。空にいるときは、物語や本の読み聞かせだ。子どもたちに操縦させることもあった。厳格な父も緩むことがあるのだ。娘たちにとって、飛んでいるあいだは魔法のような時間だった。「地上のダグ」は親と言うより暴君と言ったほうがよかったからだ。

「父は他人に興味がなくて、ほかの人がなにをしているのかとか、どういう人生を送っているのかとか、家族はどうなのかとか、ぜんぜん気にしませんでした」と長女のクインシーは証言している。

サンフランシスコに戻ると、スージーとダグは、大きな家を買った。曲がりくねっていることで知られるロンバード通りの突き当たりで、ほぼ1ブロックぜんぶという大きさだ。広大な庭にはホットタブ、ゲスト用コテージ、さらには、友だちがカヤックを持ちこんでエスキモーロールを練習できるほど大きなプールなどがあった。母屋の周りはレッドウッドの林だ。

「サンフランシスコのミューア・ウッズという感じでした」とリック・リッジウェイは言う。「おいとまして家を出ると、レッドウッドに囲まれるようにトランスアメリカ・ピラミッドが見えるんです。サンフランシスコのランドマークとして世界的に有名な超高層ビルですよ」

ホットタブは母屋から見えない場所にあった。だから、近くに住むティーンエージャー、ランディ・ヘイズは、夜、忍び込んでは恋人といちゃついていたという。のちにレインフォレスト・アクションネットワークを立ち上げるランディ・ヘイズだ。じつは昔そんなことをしていてねとヘイズに打ち明けられたダグは大笑いした。自分もきっとそうしたよなと思ったからだ。

ロンバード通りの家はサンフランシスコのど真ん中にあるオアシスだった。上階にはぐるりと見渡せる展望台があり、サンフランシスコ湾も一望できるし、絵はがきのようなゴールデンゲートブリッジも見ることができる。サンフランシスコでも一番お高い地域だというのに、通りからは絡みあった枝しか見えない。部外者が興味を持ちそうなものが見えないこともあり、門は鍵が開いたままのことが多かった。ダグが鍵を使わないのもある。閉めだされると壁を登ってしまう。そのせいで警報器が鳴ることも少なくない。なんどラジオを盗まれても、車に鍵をかけようとしない。「次の車はラジオなしにしよう。ラジオさえなければ、車に鍵なんぞかけなくていいだろう」と言う始末だ。

自宅についても、ダグは、すべてが完璧でなければ気がすまなかった。キッチンの棚には、トマトソースの缶1種類をずらりと並べた。どの缶も同じ向きで、ラベルがきちんと見えるように、だ。家中に生花を飾るし、絵や彫刻などもちょくちょく増やしていく。美術館のように照明まで用意して、だ。「芸術はこうでなければならないと考えていて、家族も従わざるをえなかったとスージー・トンプキンスは言う。「娘たちがなにか勝手に壁に飾るとか許さないんです。娘たちの部屋でさえ、ぜんぶダグが決めてしまって。グレーとホワイトしか色がありませんでした。ほかの人をコントロールしたいタイプなんです」

ある日、ダグとスージーは、マンハッタンのグッゲンハイム美術館に展示されていたアーミッシュのキルトに心を奪われた。縫い目もすばらしいし、天然染料の色合いも美しい。スージーはそう思った。ダグは幾何学的な模様に感動し、キルトを集めるようになる。額に入れて壁に飾るのだ。最初は自宅の壁だったが、そのうち、エスプリ社の事務所にも飾るようになる。そして、ペンシルバニア州ランカスターカウンティのキルトがふたりの美的感覚を象徴するものとなっていく。キルトを飾る際、ダグは、額のフレーム幅や照明の角度について、いちいち大騒ぎした。とにかくこれはこうでなければならない、粗はすべて消さなければならないと。ダグにとってキルトとは完璧な美を示す舞台だった。人間らしさは粗に表れることが多いのだが。

週末には家族であっちやこっちに飛んでいった。たとえばお昼を食べにバカビルのナッツツリーまで行く。着陸さえもこのレストランの楽しみで、滑走路の終わりからお店まで、子どもが喜びそうな列車が走っている。週末三日がかりでメキシコのカボ・サン・ルーカスに行くというのもよくした。カリフォルニア州の北部はほんとうにあちこち行った。

「サンフランシスコは霧が多くて、霧の中を離陸し、霧の上に出るというのがよくありました。ベイエリアの上を飛び、ゴールデンゲートブリッジを上から眺めるというのもよくしました。あの赤い塔のてっぺんを、ね」とクインシーは言う。「独立記念日の7月4日に上空から花火を見たり、ゴールデンゲートブリッジをくぐるように飛んだりもしました」

次女のサマーとダグは折り合いが悪かった。生まれてすぐ6カ月も離れて心理的な距離ができてしまったし、ダグにはそれをどうにかしようとする姿勢がなかったようだ。スージーも次のように証言している。

「ダグはクインシーのほうがお気に入りでした。彼女はいつも2階の自室で静かに遊んでいましたから。でもサマーはいつも1階のキッチンにいて、サラダのドレッシングをかき混ぜたりなんだかんだダグにちょっかいかけたりしていました」

クリスマスの朝、ダグがプレゼントを山のように用意していたことがある。いつもいなくてごめんと謝るかのように派手な贈り物をしたわけだ。しかし、あまりと言えばあまりな出来事だったとクインシーは言う。

「次々プレゼントを開けていたら、父に『よ〜し。好きなのをひとつ選べ。残りは孤児院に送るから』と言われました。自分が持っているものに関する責任や、そういうものを持たない人に対する責任も、大事だと思います。私も子どもを育てていますし、そのとき、そういう責任を感じる大人に育ってほしいと、できる限りのことをしてきたつもりです。物惜しみをしない、慈しみの心を持ち親身に人と接することができる人間に育つように、と。ですが、父のやり方はあんまりだと思います。そのあたりを4歳の子どもに教えるなら、もう少し、やり方というものがあるでしょう」

浮気性なのも困ったものだった。愛人がとっかえひっかえ登場するのだ。夫婦仲がぎくしゃくするのも当然である。スージーにはつらい日々だったという。

「彼は昔っから女好きで。愛人がいないことがありませんでした。それはもう、しんどいですよ。ただ私はつらいことに耐える順応性がありましたからね。あ〜、これ以上詳しいことはかんべんしてください。想像を絶する話になりますから」

ダグは、やさしく人に接するなど自分らしくないとでも思っていたのか、家庭内で飛び散る火花は無視し、ひとり、距離を置くことが多かった。スキー競技でオリンピックメダルを取れなかったから、あれこれめいっぱい突っ走るようになったのだろうか。睡眠時間が2〜3時間とごく短いのは、フラストレーションを抱えている印なのか、ありあまる活力のせいなのか。いつもどことなく不安を感じるのはなぜなのか、はっきりさせることができないダグは（はっきりさせたくなかったのかもしれない）、未開の地に分け入る先駆者であり、後ろをふり返らないタイプの人間だった。ほかの人とは競わない。競うのは常に自分だ。

夫婦仲は険悪だったが、エスプリ・デ・コープがどんどん成長するのでいつも忙しく、家の問題をどうこうする余裕などなかった。とにかく手が足りない。社員を増やさなければならない。ダグは彼一流のやり方で大量採用に走った。履歴書で選ぶのではなく、ライフスタイルで選んだのだ。どこぞのだれかの事業計画に乗っかるなんぞまっぴらごめん、まじめ一辺倒の百貨店文化に手投げ弾を投げ込むのがダグのやり方だ。ＭＢＡなんぞいらん。自由な発想の冒険人が欲しい。採用基準について、ダグ本人は次のように語ってくれた。

「その人のテイストを知りたいですね。なにをするのか、どう生きていくのか、です。ご両親にも会いたい。自宅を訪問して、どんな感じなのかを確認したい。本棚やレコード棚を見れば、どういう家にしているのかを見ればなんでもわかりますから。服装を見ただけでもどういうスタイルなのかわかりますけど、家を訪問すれば、それ以外のさまざまなことまでわかるんです。意識ではなく心を雇うとでも言えばいいでしょうか」

小売りの経験がないのはむしろ強みだとも考えていた。クライミング仲間のフレッド・パドゥーラは次のように証言している。

「スピード違反でなんどか捕まったことのない人間を管理職に迎えようとは思わないと聞いたことがあります。スピード違反で捕まるような性格の人間がいい、そういう人間でなければ自分のもとで仕事などできないと考えていたようです」

エスプリ・デ・コープが急速に伸びていたころ、ダグはイヴォンと山で死にかけている。スコットランドの自然保護区でロープを使わず登っていたら、雨が岩を打った瞬間に凍るアイスストームに襲われてしまったのだ。風も強く、ダグはあやうく吹き飛ばされるところだった。中腹のビバークサイトも雪崩に流されてしまった。

「そこでしばらく寝たあと、ベースキャンプに下りたんですよ。そしたらなんかいやな音が聞こえて」とイヴォン。「見上げたら、ビバークしたレッジがきれいさっぱり消えていました……ダグも私もなにかというと危険に飛び込む質《たち》だったりします。惨事が起きてほしい、そうすればそこから逃げる体験ができるからと心のどこかで思っていたのかもしれません」

ダグは、地図の端まで行き、そこからまた、水平線のかなたまで旅をすることが目標の遠征が大好きだった。ことさらに女人禁制とはしていなかったが、どこからどう見ても男の旅だ。つらい、苦しいは当たり前。不平、不満は受け付けない。命を他人に託すな。もっとも適した者だけが生き残るではなく、適応できた者だけが生き残る世界だ。

当時はカヤックの黄金時代でもあった。

友だちのロブ・レッサー、ジョン・ワッソン、ロイヤル・ロビンス、レグ・レイクとともに、ダグは、カリフォルニアの三大急流をカヤックで下る公式記録を打ち立ててやろうと画策した。「三冠王」チャレンジだ。カヤックを背負って3～4キロも尾根を歩き、急流を下る。途中が崖になっていて、カヤックに乗ったままロープで下りなければならないこともあった。ユバ川ではダグがカヤックから飛びだしてしまい、渦にとらえられて水底深く引き込まれたり水面に浮かんだりをくり返したこともある。レッサーによると、戻って渦の縁まで行ったら、レッサーのカヤックをつかんでくれたのでなんとかなったらしい。

「ぐるぐるぐるぐる回って少しずつ殺していく機械みたいな感じでした。死んでもおかしくなかったとダグもわかっていて、スージーには黙っていてくれって言ってました」

ダグにとって自然の中に入るのは趣味ではなく、自分が自分であるために必要なことだった。日常という檻《おり》や年商1500万ドルにも育った事業を経営するストレスから逃げるために必要なことだった。ただし、チベット、スイスアルプス、ボルネオとどこからでも、いろいろなアイデアを次から次へと側近にぶつけていた。

「ダグは手ぶらで旅から帰ってきたりしません。ひらめきや方針、やるべきことをごまんと持って帰ってくるんです」

補佐役のトム・モンチョもこう証言している。

「朝8時、この会議室に入り、夕方6時とかにかすんだ目をこすりながら出てくるのが水曜日の恒例行事でした。ダグのアイデアは、そのまま実行に移すのは難しく、ブラッシュアップが必要なものもありましたから。言い方も言い方で、そのまま社員に伝えたら腹を立てる人がでかねません」

飛行機はファーストクラスにしてくれと重役クラスから要望が出てきたときも、だめだ、金の無駄でしかないと、にべもなかった。飛行機は全員エコノミーだ、と。事務所に近い駐車スペースを自分専用にしてくれとデザイナーの八木保が頼んだときも、言下に却下した。ウチの会社はそういう特別扱いをしない、と。ではなぜダグは、毎日、正面ドアのすぐ横に車を止めているのかと食い下がっても、「それはぼくが一番に出社しているからさ」と涼しい顔だ。

英語がよくわからないから通訳をつけてくれと八木が頼んだときも、通訳は時間の無駄だとしぶい顔だった。ただし、これについては、さまざまな言葉を学ぶ研修プログラムを用意することになったし、日本語のクラスもあって、毎年、トップの成績を取った社員には東京までの旅行費用ふたり分がプレゼントされた。

とある取材にダグは次のように答えている。

「社内は役職にかかわらず名前で呼びあうことになっています。机に置いてある電話番号一覧も名前のアルファベット順になっています。名字なんて知りませんから。名字順のリストをもらったこともありますが、使い物にならなかったのでつくりなおさせました」

ダグは机の向こうにふんぞり返るタイプではなく、エスプリ本社でも彼のスペースはごく小さなものだった。場所はグラフィックス部門に向かうメイン通路の途中だ。

「クリエイティブな側面にしっかり関わりたいのです」

ダグ本人がこう言えば、クライミングパートナーでドキュメンタリー映画のプロデューサーをしているリック・リッジウェイも、次のように語っている。

「デザインの打ち合わせには必ず顔を出して、大きなテーブルに広げられた試作品をじっくりと観察していました」

「事務所はぜんぶ大部屋で、せいぜい高さ1メートルほどの腰壁しかありませんでした。壁には『とにかく始めろ。それから考えろ』という標語がかかっていたので、いい言葉ですねと言ったら『あ、それ、ナポレオンだよ?』と返ってきました。『人生はエンターテイメントだ。生き残りはゲームだ』というのも彼のお気に入りでした」

ニューヨーク、ダラス、シカゴ、ロサンゼルスの主な百貨店でおすすめ商品の棚を占領したあとは、ジェーンとアレンがデザインと販売を担当し、ダグはブランドの構築と商品化計画に注力した。

「彼は、神秘的な異国という雰囲気がまだ色濃かったころから東京に行っていました。西側諸国の人はみな、この一風変わったうたかたに包まれて暮らしていて、それがいいんだと言ってました」

このころダグに協力し、のちにロンドンのデザイン・ミュージアムで館長を務めるディヤン・スジックはこう証言している。

「店舗内店舗を立ち上げるというアイデア、あれは日本の小売業からヒントを得たものです」

エスプリ・デ・コープ成功の要はほかにない布地と明るい色使いだ。毎月、スージーがアジアに発注をかける。ここから製造サイクルが始まるのだ。品質が一番いいのは日本なので、東京にはキロメートル単位で発注していた。糸の納期が近づくと、ニューデリーでみつけたカラフルなニット手袋をして事務所を歩き回る。画家のパレットのようにこの手袋を見ながら色の組み合わせを考えるのだ。

「この2色にするか、いや、こちらの3色がいいかと、じっくり時間をかけて考えていました」と、当時、彼女のアシスタントをしていたエイプリル・スタークは言う。「糸をどの3色に染めて格子縞に織り上げるのか、それを決めなければならないのです……色の選定はとても大事な仕事でした。我々は色鮮やかな事業をしていたのですから。そして、そこもスージーの強みでした」

スージーは新たな色使いを求めて世界を巡った。ホットドッグ屋の日よけからインスピレーションを受けたこともある。そのパターンを拝借したドレスは3年間、人気を博した。

展覧会やナイトクラブからインスピレーションを得ることもあった。そんなわけで、年に5カ月は世界を巡っていただろう。骨董市やガレージセール、東京のブティックなどをじっくりと見て、新しい色の組み合わせを生みだしていく。色使いはいつも悩ましかったとスージーは言う。

「いつもぎりぎり最後の瞬間まで悩んでいました。だから、色を決めたらそれを印刷してサンフランシスコ空港にすっとんで行き、このサンプルを香港まで運んでくれとフライトアテンダントさんに頼むということをしていました。向こうに着いたら待っている人に渡してくれ、と」

プレイン・ジェーン、スイートベイビー・ジェーン、ローズヒップス、セシリーニットとたくさんのブランドで展開している各種コレクション、それぞれに商品タグをデザインするのは大変だ、ラベルはシンプルにまとめたほうがいいとスージーは考えた。エスプリ・デ・コープひとつにまとめてしまうのだ。

「仕事をしていた日本から戻ってダグにそう伝えました。渋い顔をしていましたよ。そんなことをしたらおしまいだって。どれも同じラベルにするなんてありえない、と」

だが数週後には、ダグも、スージーが正解だ、しかも、急いでそうしたほうがいいと考えを改めた。

事業の成長にともない、コストも上がっていた。製品はサンフランシスコでつくっているので、ぎりぎりまで発注の変更にも対応できるし、配送にかかる日数も少ない。だが利益率はどうしても低くなる。このあたりを根本的に変えたらどうなるだろうか。製造を海外に移したら？　サンフランシスコなら時給は1ドル60セントだが、同じ手作業をアジアでしたらその10分の1ですむのだ。

ダグは香港事業の拡大を決断。仕事熱心なマイケル・インはアジアにおけるメインパートナーとして、また、エスプリ・インターナショナルの主要オーナーとしてよくやってくれていたし、世界に広がるエスプリ社事業に欠くことのできない歯車となっていた。

スージーは、香港でセーターのデザインをするようになった。

「スージーは何週間も極東に滞在して必死に仕事をしていました。しかも、一度に何週間もなんですよ。子どもたちから離れて」とダグ。このころのダグは、マーケティングとイメージ作りに注力していた。

製造拠点の展開もダグの担当だ。インドも検討したがうまくいかなかった。望む品質のものができなかったのだ。さらに、サンフランシスコの仕事は基本的にグレート・チャイニーズ・アメリカン・ソーイング社にお願いしていたのだが、生産を海外に移そうとしているらしいとのうわさが広り、ミネソタ通り９００番地のエスプリ・デ・コープ社事務所に縫製士が詰めかけて抗議する事態となった。ダグもスージーも、移転するのはコストを抑えるためではなく、品質を高めるためだと説明していた。

だが、ダグは物議にまるでとんちゃくしない質《たち》で、チャイナタウンとエスプリ社が労働争議でもめている最中に労働組合と面談をした際、コスト削減が目的だとしゃべってしまう。

「組合が決めた賃金が高いので海外に頼むとダグは言っちゃったんですよ」と、当時、ダグの側近として働いていたヘンリー・グルーシャジは言う。「それだけはやっちゃいけなかったんですが。そんなことを言ったら、全米労働関係委員会にたたかれ、罰金をこってり搾り取られてしまいます。でもダグは言っちゃうんです。組合の賃金は高すぎて払えないって」

営業のスーパースター、シュワルツもこれはまずいと思ったそうだ。

「何百人も職を失うような海外移転をぽんとやるわけにはいきません。いま、お願いしている人のところへ行き、『生産を少しずつほかに移していきます』と言わなきゃいけないんです。職を失う人々がいろいろと準備をすませられるように、移転はゆっくりと、です。彼は違いました」

労働組合の呼びかけで抗議の人がエスプリ・デ・コープに殺到すると、ダグは警察に連絡し、これを逮捕してもらう。「人の心《エスプリ・デ・コープ》」を取り込もうと組合が動くと、ダグはロックアウトを敢行する。やりすぎで大変なことになると、衣料品のデザインや製造について隅から隅までよく知るドイツ系の縫製士、ゲルダ・

カインズは思ったそうだ。
「ダグの呼びかけでグレート・チャイニーズ・アメリカン・ソーイング社と会談を持ったのですが、彼はそこで、首を突っ込んでくるならお宅をつぶすと組合に言ったんです。それで納得なんてするはずがないじゃないですか。私は、そのあとすぐ、車のタイヤを切られてしまいました」

労働組合は、「指名手配」ポスターをサンフランシスコ中に貼りまくった。写真は、もじゃもじゃ眉毛に口ひげのダグ・トンプキンスが電話をかけているところだ。罪状は「英語があまり話せない女性移民など、非組合員135人をロックアウトした」「ピケットラインを突っきれとトラックの運転手に命じ、多くの社員にけがをさせた」などぜんぶで四つ。「最後に目撃されたときには、トライアンフのバイクでエスプリ・デ・コープ社に向かっていた」ひげ面の男に注意すべしとか、茶色のブーツを履き「どこぞの不良みたいに服の前を開けていた」とも書かれていた。

1976年1月31日、龍舞で祝う中国旧正月が始まる日に、エスプリ・デ・コープ本社ビルの屋上にガソリンがまかれた。3回目の不審火だ。10万ドル以上も損害が出た火事もすでにあったのだが、今回はもっと長引くことになる。屋上が焼けて崩れるころ、経営幹部はサンフランシスコ湾の向かい側バークレーで、アリス・ウォータースのレストラン、シェ・パニーズに座っていた。1971年の開店から5年たっても予約が取れないことで知られる有名レストランだ。そこに、本社が火事だと連絡が入ったわけだ。だが、何カ月も前に予約してようやく来られたのだし、料理も注文してしまった。だから、とりあえず、動かないことにした。料理が出てくると急いでかき込み、急いでサンフランシスコに戻る。あの晩、ベイブリッジから見たサンフランシスコの光景は忘れられないとダグのアシスタント、トム・モンチョは言う。太い炎が夜空をなめていた。エスプリ・デ・コープが燃えさかる火と化していたのだ。

ダグの右腕グルーシャジは、この夕食会に参加せず自宅にいた。本社からほんの数ブロックのところだ。

だから、「ヘンリー、急いで工場へ行ってくれ。火事だ。組合が工場に火をつけやがった」と電話をもらったときには、サイレンの音も聞いていたし煙のにおいにも気づいていたという。炎で赤々と燃える空を見ながらミネソタ通りを走る。ビルは焦熱地獄になっていて、消防士が70人ほども必死で消火に当たっていた。結局、放火が原因と断定はされなかったが、「ビルがあんなふうに燃えるのはふつうじゃない」と消防士のひとりがサンフランシスコ・クロニクル紙に語っている。

木工担当のスウィーニーは、設備管理担当のレックス・ウッドから、火事があった、工作場の状況を確認したいから来てくれと連絡をもらった。ふたりが着いたとき、ビルは全焼状態だった。

「レックスは銃を持ってきていて、その銃を渡されました。彼が懐中電灯を使い、我々は暗い中を進みました。あちらもこちらも水浸しの黒焦げでした。そんななかを工作場に向けて歩いたわけです。私は『こんなものどうしろと? 銃の使い方なんて知らないよ』と思っていました。うっかりレックスを撃っちゃうなんてことにならなければいいけど、と」

ダグはドイツにいて、エスプリ社の欧州事業を統括してもらっているスイス人、ユルゲン・フリードリヒの家の寝椅子で寝ていた。

「彼が泣くところなど見たことがありません」とフリードリヒ。「でもあの晩は赤ん坊のように泣いていました。人生をかけて積み上げてきたものがぜんぶなくなったのだから当然でしょう。貴重な古いキルトもぜんぶなくなってしまいました。ですが、１時間もたつと、こんどは電話で次々と指示を飛ばしはじめました。世界中に電話をかけていましたね。あの一晩で400ドイツマルクも電話代がかかりましたよ」

サンフランシスコに向かう飛行機に乗るとき、ダグは、コンピューターファイルのことばかり考えていた。無事なのか? 焼け落ちたビルはもともとワインの工場で、バックアップを置いた場所は100年から昔につくられた保管庫だ。この保管庫を鋼鉄のドアで補強し、そこに置いた分厚い耐火金庫にＩＢＭの磁気テープを入れていたのだ。壊れやすいし火に弱いこの記憶媒体がエスプリ社のＤＮＡだった。

テープは油っぽいすすにまみれていた。やばいと思ったとグルーシャジは言う。

「このテープが無事じゃなければ大変なことになるんです。販売から各種経理にいたるまで、すべてがこのテープに記録されているのですから……テープはＩＢＭに持ちこみました。データはぜんぶありました。首の皮一枚つながったわけです」

テープがだめになっていたら事業はたたんでいた、そのくらい大変な事態だったとダグは言う。

「保険も十分ではありませんでしたし」

グルーシャジら幹部に迎えられ、ダグは空港から現場に急行した。同行した社員は次のように証言している。

「ダグは落ちついていました。ただただ残骸を見つめていました」

骨組みだけになった本社ビルの前にはスージーもいた。

「ふたりで道に座りました。まだくすぶっているビルを前にダグはあわてず騒がず『再建しよう。前よりいい会社にするんだ』と言うんです。驚きましたよ。ダグは立ち止まらなかったんです」

Part 1

第5章 エスプリ・デ・コープ

ファッションそのものに興味をひかれたことはありません。興味があったのはデザインそのものではなく、そういう製品にともなうライフスタイルです。製品なんて、ある意味、どうでもいいんですよ。たいていの場合、大事なのは製品がまとっているオーラですし、ぼくがおもしろいと思ったのもそこでした。社会がどういう視点からなにを反映しているのか、そこからアイデアを得て、製品という形に仕上げる。個性を編み込むことで製品に命を吹き込むのです。

―― ダグ・トンプキンス

火事のあと、ダグはあらためてビジョンを掲げるとともに社の掌握に努めた。エスプリ社は「倒れたが終わってはいない」と広告で世界に訴える。社員はダグとスージーの自宅に集まり、取引先をリストアップしたり、大丈夫ですからと顧客に連絡したりと、転落からの復帰に必死で挑戦した。そのかいあって、火事から1週間で出荷を再開することができた。

「我々にとっては地震と火事に見舞われたようなものでしたが、災害や災難にあうと人は団結してがんばったりするわけです。やってやるぞと思う瞬間であり、みな、ほんとうによくやってくれました……会社全体が一心同体になった。それこそ、エスプリ《人》・デ《の》・コープ《心》なわけですよ」とダグは語っている。

いい機会だと、ダグは、パートナーのシュワルツ、ドゥエーレ、ティセから会社の所有権を買い取ることにした。かなり強引な買収だったらしい。

会社の20％を所有し、営業部門のトップを務めていたアレン・シュワルツはこう証言している。

「いままでどおり持ち分を持ちたいなら手数料37万5000ドルをあきらめろと言われました。たたきだされたんですよ。ええ、会社からもたたきだされてしまいました」

プレイン・ジェーン社を創業したときからのパートナー、ジェーン・ティセも切り捨てた。ビジョナリーである彼女のブラウスやドレスがあったから、事業が軌道に乗ったというのに、である。ダグらと話をつけたあと、ジェーンから鋭すぎる一言を聞いたとアレンは言う。「ほかの人たち、全員をぶちのめしたあと、ふたりが互いにぶちのめしあうのを見るのは楽しいでしょうね」だ。

「アレンは金食い虫でした。返品が多くて大変だったんです。あそこまで払う価値のない人ですよ」とエスプリ・デ・コープ幹部のビル・エバンズが言えば、それは違うとアレンも黙っていない。

「私は、米国の百貨店やチェーン店、すべてに顔が利きます。トンプキンス氏がカヌーや登山に興じているあいだに、単なる衣料品会社を異なる部門を八つも抱えるところまで育てたのは私なのです」

ジェーンがいなくなると同時にスージーが元気になったとダグは言う。

「心の重荷がなくなったからでしょう。デザインに関してジェーンはとにかく居丈高でしたからね。スージーは萎縮してしまって、ジェーンのアイデアに意見が言えませんでした。ジェーンがいなくなってデザイン部門を掌握したスージーは、生まれ変わったように生き生きとしていました。花開いたのです。会社をほんとうに支えてきたのはジェーンではなくスージーだったことも、ほどなく明らかになりました」

エスプリ社再建の鍵は衣料品の販売ではないとダグは考えた。売っているのはイメージなのだ。人が気づかないうちに求めているものを提供する。夢をデザインする。ニーズに気づき、時代の精神を正しく把握し、マーケティングを展開する。そうすれば売上はついてくる。エスプリ社に興味を示さない層もはっきりと意識していた。

「いわゆるヤッピーはウチのお客になりません。彼らにはユーモアのセンスがありませんからね。競争の激しい世界に生きていて、自分を笑う余裕なんてないんですよ」

1980年代はいい暮らしを求めるナルシシズムの時代になると、ダグは70年代が終わるころ予想した。エスプリ社は北カリフォルニアらしい会社だった。ゲイ、ブロンドボーイの集団、グループセックスをたたえる開かれた性の世界など象徴的なライフスタイルの世界を具現化した存在と言えばいいだろうか。ピル後、エイズ前という放埒《ほうらつ》な時代に、エスプリ社は、この上なく甘く、みんなが望むが実際に手を出すのはためらわれるライフスタイルを示す文化的ランドマークとなったのだ。エスプリ社世界の住人は、自由気ままで気さく、健康なのだと訴えるスタイルをまとったブロンド女性、テレビドラマ『ベイウォッチ』の菜食主義バージョンという感じである。

ダグは、エスプリ・デ・コープの事務所をデザインのショーケースにしようと考えた。家具制作の責任者、スウィーニーとともにエレガントなデスクをデザインし、椅子をつくっていく。画廊部分には特別な照明を用意する。新しいエスプリ・デ・コープは、入口からして息をのむほどの出来となった。社員食堂はニューヨーク近代美術館の軽食堂に勝るとも劣らない。壁には焼け残ったアーミッシュキルトが飾られている。もちろん、額の幅は一つひとつ、ダグが指定したとおりになっている。

「エクササイズのクラスも用意されていましたし、文化系のイベントもありました」

ダグと親しくなり、のちには彼の娘と結婚する社員、ダン・インホフはこう証言している。

「お金のことだけ考えるならいまいちかもしれませんが、ほかのメリットが山盛りでした。パーティや旅行イベントもよくありましたし、タホ湖に行ったり週末にスキーをしたりもできるんです」

ダグがめざしたのは、総合力で全米一の衣料品会社になることだ。セクシーさではカルバンクラインが上だし、利益ではリズクレイボーンにかなわない。だが、衣料品事業とは多様なスキルがものをいうマルチスポーツの実験場だ――ダグはそう考えていた。どの点においてもエスプリ社はトップを取れていないかもしれないが、「データ処理が強みだ。財務も強みだ。デザインも強みだし、イメージも強みだ。業界トップのカテゴリーはないかもしれないが、こっちは3位、こっちは5位という具合で、ぜんぶまとめると、平均ではウチが一番かもしれない」というのだ。「十種競技志向」である。

南に下ったカリフォルニア州ベンチュラでは、同じような考え方でイヴォンがパタゴニア社を経営していた。社内に保育所を置いているし、カタログは再生紙を使っているし、原生林保護に何百万ドルも寄付をしているし、川の流れをせき止めるダムの建設に反対しているしなのだ。パタゴニアの事務所では、長髪のサーファーにタカ好きの秘書、アウトドアが大好きな野蛮人タイプが山のように働いている。そのほうがいいと、イヴォンとマリンダが考えたからだ。社員の採用基準を変えたのは、綿を化学肥料と殺虫剤がじゃぶじゃぶのものから有機栽培のものに切り替えたときだ。この切り替えは、衣料品会社にとって大きな賭けだったがパタゴニアは成功したし、環境保護団体アースファースト！のリーダー、デイブ・フォアマンに訴訟費用を提供するなど、実力行使も辞さない活動家を支援していることから、パタゴニアは、このころ存在感を増しつつあった環境保護の世界で尊敬される存在となっていた。ベンチュラ・リバーのスチールヘッドを助けようとマーク・キャペリという大学院生が立ち上がったときも、手狭な事務所の一角を提供したりしている。このとき、環境責任者を置くと若いスタッフにグリーンな意識を浸透させられると気づいたらしい。

パタゴニア社もエスプリ社も空気に流されない社員が多く、ある日突然、髪の毛を真っ青に染めてきたかと思えば、翌日には犬を連れてきたりする。ガーデニング用品のスミス&ホーケンを立ち上げたポール・ホーケンや、ホールアースカタログを立ち上げたスチュワート・ブランドなどと同じタイプの人々で、こういう社員が多いと１９６０年代の反抗的なカウンターカルチャーが染みこんだ会社になる。掟《おきて》破りの人々が導くこういう企業は、機を見るに敏だし常識にとらわれたりしない。常識とは、いろいろ考えるのが面倒なとき逃げ込む先だと考えているからだ。「企業キャンパス」なるものはシリコンバレーのテック企業が始めたと言われているが、社員食堂に有機栽培のサラダバーを用意する、家族にやさしい職場にする、ボランティアでエイズ患者を支援している分も給与を払うなどを最初にしたのは、エスプリ社のダグとスージーであり、パタゴニア社のイヴォンとマリンダなのだ。

どういう人物なのかまったく知らなかった。インターネットがまだない時代で、調べようもない。だから気にしなかった。

「すご腕のデザイナーなんだって？　うわさは聞いてるよ。つい最近こっちに来たばかりらしいね」と、座った瞬間から彼は居丈高だった。なんなんだ、こいつ？

「そんなこと、どうでもいいじゃないですか。なにがお望みなんですか？」

こう問うと、妻とふたりでエスプリ社を経営していて、いま、年商1000万ドルだなど、現状が語られた。

最初の仕事は、社名のロゴだった。と言われても、エスプリ・デ・コープは長すぎる。

「だろうね。エスプリだけのほうがいいんじゃないかと思うよ」

「で、デザインするのに時間はどのくらいかかる？」には、1カ月というところでしょうと答えておいた。

そんなわけで、しばらくあれこれ考えて、Eを3本線で表すデザインを考えた。ちなみに、あのころエスプリ社は八つか九つあるブランドをまとめようとしていた。

デザインのプレゼンをしに行ったら、対応はまた彼ひとりだった。ひとりというのはすごく珍しい。ふつうは関係者がずらりと並んでいる。ともかく、くつろいだ雰囲気の彼を前に、プレゼンを終えた。

「これだけ？」

「ええ」

「うーん、きみ、もうちょっとがんばってもよかったんじゃないかなぁ。やりなおすべきだと思う」

「本気ですか？」

帰る用意をしていると言われた。

「時間はどのくらい欲しい？」

「1カ月ください」

それから1カ月、私はなにもしなかった。放置である。1カ月後に連絡を入れた。

「準備ができました」

「よし、来てくれ」

というわけで、彼の事務所に行き、1カ月前と同じプレゼンをした。同じであることはもちろんばればれだ。

「これはどういうことだ？　違うデザインを持ってこいと頼んだはずだが？」

「別のデザインなどありません。これだけです。これを使わないのはどう考えてもまちがいです」

彼の目が点になった。じっと見てくる。どういうことか理解したのだろう。私が自分の存在意義をかけているとわかったのだろう。これしかないと私が心底思っているとわかったのだろう。ここでやり直しを命じられたら断っていた。ほかの人に頼んでくれ、と。彼が笑顔になった。

「わかった。でも、これがうまくいかなかったらただじゃおかないからな」

――ジョン・カサード

口さがない社員に「会長」と呼ばれていたダグは、完璧を求め、エスプリ社カタログの写真を撮ってもらう写真家も世界中から引っぱってきた。ミラノのヴォーグ誌でグラフィックデザイン部門を率いているロベルト・カラなどだ。だが、ファッション系の一流どころはだれもうまくいかなかった。どういう写真にすべきかでダグとぶつかってしまうのだ。ダグのほうはそういう対立を楽しんでいて、フェンシングが好きだから当然なのかもしれないが、次の衝突の準備を喜々として進めた。イタリアの有名報道写真家の息子、オリビエーロ・トスカーニに声をかけるときには、イタリア語の勉強までしている。トスカーニはファッションに意見をのせるタイプで当たりだった。それこそ、ダグが求めていたものだ。

1980年1月、トンプキンスとトスカーニは新しいカタログの写真を撮ることにした。1980年代にふさわしいイメージ、風情、革新の雰囲気が欲しい。ドゥエーレは次のように語っている。

「なにを撮ったらいいのかわからないらしく、トスカーニは、なんとなくぶらついている感じでした。だから、『まずは会議室に座って、なぜこのカタログをつくるのか、なにを伝えようとしているのか、だれに伝えようとしているのかをはっきりさせましょう』と提案しました。2~3時間も座っていたでしょうか。最後はダグがまとめました。『我々が伝えようとしているのは製品じゃない。コレクションだ。スタイルだ、どういう人であるのかだ』と」

トスカーニとダグは、ライフスタイルという面でも美的感覚という面でも似たもの同士で、すぐに打ち解けた。押しが強いあたりもよく似ている。そしてふたりは、ファッション業界の鼻を明かしてやろうと考えた。エスプリ・デ・コープは、当時、市場や街なかにおける人気という面ではトップを走るほどの会社になっていたわけだが、今後、プロのモデルは使わないと宣言。こうして生まれたのが、「生身の人」のストーリーを語るキャンペーンだ。まずはエスプリ・デ・コープの社員、つづけてユーザーを世界中の店舗から集め、「思いやりがある寿司職人の恋人を募集中です」とか「私には小さなところがふたつあります。足と膀胱です」など、えっと思うような文言を添えて広告に仕立てたのだ。

「トスカーニには、イメージの作り方をずいぶんと教えてもらいました。そっち系の人々にまぜてもらい、やり方や考え方を学んだのです。業界の注目を集めましたよ。企画にデザイナー、アーティスト、ブランドなどでスタイルを確立し、それをゆっくりと変えていきます。顧客が全員ついてきてくれるように、ゆっくりと注意深く。ライフスタイルは変化がゆっくりで、ジャンプするように急な変化は起きません」とダグは書いている。

エスプリ社カタログの写真撮影は壮観だった。モデルは数千人もの顧客から選ぶ。撮影場所は世界中から選ぶ。

「ダグは内から力が染みだしてくるタイプで、多才な人なんだなぁと感じてしまいます」と、カタログ写真のコーディネーター、ヘリー・ロバートソンは言う。「趣味がいい。エネルギーにあふれています。ヨセミテを登ることもできます。飛行機の操縦もできます。車をぶっ飛ばして楽しむこともできます。なんでも実現してしまいます」

エスプリ社は、ティーンファッションの最先端を走る異端企業として名をはせるようになった。求職の履歴書やファンレターが次々届く。スタンフォードで会社説明会をした際には応募が殺到した。それこそ、他社のリクルーターとして会場に来ていた人からさえも、だ。エスプリ社は大受けしていた。ニューヨークで開かれた靴の展示会で、ダグは、会社説明のとき社員に寿司を配らせた。

「寿司はケータリングサービスの人に配らせるより社員のほうがいいと思います。そのほうがおもしろいじゃないですか……ウエイターやウエイトレスになってほしいわけじゃありません。でも、ああいうことをすれば、顧客とどうやりとりすればいいのか、どうすればいい印象を持ってもらえるのかがわかるはずです。我々がつくる製品のライフスタイルを社員も体現しているのだと見せることもできますし」

細かなところまで気にしすぎだ、ダグは大丈夫なのかと社員に思われることもあったらしい。たとえば、サンフランシスコの直営店近くにレストラン、カフェ・エスプリを開くにあたり、ダグは、ナプキンのサイズにもこだわるべきだと考え、社員に調査を命じている。8カ月後、調査で最高のナプキンがみつかったとダグが発表した大きさは16インチ四方と一般的なサイズだった。

食べきれなかった料理を持ちかえるドギーバッグもじっくりとつくりこまれていて、一部ファンのあいだでは、みんなが欲しがるアクセサリー、トレンディな小物入れとして大人気になった。売上伝票には、ダグお気に入りの日本人グラフィックアーティスト、八木保がデザインしたカラフルな渦巻きが描かれていた。毎週発行のニュースレターはゴシップから役に立つノウハウ、風刺がちりばめられていておもしろい。リー・ローゼンバーグのおふざけコラム「ミー・ジェネレーション」では、「セックスなしの罪悪感」とはなんなのかが説明されたり「居間をガレージに改装する方法」が紹介されたりしていた。

人気が高まった結果、エスプリ社は、若くて上昇志向が強く、自立した女性向けの会社だと市場調査の会社から目されるようになった。マーケティングの世界では「エスプリ・ティーンズ」なる言葉もささやかれ、あちらからもこちらからも言い寄られるようになった。コスモポリタン誌（発行部数は当時300万冊／週）の伝説的編集長、ヘレン・ガーリー・ブラウンもエスプリ社に目をつけ、ウチに広告を出さないかと打診している。ダグの事務所は床がやわらかなバルサ材で、それを傷つけないようにとガーリー・ブラウンはヒールを脱いで手に持っていたらしい。いずれにせよ、セクシーな女性を表紙にしているコスモポリタン誌はお呼びじゃないとダグはにべもなかった。

「胸の谷間ばかり強調していて、あれは性欲狙いとしか言いようがないだろう。髪型もありえないし、化粧も濃い。あれはぼくが望むイメージとはほど遠い。うちの顧客はああいう雑誌はあんまり読まないと思うよ」

すぐとなりでGQ誌に送るトンプキンスのプロフィールを書いていたモーリーン・オースは、エスプリ社におけるダグは「やさしい独裁者」だが「チョウセンニンジンと同じでだれの口にでもあうわけではない」と表現している。

若手社員はダグを慕い、職場を「小さなユートピア」とか「キャンプ・エスプリ」とか呼んで励んだ。ダグはえらぶったところがなく、親しみやすかったのだ。

「大事なのは一生懸命働くことです。腕まくりをして、日々のあれこれをこなしていくことです。そうすれば、なにが起きているのかをほんとうに知ることができます」とダグは言う。「大きな組織のトップは、たいがい、現場と距離ができてしまうんですよね。米国大統領を見ていると、街なかでなにが起きているのかわかってないだろうと思ってしまうことがよくありますが、あんな感じです」

地域社会とのつながりもエスプリ社は重視した。

「近隣とはいい関係を築いていました」とエスプリ社のマネージャー、ビル・エバンズは言う。「労働階級の黒人がたくさん住む地域に倉庫をつくろうとしたことがあります。そのときダグが近くに住む人全員と話しあい、木を植えることになりました。歩道に穴を開けて木を植え、倉庫に隣りあう家は塗装もしたんです。おかげで景観がずいぶんとよくなりました」

エスプリ社事務所の近くで火事があった際には、チャンスだと一区画まとめて買い取っている。そしてビルをぜんぶ壊すと、実験を始めた。巨大なペトリ皿というところだろうか。どのくらいの公園までなら一区画につくれるのか。タイヤのブランコとかジップラインは用意できるのか。休憩用のベンチには日よけがあったほうがいいのではないか。

2年後、魚のいる池やピクニックエリアもある公園が完成した。社員がピクニック気分でお昼を食べるのにも使えるし、通りすがりの人が利用することもできる。事務所の反対側でも、大きな区画ひとつをまとめて買い取った。金属メッキ工場があったので土は汚れているはずだ。だから土はぜんぶ入れ替えた。そしてオレゴン州に飛び、上空から売り物の森を探す。みつけたのは樹高10メートルほどの大きな木で、根巻きをして1500キロも運ぶには特殊な平台トラックが必要だった。これをトラック何台分も買い、レッドウッドに囲まれて走れる小さな自然公園を街なかにつくりあげた。

グーグル共同創業者のサーゲイ・ブリンがモスクワの公立病院で産声を上げるはるか前に、サンフランシスコで流行の最先端をいくトンプキンス夫妻は、カルトだと言われることもあるほど社員中心の職場をつくったわけだ。イタリア語のコースも無料で受講できる。カヤックにもただで乗れる。ハロウィーンは会社全体で祝う。それだけじゃない。街から出ろとダグは圧力をかけていた。どこか遠くに行け、逃げだせ、と。ダグは言う。

「正直な話、単なる休暇の費用まで出したいとは思いませんよ。ハワイのビーチでのんびりしてくるのならだれにでもできます。ですが、ほんとにヒマラヤ山脈でラフティングしてくる人はそういないでしょう。これはウィン・ウィンなんですよ。社員は、生きているとはどういうことなのか、感覚が鋭くなりますし、社員が生き生きしていればいるほど、会社はその恩恵にあずかれますからね」

エスプリ社で長年働いたヘリー・ロバートソンは次のように語っている。

「私は、営業部門とデザイン部門の連絡役として入社しました。サンフランシスコで人気のブティックを経営していたからです。いい職場でしたよ。プールも用意されていて泳げます。食べ物はなんでもただです。そんなところで一日中仕事をするわけです。そして、みんなで一緒にごはんを食べる。週末には遊びます。楽しむ時間を持つのが当たり前という雰囲気でした。むしろ、仕事のことばかり考えていてはいけないという感じで。たぶん、そのほうが元気に仕事ができるからでしょう」

社員は上司も部下もごちゃ混ぜだし、一緒にテニスをしたりバレーボールをしたり、ロマンチックな森が広がるタホ湖畔のコテージに泊まったりするのだから、社内恋愛はあって当然だろう。「居心地はよかったと思います」とエスプリ社らしい色恋沙汰で妻を失ったドゥエーレは言う。「チャンスがありすぎるんです。うまくいくことも多すぎるんです。お金も多すぎるし、誘惑も多すぎます。そんなこんなでお互いのこともよくわからなくなってしまいましたし、子どものこともわけがわからなくなってしまいました。会社のあれこれ以外、なにもわからなくなってしまったんです。ドラッグに手を出したわけではないんですが、ドラッグを決めたような感じでした」

1982年には、各部門でトップの成績を収めた社員へのご褒美として、流れの激しさで知られるチリのビオビオ川を下るホワイトウォーター・ラフティングが提供された。15年前にファンホッグ一行が渡った川だ。ダグは、今回、スージー、クインシー、サマーと家族全員を連れていった。

ツアーは、まず、サンティアゴに飛んだ。そこからは、ホワイトウォーター・ラフティングの会社、ソベクのガイドに案内してもらう。当時のチリはまだアウグスト・ピノチェト将軍の独裁で、大変な状況だった。活動家を逮捕して拷問にかけ、死んだらヘリコプターで海に捨てる強制失踪というやり方で3000人からの民間人を軍が殺したとも言われている。独裁に反対する暴動や騒乱も多く、旅行者など皆無だった。またピノチェト秘密警察は、エスプリ社ツアーの来訪もチェックしていた――BMWオートバイの盗難で騒ぎを起こしたトンプキンス氏が再来した、と。

エスプリ社一行は、サンティアゴからビオビオ川に向けて南下した。周りは果樹園やワイナリー、小麦畑だ。途中、ドイツ系移民の入植地、コロニア・ディグニダの近くを通っている。160平方キロの耕地に囲まれたここは、うわさや言い伝えが多い不思議な場所だ。いわく、ドイツ第三帝国の生き残りが隠れている。戦争犯罪人が目撃されたという話はないが、大勢が制服で軍事訓練のようなことをしている姿は日常風景だ。地下には武器が大量に保管されていて、単なる酪農場でないのはまちがいないと思える。男と女は別棟など規律も厳しい。酪農や病院もたしかに運営されているが、南アメリカで活動している左派をたたきつぶそうとする右派の指示で秘密情報の収集もおこなわれていたし、ピノチェト将軍が送り込んでくる女性の拷問もおこなわれていた。また、将軍が送り込んでくるのはとらえた人々だけではなく、空気のよい安全な場所でばか騒ぎができるようにということなのか、将軍の子どもたちもコロニア・ディグニダをよく訪れていた。ここでは食事もできるしクッキーなども売られているが、エスプリ社一行は立ち寄らなかった。

ビオビオ川に到着したら、蒸気機関車で山に入る。地元の売店で鍋釜を買った。1850年代の開拓者も同じことをしたのではないだろうか。5リットルの大瓶に入ったワインも買った。ところが、ラフティングのスタート地点に着いたあたりで腹痛の嵐となってしまう。みな、お腹を押さえて痛みに耐えたり吐いたりで歩くこともままならない。気温も零度近くまで急降下した。そんな中、冷たいビオビオ川にひとり落ちてしまい、あわてて助ける一幕まであった。けが人は出なかったが、安物ワインの二日酔いであればしんどかっただろうと、ガイドのひとり、デイブ・ショアは語っている。

トンプキンス家にとっては、家族が珍しく集ういい機会だった。昼間はビオビオ川を下り、夜は「サンティアゴの壁」でキャンプをする。川岸で焼き肉にする山羊や羊を連れた黒ポンチョの怖くないカウボーイがいるような場所だ。ガイドと女性社員の恋愛からいろいろな事件も起きたし、それから1年で夫婦が3組も生まれた。

ダグは冒険仲間のロイヤル・ロビンスとふたり、自分のカヤックで川を下った。スージーとふたりの娘(ロイヤルの娘タマラと仲よくなった)にとっては、長期出張でばらばらになりがちな暮らしを忘れて一息つける旅だった。このころスージーは、年に数カ月も香港で仕事をしていて、娘たちを連れていくことも多かった。対してダグは基本的にサンフランシスコだし、年に何カ月も冒険旅行に出てしまう。家族はばらばらになっていたが、そうであることは、エスプリ社の一部幹部にしか知られていなかった。

１９８３年、売上が１日１００万ドルを突破した。ダグとスージーはサンフランシスコ実業界のセレブとなり、スティーブ・ジョブズやコメディアンのロビン・ウィリアムズなどもふたりのゲストハウスを訪れたりするほどだった。

「ロビン・ウィリアムズにはダグも手を焼いていました。大騒ぎしすぎだと」とリック・リッジウェイは笑う。「ロビンは走るのが好きなんですよ。で、彼の話がうるさすぎると思ったダグが『走りに行こうぜ』と誘ったことがありました。疲れさせようと街じゅう走りまわったそうです。そのあとはさすがに静かで、彼と一緒で一番よかった晩だとダグは喜んでいましたよ」

ダグは、年に一度、「ペッパーパーティ」なるものを催した。登山やカヤックでヒーローだと思う人々やさまざまな分野の芸術家に、ダグが、得意料理であるじっくり焼いたトウガラシのマリネをふるまう会だ。各界の天才を10人あまりも集めるため、ダグは、ひとりずつ個別に招待状を用意し、それぞれを主賓として招待した。そういう話だとわかっていても、このパーティは参加したいと思うものだったらしい。

「イヴォン・シュイナードも来るし、歌手のダイアン・キャロルも来るしですからね」とカヤックの写真や映画で知られるロブ・レッサーは言う。「どこの馬の骨だか知らない人が業界の重鎮だったりするのは困りものですが。でもともかく、口だけの人間とかオレがオレがのタイプとかがいないのはまちがいありません。ダグは、おもしろい人、刺激をくれる人としかつきあいませんから。頭の回転がとにかく速くて、どういう人なのか、一瞬で見抜いてしまいますしね。こいつと話をしても時間の無駄だと思ったら、礼を失することなく、するっといなくなってしまいます。そのあたりは名人の域ですよ」

母屋には、ダグのコレクションが飾られている。コロンビアの画家ボテロの作品もある。フランシス・

ベーコンの三部作もひとつある。
「美術品を買うスイッチが入ったダグと、ロンドンの画廊巡りをずいぶんしました」と友人ピーター・バックレーは証言している。「ひとりの作品をぜんぶチェックするんですよ。次に、それぞれにまつわる物語を確認します。そしてひとつを取りあげる。『これだ。これが一番いい』と言って。いつもそんなやり方でした」

リッジウェイが妻のジェニファーと泊まった際、ヘッドボードの上にかけてある絵に触らないこととダグに釘を刺されたそうだ。脂っぽい髪や手で絵を汚されたくはないよなと思ったら、そんな話ではなく、絵が少しでもずれると警察署で警報がなる仕組みになっているという。そこまでしていたのも当然だろう。次にリッジウェイが見たとき、この絵は、パリの美術館ポンピドゥー・センターに飾られていた。

ダグ・トンプキンスは、米国小売り業界の異端プリンスだった。エスプリ社のカラフルな服は飛ぶように売れていく。雑誌の表紙には、「ダグはこう語れり」といった大見出しとともにダグの写真が載る。エスプリ社はダグをDNAに世界有数の人気ブランドとなったのだ。
「ダグも最初はうまく表現できていなかったようですが、そのうち、『イメージを創る事業をしている』と言うようになりました」と、パートナーとして一緒に事業を進めたドゥエーレは言う。「ダグと仕事をするなら、そういう心持ちで生きていく必要があります。こざっぱりで人付き合いがよく、おもしろそうでセクシーかつエネルギッシュ、そんな『ミー・イメージ』が感じられる人にならなければならないのです。自身がそうならずに仕事でそういうイメージを発信するなんてできるはずがありませんからね」

ダグはCEOという肩書を嫌った。会社会社しすぎているからだ。そして、紆余曲折《うよきょくせつ》の末、「イメージディレクター」を選ぶ。これなら、世界中を飛びまわったりイタリア語を勉強したり飛行機を買ったりしてもおかしくないからだ。こうしてダグは、年に9カ月、「イメージディレクター」として働き、「不在による経営《Management By Absence》」

だろうとイヴォンにからかわれつつ、残りの３カ月は「オレさま流ＭＢＡ」と呼ぶものの実験をする生活をしていた。ワイルドな冒険をすると必ず新しいアイデアが湧くし、シニアスタッフに責任感と自立心を持たせるのにも都合がいい。ちなみにふたりとも、本来的な価値を危険にさらしてまで株式を公開し、「株式価値」なんてものを手に入れたいとはまったく思わない。逆に創業者が思いのままに経営できるように と、パタゴニア社もエスプリ社も、借入もしていなければ社外から資金を調達してさえもいないのだ。このふたりにとって、何カ月間も職場を離れるのはごく当たり前のことだった。

「我々も別に困ることはありませんでした」と、ダグ不在のエスプリ社を切りまわしていたロバートソンは言う。「ほっとすることさえありましたね」

ダグは、ワイルドな地域の探検から新たなビジネスチャンスをつかむこともあった。たとえば、２年近くも交渉して、中国で衣料品を売る最初の米国企業になっている。衣料品の米国輸入にはさまざまな制限が課せられているのだが、ダグは、何千万ドル分もの衣料品やアクセサリーを関税なしで香港から輸入できる特別許可も取りつけている。香港からの輸入で米国一なのだ。こういう市場があると早くに目をつけ、世界トップクラスの品質を誇る製品を安くつくる能力を手中に収め、世界７０００店ほどで売りまくっている。彼の帝国は、大量生産の安い衣料品が支えているのだ。カタログは１５０万部。エスプリ社のニュースレターによると、この印刷だけで貨車22両分も紙が必要となるらしい。

エスプリ社が株式を公開していないのも、ダグが何週間も続けて会社を休める理由のひとつだ。ダグとスージーは権限弱体化を避けるため、全株式を自分たちで押さえていた。つまり、株主に反乱を起こされる心配もないし、株価を気にする必要もない。経営権でごたごたすることもない。だから、何十カ国にも製品を卸し、年商が６億ドルに近づいても、ダグは、３週ほどブータンに行ってくるわとか、地球の反対側まで世界初となる急流下りをしてくるから１カ月くらいいなくなるわとか、気軽に言えたのだ。

サンティアゴの山側を流れるマイプー川の支流をダグとふたりで下ってみることにした。いまだ下った人のいないところだ。現地に着き、川を下っていったら先が見えないほど曲がっているところがあったと思ってほしい。ごうごうとものすごい水音が聞こえてくる。初めての川でそういうところがあったら、陸《おか》に上がって確認しなければならない。というわけで、ダグがひとりで斜面を登り、向こう側がどうなっているのかを見に行った。そこに兵士がふたりやってくると、銃を背中に、パスポートを見せろと言ってきたらしい。ダグは「ばかなことを言うな。オレはカヤッカーだぞ？　パスポートなんぞ持ってるはずがないだろう。オレの格好を見ろよ。パンツ一丁じゃないか」と答えたそうだ。そして、連中が本部に無線を入れているすきに斜面を駆け下り、ものも言わずカヤックに飛び乗ると、カーブの向こうに消えてしまった。いや、もう、びびったよ。やばいやばいやばい。曲がった先がどうなっているかオレは知らないんだぞ？　でもこのままじゃ撃たれるかもしれない。だから私もカーブを曲がったんだけど、びびりまくって体に力が入っていたもので、水の流れに逆から突っ込み、見事にひっくり返ってしまった。そのとき思ったよ。なるべく頭を下にしたままでいようって。水の上に戻って撃たれるのはいやだ。夜になってから知ったんだけど、あの近くに独裁者ピノチェトが夏に行く別荘があったらしい。そんなの知るわけないじゃないか。

――イヴォン・シュイナード

ダグは、フェラーリを見せびらかして優越感に浸る必要などなくなっていた。だから、おんぼろステーションワゴンの上に真っ赤なカヤックをくくりつけてベイエリアを走りまわっていた。街なかでカヤックを載せた車は違和感ありまくりだ。ぽかんとなる人がいる。立ち止まって、それなんですかと尋ねてくる人がいる。

「戻ったら車の横に若者が座っていたことがありました。なんなのか聞きたくて、15分も待っていたそうです。モントレーから来たサーファーなんだけど、この変な形をしたものはなんなのか、と。ボートであることはわかるけど、どこで乗るのかわからなかったようです」

高級ホテルに泊まらないのもダグ流だ。一番いいのは、友だちの家の長椅子に寝袋で寝ること。寝袋は必携品だ。

「プライベートジェットだって持てるけど、貰ってどうするのか想像できません。単発の小さなプロペラ機でぶらつき、ビーチに降りるほうがよっぽどいいと思うんです」

ダグはデザインの勉強にのめり込んだ。次から次へと本を読み、最新のデザインや建築を学んでいく。そして、マンハッタン、ミラノ、東京の店舗を用意する際には、ジョー・ドゥルソ、エットレ・ソットサス、倉俣史朗とスーパースターを起用した。これは、ひとつのサッカーチームにマラドーナとメッシとペレをそろえるくらいすごいことだ。

「ダグは、仕事をするところや住むところをデザイナーと一緒につくっていくのが大好きでした」と友人のピーター・バックレーは言う。「日本は倉俣史朗でした。シンガポールと香港の店舗をデザインしてくれた彼に、日本にいるとき滞在する家をつくってもらったんです。ダグは心から楽しそうでした」

エスプリ社の新しいロゴをデザインしたジョン・カサードは、ロンバード通りにあるダグの家に招待されたことがあるという。

「ロシアンヒルの立派な家です。1ブロックの端から端まであって、緑に覆われていました」

フローリングが真っ白など、すごくモダンだ。ダグはキッチンでなにかしていて、上着はクローゼットにかけてくれと言われた。ウォークインクローゼットなのだが、ジャケットをかけようと入ってみると、中はクローゼットではなく図書室になっていた。

「デザインやスタイル、建築の本がずらりと並んでいました。驚きましたよ。私自身、デザイン関係はたいがい読んでいますからね。かなり難解な本もたくさんありました。ダグのところに戻って言いました。『わけわかりません。クローゼットデザイナーでもしてるんですか？　なんですか、あれ？』と。そしたら『え？デザインが大好きなだけさ』と返ってきました」

腑に落ちたという。啓発する必要のない人だ、自分の仕事をきちんと評価できる人なんだと。

スティーブ・ジョブズも、エスプリ社が生みだした買物体験のすばらしさに感銘を受け、のちに、アップルストアを立ち上げる際、参考にしている。『エスプリ・デザイン大全（Esprit: The Comprehensive Design Principle)』が出たとき、1冊3キロほどもあるこの本を何冊も買っているのだ。

「1999年にアップルストアのコンセプトデザインをつくっていたとき、エスプリの本に載っていたある店舗と似た感じにしたいとスティーブ・ジョブズに言われたんです。デザインチームに配るからと本も50冊買っていました。『デザイン・バイブル』だと言ってましたよ」と八木は言う。「ダグラス・トンプキンスと聞くとスティーブ・ジョブズを思いだしてしまいます。いや、スティーブ・ジョブズと聞くとダグラス・トンプキンスを思いだすと言ったほうがいいかもしれません」

ダグは1980年代の各種テイストをうまく組みあわせていた。この時代はこれだというほどのスタイルがなかったから、あれこれつまみ食いするようなことができたのかもしれない。イタリア語も数年試した。日本的なものにもはまりまくった。英国の建築家ノーマン・フォスターのすっきりモダンなハイテク調スタイルにも傾いた時期もある。それにしても、サー・ノーマンとダグというのは変わった組み合わせと言わざるをえない。貴族とカヤッカーなのだから。

ノーマン・フォスターは、ダグに負けず劣らず革新的だ。ロンドンでは風景を大きく変える超高層ビルを建てた。ピクルスに使う小さなきゅうり、ガーキンのような形から「ザ・ガーキン」という愛称で親しまれているものだ。

領土拡大に際限なく突きすすむダグは、そのサー・ノーマンに、エスプリ本社のデザインを依頼した。ばく大な予算をかけて進める芸術的プロジェクトで、ひとつの世界として成立しうる街を彫りあげようというのだ。事務所の周りにはサッカー場や託児所、ジムなどを配する。会議室に自然な光が入るように、オーガニックな庭も用意する。場所は、サンフランシスコ半島にある無名の都市、クパチーノを選んだ。サンフランシスコから南に少し行くと地価も下がるし、あちこちの丘にレッドウッドの森が点在しているからだ。

結局、ダグはここにキャンパスを建設しなかったが、スティーブ・ジョブズはすることになる。のちにクパチーノにはアップルの世界本社がつくられ、ジョブズがビジョナリーとしてたたえられるのだ。だがダグは、ジョブズに苦言を呈してばかりだったらしい。

「スティーブ・ジョブズは友だちだけど、それはもう、ずばずばと遠慮なくやりあいましたよ。だって、インターネットにパーソナルコンピューター、そして、携帯電話が楽園への道だって言うんですから。約束の地に連れていってくれるんだって。だからいつも言ってやったんですよ。そんなのは我々を破滅に導くものだって。こう言うと、彼、怒るんですよ」

ニューヨークに生まれ、高校も卒業できなかった43歳にとって、１９８０年代半ばのいけいけどんどん暮らしは麻薬的な魅力があったはずだ。しかも、デザインや建築はめちゃくちゃお金がかかる趣味だ。

「イタリアに行っては自分にとっての記念碑を次から次へとつくっていました。ミラノの大きな店舗とか。

デザイナーと遊ぶためだけに2000万ドルが消えるんです」と、フルタイムのビジネスパートナーであり、1980年代半ばまではパートタイムの人生パートナーでもあったスージーは言う。「同じことをロンドンのノーマン・フォスターともしていました。なにごとにつけ、そんな感じだったんです。そして、そのせいで会社は傾きつつありました。米国で給与を払うのに苦労しているのに、彼は、世界中で何百万ドルも使いまくっていたんです」

エスプリ社の経営陣にとって、気前のいいダグは痛しかゆしだった。ダグの実行力なしに会社が立ちゆかないのはまちがいない。だが、ダグがトップで生き残れるかというと、それも怪しい。

「あれでは、そのうち、『ノーマン・フォスターとか日本の建築家とかジョー・ドゥルソとか一流どころと仕事をしてこれたのはすごいけど、なにも残らなかった』ということになってしまいます」とダン・インホフも言う。「悲しいですよね。イタリアでは、100万ドルもかけて壁を数センチずらしたことがあります。しかも、リース物件で自分のものでさえないというのに。少しおかしくなっていたんじゃないかと思います。あれこれすごいことをしてきたと彼のことはとても尊敬していますけど、一線を越えてしまったと言いますか。粋を尽くすのがやめられなくなってしまったんです。まあでも、もともと彼が稼いだお金ですからね」

1983年、トンプキンスは自信過剰に陥っていた。自分だけが持つ美のコンパスを信じるあまり、進む道が狂いはじめていたのだ。モットーとしてきた「おろそかにしていいことなどひとつもない」も、いつのまにか「高すぎることなどひとつもない」になってしまっていた。店舗の階段を特注の鉄製にし、クロームの手すりを組みあわせる。ベネチアンストーンのタイルを採用したかと思うと、商品出荷用のケースをデザインする。メンターでもあり、ポストモダンなデザインムーブメント「メンフィスグループ」の創始者でもあるエットレ・ソットサスと一緒にミラノショールームの内装もデザインした。この内装は、とある専門家から、近代建築のバウハウスとおもちゃブランドのフィッシャープライスがせめぎあっているようだと評価された。

なかでもダグが力を入れたのは、ロサンゼルスのラ・シエネガ通りとサンタモニカ通りが交差するところにつくった直営店だ。唯一無二の聖堂で、透明なヨーグルト容器にアンダーウェアを詰めてみたり、フランスパン用のプラスチックバッグに入れてタオルを展示したりと好き放題をしている。ローラースケートで踊れるフリッパーズ・ローラー・ブギー・パレスも買った。「ロサンゼルス版スタジオ54、ホイールバージョン」として知られるディスコだ。

フリッパーズでは、キッスのメークアップをしたジーン・シモンズや正装のプリンスを見ることができた。ゴーゴーズ、ジョン・クーガー、ラモーンズのライブもある。ここを時代の最先端をいくショールームにして、ロサンゼルスのまがい物ヒールを救ってやろう、北カリフォルニアの新鮮な風を送り込んでやろうとダグは思っていた。ジョン・ボイトがジェーン・フォンダとローラースケートで踊るような場所をデザインや若者向けファッションの震源地として生まれ変わらせよう、と。人生を決めるのは「年齢ではなく心構えだ」と言いたいわけだ。だが、天使の街、ロサンゼルスに移ってくる人の多くが実感するように、心構えをどうこうするのは意外に難しい。ダグは、フリッパーズのコンクリートフロアを艶ありの黒に塗ってワックスをかけろと指示した。とてもきれいで印象的だが、すごく滑りやすく、従業員も客もしょっちゅう床にたたきつけられる始末だ。ここの仕事を請け負ったひとりは、「ダグはフルスケールの模型をいじるのが好きなんじゃないかと思ってしまいます」と語っている。

ギャップなどの同業他社は1平方メートルあたり800ドルくらいしか改装費用をかけないのに、ローラーディスコは4500ドルとその6倍近くに達した。

「なにがなんでも傑作にしたいと思っていたので、すべてやりすぎてしまっていました」と、このプロジェクトに協力したイタリアのデザイナー、アルド・チビックは言う。「自宅を建てるとき『最高の床にしたい。最高の壁にしたい。最高に美しい照明にしたい。家具もすばらしくなければならない』と言ってしまうようなものです」

フリッパーズは大失敗となった。「小売りの三大原則をぜんぶ無視しちゃいましたからね。場所、場所、場所ですよ」と友だちのバックレーも語っている。エスプリ社が公開した情報によると、改装は700万ドルの予算でスタートして、最終的に2400万ドルもかかったそうだ。

「ウォール・ストリート・ジャーナル紙にコメントを求められました。エスプリ社は大丈夫かと銀行から懸念の声が上がったのでしょう。だから『エスプリ社は国際的なマルチメディア芸術ですから』と言ってやりました」とドゥエーレは笑う。「ダグに怒られたので、『でも、そうでしょう?』と指摘したら、『そらそうだけど、銀行には事業について語るべきだよ』と言われました」

18年も利益が増えつづけて油断したのか、1986年、いくつもあったトラブルの予兆をダグは見逃してしまう。派手な色使いからもっと落ちついたトラディショナルな色使いへと業界のトレンドが移りつつあった。さらに、米ドル安が進み、香港からの輸入価格が急上昇した。この結果、利益が年に800万ドルも減ってしまう。あわてたダグは、米国で働く社員2000人の3分の1も首を切り、ただでバレエを観たりラフティングに行ったりできる福利厚生も打ちきった。だがもっと深刻な問題が身近に起きていた。妻スージーとの縄張り争いだ。

「我々は、15年も、ひとつの袋に入れられた2匹のネコかなにかのようにけんかをしてきました」とダグはGQ誌に語っている。「離婚しなかったのは、そのほうがいろいろと都合がよかったからにすぎません」

だが、裂け目は深かった。創業家夫婦の争いを反映し、エスプリ社にも亀裂が入っていたと同社取締役も事情通も証言している。スージーのパーソナルアシスタントで、スージーとダグの摩擦ですりきれて辞任したブリーレ・ジョンクもそのひとりだ。

「デザイン部門は見えない線で二分されていました。スージー派とダグ派に分かれていたんです」

スージーは次のように語っている。

「問題はすべて私のせいということになっていました。だから、手を広げすぎたし彼が山のように記念碑をつくっていたしで財務の壁に突き当たったときも、『私のせい』でした。そして、彼は、ロンバード通りの自宅2階にデザインチーム全員を集め、『彼女には辞めてもらわなければならない。年を取りすぎた。自分を見失ってしまった』と言ったんです。その晩、私は去りました。さすがに堪忍袋の緒が切れてしまったのです」

ダグは、夫婦の摩擦が娘のサマーやクインシー、さらにはエスプリ社の仕事に影を落としていることに気づいていなかったようだ。なんとなく落ちつかない。いらいらしていた。いま死んだら、墓石にはなんて刻まれるのだろう？ もう少しでスキー競技のオリンピック代表になれた？ 衣料品のセールスで名をはせた？ 16歳のとき、自分はふつうの人には行けないところまで行く、そういう人間だと語っていたのにこの程度なのか？

トンプキンス夫婦間のもめ事は社内で知る人ぞ知る状態だった一方、ダグ本人は、いわゆるアメリカ株式会社をあらゆる側面から疑うようになっていた。そんなところで仕事などもうしたくないと思っていたのだ。

「マーケティングにとらわれていたんです。そのせいで全体像が見えなくなっていました。ありもしない欲求をかき立てていただけなんです。だれも必要としていない製品をつくっていたんです」

友だちのリトは次のように証言している。

「事業はクールなものだと彼は思っていました。だから、うまくやろうと熱意をもってやっていました。でも、お金が欲しくてやっていたわけではありません。そう感じたことは一度もないんです。めざすのは成功。成功するためにやっていたからです。金持ちになろうとなにかする欲の皮が突っ張った人も世の中にはいますが、彼はそういう考え方をしない人なのです」

お昼をよく一緒に食べていた音楽プロモーターの友だち、ジェリー・マンダーによると、このころ、ダグは不満ばかりが増えていたという。マンダーはダグの信頼があつく、愚痴をこぼされることも多かったらしい。「儲かってはいるんだよねと言っていて、それはそれで悪くないわけですが、でも、こんなことがしたかったわけじゃないんだと愚痴ってもいました。何年も何年も、です。エスプリ社の仕事に耐えられない部分が自分の中にあったようです。『こんなの、オレがしたかったことじゃない。なにか違うことをしなきゃいけない。きみがしてるようなことだ』とくり返していました」

マンダーは、ハーブ・チャオ・ガンサーを事業パートナーに、ニッチ狙いのパブリックメディアセンターを立ち上げていた。サンフランシスコで一番の革新系広告代理店であり（当時はおそらく「唯一の」だったろう）、壮大なアリゾナ州グレンキャニオンを水底《みなそこ》に沈めるダムの建設計画に反対するスローガンを、デビッド・ブラウアーが立ち上げたシエラクラブの依頼で企画したりしていた。「天井のすぐ近くまで行けるように、システィーナ礼拝堂も水底に沈めるべきか」と全段抜きの大見出しで訴え、世の中で大いに話題になったものだ。

パブリックメディアセンターは、ダグにとって第二の事務所となった。なんだかんだと訪ねてきては、マンダーとガンサーの仕事ぶりを見ていくのだ。

ダグは、環境系の著述家や活動家、思想家に人脈を広げていった。なにかというとFAXや手紙を送ったり電話をかけたり、質問をしたりするのだ。親交も深めようとした。学識を深めるんだと言って、毎日何時間も、新しい著述家を探したり、森林を守る闘いをしている活動家について調べたりもした。そして、体を張って日本の捕鯨船を苦しめる最前線のエコ戦士やレッドウッドの伐採を防ぐために地上60メートルのこずえで何カ月も暮らす若手活動家のことを知り、すごいと思うようになっていく。環境保全に関してさまざまな本を読み、いまの大学教育はなっとらんとこきおろす。導いてもらったり教えてもらったりするのは性にあわず、自分の理解や読んだことを信じるタイプなのだ。

そうして出会ったのが、ディープエコロジーである。哲学者でクライマーのノルウェー人、アルネ・ネスが提唱し、米国のノンフィクション作家ジョージ・セッションズが広めた哲学的武装蜂起を訴える考え方だ。ネスは、地球における人類の役割を根本的に考え直さなければならない、また、生態系は全体をまとめて考えなければならないし、生命種に上下があるという傲慢《ごうまん》な考え方は捨てなければならないとした。野生生物を殺したりその生息地を破壊したりするのは生物の自然なバランスを狂わせる行為であり、地球全体を危機に陥れるものだとしたのだ。気候変動や種の絶滅が世の中で騒がれるようになるはるか前から、ネスらは、惑星という有限な場で経済成長を永遠に続ける夢を追えば、いつか必ず天変地異が起きる、夢を追えば追うほど早くに起きると断じたのだ。これだとひざを打ち、ダグは、ネスとセッションに手紙を送った。

わずか5年前にはミラノに住むデザイン界の重鎮に秋波を送っていたダグが、こんどはディープエコロジーのリーダーにラブコールを送るようになったのだ。

「午前中はそういう活動のことばかりを考えているのですが、お昼には現実に戻って経営に集中しなければならないわけです。そんなの、長続きするはずがありませんよね」とダグは言う。「ですから、環境保全などに全力投球するため、事業からは身を引くことにしました。事業が成功したからといって、あんなにのめり込んでしまうとは思いませんでした。のめり込むあまり、行きたいと心が求めていた場所、アースファーストを信奉する人々のところに行こうともしないでいたなんて。どうしてそんなことになってしまったのか、いまだに不思議です」

Part 2

1970年代初頭、ビジネスリーダーとして時代の最先端をいくダグ・トンプキンス。サンフランシスコのアパートを拠点に、10億ドルの帝国となる企業をつくっていく。（写真提供：スキ・ヒル）

Part 2

第6章 北はどっちだ? 南に飛ぶ

1980年代半ばにかけ、少しずつ、やることをまちがっているなと思うようになりました。アパレル企業でだれも必要としていない製品をつくっている、と。環境危機の逆転につながることではなく、危機を悪化させることをメインの仕事にしていたわけです。やることを変えなければならないと思いました。

―― ダグ・トンプキンス

1989年のアースデイ、リック・クラインは、チリからの夜行便でロサンゼルスに降り立った。預けた荷物が出てくると、最初の訪問先に急ぐ。太平洋岸ハイウェイの混み具合にもよるが、1時間くらいでベンチュラに着くはずだ。パタゴニア社のイヴォン・シュイナードに会って、チリ南部に広がるかけがえのない森を守るお金を出してくれと頼もう。

「カーニ・サンクチュアリに登って撮ったアロウカリアの写真、9枚をラミネートして持っていきました。資金を提供してほしいとお願いするためです。美しい湖やアロウカリアの木が写っている写真、9枚を広げてこう言いました。『13万ドルあればできることがあります。ここを買い取り、政府系でない公園をチリに初めてつくることができるのです』と」

イヴォンの前には9枚の写真が広げられている。つながっていて、アコーディオンのように開くと60センチほどになる。アロウカリアの森は、カリフォルニアのレッドウッドに匹敵するほどすばらしい。この原生林を守らなければならないとクラインは訴える。寄付は、まだ1カ所、5万ドルだという話もあった。

「わかった。4万ドル出そう。私が4万ドル出したと、サンフランシスコの友だちダグ・トンプキンスに言いなさい。まずまちがいなく、同じ額を出すと言うから。それで13万ドルになるでしょう」

クラインは北に飛び、エスプリ社のトンプキンスに連絡を入れた。窓口になったダグのパーソナルプロジェクト・マネージャー、ドリー・マー経由で回答が返ってきた。

「興味があるとのことでした。イヴォンが出すならダグも4万ドル出すそうです。小切手をお渡ししますね」

えっと思った。チリの原生林を守るという夢を現実にするお金が手に入ってしまった。

「こんなにすぐ手に入るとは思ってもいませんでした」

クラインはカリフォルニア生まれで、1970年代半ば、チリに移住した。軍による圧政で多くの死者が出た時期だが、ビオビオ川源流近くのガレトゥエ保護区でパークレンジャーをしていたクラインは生きのびることに成功する。頭ももじゃもじゃならひげももじゃもじゃと、ゲリラにまちがわれて秘密警察にしょっ引かれ、拷問を受けてもおかしくなかった。リックがひげもじゃなのは反体制派だからではなく、詩人だからなのだと上が弁護してくれてはいたのだが。

その後、クラインは、チリとカリフォルニアを行ったり来たりしながらエインシャント・フォレスト・インターナショナルを立ち上げた。カリフォルニア州アーケイディアに本部を置く非営利組織だ。そして、森林をまとめて伐採する皆伐に対する抗議を展開する。チリでは、ニュージーランドの悪名高い林業大手、フレッチャーチャレンジに狙われている森林を守ろうと闘っていた。急いでなんとかしないと、アロウカリアの森が皆伐されてしまうからだ。なお、チリのアロウカリア以外にも守りたい森林や樹種があった。だから、4万ドルの小切手をダグの事務所で受け取ると、クラインは、シエラクラブの元会長、アース・アイランド・インスティテュートのデビッド・ブラウアーを訪ねた。そして、推進中の「原生林を守ろう」

キャンペーンについて説明する。パタゴニアのすぐ北側に広がるチリの森林が伐採されようとしていること、現地を活動家に見てもらう遠征を計画していることなどを語った。

ブラウアーは、チリの森林に関するクラインの遠征企画をなんども支援している。そのひとつが、「世界で一番古い木」をみつけようという企画だ。カリフォルニアのレッドウッドに並ぶ高木、アレルセのはずだとクラインは考えていた。ナショナルジオグラフィック誌に取材をお願いしたところ、一流の風景写真家が参加するなら考えると言われてしまう。そのとき、ブラウアーがギャラン・ローウェルを紹介してくれた。ナショナルジオグラフィックの花形写真家だ。打診してみるとすぐ承諾してもらえた。じつは、その少しあと、いずれにせよチリに行く予定になっていたからだ。小さな飛行機で、友だちのダグ・トンプキンスと一緒に。

「世界で一番古い木」と言われるアレルセは、チリやアルゼンチンの限られた地域にのみ自生する高木で絶滅が危惧されている。チリ杉やパタゴニアヒバとも呼ばれる。

この企画にきみも乗らないかとローウェルに誘われたダグは、いい機会だと飛びついた。そのころダグは、エスプリ社CEOとして生きていくには逃亡の頻度を上げるしかないと考えていた。実際、カヤックに乗ってくじらの一種、ベルーガの生息数を数える、北極地方に住むシロクマの状況を確かめるなどの有意義なプロジェクトを進めるためエスプリ社を離れることが増えていた。せっかくチリまで行くなら、ビオビオ川でラフティングして、パタゴニアの切り立った岩山、セロ・カスティージョも登ってこようとダグとギャランは考えた。

ギャラン・ローウェルの妻バーバラもダグと同じくセスナ206を操縦して、サンフランシスコからファエゴ諸島まで一緒に飛ぶことになった。ダグは数回飛んでいたが、飛ぶたびにワイルドな心が刺激されるすばらしいルートだ。仕事を一緒にすることもある友だちのピーター・バックレーも、操縦の交代要員として連れていくことにした。バーバラも、兄弟のボブ・クッシュマンを連れてきた。スキーパトロールのリーダーでアウトドアのベテランだという。クラインはチリのプエルトモントで合流し、アレルセを案内する。

バックレーは出発の1週間前に仮免許が取れた状態で、操縦の初歩しか習っていないし、飛行経験も40時間しかなかった。なのに、離陸したと思うと、ダグは読まなきゃいけないものがあるからと操縦を任せてしまう。

「操縦はずっと私で、ダグはジェリー・マンダーに渡された『聖なるもののいない世界（In the Absence of the Sacred)』の原稿を読んでいました。しかも、ずっと声に出して読むんですよ。この本には、資本主義は環境破壊につながる巨大技術に等しいなど、資本主義に対する批判を組み立てるにあたり、ダグが考えていたあれこれを裏付けてくれることが書かれていました。彼の人生を変えた本です」

高度4000メートル以上と、酸素なしでは飛ぶべきでない高度まで上がったので、頭がクラクラしました。ぎりぎりまで待って酸素をオンにすると、一瞬ですばらしい世界になりました。頭もすっきりです。計器もはっきり見えます。ダグも元気を取り戻しました。ところが、2分後、ラインが裂けて酸素が一瞬でなくなってしまいました。ダグは気持ち悪いと言って吐いてしまいます。私は、死に物狂いで飛行機を飛ばしました。ダグは「わけわからんな」と言いつつ座り直すと、なにか必死で考えはじめました。かなりやばい状況になってしまいましたからね。そして、「ピーター、あの山壁の切れ込んでるところに行ってくれ。あそこにはたしか……たしか……」と言うんです。行ってみると、大きな飛行場がありました。飛行場だけがあるんです。どうしてこんなところに飛行場があるのか、わけがわかりません。地図にも載ってないんですよ。「着陸しろ」と言われたので滑走路に向かい、最後、機首を上げると、ダグが顔を上げ「くっそー!」と叫びました。次の瞬間、ボーン、ボーンと飛行機がはずみはじめました。あのまま私が操縦していたら、たぶん事故になったと思うのですが、ダグがなんとか収めてくれました。でもそれが限界だったようで、飛行機を止めるとよろよろと外に出て地面に吐きまくっていました。そうこうしていると軍人が現れ、ダグを連れていってしまいました。「いいところだねぇ」とギャランは喜んでいましたが、我々全員、実質的に逮捕されてしまったわけです。そして、リマに直行して出頭しろと指示されました。離陸すると、「高度を下げろ。低く飛べ」とダグが言うので、「わかった」と答えて超低空飛行で谷間を飛んでいきました。無線からは、どやす声が聞こえてきます。45分くらいどやしつけられたでしょうか。というわけで、我々はペルーのリマへは行かず、チリに向かいました。国境を越えたんです。飛行計画書も出していないし登録もしていないしで、とにかく最悪です。でもダグは、「大丈夫。チリ人はペルー人を嫌っているから」と言うんですよ。街に着いたとき、現地警察のトップは結婚式だかなんだかに出てるところでした。「警察のトップと話をつけてくる。心配することはなにもないから」とダグが街に入り、1時間くらいして帰ってきました。少し飲んでいたようです。警察トップはぐでんぐでんに酔っていて、書類にばんばんハンコを押すと、ぴしゃりとダグの背中をたたきました。で、我々はまた空に上がったというわけです。

——ピーター・バックレー

ペルーやボリビアでアンデス山脈を越えるとき酸欠で危ない場面もあったが、２機はさらに南へ、サンティアゴまで飛んだ。バックレーはここで別れてふつうの飛行機で帰るので、ここからは、ギャランとダグ、バーバラとボブという組み合わせで飛ぶ。プエルトモントに着くと、街のホテルでリック・クラインに会った。ダグがクラインに会うのはこれが初めてだ。クラインは今回もひとつながりの写真を持ってきていた。アレルセの写真だ。それを見てダグは息をのんだ。ノルウェーの森林によく似ている。

プエルトモントの南には、チリ政府が１００年も入植を推進したにもかかわらず、１平方キロあたり片手の指も人がいない湿地が広がっている。１９８０年代に独裁政権が強圧で押し進めた公共事業で１１００キロもの「ピノチェトハイウェイ」がパタゴニアまでつくられたが、この濃密な生態系がむしばまれることはなかった。山が海に迫り、急な斜面が多い。

「このあたりは、だいたい、火山か、岩と低湿地が谷の奥まで広がっているかです」とクラインは説明した。「大きな獲物がほとんどいないので、現地の人々もこのあたりには入りません。谷には原生林が広がっていますが、奥のほうなど、人が足を踏み入れたことがないところもあると言われています」

だが、いま、その森林が攻撃にさらされていた。船着き場に材木を運ぶトラックがホテルの脇をひっきりなしに通る。小さめのポテトチップスくらいに粉砕された材木は、そこで「デューン《砂丘》」と呼ばれるチップの山になる。砂丘に色がよく似ていて形は火山に似ている。高さは5階建てのビルくらいもある。このチップは日本に売られ、東京で上質紙の材料となる。

アレルセ・アンディーノ国立公園に向かう車中でクラインは喜びをかみしめていた。ナショナルジオグラフィックの有名写真家ギャラン・ローウェルだけでなく、森林を救う情報もお金も持つ一匹狼ダグ・トンプキンスも来てくれたのだ。

途中、破壊の爪跡がそこここにあった。簡単な製材所があちこちにあって、１日５トンもウッドチップをつくっている。

「我々が祖先から受けついだ遺産がトンあたり50ドルで売られ、破壊がどんどん進んでいます」とチリの植物学者アドリアナ・ホフマンは言う。「世界的に類を見ない生息環境を壊し、ばらばらにしているのです。しかも、これは、再生可能資源なんかじゃありません。こんなやり方では、樹齢数千年の古木を再生することなどできません」

登山口からは歩きだ。チリ人のガイドがふたり付き、食料も4日分持った。

ローウェルは小躍りしそうなほど喜んでいた。樹齢３０００年はありそうなアレルセがいくらでも生えているし、アレルセの記事はナショナルジオグラフィックの読者に喜んでもらえることまちがいなしだったからだ。二晩目、キャンプファイヤーを囲んで簡単な食事をとっていたとき、言い争いが起こった。もっと金をよこせとガイドがクラインに迫ったのだ。約束は約束だ、ばかなことを言うながダグとボブ・クッシュマンの意見だった。翌朝、ガイドはふたりともいなかった。食べ物も大半がなくなっていた。

クッシュマンが持っていたエナジーバーで朝ごはんをすませ、クラインの案内でアレルセ古木の群生地まで歩いた。樹高60メートルほどの古木が船のマストかなにかのようにまっすぐ空に伸びている。ローウェルは撮影の準備にとりかかる。ダグは小さな傘を取りだすと、まだ小さいシダを踏まないようにとみんなに注意をうながした。すばらしい森だとクラインもあらためて感嘆した。

撮影が終わると、尾根まで登ってキャンプをすることになった。きれいな泉が湧いているし、そこから急な道を20分も下れば砂利道に出るとクラインが聞いていたからだ。というわけで、苦労して尾根まで登ったのだが、水がない。道もない。「湖まで20分ね。尾根から20分も転がり落ちればってことかよ」とクラインは肩を落とした。

尾根は吹きっさらしで水もない。こんな大変な状況にしゃがってとダグはかんかんだった。

「なごやかなハイキングのはずが、不安に非難、空腹、脱水だし、みんな骨の髄まで疲れきっているのに崖から落ちる心配までしなければならなくて」とクラインはふり返る。「お前とは口もきかんとダグに言われました。顔にはしかめっ面が張りついてました」

尾根の濡れた急斜面をヒルに血を吸われながら這うように下りるしかない。丸一日かけ、滑り落ちたりしながら少しずつ湖に下りていった。

「いや、もう、大変でした」とクッシュマン。「いばらの中をゆっくり下ったり、倒れている木を伝って下りたりその下をくぐったりしなければならないんです。崩れ落ちているところも多いし、険しくて少しずつしか下りられないしで、湖まで下りたころには、全員、疲れきっていました」

戻りの車からは、丸太やウッドチップを満載したトラックを何台も何台も見た。たくさんの木が倒れて行く手をふさいでいた古い森林が消えていく。多様な生物が住む林冠のある森林が消えていく。大規模な皆伐の現場は、60センチより背の高い木がなくて、爆弾でも落ちたみたいだ。ダグは怒りに燃えた。シカトをやめてクラインの手を取り、目を見ながら尋ねる。

「ここの土地、いくらだと言ったっけ？」

答えが信じられず、思わず自分をつねる。

「1キロ四方で6000ドルということかい？」

その森がものすごい勢いで消えていく。ダグには衝撃だった。

このあとダグは、チリで進めている別プロジェクトも見てほしいとクラインに誘われ、カウエルモ・ホットスプリングに飛んだ。ダグが大好きな未開の宝石だ。上空を何回か往復したあと、海辺の村に広がる小さな牧草地に降りることになった。

草を食べている牛や羊は、低空飛行で追い払う。いよいよ着陸しようとしたら、馬に乗ったカウボーイが5人現れ、まだ残っていた牛や羊を追い払ってくれた。ポンチョを着て、つばの広い帽子をかぶった彼らは、さらに、並んで走って着陸する飛行機を守ってくれた。

ダグは、この農場を買い取ることにした。衝動買いだった。

「そんな気になっちゃったんですよ。海岸沿いのこの森林には、個人が守る価値くらいはあると思ったのです」

格安だった。サンフランシスコなら2ベッドルームのマンション1室くらいの価格で、生態系をそっくり買い取れたのだ。

どこまでを買うことになるのかよくわからなかったダグは、遠くに視線を走らせ、この辺に詳しいカウボーイに尋ねた。

「あそこに見える雪をかぶった火山も含まれるのかな」

「はい、トンプキンスさん。火山も含まれます」

が回答だった。

サンフランシスコに戻ったダグは、丹精込めて育ててきた会社に距離を感じるようになっていた。だから会社が発するメッセージを変えていく。スージーの発案で本社に「エコデスク」を設置し、リサイクルのヒントなどを書いた別冊もカタログに添える。必要のないアパレルは買わないようにというキャンペーンも展開した。チンパンジーにエスプリ社のTシャツを着せた写真もトスカーニに用意してもらった。どきっとする写真でエスプリ社のイメージをリセットしようという、かなりとっぴなキャンペーンだ。「必要でなければ当社の服を買わないでください」というメッセージも製品に添えた。衣料品企業としてありえないメッセージだが、カウンターカルチャーだとして大いに話題になるはずだとダグは考えていた。取引銀行や経営幹部はみな驚いた。「ウチの製品を買うなと言いたいのですか?」とダグに迫った幹部もいる。

ダグにしてみれば、してやったりである。エスプリ社の広告予算は年２５００万ドル以上で、その予算をどう使うかを決めるのはイメージディレクターのダグである。

「買う量を減らしてくれと言いたかったんだ。もちろん、自由企業の世の中では異端な考え方だ。すさまじいばかりの反響があったよ。広告業界でもすぐに取りあげられて――いろんなコメントや記事が出てきた」

ダグとスージーの夫婦仲はあいかわらず悪く、そのせいでエスプリ社は経営陣がぎくしゃくして身動きが取れなくなっていった。結局、ふたりとも経営に関わらないでくれということになる。後始末にあたったＣＥＯ、フェデリーコ・コラードは次のように語っている。

「ダグのＭＢＡプログラム、いわゆる不在による経営《Management By Absence》も会社がまだ小さいうちはいいんですけどね。我々はそのＭＢＡから、歩きまわって働くことで経営するという考え方に移行したんだと、冗談半分で言っていました」

ダグにとってこれはアメリカ株式会社から逃げだすチャンスであり、朗報だった。だから、自分の持ち分（エスプリ社の50％）を売り払い、森林を守る闘いに専念しようとひそかに画策した。

スージーはスージーで、不仲なパートナーと一緒に事業をするのは終わりにしたいと考えていた。ダグはかばん持ちに囲まれた悪性ナルシストだとこきおろす。

「尊大、無礼、専横で人を従えるのです。周りの承認が欲しいからいろいろとがんばるわけです。ブランドを立ち上げる人にはナルシストが多いですね。ブランドと自分が一体化しているのです」

銀行など金融界も、ダグ・トンプキンスに疑いの目を向けていた。

「ダグはなにをやらかすかわからんやつだと銀行に思われていましたし、スージーの代理人アイザック・スタインははっきりとそう言っていました」とピーター・バックレーも証言している。「ダグほどひどい経営者はまずいないと銀行にふれまわっていたんです。ダグはダグで『そのとおりだね。でもぼくはCEOになるつもりなんてないから。ぼくはアーティスティックディレクターだ。CEOになるのはピーターだよ』なんて言ってました」

49歳で人生を大転換するには、お金と自由な時間と企業社会からの脱出が必要だった。だが、自分の持ち分50%を高く買い取ってもらうため、ダグは、エスプリ社の事業に未練があるかのようにふるまうことにした。そして1991年6月、エスプリ社ブランドをもう一度大々的に打ちだす動きを見せてから、持ち分すべてをスージーとゴールドマン・サックスに売却する。

「フェイントですよ、フェイント。会社を立ち上げ直すぞ~と椅子にふんぞり返って言っても相手にされません。本気だと思ってもらわないと」と、当時エスプリ社の取締役をしていたバックレーは言う。「ですが、会社を自分のものにするつもりなどダグにはまったくありませんでした」

ダグは自分が持っていた米国事業の50%を約1億5000万ドルで売却。世界全体で年商10億に達しようかというエスプリ帝国の経営から手を引けたわけだ。

エスプリUSAを売り払ったあとも、しばらくは毎週のように会計士や弁護士、税法の専門家などと打ち合わせが続いた。若干ながら所有している欧州事業と極東部門も売ってしまいたかったからだ。エスプリ社のブランドはドイツ、イタリア、香港で人気が高く、この持ち分をすべて売れば、もう5000万ドルから1億5000万ドルが入ってきて、総額は3億ドルほどに達するはずだ。

昔、ダグはザ・ノース・フェイスを売り払うと、アディオスと家族に告げて、南アメリカのワイルドな冒険に友だちと旅立った。それから20年がたって1990年代初頭になってもダグは常識にとらわれず攻めまくるタイプだった。身を縛るものなどなにもない。アイデアはいくらでも湧いてくる。銀行口座には何億ドルもお金がある。

エスプリ社の持ち分を売るにあたり、ダグは、弁護士やスージー側銀行家に囲まれて山のような文書にサインをしなければならなかった。そのときの光景もなかなかだったと、当時、ダグとつきあっていたキャサリン・イングラムは言う。

「みんなスーツ姿なのに、ダグだけ普段着のチノパンなんですよ。また、銀行の人から『このお金でこれからなにをするつもりなのですか』と尋ねられたら、『あんたらがやってることをぜんぶ元に戻していきたいんだ』って答えてました」

Part 2

第7章 アースファースト！

しゃにむに前に進む人なんです。そういうタイプなのだとしか言いようがありません。あそこまでの人は、世界的にも珍しいと思いますよ。やらなければならないと思うことをなにがなんでもやろうという火が心の中で燃えさかっているんです。ただし「自分を見てほしい」わけではありません。たいがい裏方で満足してしまいます。

―― キャサリン・イングラム

（『ガンジーの足跡（In the Footsteps of Gandhi）』の著者）

エスプリ社の持ち分をすべて売り払った数カ月後、ダグは、数千万ドルをファウンデーション・オブ・ディープエコロジーに移した。ダグの個人資産を環境運動に役立てる仕組みとして立ち上げたカリフォルニア州登録の非営利組織だ。ザ・ノース・フェイスとエスプリ社に続く企画で、これほど大胆なものはちょっとないだろう。立ち上げ時に無税でもらえる寄付は５０００万ドルまでとカリフォルニア州の法律で定められていたので、その最大額を寄付したわけだ。20年間、エスプリ社を世界的なブランドに育ててきたダグが敵方に寝返った瞬間だと言える。

ここまでの富を築く過程で環境にもたらしたダメージを回復できるのか。この程度のお金で少しは世界をよくすることができるのか。

１９９０年代の頭に展開していた環境活動家にとって、ファウンデーション・オブ・ディープエコロジーは天の恵みだった。供与するシード資金の規模は３０００ドルから30万ドル。提供先は、活動家の会議や原野保護キャンペーンのほか、束縛のないグローバル企業による野放図な自然破壊だとダグが思っているあれこれを少しでも抑える活動などで、年に数百万ドルを支出していく。

「なによりもまず自然を大事にしなければならない、この惑星を人間以外の生き物と分けあって生きていくことが我々の倫理的責任だと考える。だから、人間中心ではなく、環境を中心に置いた価値の実現に努力していく」

ファウンデーション・オブ・ディープエコロジーの設立趣旨について、ダグはこう書いている。

ダグは、美術品のコレクションもすべて売却することにした。オークションを頼まれたスイスの美術商、エルンスト・バイエラーは、コレクションのすばらしさに舌を巻いたという。世間的に高く評価される前にフランシス・ベーコンやボテロの傑作を買い付けるなどアンテナの高さもすごいのだが、作品そのものに対する鑑識眼がすさまじいのだ。オークションの売上は１８００万ドルに達した。また、ダグの環境保護キャンペーンを支援したいとバイエラーが手数料を辞退してくれたので、売上の全額がディープエコロジーのドリームファンドに組み込まれることになった。

助成金は、ダグと運営チームがこれはと思ったグループに与えた。ダグが独断と偏見で選ぶこともあった。

ダグは生物多様性の喪失が「あらゆる危機の元凶」だと見ていたし、環境の再生は百年単位で時間がかかるもので、成否がはっきりするのは２１００年か、下手をすれば３０００年かもしれないと考えていた。また母なる大地を守る努力をしなければ、２０２０年ごろには守るべきものがほとんど残っていない状態になるとも考えていた。環境保護の専門家も、２０２０年までに事態を改善できなければ種や生息域の喪失が取り返しのつかないレベルまで進んでしまい、絶滅に向けて転がり落ちていくことになると見る人が多い。

ダグ本人は、サンフランシスコはロシアンヒルに立ち、ゴールデンゲートブリッジと太平洋が見渡せる自宅という居心地のいい場所にいたわけだが、資料を読めば読むほど、破壊の進み方に驚くばかりだった。「地球が住めなくなったら家などあっても意味がない」――ダグがよく引き合いに出すヘンリー・D・ソローの言葉である。

ひっきりなしに届く夕食会や授賞式、美術品展覧会への招待はすべて無視し、ダグは、読んで読んで読みまくった。ダイニングもキッチンも寝室も本だらけだ。飛行機にさえ環境理念の論文や、絶滅最前線の心配なニュースが報じられている雑誌などを山のように持ちこんだ。

暗い予想ばかり読んでいれば打ちのめされてもおかしくないのだが、ダグは、逆に、じゃあ、一番博識な環境活動家になってやろうと考え、トライアスロンのトレーニングかなにかのように読みつづけた。デザインや建築、キルトにはまったときと同じように、世界中、どこに行っても目にする生態系メルトダウンの全貌をとらえようと手を尽くす。

若手活動家などをたくさん集めて優秀な環境チームをつくったこともあり、自宅のゲストハウスはいつもにぎやかな活動拠点となっていた。

立ち上げた基金の運営を任せる人を探すうち、ダグは、応募者のひとり、作家のキャサリン・イングラムと恋に落ちる。彼女はダグの人生にそれまでいなかったタイプの人物だった。ダルマ・シャーストラを教える仏教徒だし、他人との共感が不得意なダグとは正反対というほど違う情緒的スキルを有していたのだ。ダグがみずからの心を見つめなおすよう導いたとイングラムは言う。

「サンフランシスコの美術館で開かれたダライ・ラマとの昼食会に参加しました。ごく内輪の小さな会で、ダグは、そこで初めてダライ・ラマに会いました。すごい人だと思ったそうです。非凡な人だ、と。ダルマについても、いろいろと彼に教えました。すごく気に入ってくれました」

イングラムと出会ったことで、ダグは、壮大な闘いをしていくなか根源的に変わっていく。

「彼女は世界のソフトな側面、哲学的な側面、スピリチュアルな側面をダグにもたらしました」とダグの友だち、エドガー・ボイルズは言う。「しかもダグは、事業責任を脱ぎ捨てたところで、そのあとどういう道を歩いていくのか決めかねている状態でした。そんなとき彼女に紹介された人々から彼は天啓を得たのではないでしょうか。幻覚作用のあるアヤワスカも使っていました。昔からダグを見てきた我々にとっては驚きだったのですが、世界の我々と異なる領域に彼女はつながっていて、うわ、これは違うわ、彼女は違うわと思いました」

イングラムは快適なホテルに泊まるのを好んだが、ダグは適当な長椅子に寝袋が好みだった。ダグは衝動的で強情。彼女は『ガンジーの足跡（In the Footsteps of Gandhi）』のほか、ダルマ関連の著作が何冊もある。

つきあいは順調だったが、ダグの辞書に落ちつくという言葉はない。

「それはできない人なんです。その橋は遠すぎると言いますか」とイングラムは言う。「ガイド付きの瞑《めい》想《そう》に誘ったこともなんどかあって、大意のガイド瞑想もときどきしていました。瞑想が終わると『これはまたやらなきゃな』と言うんですが、彼の周りは時間がなぜか飛ぶように過ぎていくんです」

イングラムに背中を押されたこともあり、ダグは、行き当たりばったりで世界中を飛び回ってみた。ディープエコロジーを提唱したアルネ・ネスを追って1カ月もノルウェーを旅したかと思えば、フランスと英国の二重国籍を持つ環境哲学の大家、エドワード・〝ジミー〟・ゴールドスミスとメキシコに行くという具合だ。「ジミーに誘われ、メキシコに彼が持つ家を訪問しました。すごいところでした」とイングラムは言う。「ジェレミー・リフキン、ノーマン・リア、リチャード・ブランソン、ジェリー・マンダーらも一緒で、三日間、グローバル化にどう挑んだらいいか、戦略を話しあいました」

イングラムがとなりにいないとき、ダグは、彼女のことばかり語っていた。長年補佐役を務めているトム・

モンチョも、ノルウェーを旅したときの話がセンチメンタルなラブストーリーになっているし、そのあいだずっと、彼女を思いだす曲だからとヴァン・モリソンのバラードをかけているしでびっくりしたという。「熱愛だったと言っていいんじゃないでしょうか」とイングラム本人も語っている。「そういうこと、あるじゃないですか。シェークスピアにも『一目惚れこそ真の愛』って一節があるくらいですし。我々はそんな感じだったんです」

環境助成金の提供を始めたダグは、長女クインシーに基金の通常業務を任せた。クインシーは次のようにふり返っている。

「ティーンエージャーのころはエスプリ社中心だったんです。家族で大学まで行くのは私が初めてだったんですが、父には『とにかく行ってこい。学ぶのは言葉でも芸術でもいい。文化でも歴史でもなんでもいい。卒業したら戻って経営を手伝え』と言われました。悪い話じゃありませんよね。というわけで、エスプリ社に入り、環境デスクの仕事をしました。そしたら数年後、『基金の運営を頼む』ですよ。環境系の財団、ねぇ。新しい世界でした」

環境保護団体も有名どころは腑抜けで共犯に等しいと感じたダグは、体を張るタイプの活動家を探した。ブルドーザーにチェーンで体を縛り付けて抗議をする人とか、それこそビーチで開いた感謝祭のパーティで測量杭を抜きまくってハイウェイ新設工事を遅らせたダグやイヴォンたちのような人とかだ。

昔からサーカスファンのダグはいたずらやメディアジャックが大好きだ。アリゾナ州グレンキャニオンの水力発電用ダムの表面に長さ90メートルほどの「割れ目」を広げるというおふざけをかました活動家など、ユーモアのセンスがあると大いに評価した。このダムは米国の西側で一、二を争う反対運動が巻きおこったもので、8億ドルのセメント構造物によってグレンキャニオンが水底に沈み、全長300キロ近い人造湖、パウエル湖ができている。そのダムの表面にプラスチック製の割れ目を広げ、遠くからはダム全体がぐにゃりと曲がりかけているると見えるようにしたのだ。実際は黒っぽいプラスチックが何十メートルも連なったものなのだが、割れ目ができて広がっているように見える。

このようないたずらや話題作りが広がったのは、エドワード・アビーが1975年に発表した小説『爆破―モンキーレンチギャング』が発端だ。陽気でいたずら好きなメンバーが「妥協することなく母なる大地を守る」をスローガンに産業社会に闘いを挑む話である。ヒーローはベトナム帰りの元グリーンベレーのくせに反旗を翻し、自然を守る闘いに転じたジョージ・ヘイデュークだ。

この小説はおふざけ狂想曲などと話題になり、作り話であるアビーのモンキーレンチをそうできたらいいなへ、さらには現実へと実際に変えていこうとする人々が登場する。アースファーストを自認する人々だ。なお、ロゴには「アースファースト！」とびっくりマークが必ずついている。知名度は低いがかなりの実効をあげていて、ダグはここによく資金を出した。

「ダグは、アド・バスターズという雑誌を支援していました」とダグに親しいエドガー・ボイルズは証言している。「カナダに本拠を置く雑誌です。消費や過剰消費をテーマに、にせ広告やにせポスターで世間の常識や認識に疑問を投げかけるんです。このやり方を彼ら自身はカルチャージャミングと呼んでいました」

熱意ある仲間だとダグを見ている人にポール・ワトソン船長がいる。グリーンピース創設メンバーのひとりで、のちに離脱し、1977年、ネプチューンズ・ネイビーを組織。双胴船1隻と体当たりに使える古い砕氷船2隻を持つようになる混成の小艦隊である。これをシーシェパードと改名したあと、ワトソンは、捕鯨船に対する実力行使を始めた。「敵艦隊」を無力化するという彼の主張に賛同する人が次第に増え、寄付も寄せられるようになる。世界的に共感の声が増えたことを受け、テレビ局アニマルプラネットが「クジラ戦争（Whale Wars）」というミニシリーズをつくったりもした。

「本当はすべきことなのに、日本の貿易制裁を恐れて各国政府がしていないことをシーシェパードはしているのです」とワトソンは言う。なおダグはファウンデーション・オブ・ディープエコロジーを通じてワトソンに寄付をくり返した。

「ダグは、こんな相手に寄付をして大丈夫なのだろうかなどと考えることがありません。ただし一応、合法かなど大丈夫であることを、CFOや弁護士と相談して私が確認していました」と1991年から2000年までファウンデーション・オブ・ディープエコロジーのエグゼクティブ・ディレクターを務めたダグの長女、クインシー・トンプキンスは笑う。「違法なものはありません。過激なだけです。そういう相手をダグは支援するのです。もちろん、しっかり調べる必要があります」

大企業が公的資源を我が物とするとき、非道な行為の幕が上がります。天然資源の価値を正しく評価しなければ真の自由市場は成立しません。無駄に使ってしまうのは不当に低く評価するからです。汚染を垂れ流している者は、他者全員を貧しくすることで自身が儲けています。他者全員の生活の質を低くすることで自身の生活水準を高めています。自由市場の規律から逃れ、生産コストを公に押しつけることでそうしているのです。汚染企業には国のお金が流れています。政治的な影響力を行使する大口献金者なのです。

——ロバート・ケネディ・ジュニア

直接行動を辞さない環境保護団体への資金援助が数十件から数百件へと増えていったころ、米国西部の各地で環境活動家に対する排斥運動が巻きおこった。ユタ州モアブ、カリフォルニア州ユカイア、モンタナ州ミズーラなどで、環境活動家が脅される、銃で撃たれる、犬に毒を盛られる、家に火をつけられるなどの事件が起きる。１９９０年代前半は環境保護の機運が盛り上がった時期なのだが、それに対抗する「ワイズ・ユーズ《賢い使い方》」なる過激な反環境運動も広がったのだ。草の根を装っていたが、じつは石炭産業や大手石油会社、雪上車メーカーなど汚染企業が資金面で支える広報活動であったことがのちに明らかとなっている。

　アースファースト！創設者のひとり、デイブ・フォアマンはＦＢＩに狙われてしまった。ＴＨＥＲＭＣＯＮ作戦で1年にわたりおとり捜査が展開され、１０００時間もの電話盗聴もおこなわれた。違法行為に誘い込む試みもあった。そして、フォアマンは、ニューメキシコ州の自宅でＳＷＡＴに取り囲まれ、ＦＢＩ捜査官に逮捕される。妻のナンシーと裸で寝ていたら、ピストルを頭に突きつけられて目を覚ました、あれほど丸裸にされたことはなかったとフォアマンは皮肉っている。

　原子力発電所につながる送電線を破壊するたくらみに加担したというのが嫌疑だが証拠らしい証拠はない。連邦検察官の求刑は禁錮20年である。こんな裁判でも、ダグとイヴォンが弁護費用を支援しなければ有罪判決が出ていたかもしれない。支援額は、イヴォンの近くに住む敏腕弁護士ゲーリー・スペンスら弁護チームの航空券やホテルなど、ふたりあわせて数万ドルに達した。また、この裁判のあいだ、フォアマンとダグは、アースファースト！に対するＦＢＩの「悪だくみ」について何時間も語りあった。

　弁護は成功した。訴訟手続きによる引き延ばしが何カ月もあったが、最後は、フォアマンとの会話を録音したテープをＦＢＩに提出させることができたのだ。その中に、彼に罪を着せようと最後の努力をしていたとき、ＦＢＩ捜査官のマイケル・フェインが録音していることを忘れて仲間と交わした会話があった。

「ほんとのところ、この男を挙げる必要はないよな。つまり、実際に罪を犯したかどうかという意味では、さ。でも、見せしめのためにはこいつを挙げなきゃいけない。そういうことだよな。こいつを挙げなきゃ見せしめにならないから、さ……おおっと、こんなん録音しちゃいかんだろう。やっちまったぜい」

こうして重罪についてはすべて無罪となった。これを祝すため、フォアマンは全米の大学を巡るツアーを敢行。そして、緑の活動家に対し、「長期の投獄」がありうると警告し、「命をかける」覚悟があるかと問うた。彼は演説がうまい。ブルージーンズにカウボーイハットという姿で、測量杭を抜け、腑抜けた大手環境保護団体を批判しろ、なにがなんでも母なる自然を守れと発破をかけるのだ。そのフォアマンは、ダグとイヴォンを次のように評している。

「ダグとイヴォンのすごいところは、お金を稼いだらおしまいではない、お金はなにかをなすために稼がなければならないのだと意識しているところです。また、ダグが小規模で積極的なところに注力しているのもすごいと思います」

そんなこんなでアースファースト！は危機モードに入った。おとり捜査員が活動家を誘惑する、爆発物を買ったり暴力を振るったりするようしむけるなどＦＢＩの挑発が続き、なにも信じられなくなってしまったのだ。

「アースファースト！はもともと、大きくワイルドな場所を守ろうとつくられたもので、妥協することなくワイルドな自然を守るが信条でした」とフォアマンは言う。「なのですが、ＦＢＩに潜入されてしまいました。危険だとレーガン政権に思われたのでしょう。このころアースファースト！には、反体制、反国家——反人類と言ってもいいかもしれません——の人々も集まってきていました。原生地に強い思い入れがあるわけでは必ずしもない人々です。その結果、古参が分離・独立してワイルドアースという雑誌を始めました。ダグは、すぐさま、支援の手紙と小切手を送っていました」

環境保護をどう拡大していくかを考えるにあたり、ダグは、環境運動の分野で尊敬し、信じている人ふたりに意見を求めた。フォアマンとジョン・デイビスだ。ふたりともアースファースト！のコアメンバーであり、ワイルドアース誌にも顧問として関わっていた。

「これはと思う活動家を教えてほしいとダグに言われました」とデイビス。「自分のことはあまり語らなかったと思います。事業で成功した、原生地や野生生物を守る活動をしている人々に投資をしたい、だれがいいと思うかとそんな感じだったのです。なので、原生地や野生生物をしっかり守っているのはこのあたりだと思うと伝えました」

ダグの自宅を事務所に、デイビス、フォアマン、ジェリー・マンダー、クインシー、ダグで計画を練り上げていく。企業暮らしから逃げだす夢を見つつ、エスプリ社で長年過ごしたダグは、いま、1億5000万ドルもの現金を持つ「フリーラジカル」だ。なんでもできるはずだろう。

ダグはフォアマンをたきつけた。

「北米の原生地を回復したいと昔から言いつづけてるよね？　そういう大計画について何年も語ってきてるよね？　すばらしい話だと思う。でもそろそろ実行に移したらどうだい？　人材を集め、北米原生地を実際にどう回復していくのか計画を練ったらいいと思うんだが」

この餌にフォアマンは食いつき、森林再生サミットの準備を始めた。航空券と食べ物はダグが出す。宿泊はダグ宅の居間だ。

こうしてダグの自宅に科学者や著述家、若手の森林活動家、フォアマンらベテラン活動家、保全生物学研究で「知的先祖」とされるマイケル・ソーレらトップクラスの生物学者が集まった。

そして、毎晩、熱心な議論が飛び交った。ダグはその中に身を投じ、イタリアのジーンズデザイナー、フィオルッチや、レインフォレスト・アクションネットワークを立ち上げたランディ・ヘイズなどと親交を結んでいく。大勢の大物を前に長広舌をふるい、そつなくいい印象を与えることもできるダグだが、活動家に対しては聞き上手になることもできる。

「金儲けと縁のない話については、自分より知識が豊富な人がいると、自分より多くを読んでいたり経験していたりする人がいるとダグはわかっていました」とヘイズは評している。「すごくエネルギッシュだし意地の悪い物言いもよくするのですが、じつは我々に対してとても謙虚に接してきます。情報通で学べると思う人に対しては、とても謙虚なんですよ」

「妥協でなにかをなすなど、彼にとって興味の対象にまるでならないことです」とリック・リッジウェイも言う。「いろいろ調整して方向性の違う人と一緒にやっていこうというつもりもまったくありませんですが、方向性が同じ人々に共通のゴールを示し、まとめていくのはすごく上手です」

ダグは自尊心丸出しだししゃべり方は遠慮も会釈もないしなので、病的な自己中だと言われたりする。だがじつは、文化の変化をだれよりも早くかぎつけることにかけて、友だちや敵が驚くほどの力を持っている。事業家として世界を股にかけていた時代には、未来をかぎだす嗅覚で大儲けをしたわけだ。そして、自宅を環境問題に関する検討や活動のマグマだまりとしたいま、彼は、大きな問いをいくつも抱えていた。どうすれば、手つかずの森林を守れるのか。森林をどう伐採するとダメージが大きくなるのか。数千万ドルの資金をどう使えば、産業活動が引き起こしている生態系の破壊をスローダウンできるのか。

なにかしないと恥ずかしいと思わせてブリティッシュコロンビア州を動かそうとしていた活動家が寝床を必要としていると知ったとき、ダグは、どういうイメージで迫ればいいかを検討するあいだ、何週間も、自宅の寝椅子を提供した。

そして、ふたりで、「カナダ――北半球のブラジル」というスローガンを打ちだした。ダグお気に入りのひとつだ。気の利いた一言で企業をたたくのが大好きなのだ。笑える一言なら最高だ。

「いいところでした。あそこにいると力がみなぎるんです。なにかをなそうというダグみたいな人が大勢集まっていましたから」――トンプキンス宅で開かれた活動家サミットに参加した持続可能な農業の専門家、アンディ・キンブレルはこうふり返っている。

先進的な環境保護の考え方を重視するダグは、三日間の戦略会議から何年もかかる訴訟まで、幅広い活動に資金を提供した。特に原生地や野生生物について法廷で争うのが効率的だと考えていたので、世界全体で何十万ドルも訴訟につぎ込みつづけた。森林や河川、湿地のなかには何十年も前から法的に保護されているものもあるが、取引の拡大を望む法律事務所を味方につけた企業にいいようにされてきているのが実態だ。１００万ドル規模の費用をかけ、何年も法的に包囲攻撃をされたら、草の根の環境活動に耐えることなどできない。地域の同志が集まった環境保護団体など予算もガレージセールで得られるくらいしかなかったりするわけで、企業の資金力に太刀打ちなどできるはずがないのだ。

「ダグは、無謀とも思える企画にお金を出していました。たくさんのお金を使い、体制に挑戦状をたたきつけていたのです」と、ダグの自宅でブレーンストーミングに参加したビクター・メノッティは言う。反グローバリズムの活動家で著作もある人物だ。「ダグのような人はめったにいません。作戦を検討する場所を提供する、これはユニークでインパクトがあり、絶対にやらなければならないことだとはっきり示すなどして、思想をリードする人々や大胆に考える人々を支援するんです。やらなければならないならリスクを取るしかありません。そして、うまくいってくれと祈るしかないんです。ベンチャーキャピタルに似ていますよね」

ダグは五つ星のホテルには泊まらないしエコノミーでしか飛ばないのだが、ぜいたくを楽しまないわけではない。飛行機を何機も持っていて、三日にあげず、そのどれかのコクピットに乗り込むのだ。仕事で乗ることもあるが、買おうかと考えている山林などを見に行くことが多い。環境系の本を書いているダグ・ピーコックとふたり、ブリティッシュコロンビア州に飛び、人の手が入っていない森林を愛《め》でたこともある。手つかずの森が何キロも何キロも続く。木が密集していて、地面はほとんど見えない。と、そこに痛ましい傷跡が登場した。荘厳な木々に並んで、無残な切り株、刈り払われた枝に無数のタイヤ痕がずらりと並んでいたのだ。

「広い範囲にわたって原生林がめちゃくちゃにされているのを上空から見て、ふたりとも言葉を失いました」とダグは言う。「古木の森が広く皆伐され、荒れ果ててしまっているのを見て、我々の心は悲しみと絶望に満たされてしまいました。それを小さな飛行機の窓から見ながら、ただただ、ぼうぜん、です。ここまでの凶行をひとりの人間に止めることなどできるのかと思ってしまって」

そのとき、ひらめいたことがある。そうだ、森林保全の本を出そう。自分は飛行機の操縦をするので、森林がどういうふうに削られるのかを実際に見ている。地球の表面に生えている緑色の綿毛を巨人がカミソリでごっそりそり落とし、根っこのぼつぼつだけが残っている――そんな感じなのだ。

ダグは、世間一般の考え方からなるべく離れようとしていた。また、環境ＮＧＯも大半は腑抜けていて無力だし、人の手が入っていないことにどれほどの価値があるのか、本当のところ理解もできていないと考えていた。

世の中は、都市中心の見方ばかりだ。それ以外はほとんどない……風景は単なる背景で、多様な要素がかみあって一体化したものとはとらえないんだ。技術を信じていて、みな、工業型林業とか工業型農業とか工業型漁業とかがいいんだと考えている。技術がなんでも解決してくれると思っている。そういうやり方でいいんだ、ただ、ちょっとだけ改良すれば万事解決だ、と。人類がとらわれてしまった危機の全体を深く考えたりしない。だから、まちがっているとぼくが思うようなところに力を注いでしまう。ディープエコロジーの反対、シャローエコロジーとでも言えばいいだろうか。あくまで改革者にすぎない。人間福祉型環境論で、人間が使う資源が並んでいる巨大な店舗かなにかだとしか自然を見ないんだ。人類以外の生物に心から敬意を払ったりしない。人類以外の種と一緒に地球で暮らしていくのが基本だなどと考えないのだ。経済や社会の構造とどう向きあえばいいのか、そこを出発点にしなければならないのに。

——ダグ・トンプキンス

この25年も前、ダグは、シエラクラブが出している活動家の本を何冊も読んでいる。シエラクラブは、ジョン・マクフィーが環境アクティビズムの大司祭と評したデビッド・ブラウアーが立ち上げた組織だ。「彼が残してくれた偉大なる遺産のひとつがシエラクラブ・ブックプログラムです。そのおかげで私は大いに学ぶことができたし、我々が本を出すというアイデアもそこから生まれたと言えます」とダグは言う。「あの企画はブラウアーがいたから思いつけたのです。シエラクラブはきれいな本を出していたけれど、我々は神経を逆なでするような本を出してやろうって思ったわけですよ」

というわけで、ファウンデーション・オブ・ディープエコロジーが25万ドルを拠出し、『皆伐：工業型林業の悲劇（Clearcut: The Tragedy of Industrial Forestry）』なる書籍を刊行する森林保護プロジェクトが進められた。完成したのは重さ3・5キロもある特大本だ。山腹、山にはさまれた平野、1区画がフットボールスタジアムほどもある市松模様の傷跡と、古い森の皆伐の醜悪な側面すべてが鮮やかに描かれている。この本は、売るのではなく、配るつもりだった。どんどん寄贈するから、破壊的な林業を弾劾する広報活動に使ってくれというわけだ。『皆伐』を読むと、原生林を何キロにもわたって破壊しつつ、森林破壊が一般の人に知られないよう、ハイウェイ脇には「ビューティ・ストリップ」と称する森を残してごまかしていることがわかる。

いつも空を飛んでいるダグにはすべて先刻ご承知のことだ。その真実を、いつも車で動いていて、道の両側を彩る壮麗な木々が森林という楽園の入口ではなく、悲惨な破壊の爪跡を隠すカーテンなのだと知らない「地面の住民」に知らせたいと考えたわけだ。本のデザインは、八木保に頼んだ。業界で高く評価されているデザイナーで、ダグとエスプリ社で何年も一緒に仕事をしているし、のちにはアップルのスティーブ・ジョブズとも仕事をすることになる人物だ。

『皆伐』の見本が上がってくると、ダグは、ページを40センチ×50センチの写真が載せられるくらい大きくしろと指示した。そのほうがじっくり学べるというのだ。また、八木保がサンフランシスコのデザインスタジオで進める作業にも加わった。ふたりが写真の配置を調整したり本のデザインそのものを微調整したりしていると、背中が少し丸い白髪の老人が現れた。第二次世界大戦から帰還したあと、国立公園をつくる闘いをあちこちで展開した72歳のクライマー、デビッド・ブラウアーである。シエラクラブの会長職は追われたが、その後もフレンズ・オブ・ジ・アースとアース・アイランド・インスティテュートを立ち上げるなど闘いの現場にとどまっている。

ブラウアーも『皆伐』の制作に参戦した。３人が部屋の中を歩きながら写真を1枚ずつ検討していく。すごい熱気だったと『皆伐』でフォトエディターを務めたエドガー・ボイルズは言う。

「あのときダグは49歳でブラウアーは70代半ばの白髪でした。ふたりとも、ものすごい勢いで頭が回転しているんです。私なんかの出る幕じゃないと感じました」

「ブラウアーは美しい本で世界を救おうとした人物です。今回のも美しい本になるわけです。破壊についての。私は、バトンが渡される瞬間を目撃したのです」

印刷が大問題だった。巻き込まれたくないと、北米の印刷業者はどこも引きうけてくれない。パルプ業界や製紙業界をこき下ろしてもいいことはなにもない。報復さえ考えられる。紙の原料とするため、原生林や人工造林による林業地から木を切りだす企業を糾弾するのは、印刷業者にとって自殺行為とも言える。

結局、日本の印刷業者が引きうけてくれることになった。すばらしい本になった。1冊ずつ専用の函《はこ》に入っている。表紙は黄板紙で、本文はリサイクル紙だ。ビル・デバルやマイケル・ソーレらワイルドランドの未来について深く考えている人々のエッセイと、まがまがしい森林破壊の写真とが交互に登場する。

ハードカバーとソフトカバー、あわせて数千冊を連邦議員などに献本した。全米の公営図書館にも、ワイルドランド保護の最前線で闘う活動家にも献本した。

「大学林学科の学生がマットの下に隠していたりしました。ほとんど禁書でしたから」とボイルズは笑う。「モンタナ州の図書館に収蔵された分は借りだされ、戻ってきませんでした。捨てられたんです」

環境活動家にとって、この本の出版費用は途方もないものに思えた。ダグに近い人々にとっても、である。だがダグは、異なる軸で価値を評価していた。彼の「貸借対照表」には、200年ほども先の2192年における森林の健康度や食物連鎖の頂点に君臨する動物の回復度合いが資産として計上されている。なぜなら、たとえば1700年に芽吹いたレッドウッドが壮年期に入るのは3000年ごろ、寿命が尽きるのは4000年ごろだからだ。ダグ・トンプキンスは、毎朝、こういうことを考えながら起きるのだ。そろそろ50歳になるころ、ダグは取材に次のように答えている。

「私は、たいがいの人より多くのことをしてきました。なにかをしなかったと思ったこともありませんし、なにかをもっとすべきだとももっといろいろ経験すべきだとも考えたことがありません。いつもなにかをしているからです。だから、いわゆる中年の危機も経験していません。私はいつも10人分の人生を生きているのです」

ダグは老いることをこばんでいるようだった。とにかくエネルギッシュで、みんなが起きる前に自転車で丘を下り、ゴールデンゲートブリッジを渡ってマリンヘッドランズで尾根を巡り、8時には家に戻っていたりするのだ。
「ダグは、私の1週間分か2週間分くらいのことを1日でしていました」と、そのころダグと一緒に暮らしていたイングラムは言う。このエネルギーがとても魅力的でもあり、近寄りがたいところでもあったらしい。

若手の思想家や活動家に囲まれていることも、前に進む力の源だった。カントリークラブ的なものの対極だと言えるだろう。若者のわいわいがやがやをエネルギーにしていたと本人も語っている。
「テルライド映画祭に行っても、ぼくは、運営に携わっている友だちの長椅子で寝るんです。若者は、目が輝いていることがほんとうに多い。大人の平均よりずっと多い。彼らは刺激を受け取るんです。周囲からどんどん吸収してしまう。見ればわかります。彼らの目を見れば、ね。彼らはなんでも見ています。なんでもふるい落とすことなく……親御さんになまくらにされてしまい、小さいころからそういう吸収ができなくなっている子もいますけど」

ワイルドアース誌の編集にずっと携わっているトム・バトラーは、ダグの本や刊行物にも編集長として長年関わり、『皆伐』に負けず劣らず大部のみごとな特大本を10冊あまり刊行してきた。その彼は、出版に対するダグの考えを次のように表現している。
「機械化林業による公有地の損傷について大型本をつくれるほどの資金や能力を、資金不足・資源不足でぴーぴー言っている草の根の環境保護団体が持てるはずがない。でも、そういう本をツールとして与えられれば、彼らも『張り子の虎』になれる。ダグはそう言っていました。見るからにお金のかかった本を手にして話し合いの場に登場すれば、それはやはり違いますよ。ずだぼろのダートバッグが環境を守れと言う場合に比べ、一段、真剣に耳を傾けてもらえるはずです」

ダグとバトラーのタッグが生みだした本は図書館の棚がひとつ満杯になるほど多く、内容も工業型畜産の糾弾、森林火災の対処法など多岐にわたる。この出版事業に費やしたお金は総額1300万ドルを超えたが、ダグは後悔などしていないという。

「ダグはヒンドゥー教のリシみたいな人です」と、食料主権を訴える活動家で、ダグの自宅で開催された戦略会議にも参加したヴァンダナ・シヴァは言う。「リシとは、我々が生きるこの世界、物質世界は流れゆくものだと認識している聖人で、その身を永続性に捧げる人々です。彼らはモノをほとんど持ちません。お金も右から左で、究極の与える生を生きます。自然に与えるのです。自然がどんどん破壊されていく時代に自然を守るために。利益の増大から自然の生育へとお金を動かす人こそ、最高の人であり、最高の意識なのだと私は思います」

環境保護を推進する体制がそれなりに整ったので、ダグは、パタゴニアへ移住することにした。サンフランシスコからチリへ引っ越すにあたり、ライカのカメラ、アーミッシュの家具、ラングのスキー靴、ザ・ノース・フェイス時代のビンテージなど、すべて、ガレージセールで処分する。豪邸を捨てて有名人ランキングからも抜け、どういうものになるか自分でもよくわかっていない道に進むのだ。

自宅はファウンデーション・オブ・

ダグは出版事業にも巨額の資金を投入し、多くの書籍を刊行した。なかでも『皆伐』(原題『Clearcut: The Tragedy of Industrial Forestry』)は数千人に寄贈されたし、一部では「禁書」扱いになった。

ディープエコロジーの事務所として残すが、そこにはもう住まない。恋人のキャサリン・イングラムをチリの南部へ連れていくと、昔買った農場を上空から見せ、ここに一緒に住まないかと誘った。「南アメリカに恋しているんだと思いました」とイングラムは言う。「どこに行っても『このトマトを食べてごらん』などと取りつかれたみたいに言うんです。彼にとって、チリはすべてがすてきな場所でした」
イングラムは断った。考え方が地球規模で食い違っているのだ。イングラムはスペイン語もわからないし、ブリティッシュコロンビア州でさえ田舎すぎると感じてしまう。

つきあったなかで「一番のインドアガールだ」とダグが言ってくれるのはうれしい。だが、いらついているときには「最悪のアウトドアガールだ」と言われてしまう。というわけで、チリ南部のなにもない地域に脱出する計画の最終段階で、ふたりは別れてしまった。

「ダグは、よく、『ぼくはいつか事故で死ぬんだと思うよ』と言っていました」とイングラムは証言する。「これに続くのはお定まりの悲惨な展開です。あなたひとりの命じゃない、あなたのことを気にかけている人がたくさんいる、あなたがいなくなったら私の人生がまったく違うものになってしまうなど、こんこんと訴えるわけです。命はそんな軽々しく語れるものじゃないって。でも彼は『やりたいことができなかったら生きてる意味がない』とかたくななんです。『もう少しふつうで、命をかけなくてもできることでやりたいものはないの?』と尋ねてもだめ。この件でダグを説き伏せられたことはありません。一瞬も、です。そういう選択肢もあるねと認めてもらえたことさえないんです」

Part 2

第8章 開拓村

基本計画などなかったのですが、彼はもともとサイコロを転がすタイプじゃありません。環境系の思想家や環境保護を訴える生物学者など、一流どころをロンバード通りに集めてはいろいろな話をしていました。彼は自身を啓発していたのです。学んでいたのです。さまざまなものが絡みあうワイルドで美しく、広い世界について考えていました。50歳を目前にして。準備万端に整えたのです。自分が理想とする世界に居場所がなくなった事業というものから手を引こうとしていました。でも、帝国建設から手を引くことはできないのです。帝国をつくるタイプの人だから。やめられません。絶対に。そういう人なんです。

――ダン・インホフ

（エスプリ社環境デスク役員、ダグ・トンプキンスの娘婿）

ダグ・トンプキンスは、１９９１年、サンティアゴまで何千キロも飛び、そこからさらにもう2時間南のプエルトモントまで行った。そして、雪をかぶった火山も含む広大で荒れたレニウエの農場を買った。ダグが移り住んだのはそこだ。

レニウエには、雨漏りしない建物もなければ寒さをしのげる建物もなかった。だが、２・５メートル四方くらいの構造物がみつかった。羊飼いが雨をしのぐのに使っていたものだ。木製のそりが付いていて、昔は、牛に引かせて森を切り開いたところを移動したりしたらしい。電気はないので、明かりはろうそくかオイルランプだ。冷蔵したいものは小屋の外にくくりつけた金属の箱に入れると、近くの氷原を渡ってくる風が冷やしてくれる。飲み水は屋根で受けて樽に集める。ゴールデンゲートブリッジの代わりに見えるのはミチンマウイダ火山だ。雪に覆われていて、ピューマがうろついている。

ダグは職人を探し、この小屋を改装するとともに隣にもうひとつ小屋をつくった。煮炊き用の穴が地面に掘られていたが、そちらは使わず薪《まき》ストーブを用意した。きれいな水を集める仕組みもつくり、キッチンや屋外にしつらえた浴室でも水が使えるようにした。小屋の入口は低く、ダグでも腰をかがめないと通れない。友だちが「ホビットハウス」と呼んだゆえんだ。

管理人の案内で、ダグは、川や湖、海岸など、敷地のあちこちを馬で見てまわった。150キロ圏内に50人を超える集落はほとんどない。苔《こけ》むした地面から2メートルほどもあるシダが生えている。月間降水量が600ミリもあるので、あたり一面、輝くような緑が広がっているし、低木がぎっしり生えていて、ふつうの鹿では引っかかってしまう。だから、ここに生息しているのは、絶滅が危惧されている固有種のプーズー、体高わずかに30センチほどという世界最小の鹿である。

ダグは開拓者のような暮らしが気に入った。イルカが群れをなす遠くのフィヨルドまでカヤックで行く。天気がよくて友だちが北半球から来られたときには、みんなで氷河を登りに行く。お腹がすけば川岸かカヤックから魚を釣ったり、自作の温室で野菜を収穫したりする。寒いし雨もよく降るので、温室内にも薪《まき》ストーブをひとつ用意した。海嵐で荒れた太平洋に木製ボートを乗りだすなどもした。

政府は、この地域の人口を増やそうと、土地の無償払い下げや暖房補助金、売上税の免除などさまざまな刺激策を何十年も講じたが、効果はあがっていない。あっちにもこっちにも廃虚と化した集落がある。まるで、芽吹けなかった種のようだ。1000人を超える町はないに等しい。ラ・フンタやコクランのように発展している地域もあるにはあるが、その数は少なく、互いに遠く離れてもいる。夏場でさえ、訪れる人はせいぜい数十人だ。冬は、泥と地滑りで何週間も道が通行止めになったりする。何百本も川があるが、その大半は「名無し」だ。チリ人は地図に数字を書きたがるらしく、地区ごとにローマ数字が割り振られている。レニウエは第10地区で、地図には「X地区」と記されている。

北側のプエルトモントへは付近を通る連絡船で行けるが、ふつうの人には料金が高すぎる。だから、家族に会う、まっとうな店で必需品を買う、病院で診てもらうといった場合以外に遠出はほとんどしない。集落から300キロも離れたところなど、めったなことでは行かないのだ。みんなが集まるのは、野原につくった即席の馬場で日曜日におこなわれる競馬くらいだろう。

物資は、プエルトモントで船に積み、丸一日の航海を経て、フィヨルドのダグ宅にほど近い小さな船着き場で陸揚げされる。この物流は通年だが、大潮の干潮だと船着き場に船がつけられず、ブーツを履いて水のなかを歩き、山のような荷物を背負って帰ってこなければならない。

うち捨てられた地に見えるが、ダグは、ここに大きな可能性があると考えていた。1キロ四方わずか6000ドルの土地がどこまでも広がっているのだ。マンハッタンのセントラルパークに匹敵する広さでも6万ドルで買えてしまう。

「3万5000ドルも賭けで負け、アレルセの古木がたくさん生えている平地ひとつで手を打ってくれないかとダグに持ちかけたあほうもいたそうです」とダン・インホフは証言している。

新居そのものはとても気に入ったダグだが、外の世界とのつながりもつくる必要があった。だから、プエルトモントにも事務所と家を用意した。材木業者、漁民、農場主が集まる薄汚い街だ。やせてはげちょろけの野良犬も多く、どうしても、汚らしいという第一印象になってしまう。市長室や公園監察官、公共事業省などの辞書に「美観」という言葉はないらしい。

下水はない、排水も不十分、都市計画の区分けもされていない。稼ぎはふつう月200ドルもない。これでは、現代人らしい暮らしなどできなくて当然だろう。カラーテレビが登場したのは1990年代も半ばになってからで、電話はいまなおぜいたく品だ。

プエルトモントの街ができたのは森林という富、要するにアレルセという木があったからだ。屋根板を見ればそれがわかる。風に乗って吹き付ける雨をしのぐ屋根板は何層も重ねられていることが多く、デザインも豊富だ。アレルセなら1層で80年も雨に耐えられる。

勤勉な支配階級も数百家族いて、彼らはビクトリアン様式の自宅を建てていたりする。カトリック教会のドアは、アレルセを彫ってつくった精巧なものだ。船体や家を手作りする船大工や大工が多く住む近くの島にちなんでチロエ流と呼ばれる独特な造りである。職人の技や木細工がいまだに愛されているのはダグにとって朗報だ。

ただ、屋根をアレルセでふける家庭は少なく、大半はスズの屋根材でがまんするしかない。スズ板にグミほどもある雨粒が降りそそぐとものすごくうるさいし、雨漏りもひどくてあちこちから細く水が流れ落ちる始末なのだが。

1990年代前半のチリはトラウマの時代だ。厳しい軍政、国主導の暗殺、軍のプロパガンダばかりの放送、秘密警察の暗殺部隊、拷問の多用に敵の「失踪」が17年間も続いたあとで、国民全体がPTSDに苦しんでいたと言えばいいだろうか。みな、屈服と言ってもいいほど服従するようになっていた。

1973年から1987年までは米国もピノチェト政権の暴力的戦術を支持していたが、1986年、キューバ政府が刺客を送り込み、ボディガード5人を殺すとともにピノチェトにもけがを負わせたことで風向きが変わる。独裁政権の終わりが近いと米国も判断したのだ。続いて1988年には、独裁者追放の運動を進める市民の支援へと方針を転換。同時に、社会構造を深いところから変えようと民衆は声を上げているが、チリの自由市場も「すべてが商品」という考え方も変わりはしないと世界に訴えようという動きがチリの政界や実業界で始まった。実際には20年ほども騒乱が続くのだが、最終的にはそのとおりになったと言える。「世界一自由な市場」と言われるようになったのだ。そして、環境の破壊がだんだんとひどくなっていく。

軍部による人権侵害に関わったのではないかなど懸念は尽きないのだが、X地区の住民は中央政府に見捨てられたと感じている人が多く、救助活動や緊急支援などをする海軍や陸軍など権威を後ろ盾にしたものには従いがちだ。

プエルトモントでダグは、「ブイン・ハウス」として知られる逸品を買うと、店舗内装をマルシ・ルドルフに頼んだ。エスプリ社時代に頼りにしていたディスプレイ巧者で、店開きの準備は必ずマルシに頼んでいたほどだ。じつはマルシは、チリへの高飛びに同行したいとさえ思っていた。だから、ダグの依頼に飛びつき、その後は、ことあるごとに何カ月もパタゴニアに滞在してダグの手伝いをするようになる。

「とある家族のごやっかいになりました。犬におばあさん、子どももひとりいるご家族です。なんだかすごい家でした。我々は上の階を使わせてもらったのですが、ほんとうに家の一部なのかよくわからないところでした。小さな部屋が三つあって、建築の専門学校を出た長女が一緒に住んでいました。それに私とダグです。トイレは共同。ダグはすごくいいところだと思っていました。私は、このどこがいいの？と思ってしまったのですが。なにもかも変なところがよかったようです。朝ごはんでは、足を引きずっておばあさんが席に着くと、ついてきた犬がひざに乗っていました」

ブイン・ハウス改装中に、ダグは、公的な測量結果や観光用地図、ハイウェイ計画、地層などを整理し、地勢を研究した。地図をつくり、インフラについて学ぶ。そして、天然資源の採取でなりたっているチリ経済を痛烈に批判した。本も週に1冊は読んでいた。専門的な報告書をがんがん読み、地域の開発計画も確認する。新しい目標に向かい、しゃかりきに進む。だが本当のところなにをするつもりなのか、親しい友だちにもよくわからなかった。ずっとチリに住むのか、そのうち飽きてカリフォルニアに戻ってくるのか。

ダグは、どうすればチリ南部の森林を守れるのか、必死で戦略を考えた。パタゴニアへ向かう道の建設をじゃますればいいのではないだろうか。「道が通ると破壊が始まる」からだ。カリフォルニア州のシエラネバダ山脈でもそうだったし、ブリティッシュコロンビア州でもロッキー山脈でもそうだった。パタゴニアへ向かう道を延ばしていくと、そのうち、川を渡らなければならなくなる。橋をかけるならここだろう。どうすれば橋の建設に待ったをかけられる？　橋をかけるであろうあたりを買い占めたらどうだろう。そうすれば、橋の建設を遅らせられるのではないだろうか。川幅が狭いところをぜんぶ買ってしまえば、目先の利益しか考えないのはおかしいという考えに社会が追いつくまで、産業の暴力的な力を押しとどめておけるのだろうか。

グローバル化した資本主義が地球を殺しつつあるという自分の暗い予想を社会が意識し、怒りを覚えるのは時間の問題だ。また、「開発計画」と道路建設は、感染症や悪性腫瘍と同じく、クモの巣のように広がっていく。平和部隊スタイルの生態系回復プログラム、グローバルCPR（保全、保護、回復）を国の予算で進めるべきだとしたデビッド・ブラウアーは正しかった。ダグはそう考えていた。

「ダグなんて知らんぞと思いました」と、優れた建築家で当時チロエ島に住んでいたエドゥアルド・ロハスは言う。ある日突然、カリフォルニアから来たガイジンさんから電話をもらい、なまりの強いスペイン語で会いたいと言われたそうだ。

「レニウエを買った、この挑戦を手伝ってくれる建築事務所を探していると言われました。いろいろ調べていたら、私が手伝った本に行き当たったのだそうで。謝辞で私の名前をみつけ、こいつにしようと思ったというのです。飛んできた彼と話をして、その日のうちにレニウエまでふたりで飛びました。ダグはすぐ決断して動かないと気がすまない人なので」

レニウエに着くと、現状をざっと説明する。納屋は半ば壊れているし、牛は逃げてしまっている。飛ぶ以外にレニウエへ行くには、プエルトセントから細い海峡を船で行くしかない。

行き当たりばったりに使われてきたこの土地を回復できるのか。ダグはわくわくしていた。21歳とまだ若いころ、お店を改装して小さなブティック、ザ・ノース・フェイスをつくったときと同じく、今回も、ありあまるエネルギーを注ぐに値する挑戦だ。

レニウエは、チリ以外の人に会うのはダグが初めてという人が少なくなかった。だから、どういう人なのだろうかと、みな、興味津々だった。

そんな彼らに、ダグは、小さなゴミを拾えと指示した。大きなゴミは埋めるか穴で燃やすかする。でも、吸い殻や小さなゴミはポイ捨てだ。ダグはこれががまんならなかった。小さなゴミを拾え、ぜんぶ拾えと2～3日、口うるさく注意する。

「おいおい、ウソだろう?ってみんな思ったそうです」とマルシは笑う。「ガウチョと呼ばれるカウボーイですからね。みんなマッチョ系で、ふつうはゴミ拾いなんかしないんですよ」


滑走路の補修を進めているあいだに、ダグは、ハスキーという飛行機を買った。軽量・大馬力で、時速65キロとごく低速でも飛べるし、鳥のように急旋回もできる。また、テニスコート2面分の直線があれば、どんなところからも飛び立てる。この飛行機でこずえのすぐ上を飛び、自分の領地を見回るのだ。燃料タンクを増設したので、ふつうより長く、遠くまで飛ぶことができる。狭い峡谷もこの飛行機で飛びまわり、すばらしい自然を堪能した。活火山。空高く飛ぶコンドル。手つかずの森林。ダムのない川。人跡未踏ですべてが自然のまま。傷ひとつない。牛以外は。

「ダグは野生化した牛にずいぶんいらついていました」と、環境活動家で著作もあるアンディ・キンブレルは言う。「表土に問題が出るくらい、あれもこれも牛が食べてしまっていました。まずはこれをなんとかしなければならないわけです。でも、牛飼いはみんないなくなっていて、牛は野生化してしまっています。場所は、両側が切り立った峡谷です。そこに飛行機で行くわけです。私も同行しました。峡谷のずっと奥まで行きます。野生の牛が集まり、ぶらぶらと好き勝手に食って太っているのがそのあたりだからです。その牛を飛行機の爆音で脅し、追い立てます。私は楽しみましたけど、飛行機が怖い人にはおすすめできないフライトです。くり返し追い立て、開けたところで牛を捕まえるわけです。ダグはとても熱心にやっていました」

捕まえた牛はいったん囲いに入れたあと、船で街に運んで売り払う。

この森の中を歩いていくのはまず無理だ。高さ20メートルあまりに達するキーラという竹がびっしり生えていて通り抜けられないのだ。速さを求めるなら飛行機かクラブボートと呼ばれる木造船かになるが、ダグが好んだのは自力で静かに漕ぐことだ。イヴォンが遊びに来たとき選んだのもカヤックだった。フィヨルドで野宿しながら川をさかのぼり、海の波からも強い風からも守ってくれる谷間を探索する。考え事をするときダグは自然の音を求めるし、イヴォンはイヴォンでおしゃべりのためのおしゃべりはしないタイプだ。だから、このふたりだと、口を開かずに半日が過ぎることも少なくないし、だからこのふたりは仲がいいのだ。

デジタル革命が爆発的に進んだ１９９０年代の初め、ダグは、人の流れに思いっきり逆行し、すべてがアナログの世界へ身を投じた。年商が10億ドルに達する大会社の経営をやめ、19世紀に生まれた製品を20世紀の価格で売る雑誌、リーマンズを定期購読する生活に移ったという言い方もできる。鶏の卵を灯油でかえす道具が買えるのはリーマンズくらいだからだ。手動のリンゴ皮むき器が何種類もそろっているのもリーマンズくらいだろう。

「ダグはあれこれと夢想していたわけですが、ほかの人々は進歩発展を望んでいました」とマルシは言う。「レニウエにいた人々は『やった、アメリカ人がここを買ったのなら洗濯機がくるぞ』と思っていました。それが実際には逆だったわけで。『違うだろ。かんべんしてくれ』って感じです。みんな、洗濯に6時間もかけたくない、洗濯機に放り込んでボタンを押すだけで服がきれいになる生活がしたいと思っていたんです」

それでも発電機は1台用意し、夜の照明に使ったり、CBやVHFの無線機を動かすのに使ったりしていた。雨がひどくなると無線も使い物にならなくなるのだが。

ダグは、世捨て人のようなこの暮らしを心から楽しんでいた。だから、アナログ生活最高とサンフランシスコの友だちや仕事仲間に書き送る。もらったほうは、あまりと言えばあまりなライフスタイルとしか思えず、「ダグは頭がおかしくなったんじゃないか?」とささやきあう始末だった。

Part 2

第9章 シベリアでトラを追う

世界の大きさは、認識によって変わる。ワイルドな場所や動物も、我々が耳を傾けないかぎり秘密を明かしてはくれない。本当はちょっと危ないほうがいい。ラバ・フォールズ並みの急流に突然遭遇する、凍った斜面でブラックアイスが広がっている、氷河でホワイトアウトになる、クマとかそれこそトラとかに遭遇するなど、下手すれば死ぬかもしれないと覚悟しておかなきゃいけないんだ。

――ダグ・ピーコック

１９９０年代に入ると、ロシアは資本主義にかじを切り、ちょっと変わった好景気が始まった。無法な西部開拓時代に似ていると多くの人が言う無秩序な時代になったのだ。そして、新たに登場した富裕層、いわゆるオリガルヒがドブネズミルックのお役人を次々ひきつぶしていたころ、イヴォン・シュイナードは、ロシアの原生地を訪れるというまたとないチャンスをつかんだ。野生のアムールトラがまだ残っているのだが、その森林がもうすぐ皆伐されてしまうといううわさもあった。ダグも話を聞きつけ、自然が残る海岸線と深い森を探索できるのならと同行することになった。この原生林は韓国のヒョンデと米国のインターナショナル・ペーパーが目をつけているとロシアの消息筋に聞いたダグは、「気に入ったらオレらで買っちまおうか」などと息巻いていた。

とはいえ、なにせロシアである。旅行の許可などそうそう取れるものではない。そのあたりは、鉄のカーテン時代からラフティングツアーを催行するなどノウハウ豊富な冒険仲間、ジブ・エリソンを頼ることにした。エリソンは狩猟ビザを取ってくれた。これなら怪しまれにくいし、探検道具も問題なくロシアに持ちこめる。もちろん、ハンターに許される範囲よりずっと奥まで行くわけだが。

エリソン、トンプキンス、シュイナードが向かおうとしていたのは日本海に近いロシア極東地区で、野生のいのししが群れていたり、ヒョウが樹上にいたり、樹皮にひぐまが爪をたてていたり、地上を最大・最強のネコ科、アムールトラがうろついていたりする場所だ。

エリソンは川が大好きな男で、ロシアがまだソビエト連邦であったころからＲＡＦＴという旅行会社を運営してきた。ＲＡＦＴとは「いかだ」を意味する単語だが、「ロシア人と米国人の協力（Russians and Americans For Teamwork）」の頭文字とのことだ。ダグと初めて会ったのはサンフランシスコの有名なカフェ、ズーニーでＲＡＦＴのスライドショーをしたときで、その後、一緒にソビエト連邦までカヤックやいかだの旅に行ったりしている。

この旅で、ジブはダグの命を救った。

初めての川を下ろうというとき、巨岩が多いクラスⅤの高難度急流をいかだで下りようとダグが言いだしたのだ。ジブは反対した。同行者の最年少だったが、危なすぎる、絶対にだめだと引かない。すったもんだの末、ダグの意見は却下となった。そして数日後、ヘリコプターで上を通ったとき確認すると、いかだで下っていたら全員死んでいたであろうことがわかった。

ダグは冒険仲間を「ドゥ・ボーイズ」と呼んだ。ひどい翻訳で読んだ日本のマンガに出てきた言葉なのだが、自分たちにぴったりだと思ったのだ。ドゥ・ボーイズの旅は、自己責任が基本である。リーダーは置かない。エリソンは次のように語っている。

「自分が乗る馬の鞍《くら》は自分でつけろという感じです。自分の面倒は自分でみる。これを突き詰めると、究極の自己責任になります。責任を取ってくれる人はいない。昔風のやり方ですね。要するに、『ちゃんとやれよ』ということです」

日本海に面した海岸線には、ロシア海軍が基地を置く安全な入り江がそこここにある。ウラジオストクには戦略潜水艦の基地があるし、サハリン島には大陸間弾道ミサイルの発射基地があるという具合だ。冷戦が始まった1940年代末から60年ほど、米国人はこの地域に足を踏み入れることができなかった。もちろん、ダグは、ソ連の戦略的軍事施設に興味などない。彼が見たがったのは4000平方キロにわたって広葉樹のシダーが林立する世界最大の原生林、ビキン森林の南側、ロシアと中国のアムールトラが結婚相手を求めて行き来するあたりだ。

フライトの手配や乗り換え時間の見積もり、旅程の作成などはエリソンが担当した。ダグは6週間滞在できるが、ほかのメンバーは3週間が限界だ。6月に行くとロシア側窓口に伝えると、「そんなときに来てどうするんだ」と返ってきた。雪がなければトラを追うなど不可能だ、だからトラの研究は冬にやるのが常識というのだ。エリソンもそれはわかっているのだが、ドゥ・ボーイズはそれぞれに忙しく、一緒に3週間行けるのがそこしかなかったのだ。

「だったらしかたないな」と言うと、窓口になってくれたトラの専門家は、意味ありげに笑った。「案内人は用意しよう。ただねぇ、ほんとにトラを見ることができたら、それがきみらの見る最後の光景になるよ？　夏場は人の背丈ほども伸びた草に埋め尽くされてるからね。そんな時期にトラを見に行くのは自殺行為だよ」

もちろん、エリソンはこの警告をドゥ・ボーイズに伝えた。「トラの研究者によると、トラを見たらそれが最後になる、食われてしまうそうだ」と。なのに、みな一様に、「そうか……でも行けるのはそこしかないんだよな。とりあえず行ってみようじゃないか」という反応だったのは忘れられないとエリソンは言う。

1992年6月、先発のダグとジブ・エリソン、ダグ・ピーコックの3人がシアトルからアエロフロートでハバロフスクへ飛んだ。そこからはグリーンピースの手引きで列車にもぐりこみ、ソビエツカヤ・ガバニへ向かう。原子力潜水艦の基地があり、立ち入りが厳しく制限されている都市だ。米国人など、何年も足を踏み入れていないことまちがいなしだ。

夜遅くに着くと、すぐ、裸電球ひとつの薄暗い地下室でロシアンマフィア3人に会う。船を手配してもらうためだ。タバコをくわえた3人がふっかけてきたので大もめにもめたが、最後はそれなりの料金まで下げさせることに成功。使うのは赤十字のボートだ。

後発組が来るまで10日あるので、海岸沿いに少し行ったところの自然保護区を探索してみることにした。カヤックを下ろし、川を漕いでいく。経験したことのない世界に来たと感じた。

「管理者や観光客がいる米国の国立公園とはまるで違い、人の姿がない」とピーコックは日誌に記している。「これほどさまざまな哺乳類が住んでいる森は初めてだ。へんぴすぎて人が立ち入らず、自然が自然のまま残っている。うらやましい」

ダグ・ピーコックとダグ・トンプキンスはまるで違う人生を歩んできたが、ワイルドな自然を愛しているという一点は同じだ。ピーコックは、グリズリーベアがいる米国西部の国立公園でキャンプをしてきた。ダグは多国籍企業の経営を20年もしてきた。そのふたりが、そろって、原生地は都市生活の病に効く薬だと考えているのだ。いまの社会は病んでおり、原生地の経験はその病を癒やしてくれる、と。また、ふたりとも美しいものには敬意を払うタイプだし、特にピーコックは、悪魔と直接顔をあわせた経験があった。

中尉として従軍した米国陸軍時代、ピーコックは特殊部隊の衛生兵として戦場におもむき、戦闘中に勇気ある行動をしたとしてブロンズスター勲章を2回も受けている。そして、ソンミ村虐殺事件が明るみに出て大騒ぎになっていた1968年に帰国。ベトナム山中のあれこれで心に痛手を受けての帰国だった。

心の一部をベトナムにとらわれてしまったと言ってもいいだろう。ベトナム市民の死、闘いで死んだ友、数えきれないほどの回数狙い撃たれた経験がフラッシュバックし、心が安まらない。そんな彼にとって、祖国の文明的な暮らしは耐えがたいものだった。だから、心に巣くう悪魔を沈めるため、自然の中で暮らすことにした。ユタ州で、そしてモンタナ州でキャンプ生活をする。グリズリーベアが住んでいるあたりだ。テレビ局ＰＢＳが制作した『ピーコックの闘い』を見ると、彼の勇気と自然に対する強い愛とを感じることができる。

　ピーコックの友だちに自然派作家のエドワード・アビーがいる。焚き火をしながらとりとめもなくピーコックが語る話をヒントにアビーが書いた小説が『爆破―モンキーレンチギャング』だ。この話のヒーロー、元グリーンベレーのジョージ・ヘイデュークは罪の意識を刺激しないようにと名前を変えたピーコックなのである。エコ戦士が活躍するファンタジーで、ピーコックは、ブルドーザーやダムに復讐《ふくしゅう》する戦士として描かれているわけだ。なお、ふたりはとても親しかったので、アビーが亡くなったときには亡きがらを砂漠に葬る手伝いをピーコックがしている。亡きがらを鳥がついばみ骨を動物がかじって、自然に還っていけるように、と。

　海岸を下った一行はへんぴな村の近くでキャンプした。そして川岸で火をおこし、晩メシを食べていたとき、ハンターがひとり通りかかったので案内をお願いした。これから野生の動物を追おうというのだ。ハンター以上に適した案内人などいるはずがない。そのハンター、ゴルバチョフは、みんなを自分の家に招待し、ヘラジカの心臓を焼いた地元料理をふるまってくれた。映画かなにかとしか思えない家だった。物干しのロープには魚がずらりと干されているし、干しあがった魚を子どもたちがいぶしている。子どもたちが履いているのは、毛を内側に仕立てたブーツや靴だ。日が沈むとみんな集まった。酒さえあればだれとでも通じることができる。

二日酔いがさめたあとピーコックが書いた日誌を紹介しよう。

「テーブルの向こう側に座ったトンプキンスがまた乾杯の音頭を取っている。『ヒョンデなんぞくそくらえ〜！』と言うだけ言って、グラスの中身はすぐ横の植木鉢に捨てるのかよ。オレはちゃんと飲んでるというのに」

「ダグはもう5回、ウオッカをなみなみと満たして乾杯した。で、そのたび、こっそり捨てやがった。植物がだめにならなきゃいいんだけど。オレはオレでテーブルに吐いて、できたばかりの友だちを怒らせないよう気をつけなきゃいかん状態だったわけだが。ともかく、ダグは満面の笑みで最高に上機嫌だった」

森に入ると、あたりに警戒しながら進んだ。だが、48時間もたたずに探索は中止せざるをえなくなってしまう。しかるべきビザがないのなら出ていけ、金をたっぷり払うならここに来たことはだまっていてやると地元のワルに脅されたのだ。急いで去るしかなかった。ダグはがっくりと落ち込んだ。それを見たピーコックは、「この男はほんとうに森が好きなんだな」と日誌に記した。

ハバロフスクに戻り、後発組3人と合流する。イヴォン・シュイナード、リック・リッジウェイ、そして、まだ素人くさいトム・ブロコウだ。自然保護区で出会い、同行をお願いした生物学者ドミトリーも一緒だ。

ドゥ・ボーイズははっきりとしたリーダーを決めない。「走りながら学ぶ」がモットーで、新入りがいてもペースを落とさないし、手取り足取り教えることもしない。

「カヤックはダグに習ったんですけど、いきなり乗せて『ついてこい』ですからね」とシュイナードも言う。「ブロコウも同じ扱いでした。初めてなのにかまわず山に連れていったんです。ロープを結ぶことさえできないのに。彼はがんばり屋ですよ」

アウトドアを愛するトム・ブロコウは、NBCイブニングニュースのキャスターとして知られる有名人だ。米国の大手テレビ局、NBCで政治系ニュースをまとめる立場で、ベルリンの壁が崩壊したときその様子を現地から伝えたのも彼なら、米国テレビ局の人間として初めてミハイル・ゴルバチョフにインタビューしたのも彼だ。

ハバロフスクに着いた日、「旅行許可証」が欲しければ2000ドル払えとKGBにゆすられたとき「それはアウトだ!」と抗議したのも彼だ。あたりさわりのないやり方はせず、「山賊みたいな話は承服しかねる」とやらかしたのだ。

秘密警察にゆすられるという事態に、ドゥ・ボーイズは善後策を話しあった。KGBなどまいてしまうべきか? 結論はすぐに出た。満場一致だ。そのへんのヘリコプターに乗せてもらって逃げだそう。「賄賂としてパイロットにマルボロをたくさん渡しました。やる気になってくれたので、PLAYBOYを何冊か追加で渡して飛んでもらいました」とピーコックは証言している。「どこに行くのか、さすがのKGBもわからなかったはずです」

ドゥ・ボーイズは歓声を上げて喜びあった。ヘリコプターは古くてさびだらけだし、ロシア軍の兵士も乗っていて重すぎるのか、よたよた飛んでいた。ベトナム戦争で戦傷を何年も手当てした経験を持つピーコックは、貨物機に詰め込まれたように感じていたという。

KGBは振りきったが、牛乳缶がずらりと並んでいるのはいくらなんでも重すぎるのではないかと心配だ。この牛乳は、あちこちの村に降ろしていく。機内に椅子はない。暑くて窓は開けたままだ。でもともかく、ヘリで逃げだすことには成功したらしい。ブロコウは「この後はみつからないようにしないといけないなと思いました。なにせ完璧に違法なやり方で逃げましたからね」と語っている。

ともかく、今回、旅で目的としたことのひとつ、文明の放棄には成功したわけだ。ドゥ・ボーイズは、みな、大喜びである。

低く飛びながら、ダグは、眼下に広がる森をパイロットの目で観察した。全体は地図で確認してある。詳しいことはわかっていない未踏の地で、ところどころにカバの林や開発されていない川がある。面積はポルトガルほどもあるが、人は、小さな村が点在しているだけだ。

ドゥ・ボーイズが誘った生物学者ドミトリーは、1枚しかない地形図を見ながら考えていた。どこからビキン川に入るのがいいのだろうか。挑戦的なのはどこだろう。一番上流からがいいのだろうか。

ピーコックがその地図を貸してもらい、窓の近くに移動した瞬間、地図が外に吸いだされてしまった。両手に3分の1ずつ残り、ビキン側上流が描かれた中央部分はない。ピーコックはただただあぜんである。

「仲間は大笑いでハイタッチを始めました。おもしろくなってきたぞと言って」とブロコウは言う。「同行のロシア人も笑っていました。『源流を知ってる。そこを探そう。川はそこから下流に流れていくんだから』だそうです。ダグはほほが緩みまくりでした。どこにいるのかもどこに向かっているのかもわからないなんて、もう、限界ぎりぎりの話じゃないですか」

川の近くに着陸すると、川岸にテントを張ってからあたりを探索した。野生のいのししがいた。木にはクマの爪跡がある。夜になると、オオカミの遠ぼえも聞こえた。村はところどころにしかない。太鼓が役に立つようなところだとブロコウは言う。

「狩猟や採集の仮住まいとしてつくられたごくごく小さな集落に近づいてくるのが人間だってわかりますからね」

テントはつましい家族のすぐ横で、トイレはその家族のものを使わせてもらった。体は冷たい川で洗う。パンにはちみつをたっぷり塗り、いろいろな魚の燻製《くんせい》を食べる。小舟に毛皮を積み、売りに行くわな猟師が、ときどき、目の前の川を下っていく。

トラの小便が水たまりになっているのもみつけた。刺激臭でわかるのだ。足跡が15センチ幅なので、若いオスだろう。縄張りを宣言する爪跡も数百メートルごとについている。あたり数百キロに人間はほとんどおらず、このあたりはアムールトラの領域だ。トラがいるかもしれないのに、背の高い草むらを通るのは危ない。だから、リアルなお面を前後ろにつけた。後ろから近づくのをやめようと思ってくれるかもしれないからだ。ひとりはロナルド・レーガン、残りはジョージ・ブッシュだ。

「インドでは農民がお面を前後ろにつけていると聞いたことがあったのです」とシュイナードは言う。「トラが襲うのは後ろからで、前からは襲いません。目をあわせれば襲われずにすむのです。だから、お面を買っていきました」

森の中で、少し先にトラがいると感じたこともあったとブロコウは言う。

「それほど遠くないところです。まちがいありません。おしっこのにおいとかから、ああ、トラがいるなとみんな思いました。正気の沙汰じゃありませんよ。あの翌年だか2年後だかに、あのあたりにいたハンターや住人がみんなあのトラに食われる事件が起きてますからね」

ドミトリーが急に固まり、少し向こうに注意をうながした。泥のなかにトラの踏み跡ができている。幅10センチ少し。できて1日くらいだろうか。ドミトリーによると、このあたりを縄張りにしていたオスが密猟者に殺されたあとを引き継いだ5歳くらいの若いオスだとのこと。縄張りを示す爪跡やにおいも数百メートルおきにつけられている。マーキングされた木をチェックしてみた。樹皮はツキノワグマにはがされている。強いにおいに引かれてきたのだろう。ひざをつき、樹皮のはがされたところに鼻を押しつけてみた。刺激的なトラ臭さが鼻孔を満たし――ほんの一瞬だが――トラになった気がした。黄褐色と黒の縞模様となってシダが波打つ緑の海を駆け抜け、弱肉強食のワイルドな世界に飛び込んでいったのだ。そう、少し前までは、私もあの世界に住んでいた。

――ダグ・ピーコック

人里離れた森のなかでカヤックをあやつる。テントで寝る、焚き火を囲んで語りあう。焚き火で温めた豆の缶詰を食べるのは、ドゥ・ボーイズにとって至福の時だ。文明が届かない世界の果てまで来たことで、みな、みずからが望むライフスタイルを再確認した格好だ。アムールトラの旅は自然の賛歌。森ではゆっくりとした自然のリズムに身を任せるしかない。BGMはせせらぎだ。

クマの物音がしないか聞き耳を立てながら川を下り、魚を捕って晩メシにする。そんなとき、周りにうるさがられるほどよくしゃべったのがダグだ。

「ダグは私のすぐ後ろで漕いでいました」とブロコウは言う。「で、環境はもっとしっかり保護しなきゃいかん、お前ももっとちゃんとしろと言いつづけるんです。がまんしきれなくなり、後ろを向いて、ダグ、かんべんしてくれ、ぼくはそういう話から逃れたくてここに来たんだ、そういう話を聞くのに飽きたからここに来たんだと言ってやると、わかった、わかったからと黙るんですが、10分もするとまた同じことをしゃべりはじめるんです」

カヤック遠征を終えると、なにかしらの手段で文明社会に戻らなければならない。選択肢はひとつ。毎日夜11時に森の近くを通る列車だ。切符は9カ月も前に売りきれていたが、フィクサーが乗務員を抱き込み、金さえ積めば切符なしでも乗せてもらえる話になっていた。

その料金を払うと、ドゥ・ボーイズは手縫いのシャツに分厚いジャケットで現地人を装い、言われたとおりにした。つまり、列車が止まったら荷物を放り込む、乗っていいかと絶対に尋ねない、英語を使わない、金歯の元気なおばあさんがいるが話は通っているから気にしない、だ。こうして、目配せや身ぶり手ぶりを交わしつつ、みな、切符なしで列車に乗ることができた。そして、翌朝には、無事、街に着くことができた。その後は、ウチに寄れというドミトリーの強い誘いでウラジオストクへ行くことになった。

当時のウラジオストクは、「関係者以外立ち入り禁止の軍都」と法律に定められていて外国人が入れない街だった。ましてジャーナリストはアウトだ。逮捕されて大ニュースになってしまうんじゃないかとトム・ブロコウは気が気でないのだが、ドミトリーは国の機関の顔役にコネがあるから大丈夫だという。ドゥ・ボーイズはフリーマーケットに連れていかれ、着替えることになった。毛皮の帽子をまぶかにかぶる。「酔っぱらいのふりをしろ」がドミトリーの指示だった。

ビザなしでウラジオストクに潜入すると、小さなアパートでドミトリーの家族と飲めや

トラを追う極東ロシアの探検で焚き火をするダグ・トンプキンス（左）とガイド、NBCテレビのアンカー、トム・ブロコウ（右奥）、ジブ・エリソン（右）。（写真提供：リック・リッジウェイ）

歌えの大宴会を床に倒れて寝るまで続けた。翌朝、ウオッカがなんとか抜けるとパシフィック・インスティテュートの事務所まであいさつに行き、その後は、外国人どころかロシア人も基本的に立ち入り禁止となっているところを見て歩く。

「港には古い潜水艦が停泊していました」とリッジウェイは言う。「週末で、あたりには人がたくさん出ていました。潜水艦のハッチが開いていて、それを見たドミトリーが『いいねぇ。潜水艦の中を見にいこうぜ』って言いだしました。ブロコウなんて漏らしそうになってましたよ。だって、入っちゃいけない街にロシア人の格好で入り、潜水艦を見学しようってわけですから。ダグはもちろんご機嫌でした。規則破りまくりで最高だと得意満面なんです」

自然のなかで過ごした時間はすごくよかったが、さすがのダグもロシアに投資する気はなかった。ソ連後の資本主義は腐っていて、賄賂にマフィア、怪しげな連中がごろごろしていたからだ。値段的には南アメリカの森林も同じくらい安いし、少なくともチリの人は規則や慣習を尊重してくれる。

第10章 異鳥2羽、場違いな土地に渡る

信じられないほど美しい自然が残るパタゴニアには、訪れる人を変えてしまう力がある。人の手が入っていない自然が残る数少ない場所のひとつであり、比べられるものがないほどの宝が広がっているのだ。

――ダグ・トンプキンス

シベリアの原生地で3週間もキャンプ生活をしたことで、ダグの心にまた火がついた。自然の聖堂をつくろう。パタゴニアに2000平方キロもの公園をつくるのだ。ダグはそう心に決めてチリに戻ってきた。「世界最大の私設自然保護区にするんだ」とアシスタントのダニエル・ゴンザレスに熱く語る。やるならいまだ。ブリティッシュコロンビア、マダガスカル、インドネシア、ブラジルと世界各地で森林が開発され、どんどん消えている。チリの原生林もかなり減ってしまった。

チリ南部の地図を前に、どうすれば森林を買いあさる林産企業やウッドチップ企業のじゃまができるのかを考える。産業の力は大きく、開発を止めることはできない。だが、時間を稼ぐことはできる。

まずは作戦本部をつくる。そして、昔の開拓者と同じように地図を集めまくり、わからないことだらけの土地に巨大な公園をどうつくるのかを考える。場所はエスプリ社サンティアゴ店の2階をただで使わせてもらえることになった。現地代理店の権利を持つフワン・エンリケ・アバディエがダグを尊敬していて、

エスプリブランドの伝説的創始者になら喜んでと提供してくれたのだ。この小さな事務所でゴンザレスとトンプキンスはこの世の楽園を思い描いた。

このあたりで食物連鎖に君臨しているのはピューマだ。体重は60キロほどに達し、鹿や輸入された羊などを主に食べている。そこにヨセミテの半分ほどもある公園をつくろうとダグは考えた。不可能だと思われることほどやる気が出る。名前はプマリン公園とする。世界一大きい私設保護区になるはずだ。

こうしてダグがチリの森林を守ろうとするきっかけをつくったのはリック・クラインだ。そう、パタゴニアの原生林を守りたいという彼の夢は現実になりつつあった。ダグの企画に関わらせてもらえていないが、それでもとてもうれしいことはまちがいない。クラインは冗談半分にプマリン公園を「ダグのエゴシステム」と呼んだ。

実務的にはいろいろと大変なのだが、そこはダグが得意とする部分だ。持ってはいるがそこに住んではいない人から手つかずの森林を買い集めて公園にすればいい。初めてのホワイトウォーターを下るときや下がどうなっているのかわからないまま滝をカヤックで越えるときと同じわくわくをダグは感じていた。思いが膨らむにつれ、地図の壁が分厚くなっていく。壁には、エスプリ社時代から続くモットーを掲げた。「おろそかにしていいことなどひとつもない」だ。

売り物はゴンザレスがみつけてトンプキンスに知らせる。そして、ふたりで小さな飛行機に乗り込み、現地に飛んで確認する。ダグは、もう何千時間も飛んだベテランパイロットだ。田舎道に降りるのも、どこぞの牧草地に降りてぼこんぼこん跳ねるのも気にならない。着陸するとそこのカウボーイに頼んで荷馬を借り、食べ物と寝袋を麻袋に詰めると、馬で森に入る。そして、二日から、長いと六日くらいも歩き回る。

「ダグはさらりと極端に走ります。生活が劇的に変わっても気にならないのです。ふつうと違うほうの生活もたっぷり経験してきたからでしょう」――こう語ってくれたのは、ダグと同じようにサンフランシスコのエスプリ社勤務を捨ててパタゴニアに移住してしまったマルシ・ルドルフである。「すてきなお店で食事をするのが大好きで、サンフランシスコは世界一だと言い、出張で世界中を飛び回っていたダグと、いま、世界の南端で世捨て人のような暮らしをしているダグが同一人物だとはとても思えません。シャンパンなんてどうでもいい。食べ物も気にしない。すべて切り替わってしまいました。晩ごはんはサラダに魚です。それも釣れていたらの話で、釣れなかったらツナ缶ですよ……でも、ダグが変わったわけではないと思うんです。別人になったわけではありません。ただ、全エネルギーをチリに注いでいるだけだと思います」

プマリン公園は何重にも守られているとダグは考えた。地勢は厳しいし雨ばかりだしで、入植しようと考える人などまずいない。人間が立ち入らないようにするのは難しくない。志を同じくする人を募り、レニウエ川の流域に村をつくるほうが難しいくらいだ。マルシによると、ダグは、公園そばに開拓村をつくりたいと考えていたらしい。経済は肉体労働をベースとしたローテクか場合によってはノーテクだ。みなが協力して柵をつくり、切り株を取り除く。そして、土地をぼろぼろにする農業ではなく豊かにする持続可能な農業で暮らしていく。そんな村だ。

ダグは野生動物と元来の植物相を優先するが、それなりに現実的でもあり、緩衝地帯を維持するのに多少は人が入植したほうがいいと考えていた。流域ごとに1家族。土地を活用して暮らしつつ、生態系の状態をチェックしてもらう。

「蜂の飼い方やハチミツの売り方を教えます」――米国の仲間に出した手紙にはこう書かれていた。「貧困の連鎖を断ち切る後押しをしよう、ぎりぎり生きているだけの生活から抜けだす後押しをしようと思うのです」

ダグの所有地は太平洋岸からアルゼンチンとの国境であるアンデス山脈まで、チリを横断するように広がっていった。チリを二分する格好だ。ダグにしてみれば、自然保護という大きな夢を実現しようとしたらたまたまそうなっただけなのだが、国は主権がおびやかされていると感じたらしい。心配する軍上層部に、ダグは、大丈夫、しばらくしたらぜんぶチリ政府に無償で返すからと請けあった。国立公園にする土地を集め終わるまで時間を稼ぎたかったのだ。だがこれは失敗だった。

秘密主義の軍政によるウソとごまかしに満ちた時代が終わったばかりのチリでは、1億5000万ドルも使ったあげく、それを無条件で寄贈するお人よしのガイジンが来たと言われて信じる人などまずいない。チリは、1973年から1990年まで、社会活動は軍に抑圧され、アースデイの行事もほとんどできない状態だった。活動家など目の敵だ。だから、1990年代の前半は、環境に対する意識がようやく芽吹こうとしている時期であり、森を助け鹿を守りたいのだというダグの言葉は、ふらちな意図をごまかしたいならもう少しまともなウソを言えとしか受け取ってもらえなかった。

「彼の言葉を信じた人はいないと思いますよ」と、当時、チリ陸軍最高司令官だったフワン・エミリオ・チェイレ将軍も証言している。「あまりにおかしな話でしたから。土地を寄贈するってなんだよ。逆だろう。土地を買いあさってるのにか? ってなりますよ。口約束ですし、ふつうのやり方じゃありませんし。これをいついつ譲渡しますとはっきりした話でもありませんし。ほんとうに土地を寄贈すると思える理由などなかったのです」

あのあたりで土地を巡る確執が長年続いていたことをダグは知らなかった。政治家と結託した支配階級にだまされる、搾取される、追いだされるが当たり前の世界だったのだ。

「我々が行ったころには、コロノスと呼ばれる早期の入植者には、政府やよそ者に対する恨みつらみがたまっていました」と、よくダグと一緒に森に入り、現地の人々に会ったゴンザレスも証言している。「土地が手に入るよ、自分のものになるよと30年から言われてきたのに、結局、どうにもなっていないわけです。そこに首を突っ込んだ我々は、現地の人にしてみれば、またかとしか思えるはずがありません。要するに、脅威とみなされたわけです」

「彼の計画に反対する人はいませんでした。自然を守りたい、森林や川を守りたいと言われて反対なんてできないじゃないですか」——こう言うのは、当時、内務省高官だったヘクトル・ムニョスである。「ただ、話が大きすぎたんです。でもそのうち、彼がディープエコロジーを信奉していることがわかってきます。自然が最優先で、人間は自然を構成する一要素にすぎない、すべての生き物は同じ権利を有していると考える生物中心主義なのだ、と。彼は、岩でさえ人間と同じ権利を有しているとまで言ってましたからね。そして、そういう思想的な背景がわかれば、ほんとうに信念を持ってやっていることもわかってきます。信じられないことを信じている信念の人なのです」

保護計画の推進で恨みを買ってもダグは気にしなかった。ティーン向けファッションで世界を変えてきたし、お金はあるしで、こういう問題が起きるかもしれないなど考えず、前だけを見て進んだのだ。だから、基本計画などないこともさらっと認めている。ひとりでは世界最大の私設公園などつくれないこともわかっていた。エスプリ社時代も、経営の手腕に秀でたデビー・ライカーや、次から次へと湧いてくるアイデアを上手に整理してくれる秘書役のドリー・マーらに助けてもらっていた。ライカーとマーは、その後も、エスプリ社をやめて立ち上げたファウンデーション・オブ・ディープエコロジーを財務面で支えてくれている。だが、一番必要なのはひたむきな共謀者だ。そんな人物、終生の愛を誓う相手は、親友のイヴォン・シュイナード経由で知ることになる。

1990年の頭、イヴォン・シュイナードは少し休みたいと考えていた。アイスクライミングやカヤックに対するのと同じ情熱をもって、衣料品会社パタゴニアを20年にわたり導いてきた。パタゴニアの丈夫でデザインもいい服にはたくさんのファンがつき、年商は1985年の2000万ドルから1990年には1億ドルにまで増えた。だが儲かって儲かって笑いが止まらないという状況ではない。利益は会社を強くするために再投資したり、地域社会を守ろうと闘っている草の根の環境保護団体に寄付したりしているからだ。

いずれにせよ、日常業務はほかの経営幹部に任せたい。そう考えたイヴォンは、アルゼンチンの小さな村エル・カラファテに彼らを連れていった。会社をパタゴニアと名付けるきっかけとなった33年前の遠征旅行で、ダグと閉じ込められた雪洞にわりと近い村だ。エル・カラファテで、社名だけでなく、環境アクティビズムに傾倒するきっかけともなった自然を愛する気持ちを確認してほしいと思ったのだ。

業務の移行を実際に取り仕切るのは、CEOのクリスティーン・マクディビットである。元スキー選手の37歳。しなやかでひきしまった体をしていて、体力は長距離ランナーに匹敵する。創業時に入社した7人のひとりで、長年にわたり、CEOとして、ブランドの構築やファンの獲得を進めてきた。業界でうらやまれるほどの人材を集めたのも彼女である。

幹部研修会の最終日、親友と昼メシくらい一緒に食いたいと、アンデス山脈を飛び越えてダグがやってきた。研修会は日程を午前中に終え、翌日、カリフォルニアに戻る予定だ。ダグが着いたとき、ひなびたレストランでイヴォンのとなりにはクリスが座っていた。ダグはそのまたとなりに座ると、クリスの背中をぽんぽんとたたきながら「やぁ、きみ、調子はどうだい?」と声をかけ、「戻りはぼくと一緒にどうかな」と誘った。

クリスはお断り申し上げるが、ダグは「きみ、ふつうのフライトで戻るつもりなんだ」とからかうなど、なかなかあきらめない。

どうにもなびかないとわかると、ダグは、本を一袋、カリフォルニアに運んでくれないかと頼んだ。そのくらいならとクリスもこれは承諾する。カヤックに使う小さな袋ひとつくらいならたいした荷物にならないし。そう思ったのだが、ダグが持ってきたのは30キロ近くもある大きなダッフルバッグだった。あのバッグはまた連絡を取る口実にすぎないとふたりともわかっていたと、彼女はのちに語っている。

クリスから見るダグは一匹狼のビジョナリーであり、終生のボスであるイヴォンの親友だ。会ったこともなんどかあるし、前夫が一緒にパキスタン北部のトランゴタワーズを登りに行ってもいる。もちろん、女たらしだというわさも、事業の才覚がすごいといううわさも聞いていた。

クリスは、ダグとイヴォンの両方をよく知る世界に数少ないひとりだ。南カリフォルニアの出身で、17歳のとき、イヴォンのもとで商品発送や書類整理などの仕事を始めた。クライミングギアの会社、シュイナード・イクイップメントの一部屋で仕事を始めた当時――いわゆる「サーファーガール」だった時代から、彼女は、チーム作りに才を見せた。自信家で押し出しもいい。そしてイヴォンに忠実だった。そんな彼女は、会社が大きくなるのと並行して出世していく。そして、兄のロジャー・マクディビットがCEOに就任した。

そのロジャーが会社を去ることになったとき、クリスにお声がかかった。パタゴニアを任されたのだ。思ってもみなかった。経営はまるでわからないので、ベンチュラの銀行に電話をかけまくり、「こういう会社の経営を任されました。つぶしたくありません。お力添えをいただけませんか」と頭を下げる。破格なやり方だが、これが功を奏し、経営はすぐ軌道に乗った。そして、マーケティング力と指導力で経営者としての信頼を勝ち取っていく。

イヴォンはぶっ飛んだアイデアをあれこれベンチュラに持ちかえってくる。そのイヴォンと親しかったこともあり、クリスは、いいアイデアは実現し、とっぴにすぎるものは無視することができた。無視したアイデアが手直しされて戻ってくることもある。ふたりは変幻自在なチームなのだ。彼女が特別なのは、株を一部譲られた唯一の社員であることからもわかる。

無秩序に広がる事業のあれもこれもミスなく処理できるし、イヴォンの長期不在をものともしない経営者だとクリスは高く評価されている。

彼女は冗談が好きで自虐ネタもよく使う。リーフウォーカーなるおかしな靴をイヴォンが日本でみつけ、仕入れるべきだと言ってきたとき、クリスは却下した。是が非でも仕入れろと押しきられると、こんどは、事務所の梁《はり》に黒マジックで「リーフウォーカー2万足を注文したのはボスの命令だ」と書き、イヴォンにサインまでさせた。リーフウォーカーは売れず、この事件も落書きも、会社の伝説となっている。

アルゼンチンでたまたま会ったあと、ダグはしばらくクリスを追いかけまわした。なんどディナーに誘っても上手に逃げられてしまう。ベンチュラから出ておいでよと誘っても、いい返事は返ってこない。だがついに約束を取り付けることに成功する。たまたまスケジュールが重なり、サンフランシスコで夕食くらいならとなったのだ。

ダグ宅を訪れたクリスは、美術品や雰囲気、食べ物とすべてがすばらしいと感嘆した。

「真っ赤なソースのすごくおいしいパスタをつくってくれました。声をかけた相手に必ずふるまってるものだと思いますけどね。でもともかく、そのあと一晩中話し込んでしまい、翌朝早くにおいとますることになりました」

その後もマンドリンのコンサートに環境セミナーにとさまざまなことに誘われるが、クリスはすべて遠慮する。だがパリにまで追いかけてこられ、一晩つきあえと反グローバリズムのティーチインに連れていかれてしまう。そのワークショップで、この分野でダグは一目置かれる存在であり、大物とも昔から親しい関係にあることをクリスは知った。そのあとは一緒に夕食をとり、夜遅いパリの街をそぞろ歩く。午前3時、さすがに帰ることにした。翌日、モンブランを登りに行く予定だったからだ。タクシーに乗るとダグは静かになった。チリに来てくれ――そうお願いされた。

「きみになにごとも起きないようにするからと言われたのですが、その言い方からは違う意味に感じられました」

チリ領パタゴニアの僻地《へきち》にあるダグのキャビンに12日ほど行ってくるつもりだと、共通の友だちであるジェリー・マンダーに話したら、

「ダグ・トンプキンスとふたりで12日なんて、耐えられる人いないよ」

と笑われたが、気にしないことにした。

「ええい、ままよ。行こう。行ってみよう。行ったからどうってことはないだろうけど。そう思いました」

パタゴニアで雨ざらしのキャビンに着いた瞬間、これはやばいとクリスは思った。どんな具合だいとダグにも問われ、心中をこう吐露した。

「どんな具合って……自分の人生に原爆を落っことしたところよ！」

この一言で、ダグはすべてを理解した。そして問うた。

「きみのこと、ぼくの恋人だってみんなに紹介していいかい？」

ふたりとも、そこからは前だけを見て進んだ。

クリスは、ダグと一緒にいる自分こそが本当の自分だと感じた。いままでの暮らしは複製品かなにかのようだ。才知にたけて苛烈な彼と肩を並べ、自然を守る闘いをすることこそ、自分がすべきことだ、と。

ダグはダグで、友だちみんなが驚くほどに変わった。

「クリスと出会ってダグはずいぶんと丸くなりました。いや、実際、別人のようになりましたよ」とイヴォ

ン・シュイナードも言う。「昔はなにかと大きなことばかり言ってました。オレのやり方以外は認めねぇって感じだったんです。なにを言われても反論するし、ほかの人の考え方を理解しようとしませんでした。あまりに自分本位で自分の意見だけが正しいと思っていたから、みんな、彼とはそりがあわなくて苦労したのです。そんな彼をクリスはすっかり変えてしまいました」

クリスティーン・マクディビットとダグラス・トンプキンスは、1994年、サンフランシスコ市庁舎でごく簡単な結婚式を挙げた。証人にはジェリー・マンダーとその妻エリザベスをダグが連れてきた。PRのプロで進歩主義者のマンダーとは、ザ・ノース・フェイスを立ち上げ、お店でグレイトフル・デッドに演奏してもらったときからの長いつきあいだ。シャンパンで結婚祝いの乾杯をすると、自宅に戻って制作中だった本の仕上げをして、さらに、アースファースト！の創設者デイブ・フォアマンに会うと忙しい。しかも、2~3時間も面談を中座して簡単な披露宴を開き、フォアマンを待たせるというおまけ付きだ。

パタゴニアの大自然に囲まれた小屋で、クリスは、リンゴの木からカビを削り取ったり、ろうそくで本を読んだり、スペイン語の地図を判読しようと悪戦苦闘したりと忙しく暮らした。電気は夜に何時間か、発電機を動かしているあいだしか使えない。雨は毎日毎日、飽きずに小屋の屋根をたたく。

あんなところに行ったらとらわれの身になった気がして閉所恐怖症になるとみんなに言われたが、クリスは、自分は守られていると感じていた。巣にいるような感覚だ。

「恋に落ち、クリスが一緒になったことでダグは大きく変わりました。幸せになったんです。クリスから力をもらったというか」と友だちのピーター・バックレーは語っている。「やりたいと思っていることをそれまで以上にできるようになったと思います。クリスとダグは補いあう関係なんですよ。ダグに欠けているのは、思いやりの気持ちであり、他人の面倒をみる能力ですから。あのふたりなら背中を押しあえますし、クリスはほんとうによくダグを支えますし。必要なときにはしっかり立ちむかいもします。ダグは邪険になったりいじわるになったりもするのですが、そういうとき、それじゃいけないとクリスは割って入るのです」

連絡はCB無線頼みだしシャワーは雨水だしのあまりにへんぴなところで、ダグとクリスは、一生に一度のチャンスに巡り会ったという熱い思いを抱えていた。手元にあるのは、広大な大自然に囲まれたずだぼろの農場と世界を変えたいという強い願いだ。ふたりは、2000平方キロと広大なキャンバスになにを描くのだろうか。

Part 2

第11章 サーモン戦争

国立公園にはいいことがたくさんある。まず、自然に触れる機会になる。みんなのモノであり、社会全体に資することができる。ふだんのストレスから解放され、元気を取り戻すチャンスが得られる。心静かに自分をふり返る場になりうるのだ。どこであれ公園ができるというのは、この地球をほかの生き物と共有しなければならない、生物多様性を守らなければならない、そんな社会認識に向けた一歩になるはずだ。

—— ダグ・トンプキンス

クリスとダグは、雨に降りこめられる新居にイヴォンとマリンダのシュイナード夫妻をよく招いた。

ダグとイヴォンがアシカのたくさん住む岩場までカヤックで1時間ほど出かけたときのことだ。末広がりの河口に、長さ1・5メートルほどの丸太が1本浮いていた。近づくと強烈な異臭。死んで膨れ上がったアシカだったのだ。ダグが調べると、死体には丸い穴がきれいに開いていた。大口径の銃弾だろう。商品のサーモンを食われないようにと、養殖業者は、空気を吸いに海面に出たアシカを撃たせることが多いのだ。

ダグは腐臭を放つこの死体をカヤックのへさきに載せると、サーモンの養殖場、フィヨルド・ブランコに向かった。ダグが前庭だと思っている場所でサーモンの養殖をする許可が与えられていたのだ。アシカの死体を連中の船に載せると、このアシカを殺したのがだれなのか教えてくれたやつには報奨金を出すと宣言する。

金の力で真実をあばいてやると、ダグは、１００万チリペソを出すとした。

「ふつうの年収の倍です。戦争をしかけた格好ですね」とエスプリ社時代、トンプキンスのもとで環境デスクをしていたダン・インホフは言う。「動物のために闘う、この世界の生き物のために闘うというわけです。すごいことですよ。費用は全額自腹ですから」

このときダグは、期せずして、チリの保守反動勢力に開戦の一斉射を浴びせたことになる。サーモン業界の意を受けている勢力がいたからだ。

チリの法律では、沿岸部に関する権利の一部は海軍の所管となっている。そして、フィヨルド・ブランコのサーモン養殖場は、海岸に事業所を建てる許可と沖合にいけすをつくる許可を政府から取り付けていた。いけすはスタジアムなどに使われるクリーグ灯で夜も明るいし、うるさいし臭いし汚いしと近くに住む者にとってはもともと迷惑な施設だ。その上、サーモンの内臓や頭などの魚くずがダグとクリスの所有地に捨てられるようになった。

３万トンほども魚くずが海に捨てられ、波打ち際に打ち上げられる。臭いもひどいし汚い。法的に闘おうと、ダグは、ペドロ・パブロ・グティエレスに連絡をとる。レニウエの農場を買ったとき事務手続きで世話になった弁護士なのだが、じつは彼は、いわゆる法律顧問的な仕事もしていた。重要な海外投資プロジェクトの交渉を担当する法律事務所、ケリー＆ケリーの若手パートナーであり、狭いチリ経済界をぎゅうじる有力ファミリーの資産を管理している弁護士と一緒に仕事をしていたのだ。その彼に頼んで、汚染のない環境で暮らすことを保証したチリ憲法に違反していると、サーモン養殖場を訴えてもらう。レニウエの農場でも、道に沿って設けられている柵に鍵をかけ、養殖業者が行き来できないようにした。

ダグやほかの漁師とぶつかったり労働法違反もなにかと犯したりしていたが、養殖場は、通年の安定した職を提供する場として歓迎もされていた。この地域は低賃金の仕事ばかりだし、季節労働のことも多いからだ。

ダグはサーモン事業には反対だと全力で訴えた。フィヨルド・ブランコに加え、ほかの養殖場も許可を停止すべきだとする理由を数え上げる。養殖場のせいで、きれいなはずの湾にはプラスチックがぷかぷか浮かんでいるし、海岸には防水シートや発泡スチロール、ブイが散乱している。魚そのものに対しても批判を展開した。無理やり太らせているのもよくないし、染料を添加したペレットを餌にして、狙ったとおりのきれいなピンクの体にするなど言語道断だと。養殖では、燃える夕日のようなピンクから少し穏やかなグレープフルーツに近いピンクまで、まるでトイレの壁の色を選ぶように色を選ぶのだ。海の強者であるサーモンが食物連鎖のすごく下に組み込まれてしまったと海洋系の活動家が驚く事態だし、なかには、養殖サーモンは「海の鶏」だ、ぐすぐずのタンパク質で「えらを混ぜたオートミール」くらいまずいと皮肉る人もいる。

養殖場は過密状態で、伝染性サケ貧血症などが流行しやすいし、寄生虫の被害も出やすいと海洋生物学者は警告している。サケには、ピラニアのように表皮付近を食い荒らすウオジラミという虫に似た姿のものが付きがちなのだ。対策は抗生物質漬けだ。ちなみに、チリのサーモンはスコットランド産やノルウェー産に比べて抗生物質が数千倍も含まれていることが確認されている。

サーモン業界の売上が億ドル単位に突入すると、パタゴニアの湖はサーモンの糞便《ふんべん》だらけとなり、酸素濃度も大きく下がってしまった。これが社会的な問題となって養殖場が湖から湾部に戻ると、こんどはそちらが死の海になってしまう。業界は否定。ダグはリモコンの水中ロボットを購入し、パイロットを雇って海中を調査した。潜水艦のようなこのロボットで被害の全容が明らかになった。食べ残しの餌、糞便、その他さまざまな廃物が海底に分厚く積もっていたのだ。

「環境アセスメントをしたわけですよ。その結果、海底が死の領域になっていることがわかりました。生き物がまったくいないのです。原因はリーモンの養殖場です」とイヴォン・シュイナードは証言している。

チリのフィヨルドを視察に来たカナダの養殖業者から、ウイルスによる感染症の流行など知ったこっちゃあると言われた（実際にそう言われた。聞きまちがいではない）。耐性のある個体が残るから、その遺伝子を使って遺伝子組み換え作物をつくればいい、実際、いまそうしているところだ、と。なんつーやつだと思ったよ。この悪党がって。倫理という視点から人間の営為をどう考えるのか、それがはっきりした瞬間だ。忘れられないね。あの男はガチでそう考えていた。自分の事業さえうまくいくなら、野生のサーモンが絶滅してもまったく気にならない。はっきりとは言わなかったが、野生のサーモンがいなくなったら、養殖サーモンだけになるからむしろ好都合と考えていたのではないだろうか。

――ダグ・トンプキンス

養殖場から逃げたサーモンによる環境破壊も問題だ。あたりの川に広がって在来種の幼生や卵をむさぼり食う。他の種族を食い尽くす勢いだ。養殖場から逃げだすサーモンがあまりに多く、地域の漁民がタンジェリン色をした高価なサーモンを捕まえることも増えている。プエルトモントの近くでは、道路を渡るサーモンまで出ている。遡上《そじょう》場所をまちがえたのか、水浸しの道路を5キログラム近いサーモンが跳ねていく姿が目撃されているのだ。これは野生サーモンではなく養殖場から逃げだした個体だとチリのサーモン組合は考えている。

逃げた牛も酪農家のものだとする法律を参考に、サーモン組合は、川や近海で捕まえたサーモンを売った漁民を罰する法律をつくろうとした。独占をおびやかす動きを殺すため、養殖業者以外が切り身を売ること自体を違法にしようというのだ。「野生」のサーモンはすべて養殖場から逃げたものであり、その子孫まで丸ごと養殖業者のものという主張である。その結果、闇取引が始まった。「違法な魚」を入れた発泡スチロールのクーラーを台車に載せ、地味な服装の中年男性がプエルトモントの街をうろつく。「サーモン、サーモンはいらんかね。新鮮なサーモンだよ」と小声でつぶやきながら。

ダグから圧力がかかっても、フィヨルド・ブランコの警備員は、侵入しようとするアシカを飽かず撃つむなしい努力を続けた。ダグは気づいていなかったが、「潜水艦」のパトロールや報奨金のポスターは強い反発を招いてしまっていた。もうひとつ、ダグが知らない問題があった。元陸軍大佐で、ピノチェト将軍の秘密警察、DINAの幹部でもあったレイネ・パトリシオ・キルオットが養殖場で働いていたのだ。キルオットは、スペイン外交官を殺す、多くの人を拷問するなどしたと言われており、独裁政権が倒れたあともサンティアゴの軍や情報機関とつながりを保っていた。地の果てパタゴニアに移住したのはダグと同じだが、電話を持っていた点がダグと違う。だからあちこちに電話をかけた。ガイジンを追い払いたい、と。

ほどなく、サンティアゴ中央政府の権力者が特別委員会を立ち上げた。表だってそうとはもちろん言わないが、その目的は、ダグ・トンプキンスをいたぶる、だ。お役所らしさ総動員のいやがらせが始まる。

「あのあたりの産業をぎゅうじっているチリ有力者とも、なんだかんだぶつかるようになりました」とカロリーナ・モルガードは言う。ホワイトウォーター・ラフティングが仕事で、環境保護の実働部隊としてダグに雇われた人物だ。「プエルトモントの事務所に『トンプキンスに死を』なんて落書きをされたこともあります」

サンティアゴで右翼があの手この手をしかけるのと並行して、あらぬうわさもいろいろと流された。まず、ナチスのシンパを公言してはばからないチリの小説家ミゲル・セラーノの呼びかけで、トンプキンス夫妻はユダヤ人の国をつくろうとしているとのビラがチリ南部でまかれる事態となった。夫婦ともユダヤ教ではなく、英国国教会派であるのに、だ。バイソンを持ちこもうとしている、すぐに牛などは駆逐され、バイソンばかりになるぞとのうわさも流された。ダグ・トンプキンスを「汚いユダヤ人」だとののしる電話があまりに多く、応対係が「彼はユダヤ人じゃありません。ボコヤ人です！」とダグのけんか上等に当てつけたとか当てつけなかったとかいう話もある。

　核廃棄物を米国から持ってきて埋める土地を探しているといううわさも流れた。いや、ピューマを飼育しようとしているんだ、そのうち牛も羊も食い尽くされ、人間も暮らせなくなるぞというものもあった。

「人目につかない存在になりたかったのに、思いっきりスポットライトを浴びせられてしまいました」とダグは言う。「大規模なプロジェクトは議論の的にならざるをえませんからね。広報・渉外の担当を置くべきだとの助言もありましたが、それはやりたくありませんでした。自分と現実を隔てる層をひとつ置くに等しいことですから。本当のところ自分がどういう人間な

のかを正しく知ってもらえなくなると思うのです。2カ月ほどスペイン語だけで過ごす詰め込み教育を受けておくべきではありましたね。そうすれば、チリのメディアに伝えたいことをもっとはっきり伝えられたはずですから」

ダグに対する誹謗《ひぼう》中傷の背景には、チリ大統領エドゥアルド・フレイが掲げる新自由主義がある。フレイ大統領は元大統領の息子なのだが、単純な一世政治家ではない。水力機械の専門家だったのだ。そんなことから、美しい川も電力の流れとしてしか見ない人だと批判されたりする。そんな彼は、大統領になると、10億ドルをかけてチリ南部の豊富な資源を開発しようとした。原生林を伐採し、ユーカリやパインなどの売れる樹種を植える。アルミニウム精錬の電力を得るため、美しい川に次々とダムを造る。いずれも無駄な公共事業ではなく発展の証として歓迎された。開発推進の方針は成功を収めたといえる。海外からの投資も集まったし、ピノチェト政権が犯した人権侵害の問題から距離を取りつつ、ピノチェト政権が自由市場を推進しようと誘致した企業に残ってもらうこともできたからだ。

ナチスかぶれからは「殺すぞ」とスプレーで書かれるし、国は国で環境保護の計画をつぶそうとしてくるなど、いやがらせはどんどんひどくなっていく。ダグとクリスは政治家の力をよく知るグティエレスに相談。そして、米国のＦＢＩに相当するチリＰＤＩで捜査官をしていた人物を雇った。その結果、謀略が進められていることが判明する。

「プエルトモントのダグ宅に麻薬を隠し、警察に踏み込ませる計画です。で、こんなところに麻薬があるとは、これですべて説明がつく、トンプキンスは麻薬の売人だったのだとやるわけです」

麻薬の売人として国外退去にすれば一件落着だ。だがそこに、駐チリのアメリカ大使、ガブリエル・ゲラ・モンドラゴンが割って入った。「トンプキンス氏は適切なやり方でチリに投資をしてきた。認可されたルートで資金を動かして投資してきた。そのトンプキンス氏が麻薬の売人だというのはとんでもない言いがかりだ」と。

それではということだろうか、こんどは、ダグの個人情報がメディアに流出する。ひそかに探られているに違いない。電子機器の専門家を呼んでプエルトモントの事務所を調べてもらうなどしたところ、やはり、電話は盗聴されているとのことだった。なにかやり返さないとダグの気が収まらない。

「電撃を送って盗聴設備を吹っ飛ばしてやりました」とクリス。「こちらの電話もぜんぶ吹っ飛んじゃいましたけどね」

「我々は『夜闇の勢力』と呼んでいます」とチリの有力ロビイスト、エンリケ・コレアは言う。1990年代半ばのチリで芽吹きつつあった民主主義を抑圧しようとするファシズムの見えない手のことだ。特に軍部（民主制に戻ったあともアウグスト・ピノチェトは最高司令官の肩書きを持っていたし、「終身上院議員」にも選任されている）とカトリック教会保守派は統制色が濃かったという。なかでも保守系カトリックの組織オプス・デイがサンティアゴでは力をふるっていて、ヘビーメタルバンド、アイアン・メイデンを「サタン崇拝者」と決めつけて1992年のサンティアゴツアーを中止に追いこんだりしている。

ダグについては、オプス・デイ系の国会議員団がファウンデーション・オブ・ディープエコロジーが出した声明などを精査し、彼が中絶の権利を女性に認めるべしと考えている証拠を発掘した。そして、中絶を勧めるとはなにごとかと、攻勢をかける。カトリックの教義を厳密に解釈すれば、ダグは罪をもうひとつ犯していた。神が創りたもうたものの頂点に人間を置かないという罪だ。フレイをはじめとするチリ高官にとって、ディープエコロジーを信じ、山のようなお金を持つダグは危険分子だったわけだ。

ダグ側弁護士のグティエレスは、当然、経済マフィアがチリをぎゅうじっていることを知っていた。チリ人は短剣や弾丸よりホチキスや訴訟で闘うこともわかっていた。また政界の全体を眺め、こういう汚い策を弄《ろう》している元締はだれなのか絞り込む力も持っていた。おそらくはベリサリオ・ベラスコ内務副大臣だろう。ピノチェト独裁政権に対しても反対運動の糸を裏で引いた活動家である。彼は、毎日のようにメディアでダグを批判していた。

事態の沈静化を狙い、グティエレスはベラスコに連絡を取った。メディアを通じて闘うより、直接会って大臣のお考えを聞かせていただいたほうがいいと思う、と。

「というわけで、お目にかかってきたのですが……そのとき、こんなことも言われました。『麻薬取締局がトンプキンス氏に目をつけているのは知ってるだろう？　それがメディアに漏れたら、彼は終わるよ？』と」

濡《ぬ》れ衣《ぎぬ》を着せてやるぞとほのめかす大臣の言葉を聞きながら、グティエレスは反撃を考えていた。

「だから申し上げたんです。『大臣殿。トンプキンス氏はミネラルウォーターさえ飲みません。コーヒーも飲みません。薬の類いはまったく使いませんし、そういうものをどうこうするといったこともまったくありません』と」とグティエレスは言う。さらに、戻ってこの件をゲラ・モンドラゴン米国大使に報告した。ゲラ・モンドラゴンはチリにいる米国政府関係者で一番えらい人であり、かつ、チリ麻薬取締局のトップという立場の人物でもあった。「そのあと、大使殿は毎週のようにベラスコに連絡をするようになりました。監視しているからなと釘を刺してくださったのです」

それならとベラスコはだまし討ちを計画した。まず、大統領官邸の事務所にダグを招いて所有する土地の話を聞き、その中で、アルゼンチン側にも土地を持っているのかと尋ねた。チリとアルゼンチンの国境をまたぐ形で土地を持っていないかというのだ。それはない。アルゼンチン側の土地は国境から何百キロも離れたところだ。ダグはそう答え、これですべてこともなしと思った。

だがこれはベラスコのわなだった。翌日、記者会見を開き、「彼は国境の両側に土地を有していると認めました」とダグを批判する。ダグの土地はチリの主権をおびやかすものだとぶち上げたわけだ。

こういう大騒ぎをどうこうできるほどダグはすれていなかった。今回の誹謗中傷がどれほどの規模なのか実感したのは、だまし討ちになんどもあい、環境保護計画を政治家にくり返し妨害されてからだった。

「ベラスコの暗い謀略がどれほどのものか想像もできていませんでした。時間とともに少しずつわかってきたのです」とダグはふり返る。「そうなってようやく、この状況に真剣に対処するようになりました。その分、土地の所有者を確認する、さまざまな交渉を進める、インフラを整備する、人材を集めるといった日々の仕事は大半を放りだして、です。いろいろなことを後回しにしました。単純にあきらめざるをえないものもたくさんありました」

トンプキンス事件における役割についてベラスコは次のように語っている。

「私は大統領の意向を受けて動いていました。トンプキンス氏に直接会い、『ぼくが保護しようとしている森林にチリの人はもっと感謝すべきですよ』と言われたら『その森林は1000年も前からそこにありますし、それを開発するという話はありません。斜面がきつすぎて機械を入れられませんから』と申し上げたりしたのです」

ダグの弁護士は、次々とくりだされる謀略に忙殺されていた。税務当局から難癖の資料請求が山のように来て、時間を無駄にするばかりなのだ。

問題は元から絶たなければならない。そう考えたグティエレスは、手続きの期限が48時間しかないのはなぜかと監督官に尋ねることにした。

「だれの指示なのか尋ねてみました。現場の責任者はなかなかにいい人で、『私はちょっとよそ見をします。そのあいだに、私の前にあるメモを読んでみてください』と言うんです。そこにあったのは、なんでもいいからトンプキンス氏の足をすくえというベラスコ副大臣の指示でした」

「ベラスコ副大臣はダグを個人的に嫌っていましたし、いじわるなタイプなんです。ダグがスーパーヒーローなら、ベラスコ副大臣は悪の親分という感じです」と、弁護士チームの若手助手ゴンザレスは言う。「私は、あのころ、駆け引きとかまったくわかりませんでした。なので、『こういう進め方で、地図はこれこれ』と言ってしまいました。相手には気に入られなかったようです。当時、我々は、正直になんでもオープンにするのが一番いいと考えていました。何年後かには、それじゃだめなんだと悟りましたが」

　クリスはストレスにつぶされそうになっていた。世界ががらがらと崩れていくように感じたらしい。そんなクリスを支え、ワイオミング州のグランドティトン国立公園をつくる際のごたごたを描いた本を紹介するなど、環境保護の闘いは物議を醸すものだと教えてくれたのはマリンダ・シュイナードだった。

「あのとき、こういう目にあうのは私たちだけではないのだと初めて知りました。環境を保護しようとすると、どこであれ、こんなふうに恨む人が出てくるし、こういう衝突が起きる、こういうことは環境保護に付きものなのだと」

　謀略はどんどんエスカレートしていく。ダグの事務所に潜入され、内部文書を盗まれるという事態も起きた。

「潜入したのはカルロス・マルティネスという男です。当初は、チリの大手雑誌に記事を書いているジャーナリストでダグを取材したいという話でした」——こう証言するのは、クリスとダグの補佐をしていたカロリーナ・モルガードである。「ところが、ある晩、確認したいことがあって事務所に戻ると、彼が書類をコピーしていたんです。『なにをしているの？』と問いただすと、なにやらごまかそうとしていました」

　盗まれたのは、トンプキンスが関わっている基金などの書類や文書だ。これらは、すぐさま、環境活動家をたたく記事に使われた。また、ダグを調査する委員会にも渡ったらしい。

「マルティネス氏ほかから入手したこれら情報から、トンプキンス氏がどういう脅威をもたらしているのかをつまびらかにすることができました」とベラスコ副大臣の首席補佐官ヘクトル・ムニョスが語っていることからも、盗まれた情報を内務省が受け取ったことはまちがいないと思われる。

「彼はメシア的なところがあるんですよ。自分は世界の一部を救おうとしていると思っているのでしょう。『自分対世界だ。開発は悪、進歩は悪、ここになにかあってはならない』という感じなんです」

文書を盗んだとされるカルロス・マルティネスは、こう語っている。彼は、ジャーナリストのふりをして、森林の上を飛ぶダグの飛行機に乗せてもらった。パタゴニア破壊の歴史をえんえん聞かされながら。

「トンプキンス氏のよくないところは、この国の重要な部分を好きにできる立場にあることでしょう。彼が考えているのは、開発や進歩をせき止めるダムのようなものですから」

このころダグが仲間に書き送ったメモの内容を紹介しよう。

「みんなが日々実感しているように、政治家はあらゆる手を使って妨害してくる。最終的に切り抜けられるかどうかは、正直なところ、まだわからない。我々にできるのは、プロジェクトを殺さず完遂できるように、できるかぎりの戦術・戦略で一日一日過ごしていくことだけだ。過激な手段に出るのは、さすがにはばかられるだろう」

レニウエのダグ宅上空を低く飛んで写真を撮るなど、いやがらせは続いた。屋根すれすれのこともあった。チリ国家情報機関のセルヒオ・カルデナスによると、いやがらせはほとんど専任の仕事だったらしい。また、ダグは専横な外国人であり、国は心おきなく迫害していたという。

「彼をたたくのはいいんですよ。だから、政府もたたきましたし、議員もたたきました。右翼も、ユダヤ人を連れてくる、領土をかすめ取ろうとしていると考えてたたきましたし、左翼も、ガイジンだからと彼をたたいていました。ベリサリオ・ベラスコ大臣もフレイ大統領もトンプキンスたたきは安上がりだと考えていました。特別な費用がかかる話ではない、と」

こういういやがらせにどう対処しているのかと記者に問われたダグは、だまし討ちにあっているとわかってからは積極的に打って出ることにした、国民的な議論をかき立て、政府関係者や一般大衆の注目を集めることにしたと回答している。

「いまチリでは、我々のような集団が議論を巻き起こし、それが政府や人々に注目されているわけです。チリにかぎらず各地で同じことが起きています。行動を起こし、その最前線にいるというのは誇っていいことだと思います……環境関係の闘いはだいたいこんな感じで、保護勢力対開発勢力という図式になります。我々はしがらみのない戦士としてこれを闘っているというところでしょうか」

だが、ダグに対するいやがらせは、国民的議論うんぬんをはるかに超えていた。嵐でたくさんの木が倒れ、川に流れたことがあった。その倒木をダグが製材し、建築資材にしたところ、二日後の新聞に、原生林を伐採しているとダグを批判する記事が写真付きで掲載された。見出しは「トンプキンス、原生林を切って建築材に」である。

「あれはメシの種なのに。どんなものでも誹謗中傷の種になるんですよね」

「森林を切りだす事業をしたい人が次々来るのに、反対の声がまるでないのは不思議です」――こう言うのは、ウッドチップに加工した原生林の輸出に反対するチリNGOで働く社会学者、ヘルナン・ムラディーニックである。

ムラディーニックはダグに請われ、チリ大統領府であるモネダ宮殿の高官とお近づきになろうとしたが、「環境保護を推進すると言ってるやからをどうして国が認めなければならないのだ」と取りつく島もなかったという。ダグ自身が勝ち目のない論争に突っ込んでいっているのも問題だとムラディーニックは考えていた。

「公園をつくるのは簡単だとダグはよく言っていました。反対する人も当然にいるでしょうけど、公園は、ふつう、プラスに受け取られますから。ですが、開発を批判すると話が違ってきます。産業化や工業型農業、技術の批判は、ね。一部の人にとって、とても大事なものですから」

反対の声やいやがらせや脅しが続く中、ダグは、土地の買収を進めていた。山あいの平野をいくつも買う。火山をいくつも買う。古い森をいくつも買う。同じ志を持つ米国や欧州の仲間など、寄付を集める仕組みも整った。ダグ個人のお金も１５００万ドル使った。だが、鍵ともいえる大事なところが1カ所買えていなかった。プマリン公園予定地の真ん中あたりにある３００平方キロほどの土地、ウイナイである。所有者は、港湾都市として栄えるバルパライソにあるカトリック系大学で、大学としては、使いようのない遠くの森など売り払って財政難を解消したいと考えていた。大学上層部にダグが会い、環境保護の計画を説明する。すると、中絶に関する質問が飛んできた。社員に中絶を強要しているというのは本当か、ディープエコロジーうんぬんというのは反人間的な考えをごまかすためのものではないのかと司祭にただされたのだ。

このときはモンシニョールの称号を持つ超保守的な大司祭、ジョルジ・メディナの内諾を得ることに成功したのだが、後日、メディナ司祭はどうするか決めていないと公の場で述べてしまう。さらに1週間後、こんどはプエルトモントの大司教ベルナルド・カサロから、トンプキンスの信念は「人間より自然を優先するものだ」と批判の声が上がった。

「ウイナイの土地を持っていたのはバルパライソのカトリック系大学でした」とベラスコは言う。「あそこのトップ、ベルナルド・ドノソは昔からの友だちでね。だから、彼に言ったんだ。『トンプキンスには売るな。チリ政府が買うか、買ってくれる企業を探すかするから』ってね」

最終的には、フレイ大統領とつながりが深いエネルギーコングロマリット、ＥＮＤＥＳＡが買うことになった。勝った。ベラスコは得意満面だった。

「トンプキンス氏は心臓発作を起こしかけたのではないだろうか。ひとまとまりの土地を手に入れようとしていたのに、それが真っ二つになってしまったのだから」

ベラスコにとってＥＮＤＥＳＡは、政府の悪行を資金面で支えてくれる企業だった。フレイ大統領とチリ大統領府の高官が進めるいやがらせを支える以外、あんなところに森林を買う理由などないのだから。ダグの公園計画を妨害する。それだけのためにＥＮＤＥＳＡは何百万ドルも出してくれたのだ。ベラスコはメディアでダグをあざ笑った。

「トンプキンス氏が公園を計画している土地のど真ん中をＥＮＤＥＳＡが買うと決めたからといって、彼はなにも恐れる必要などない。３０００平方キロの計画を２７００平方キロにスケールダウンしなければならないだけなのだから」

ダグは怒り心頭だった。フレイ大統領などエンジニアにすぎない、政府の仕打ちは悪魔だとかんかんである。

「こんなことにつきあっている暇はない。こういう仕打ちをされるいわれはない」

サンティアゴで弁護士と打ち合わせをしながら、ダグは、考えたくもないことを考えていた。闘いに負けたのか？だ。

Part 3

南アメリカで広大な地域を守る夢を追い、ダグ・トンプキンスは、自然のサンクチュアリにできそうな地域のマッピングを始めた。そんなのは「不可能任務」だとみんなに笑われたが、ダグは挑戦だととらえた。(写真提供：ゲイリー・ブラーシュ)

Part 3

第12章 輝ける水の土地

長期的に見れば経済と環境は一体だ。環境原理にそぐわないものは経済原理にもそぐわない。それが自然の法則だ。

── モリー・H・ビーティー

チリ当局がダグの監視、いやがらせ、脅迫に励んでいたころ、アンデス山脈の反対側、アルゼンチンで環境保護を推進する人々が、自然に対する愛と金を持つこのガイジンに注目していた。アルゼンチンは反米感情が世界でもトップクラスに強い国なのだが、それでも彼らはダグに熱い視線を注いでいたのだ。チリの計画が万が一頓挫したら、アルゼンチンでやってみようと思ってくれないだろうか、と。そんなこんなで、環境保護の候補地を見て歩くおつもりはありませんかとの招待状がアルゼンチン国立公園のトップ、フランシスコ・エリセからダグのところに届くことになった。生物多様性ホットスポットのリストも添えられていた。協力の姿勢がはっきりしていて、対決姿勢のチリとはまるで違う。

ダグとクリスはブエノスアイレスに飛ぶと、そこから強行軍でアルゼンチン内を見て回ることにした。ある程度傷んでしまってはいるが、生物学的価値の高い生態系がいたるところに残っている。多雨林や氷河もあちこちにあるし、くじらやコンドル、ペンギン、オウムを救える場所も残っている。アルゼンチンは国土面積で世界第6位の国であり、さまざまな植物相・動物相が近代的な農業や林業、漁業の被害を受けつつある状態だった。

アルゼンチンの荒らされた生態系を見て回ったことで、ふたりは、牛による被害がすさまじいことを知った。アルゼンチンといえばステーキだし、牛肉は外貨の稼ぎ頭だし、日曜日のバーベキューはサッカーに肩を並べるほどの人気だしなので、牛の放牧場をつくるため生態系が根こそぎ破壊されているにもかかわらず、政府は、牛肉の対米輸出を年間20トンから１００トンと5倍に増やすべく米国に働きかけていた。テニスのスター選手、ガブリエラ・サバティーニを「牛肉大使」に任命する力の入れようだ。アルゼンチンで「肉」と言えば牛肉を指す。旅行者がベジタリアン用の食事をと頼むとチキンが出てくるほどだ。

アルゼンチン北西部のユンガスから戻る途中、ふたりは、北東部のコリエンテス州に立ち寄った。ブラジル、パラグアイとの国境地帯に広がるパラナ川支流群が流れているところだ。このあたりにはフロリダ州エバーグレーズに匹敵する大きさの湿地が広がっていて、その浮島には、カピバラ、カイマン、ワシ、サギがたくさんいる。だが、１００年ほど前から羽根や毛皮の取引が始まったこと、最近は皆伐・植林によるパイン材の生産が広まったことから、多くの種が絶滅の危機に瀕していた。

浮島には毒蛇もいるし、落ちたら命が危ないシンクホール、ピラニアだらけの水たまりなども多い。乾いて草原になっているところからサバンナ、森林、湿地と地勢は複雑で、地面と水がいい具合に入り組んでいることからアカホエザルや絶滅しかけているパンパスジカの群れなど、そこかしこに生物多様性が残っている。ジャガーは狩られて絶滅してしまったし、タテガミオオカミも個体数がすごく減ってしまってはいるが。

ただ、イベラと呼ばれるこの湿地帯は、クリスにとって第一印象がすごく悪かったらしい。

「降りたとき、ここは地獄かと思いました。平らで暑くて虫だらけで。好きなものも見当たらなければ見覚えがあるものもありません。私が望むものはなにもなかったんです。でもダグにとっては違いました」

アルゼンチンにおいて国立公園は自慢の種だし、チリと異なりアルゼンチンは国立公園でばく大な収益を上げていた。また、法的な枠組みもきちんと整備されている。入園料などはいろいろな形で横流しされてしまう可能性があるが、公園そのものがいつのまにか人手に渡るようなことはなさそうだ。

イベラを訪問した4カ月後、ダグは、湿地帯のど真ん中に位置する100平方キロあまりの島、サンアロンソを買った。監視所として使える戦略的に便利な島だ。草原があって飛行機の発着もできるので、侵入者がいれば飛行機や車から写真を撮って記録することができる。この生態系全体をまとめて公園にしよう。チリと同じように厳しい闘いになるだろうが、それでもだ。そうダグは考えていた。

環境保護を推進する人々はやり方が下手すぎると実業界からは見られていると思います。公園運営は事業運営のようなもの。運営のやり方がわかっていない、もっと上手なやり方があるのに、と。ダグとクリスが成功したのはそのあたりもあるのでしょう。ふたりとも実業家で、木に抱きつくタイプではありませんから。この違いは大きいと思います。彼らのような人がもっと必要なんです……私は、環境保護を進めている人々に厳しすぎる、特に環境保護団体や政府に対して厳しすぎるとよく言われます。ダグとクリスほどすばらしい環境保護推進者は見たことがないとよく言っていますし、そう信じてもいるんですけどね。ふたりは別格です。環境保護にはわりと年を取ってから取り組んだというのに、あれほどのことをしてしまいましたからね。ああいう人が500人、1000人といたら世界は変わりますよ。でもいないんです。残念ながら、すごく少ない。悲しいことです。でもともかく、人間、やろうと思えばあれほどのことができるというのはすばらしいことですよ。

――Ｊ・マイケル・フェイ

イベラという土地は険しいし、無法地帯になることもあるので、生意気なヤンキーが現地をよく知りもせずに投資できるようなところではない。しかるにダグは、アンデス山脈の反対側でチリ人と7年も闘った経験から、現地の文化を学んでから行動するようになっていた。

というわけで、カルロスという地元パイロットとあちこちを見てまわることにした。カルロスはスタントマンさながらに背面飛行をするなど、かなりとんがった命知らずで、ダグの案内にはうってつけの男だ。響きあうものもあったのではないだろうか。ダグの飛び方はカルロスに勝るとも劣らないし、カルロスはカルロスで、逃げる相手を飛行機で追いつつ、リボルバー拳銃を空に撃つなどするのだ。カルロスを選んだのは類が友を呼んだのだろうが、これは正解だった。「ふつうのやつ」だとなめられる心配がないからだ。

チリ人は内向的で疑い深く、暴力を嫌うが、コリエンテスの人は人なつっこく、エネルギッシュだ。「コリエンテスは戦士の国という雰囲気でした。当事者からしてそう思っていましたし、それが言葉のあやということでもないんです」とクリス。「がらはあまりよくないし、人と群れませんし。国を嫌っている人も多かったし、外国人も好きにならないんですよね」

イベラには神話の世界かと言いたくなるような人もいた。ガウチョだ。ただし、アルゼンチン南部のまっとうなガウチョとは違う。北部湿地帯にいるのは、未開の奥地でひとり、狩猟採集生活をする世捨て人だ。

湿地帯では、いつも、うるさいほどに鳥が鳴いている。アシ原や点在する森には３００種類以上もの鳥が生息していて、コクカンチョウやシロキツツキの姿も見ることができる。欧州全土に迫る多様性だ。冬にはフラミンゴやガンがパタゴニアから渡ってくる。イベラで野生生物の姿を撮りつづける写真家、ファン・ラモーン・ディアスも、半年は北から渡ってきて、残り半年は南から渡ってくる地だと語っている。

パラナ川流域のイベラ湿地帯は、川床だった時代がある。そのパラナ川が北に蛇行し、イベラのあたりが年間を通して降る雨で満たされた結果、世界第2位の規模を誇るグアラニ帯水層が地下にできた。また、ここは横切ることも難しいため、伝説やうわさ、陰謀がささやかれる地となった。ヤンキー嫌いが有名だが、じつは、ブエノスアイレスにいる政治家のほうが嫌われている。コリエンテスの人々は、政治家からも中央政府からも見捨てられたと思っているからだ。アルゼンチンの一部ではあるが、アイデンティティは州にあると地元民は言う。

「コリエンテスは別の国だって言うんですよ。ここに来たいならパスポートがいるよとか、アルゼンチンが戦争を始めたらコリエンテスはアルゼンチンを支持するとかいう話もよく聞きます」

ダグは、イベラの反逆者魂を好ましいと思った。規則や規制、慣例がなければなんでもできる。イベラの湿地帯はダイヤの原石だ。空からの眺めは絵のようだとダグは友だちに語っている。ちなみに、イベラとは「輝ける水の土地」という意味である。

2000年、クリスはパタゴニア社の株式を売却し、そのお金でコンサベーション・パタゴニアを立ち上げた。カリフォルニア州登録の非営利組織で、その目的は国立公園を増やすことだ。

まずは生物多様性が残る地域を探す。アルゼンチンでは、ブラジルとの国境沿い、いまなおジャガーがうろつく北部ジャングルから、南端の湖沼地帯まで全国を調べてまわった。そして、ダグとふたり、生物学的な豊かさが失われつつあるなか、いまなお生物多様性が残る断片を地図に記していく。つなぎあわせれば、いわゆるクリティカルマスが達成できるのか。できない場合、点在する生物多様性の「島」に個別保護する価値はあるのか。

現地の環境活動家につくってもらった候補地のリストを前に（このリストがすごく長くなるというのも、

また気のめいる話である)、どの生態系を優先すべきかも検討した。最初に原生林をダイズ栽培から守るべきなのか。それとも海洋保護区(MPA)もつくり、魚や海生哺乳類を3世紀にわたる乱獲から多少なりとも保護するほうが大事なのか。

「ふたりはいいチームでした」と環境歴史家のハロルド・グラッサーは言う。「ダグは勇猛果敢なブルドッグという感じですが、クリスは人間をよく理解していて、物事をうま~く運ぶことができますし、ほかの人のいいところを引きだすことができます。いつも理性的で、心が広く、かつ、批判的に考えられる人なのです」

最終的にクリスはモンテレオンに力(と株式売却益)を注ぐことにした。アルゼンチン南部の大西洋岸に残る生態系だが、羊の放牧で荒れ果ててしまっている。広さは700平方キロほどで、自然が残る海岸線が40キロほどにペンギンの繁殖地、そして、羊にほとんど食べ尽くされた植生などが広がっていた。

アルゼンチン国立公園管理局のフランシスコ・エリセ局長とも協力し、ふたりは、3者間譲渡の枠組みをつくりあげた。コンサベーション・パタゴニアが用意した費用で非営利組織のアルゼンチン野生生物基金が荒れた放牧地を購入し、それを国立公園管理局に移管するのだ。このプロジェクトは36カ月で完了し、モンテレオンはアルゼンチン国立公園のひとつになった。アルゼンチン初の沿岸国立公園であり、のちに海洋保護区を置いて海洋環境保護を進める道が拓かれたわけだ。

「金ならある、私有地を買い集め、整備して、国に寄付しようと思うと言えば、アメリカ人のことが嫌いなアルゼンチンも、それはいいなと言ってくれるのです」とダグは言う。「費用は全額こちら持ちで、土地の再国有化ができるわけですから」

イベラの湿地を守る活動が本格化したことを受け、クリスとダグは、季節ごとにプマリンとイベラを行ったり来たりするようになる。イベラが春っぽい陽気のころ、パタゴニアは冬で暗く湿っている。雨が多いレニウエの農場からアルゼンチンへの旅は、新婚旅行をくり返すような感じだとクリスは思った。日がな一日運転するときは、声に出して本を読みあう。

「車の中では、いつも、笑ったり議論したりと楽しい時間を過ごしていました」とクリスは言う。「座りっぱなしに飽きると車を止めてもらうんです。彼はなにかを読みはじめます。私は車から出て、適当なところまで走ると彼に合図を送ります。そうすると、読んでいたものを置いて拾いに来てくれるんです」

イベラの仕事が増えたので、国立公園管理局で17年働いてきた生物学者、ソフィア・ハイノネンに来てもらうことにした。ハイノネンは自然を愛するしっかりした人物で、ものおじしないタイプなのだが、さすがの彼女もダグのずぶとさには驚いたという。ハイノネンの提案で現地の人々と開くことにした交流会は、革命宣言に等しいものとなった。国立公園をつくるために来た、ジャガーを復活させる、地域経済を再生する、それを環境保護を中心にやるとたんたんと語ったのだ。

広大な湿地帯の周辺部を巡りながら、こちらの地域社会、あちらの地域社会に革命を宣言していくダグにハイノネンはただただ驚いていた。ダグのところに来て4週間しかたっていないのに、あっちでもこっちでも保守的な農業組合が大騒ぎになってしまったのだ。自信満々、当然のことのようにビジョンを語るダグに、みな、どう反応していいかわからず息をのむばかりだった。

「まるで、ぼくは月に行く、そこから火星に行き、木星に家を建てると言われたみたいな反応でした」とハイノネンは笑う。「みんな、こいつは頭がおかしいんじゃないか、そんなのありえない夢だろうと思っていたようです。宇宙人かなにかで地球に降りたとわかっていないんじゃないか、と」

生物相を詳しく知ろうと、ダグは、野生生物が専門のスペイン人生物学者、イグナシオ・ヒメーネスにも来てもらうことにした。だが、湿地の自然を回復し、オオアリクイやパンパスジカ、ジャガーが住めるようにする難事業の前に、ヒメーネスは、まず、ダグに対する現地の疑いを晴らす努力をしなければならなかった。

「そんなわけないだろ、オレは信じない、本当の話を聞かせろとアルゼンチンの人々は思ったわけです」とヒメーネス。「米国人がアルゼンチン人のためになにかしてくれるはずがないし、金持ちはみんなクソ野郎なわけで、絶対になにかを隠していると思われました。驚きましたよ。みんなけんか腰で憎しみをぶつけてきましたからね。外国人がオーナーの民間企業がふつうの事業、たとえば採鉱とか林業とか稲作とかをするという話ならだれもなにも言いません。ところが外国人が環境保護のために土地を買いあさっているとなるとまるで違って大騒ぎになるのです。UFOみたいな扱いでした。それまでになかった話で信じられず、本当はこうなんじゃないか、ああなんじゃないかといろいろ考えてしまうわけです」

反対したひとりが、イベラ地区を代表するセルヒオ・フリンタ上院議員だ。

「第一の問題は、米国人が土地を買うという点です。我々は昔からヤンキーを恐れていますから。第二の問題は、イベラの水です。イベラが使えなくなってしまいます。彼は生産より保護ですし、チリを二分したとかしなかったとか、ずいぶんと言われていましたからね。だから、地域の農業組合が強く反対することになったのです」

湿地に入りたがる人がいないのはダグにとって好都合だった。湿地帯は、売れるモノならなんでも狩る流浪の猟師、マリスカドールの縄張りだとされているので、牧場主も作男も基本的に足を踏み入れたがらないのだ。ただマリスカドールはカワウソをわなで捕まえる、岩塩でヌマジカをおびき寄せる、島から島へと牛の群れを動かす際にはのろしで連絡を取りあう人々だ。マリスカドールが乱獲したせいで何十万頭もいたカイマンも数百頭レベルまで減ってしまっていた。

「イベラは空っぽだったんです。ダグが買ったときには動物なんてほとんどいなくて。でも、もともとは動物の生息地でしたし、ほかの目的に使われてもいないしで、動物でまた満たせる可能性があるとダグは考えました」とハイノネンは言う。「上を飛びながら、ダグは、野生生物でイベラを生き返らせよう、なにもないところに自然を取り戻してみようと考えたわけです」

マリスカドールは、数ドルで皮が売れるからと体長5メートルあまりに達する黄色アナコンダを密猟し、絶滅に近い状態に追いこんだ。サギは粘着性のわなで足をとらえ、１００グラムもないくらいの羽根を収穫し、帽子の飾りにした。これが家族を養えるくらいのお金になったのだ。逆に、そういう飾り立てたファッションが下火になると、マリスカドールも急激に減った。一時期は数千人いたのに、３００人くらいなものになってしまった。放浪する犯罪者も含む数字だ。

「必ずしもあぶない連中というわけではありません。法律にどう定められているのか知らないというか、彼らにとって法律なんてものは存在していないというかなんです」とハイノネンは言う。「だから、マリスカドールが街に飲みに行き、まだ幼い女の子を見かけて湿地帯に連れ帰ってしまったりするわけですよ。その子が何歳なのかもわかっていないし、そのあとなぜ告訴されたのかもわからないわけです。それでも、もう、街に行くことはできません。なぜお尋ね者として手配されているか、まったく理解できないんです」

浮島にどういう人や動物がいるのか、まず調べてみるべきだとハイノネンは考えた。だから馬に鞍《くら》をつけ、場合によってはカヌーを馬に引かせて湿地帯を探索して歩いた。水深が深すぎるところはカヌーに馬をつなぎ、長い棒でカヌーを押してアシの中を進む。いまだ生息する動物を糞《ふん》から推測する、絶滅危惧種のヌマジカをみつけるなど、10カ月にわたり、探索したのだ。

どういう人々が隠れ住んでいるのかも確認した。ほんとうにさまざまな人がいた。殺人を犯して隠れている人がいた。誘拐されてきた女性もいた。不法滞在で、子どもは湿地帯で生まれて育ったという家族もいた。犬や馬だけを友として隠れ住む人もいた。焚き火を前に、ジャガーの毛皮が売れたことや銃で政府にあらがったことなど、過ぎし日々の話に耳を傾ける。

お近づきになるにはマテ茶だ。マテ茶は、アルゼンチン、ウルグアイ、パタゴニアの全域とパラグアイ、ブラジルの一部で飲まれている飲み物だ。ひょうたんのカップにイェルバ・マテという植物の葉や茎を入れてお湯を注ぎ、お好みで砂糖も加える。これをステンレスのストローで飲む。イェルバ・マテはコリエンテス原産で、マテ茶の飲み方を見れば地元民か都会人かすぐにわかるといわれる。ストローを動かすと茶葉が詰まってしまうのでお茶をストローでかき混ぜるのは地元文化を汚す行為であり、絶対にしてはならないことだ。

ハイノネンは、女性がひとりで湿地帯に入ってきたと驚かれるとともに敬意をもって迎えられた。

「頼れるものがなにもない暮らしですからね。昔ながらの人や、社会制度から外れ、記録もなにもない人くらいしかあそこには住んでいません。グアラニ語だけでスペイン語なんて話せないような人たちです」とハイノネンは言う。「そういう人をたくさん、パークレンジャーに雇いました。狩りを止めるためです。全員を雇ったわけではないのですが、なるべく、家族ごとにひとりは雇うようにしました」

密猟者から保護者に転じた人々が、いま、湿地帯をカヌーやモーターボートでパトロールして野生生物を守っているわけだ。現地の人々やマリスカドールの信頼をどう勝ち取ったのかと問うと、スペイン人の生物学者ヒメーネスは川ほどもマテ茶を飲んだと笑って教えてくれた。

ダグとクリスは、イベラの湿地帯を囲むメルセデス、コンセプシオン、サンミゲルといった街も、何カ月か探索することにした。このあたりでイベラはスープボウルだと少し見下されていた。クリスは子ども時代に何年かベネズエラに住んでいたこともあってスペイン語もわかれば奥地の慣習なども理解しているのだが、やっかいなことの多いイベラがだんだんと好きになっていった。

現地の人々に理解を求める活動の拠点として当初選んだのはコロニア・カルロス・ペジェグリーニだ。ダグはこのひなびた場所が気に入っていた。ずっとバックパッキングをしてきたこともあり、湿地帯にカヌーで入るならどう行くのがいいかを露天商に気軽に尋ねたりできる。冷やかして歩きながら、焼き肉を一緒に食べたり冗談を飛ばしたり、現地の言葉で議論を戦わせたりするのだ。

「ダグはああいうところと相性がいいんです。自分たちの文化を守ろうとする人が大好きで。厳しい環境で生きている人をほんとうに尊敬していましたし」とクリスは言う。「あそこには文化があり、人々はそれを守りたいと思っていました。彼もそれを強く感じていました」

ダグは、なんか変なやつが来たぞと地元で話題になった。ハンモックでも地べたでも気にせず寝てしまう。車の後席で寝ていることもある。カイマンの群れと1時間も泳いでいるのを見たという人もいる。食べるもののこだわりもすごい。タバコは吸わないし揚げ物は食べない。アルコールもほとんど飲まない。スパルタの教え、健全なる精神は健全なる肉体に宿るを地でいくのだ。服は白いベレー帽にボタンダウンのシャツとしゃれている。異国情緒満載で飽きることがない。

名家の結婚式に主賓として呼ばれた際にも、一騒動があった。ダグは人物写真が好きで、このときも少し早く着いてしまったからと参列者の写真を撮ることにした。その姿を見た人々は、ああ写真屋さんが来ているのかとあれこれ注文をつける。ダグもとんちゃくせず応対する。そろそろ式が始まるころになっても、大金持ちの米国人ダグ・トンプキンスが座るはずの主賓席が空いていた。そっとカメラを置くと、ダグがそこに座る。みな、びっくり仰天である。雇われカメラマンだろうとあれこれ注文をつけていた男がじつは主賓とは……。ダグは破顔。こういう冗談が大好きなのだ。ちなみに、写真は、周囲に溶け込むのに便利でよく使っていた。大きな行事で世間話のネタとしてではなく、身を隠すシールドとして使うのだ。そんなこともあって、ポートレートの腕前はかなりのものだった。

ダグがイデオロギーや政治の闘いに身を投じ、その大騒ぎを楽しむのを横目に、クリスは、顔役的な女性を集めて草の根運動を展開した。

「このあたりクリスはダグと正反対で、不測の事態が起きるという前提で動くタイプの人です」とハイノネン。「だからあのふたりは相性がいいとも言えます。クリスが横にいてくれるからダグも少し安心できたのではないでしょうか。ダグだけだと月に向かって飛ぶロケットのようになってしまいますから。そんな彼の錨《いかり》となり、まっとうにしているのがクリスなのです」

イベラ事務所の応接係、マリーシ・ロペスには政治家同士の関係などを上手に察する力があった。これに気づいたダグとクリスは、セルヒオ・フリンタ上院議員など地元政治家とのつながりをつくる担当に彼女を据える。彼女に仕事を任せれば任せるほど、プロジェクトがうまく回るようになっていった。

「ダグは、この人にはここまでしかやらせないとか考えない人なんです」とマリーシ・ロペスは言う。「有能な女性を雇い、責任のある仕事をどんどん任せてしまいます。やればできるよって。プールの深いところに突き落として泳げという感じでしょうか。ちゃんと泳げればほめてくれます。そして、無理な場合は、突き落としたのが悪かったと自分を責めるんです」

トンプキンスの弁護士、テレシタ・イトゥラルデも現地対応に奔走した。失われた動植物を復活させるとともに観光業を振興すれば相乗効果が生まれると訴えて回ったのだ。ダグの大胆な行動でさまざまな疑問や問い合わせが巻きおこったが、それに対しては、印象的な写真を見せるなどして対応した。

ダグは、コリエンテスの有力者が土地を自分勝手に利用しているとまず批判し、つづけて、直接対決に持ちこんだ。相手のホームで業界大手に挑むのが好きなのだ。湿地帯の中や周辺で稲作、パイン植林、牛放牧などをしている人々は、やっかいな環境法など無視するのが当たり前になっていた。自分のところなんだから、どうしようとオレの勝手だと思っていて、それが問題になるとは想像もしていなかったのだ。

実際、ダグが詰問や低空飛行を遠慮会釈なしに始めるまで、湿地帯で好き勝手をする有力事業者にもの申す人はいなかった。

「ダグは、『コリエンテス人のみなさん、こんなことになっているのに気づいてますか』と最初に尻をけとばしてくれた人です」とフリンタ上院議員は言う。「なのでコロンビ知事にお伝えしました。『これ、どうにかしなければいけませんよ。なにをしなければならないかわかっているのだから、こういうガイジンに好き勝手言わせてはいけません』と」

イベラを空からチェックした結果、ダグは、湿地に違法な土手道が果てしなくつくられていることに気づいた。牛が通れるようにと牧場がつくったものだ。牛はあたりの草を食べて水を汚すし、土手道は、養分の自然な流れや在来種の移動を妨げてしまう。巨大な水田もつくられていた。水田は4辺とも壁になっていて、生態系の首を絞めてしまうのに。いずれも明らかに違法な行為だ。パラナ川もその流域も地域経済を支える重要なものであり、だから、水の自然な流れを変える行為は水利用に関する法律で厳しく規制されているはずなのだ。だが現実は、取り締まりがされることなどほとんどなかった。

ダグはかんかんに怒った。イベラの湿地帯は、もってあと10年がいいところで、組織的に自然を守る努力をしなければ生息地のクリティカルマスが失われてしまい、再生が不可能になってしまう。そう推算したダグは行動を起こすことを決断し、町一番の弁護士を雇った。

コリエンテスで訴訟？　自然を守るために？　前代未聞だ。土地についてなにか争いがあれば、解決の手段は、ふつう、ビールか弾丸かいやがらせかだ。

「メディアに訴えるかデモをするか、それがアルゼンチンのやり方で、裁判に訴えることはしないと言ったんですけどね。訴訟なんて10年から時間がかかりかねないし、だれも気にしませんし。裁判官はどんどん代わりますし、だれが来ても腐っていることは変わりませんし」とハイノネン。「でも彼は、『そんなことはどうでもいい。全員訴えてやる』って息巻いたんです。結局、弁護士を3人雇い、近隣の人間全員と国を相手に54件も訴訟を始めました。いや、もう、訴訟の嵐ですよ」

ダグは勝って勝って勝ちまくった。

13キロの土手道は違法だという裁判所の判断を無視しようとした者もいた。フォレスタル・アンディーノのオーナー、マシアベーロだ。スタッフの回覧メモで、経営がずさんでおろかだとダグがこき下ろした人物である。

土手道の取り壊しを裁判所が命じると、ダグは勝利宣言を出した。

「極西の勝手三昧なやり方に市民が立ち上がり、マシアベーロ氏を引きずりだすと法廷で完全勝利を収めた。1件めも2件めも3件めも4件めもたてつづけに、だ。こんなことは史上初だ。また、72時間以内に土手道の取り壊しを始め、損傷を回復しなければ投獄すると、法の裁きは明快だ。司法なんて当てにならないと庶民には思われているらしいが、そんなことはない。アルゼンチンでも司法はきちんと機能している。この件を見ればそれがわかる」

違法な土手があると、ダグは、トラックや作業員の写真を上空から撮り、こういう連中はこの自然の楽園から追いだしてやる、イベラは野生動物のサンクチュアリにするんだとことあるごとに息巻いた。一方、しいたげられ、困窮生活を強いられてきた地元民は、これからどうなるのかと、みな、息を潜めて耳をそばだてていた。自然のために闘う金持ちやエリートと闘う金持ちなど聞いたことがない。このヤンキーはなにをする気なのだ?と。

環境革命を掲げ、実業界のエリート相手に50件以上も訴訟を起こしたのだから、当然ながら、足元はかなりあぶなっかしい状態だった。そのとき、思いがけない人がイベラを訪れる。チリの大統領だ。

「エドゥアルド・フレイ大統領はダグを悪く言いに来たんです」とフリンタ上院議員は言う。「フレイ大統領がコリエンテスの知事に会ったとき、私もそこにいて、話をこの耳で聞きました。ダグは水をぜんぶ持っていく気だ、チリはまっぷたつにされたなど、ダグは悪魔だと言いに来たんです」

Part 3

第13章 プマリン公園

敵はマジでダグを殺しにかかっていました。メディアは敵の掌中で、彼がしていることについて根も葉もない話に尾ひれ、背びれのてんこ盛りです。あのころは、よく、フィヨルドの奥までハイキングに行っていました。ところが、お昼のあと、ダグが寝落ちするんですよ。そんなこと、まずしない人なのに。世界が彼を押しつぶしにかかっていました。なんとしても焼きを入れようというわけです。ダグをたたきつぶすためならと卑劣な手も総動員してくるんですが、ダグはしぶとくてつぶれません。でも、かなりまいってしまってはいましたね。

―― ダン・インホフ

（ダグの娘婿でともに闘った環境活動家）

1997年秋、チリの敵はいったい何人いるのかわからないほど増えていた。エドゥアルド・フレイ大統領を筆頭に、カトリックの司教、海軍上層部、さらに、ピノチェト将軍のお友だち、オーガスティン・エドワーズが持つ保守系の大手新聞エルメルクリオ紙と四方八方からたたきまくられるのだ。プマリン公園の実現をめざして闘うこと5年。十字砲火を浴びる状態になっていた。起きている時間の半分は守りに取られてしまい、公園建設の準備は遅れに遅れた。

ダグが住むレニウエのそばにカレタ・ゴンサロという集落がある。人よりアシカのほうが多いようなところで、交通は公営のフェリーだ。ダグは、ここの渡し場を数カ月かけて修理・再建した。船を海に降ろす進水台も傾きが適正なものを新設した。小さなフェリーには、安全灯や地元の慣習に従い旗ざおも用意した。

簡素な式典で旗ざおにチリ国旗を掲げたあと、村長がかみついてきた。壮絶なエルサルバドル内戦で10

年も情報活動をしていたホセ・ミゲル・フリティスだ。ダグがチリ国旗を掲げるのは許されないとフリティスは宣言。このガイジンは我々の主権を侵害している、と。このあとは個人的なたたきあいだ。ダグは、フリティスがオークションで買おうとした土地を買う。フリティスはダグの動きを監視する目となり耳となって、中央政府に逐一報告する。新しい犬を「ダグ」という名にしたりもしている。

チリ海軍も、この進水台をまたぐように事務所を設けた。ダグの監視を強化するためだ。フレイ大統領は、人口が１００人に満たない小さな集落、ボドゥダウエに警察署をつくることさえ許可した。ダグは、この警察署には自分の名前をつけるべきなのではないかと笑い飛ばし、闘うどころか、必要な土地を寄付しようかと申し出たりしている。

「ひとつ指摘しておきたいのは、チリは一応、法治国家の体をなしているという点です。ブラジルでは、こういうとき、撃たれます。ペルーでも撃たれます。ダグが撃たれなかったのはチリだからです。目の敵にはされましたけどね」

こう言うのは、チリで環境保護を訴え、ダグとも一緒に仕事をしたホアン・パブロ・オレゴである。

「ダグは頭がよく、お金持ちで、事業家としても優れていました。そういう人は敬意を払われてしかるべきだと思います。ほめたたえられていてもおかしくありません。胆力が嫌われたのでしょう。似た者同士でありながら道のこっち側とあっち側くらい違うわけで。ダグはチリに環境アクティビズムをもたらしました。だから敵認定されたのです」

フレイ大統領はダグへの圧力を強めていく。税務当局にもっとがんばれ、ダグや彼の組織が提出した書類を精査し、なんでもいいからみつけろと指示。なにがなんでも秘められた意図をあばいてやる、あさましい秘密を白日の下にさらしてやるとフレイ大統領はやっきになるが、なにも出てこない。当たり前だ。そもそも基本計画さえないのだから。たしかにパタゴニアでかなりの土地をすでに買っているし、ここはいいなと思う土地があれば買い足す。何百万ドルも投じて手を入れることもある。しばらくあとに売ってしまうこともある。そのときに一番いいと思うことをどんどんしているだけだし、ふつうの人なら1カ月かけてもできないほどのことを1週間でできてしまう人だから世間になかなか理解されないのも当たり前だろう。

外に対しては平静を装っていても、ダグははらわたが煮えくり返っていた。一挙手一投足を監視されるのはがまんならない。自分が正しいと信じることをしているからとそんなことをされたらなおさらだ。気晴らしは空だ。パタゴニアで一番高い山、サンバレンティンを下に見るほど高く飛ぶ。

「浮世のしがらみなどは忘れ、操縦と、目に飛び込んでくる美に浸るんです」と、よく一緒に飛んだロドリーゴ・ノリエガは言う。「これで癒やされるんです。きりもみしてみたり、外を眺めたり……彼の企画立案力や指導力は、空を飛んで全体を下から見られることから来ているのです。地べたに張りついていたら、全体をとらえるビジョンを得られていないのではないでしょうか」

土地を評価するとき、ダグは、上空を何時間も飛び回ったり、木まで数十センチの低空で起伏や川や谷間をなぞって飛んだりする。上空から見ることで、どこをどうすべきか、頭の中で組み立てるのだと建築家のエドゥアルド・ロハスは言う。

「紙に記しはしませんが、頭の中には計画がはっきりとできているのです」

ロハスはダグと一緒に空にあがり、建物やハイキングルート、滑走路、温室など、必要となるはずの公園インフラを構築していく。

「ああいう場所は、隣人もいなければ道もありませんし、都市計画の区分けも建築基準もなかったりします」とロハス。「ですが、なんでも好きにできるわけではありません。自然の法とでも言うべきものがありますからね。景観や斜面、悪天候から守ってくれる森林などです。ダグは、上空から見ることでそのあたりを把握していました」

レニウエには温室のほか、数十人規模の小さな学校もつくった。教室の暖房は薪《まき》ストーブ、照明はろうそくだ。有機ハチミツを毎月トン単位で生産する養蜂プロジェクトも始めた。

労働力安定のためには家族で移住してもらうのがいい。ダグの仕事は、小さな子どもがいる家庭にとって魅力的な仕事だ。子どもにはまっとうな教育を受けさせられるし、仕事には意義が感じられるし、期日には必ず給料を払ってもらえる。エスプリ社時代もそうだったが、ダグが払う給料はトップクラスというほど高くない。だが健康保険に退職金制度、有給休暇と福利厚生は充実していた。急病などの際には、強い雨のなか、ダグにハスキーで病院まで連れていってもらえる。出産に立ち会いたいとかでも連れていってもらえる。

ダグは、何十万ドルも地域経済に貢献していた。プマリン公園の入口に管理棟や宿泊棟をつくるため、金属加工や石細工の職人を雇う。看板を彫る木細工の職人や家具をつくる建具師もだ。

「職人の仕事がきちんと評価されるので、みんな自分の仕事を誇らしく思うし、完成品をほかの人に見てもらいたいと思うんです。すばらしいことですよ」

こう指摘するのは、農場や公園の建物をダグと一緒につくった若手建築家、フランシスコ・モランデである。

ダグは細かいこともおろそかにしないタイプだ。公園の看板や標識は品がよく、目を喜ばせてくれるものでなければならない。公園の建物を塗装した際には、ダグの注文があまりにうるさいものだから、地元店が新しい緑色を仕入れる騒ぎに発展した。これだという色ができるまでなんども調色するくらいなら、「トンプキンス・グリーン」を仕入れたほうが早いわけだ。

食卓で使うランチョンマットには、手縫いの地元製品を採用した。キッチンのフードは銅のたたき出しで、やはり地元製だ。ミルクピッチャーや花瓶は、陶器で知られるキーンチャマリから買う。ふつうなら電動のドリルにクレーン、掘削機を使うのだが、電気はないので、ハンドドリルや必要に応じて牛の力も使い、ポスト&ビームの建物をつくっていく。小さな手おのに手のこぎりも使うのだが、みな、この使い方が信じられないくらいうまい。ダグは職人の手仕事が大好きで、飽かず眺めていた。

こうして地元の美を並べ、ダグは、これら工芸品の命が絶えないようにしたわけだ。掘削機のオペレーターは芸術家だとするポスターさえ何種類もつくっている。

「どうすれば、トラクターを運転している人にその仕事には価値がある、役に立っていると思ってもらえるでしょうか。トラクターの運転が大きなプロジェクトの一部であることを見てもらえばいいんです」――ダグとクリスの補佐役、ナディーン・レナーは言う。「ダグは、よく、現場の人と肩を並べて仕事をしていました。だから現場の人も、ちゃんと見てくれている、自分たちの仕事に価値を見いだしてくれていると感じていました」

ダグとクリスは、外国人にはありえないほどの規模で開拓地の文化に投資をした。たとえばダグは教会のラジオ局にかなりの寄付をして、環境保全推進の番組を放送してくれるようにとモンシニョールのファン・ルイース・スサーンを説得した。公にはしていないが、地元のサッカーチームに用具を提供する、消防士で構成されたタウンバンドにアコーディオンを提供するなどもしている。

「ダグはいろいろな人に会い、暮らしぶりやどういう人なのかを確かめるのです」と、林学が専門でダグに雇われたイングリッド・エスピノーザは言う。「買いたい物件を彼が訪ねる手配をしたことがあります。農家なのでさっと見てくれればよかったのですが、現地に行ってみたら、オーナーがラムとポテトでバーベキューの準備をしてくれていたんです。ごはんを食べながら仕事の話をしましょう、と。いい雰囲気でした。ダグもくつろいでいたようです。いつも全速力で走っているような人ですが、ああいうときはいらっいたりしません。じっくり時間をかけます。あのときも、ラムを食べ、ポテトを食べ、マテ茶を飲んでゆったり過ごしていました。マテ茶からストローを抜くなんて不作法は当然にしませんでしたよ」

近隣とはだんだん親しくなっていったし、チリにも登場しつつあった環境活動家が支援をしてくれたりもしたが、政府内に味方はあいかわらずいないに等しく、税務当局の厳しいチェックも続いていた。切り札はある。米国と自由貿易協定を結ぶ南米初の国になんとしてもなりたいというチリの熱望だ。実現すれば、10億ドル規模の投資が期待できる。そのお金は、銅鉱山や森林の皆伐、二酸化硫黄をたれ流すアルミニウム精錬場など、環境を破壊するプロジェクトに使われるのだろうが。

ダグは、チャールズ皇太子やテッド・ターナーの番号も電話に登録してあるし、そのレベルで政治的にどう立ち回ればいいのかもわかっている。エスプリ社時代には、中国相手に2年も貿易協定の交渉をしている。だから、カリフォルニアから来た注目の投資家をチリが本気でたたきつぶすことはないと踏んでいた。じつはこけおどしにすぎない。10億ドルの投資を米国金融界から取り付けようというタイミングでダグの投資を差し押さえることはない。そんなリスクなど取れるはずがないのだ。

1998年、ダグとチリ政府のあいだで休戦協定が結ばれた。長年のドンパチに一応の終止符が打たれた格好だ。ダグの譲歩は、土地の買い増しを12カ月間控える、だ。

「今回の協定は一種の約束であって法的拘束力を持つ文書ではない。でも、この協定で政府は安心するし、我々のプロジェクトは前に進めやすくなる」――ダグは、スタッフにこう書き送っている。「とにかく、正しい方向に一歩進むことができた。このあと8年はがんばる必要があるだろう。いままでは、策略や脅し、批判などの攻撃から身を守ることに時間の半分を費やすしかなかった。これからは時間の98％を公園建設に使える。ごく軽いパンチだが、環境のために一発入れることができた。もちろん大海の一滴にすぎない。でも、たくさんの人が垂らすたくさんの一滴を集めれば、世界を守る大きな力になるはずだ」

フレイ大統領アドバイザーの強硬派は、米国とチリの自由貿易協定に反対する言動を禁じる条項を休戦協定に入れてダグの口をしばり、大統領に対する批判も封じようとした。これはうまくいかなかった。カルロス・クエバス、パトリシオ・ロドリーゴというチリの活動家ふたりの協力を得て、次期チリ大統領との呼び声も高いリカルド・ラゴス公共事業大臣など、政府内にも人脈を広げることにダグが成功したからだ。クエバスとロドリーゴはふたりとも熱心な活動家である。それぞれ公有地省で働いた経験を持ち、内部の状況に通じた彼らをダグも大いに頼った。

ジョン・オレアリー大使をはじめ米国大使館のお歴々がダグを大使館に招いたり、クリスとダグがスポンサーの祭りに参加するなどしたのも大きい。オレアリー大使は、300人ほどが参加するビュッフェ形式の祭りに顔を出したほか、きれいに整備された牧草地を視察する、自家製のアップルパイをごちそうになるなどした。そして、公園がどこも細かなところにまで気を配られていることに感嘆した。小さな橋であろうが小川であろうが、宿泊施設に飾られた白黒写真であろうが、プロジェクトのすべてが美しいのだ。

公園計画は順調で、ダグ宅には7家族が住むまでになっていた。

「30件ものプロジェクトが同時進行していて、日がな一日一緒に仕事をして、夜は一緒にごはんを食べるんです」とモランデ。「居室や食堂から犬小屋まで、あらゆるものをつくりました」

ダグは、サンフランシスコに残してきた基金のたずなも、世界の反対側から握っていた。世界各地の環境活動家を資金面から支援する――その強い思いも変わらない。だから、ファウンデーション・オブ・ディープエコロジーを通じ、年間300万ドルも助成金を提供する。挑戦する人々が特に好きで、国有林に道路を通すプロジェクトの阻止を試みるところや北極でベルーガを守る闘いをしているところなど、目的を絞ってがんばっている小規模なところを無数に支援している。一つひとつは小さな助成金だが、そのおかげで、各所で、組織を立ち上げる、事務所を借りる、セミナーを開催する、本を出版するなどの活動が進むわけだ。世界貿易機関に対する反旗など、総額100万ドル規模の新聞広告キャンペーンも展開している。

1990年代後半、ダグは、開拓村をつくっている南アメリカの南端とサンフランシスコの往復をくり返した。そして、基金の理事会で議長を務める、友だちを訪ねる、友だちのジェリー・マンダーが運営しているシンクタンク、グローバル化国際フォーラムの強化を手伝うなどした。ダグが闘うのは市民と環境のためだ。グローバル資本主義の隠れた手だと思うものをあばきたい。なかでもグローバル企業の力がどんどん強くなっていることを警告したい。そう思っていた。だから、このころは国際グローバル化フォーラムのサンフランシスコ事務所で働いていたアンディ・キンブレルおよびパブリックメディアセンターと協力し、「ターニングポイント・プロジェクト」と呼ぶ一連の全面広告をつくりあげた。

6万ドルかけてこれをニューヨークタイムズ紙とウォール・ストリート・ジャーナル紙に載せ、大企業が力に物を言わせて税金を逃れたり、環境保護協定の弱点をついたりしていると告発。こういう企業(ニューヨーク株式市場に株式を公開しているところが多い)はどこかの国のために動いているのではなく、自分だけの珍味であるかのように地球を扱っている。トンプキンスとマンダーは、これを「見えざる政府」であると指弾した。

1999年、世界貿易機関の会議が12月初旬にシアトルで開かれることになった。

これに向けてダグは攻勢を強めた。まず、サンフランシスコ、ポートランド、シアトルの新聞にターニングポイント広告を出す。反グローバリズムの活動家が3000人も集まる国際グローバル化フォーラムの大規模ティーチインを資金面で支援する。シアトルで音響が一番よく、シアトル交響楽団が本拠としているベナロヤホールを借りる資金も出した。ゲストの航空券からレンタルマイクにいたるまで、すべての費用を出したのだ。

ティーチインは、連日、大いに盛り上がったとマンダーは言う。

「世界中から大勢の活動家が集まりました。巨大で騒々しい成功を収めたわけです。取材もずいぶんありましたし、参加者はティーチイン後、みんな街なかにくりだしていきました。シアトルが反WTOに染まったのです」

WTOの会議が始まる11月30日、マハトマ・ガンジーやマーティン・ルーサー・キング・ジュニアを先頭にした行進もかくやという反対運動が巻きおこり、シアトルの街は機能を停止した。労働運動家、学生、環境保護の活動家をはじめ何万人もの人が路上に出たので、WTOの各国代表団がホテルから出られなくなってしまったのだ。抗議行動は騒々しくはあったが暴力行為はほとんどなく、そして、大いに効果的だった。アースファースト！のリーダー、マイク・ロゼールらが創設した活動家集団ラッカスソサエティが、その目的「怒りに満ちたかまびすしい妨害、喧《けん》喧《けん》囂《ごう》囂《ごう》の大騒ぎ、混乱」を達成した格好だ。

WTOをはねつける米国の若者や会社員の姿がニュースに載って世界を駆け巡る。表舞台で一言も発す

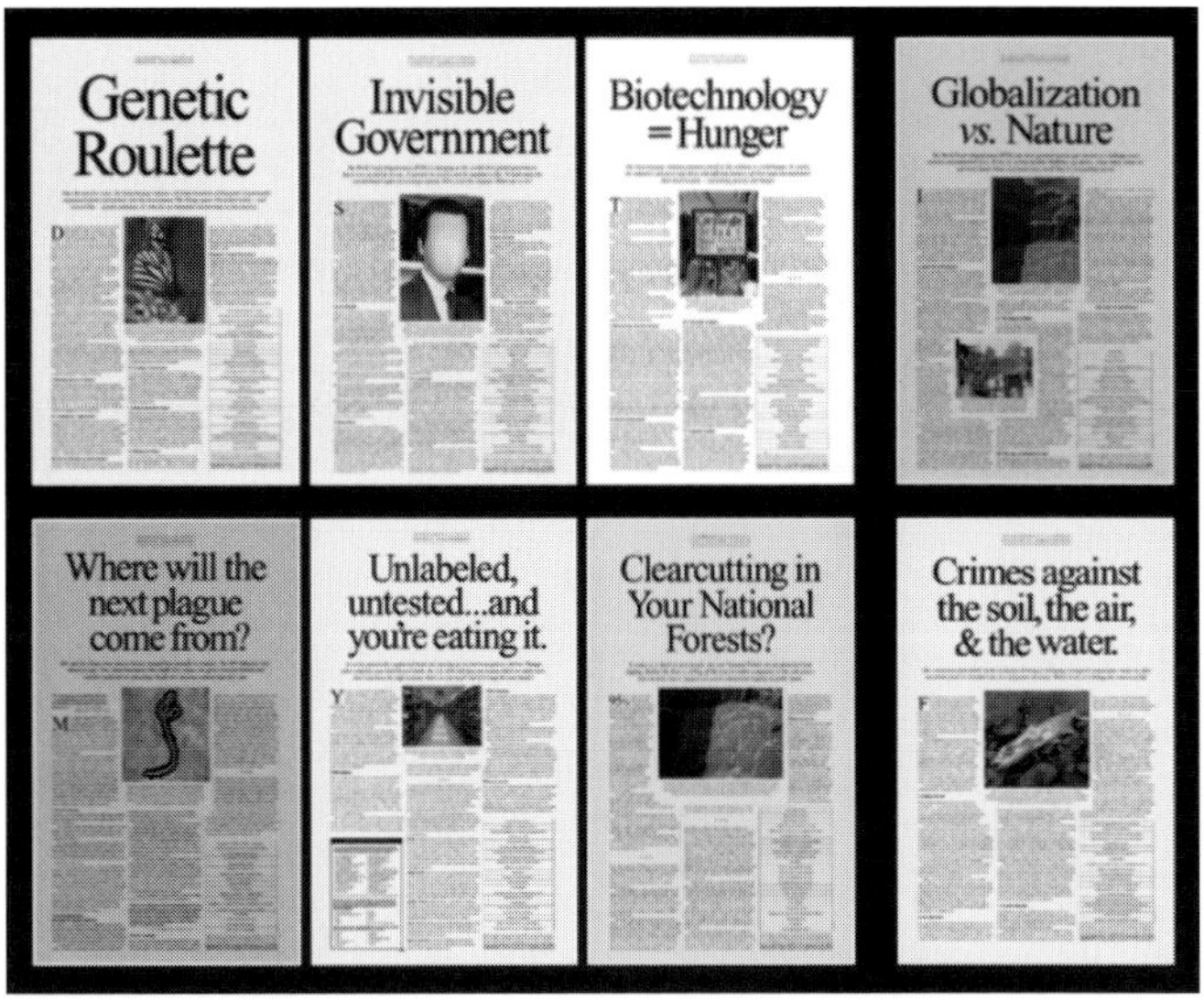

多国籍企業は「見えざる政府」というほどの力を持つ危険な存在だと考えたダグは、大量の資金を投じ、世間に警告する新聞広告を展開した。これは、のちに、反グローバリズムムーブメントへとつながる。（写真提供：ダグ・トンプキンス）

ることなく、ダグは、この反旗の種をまくことに成功したのだ。

さすがに驚いたとパブリックメディアセンターのマンダーも言う。

「10万人も動員してシアトルの街を埋め、WTOが会議を開けなくしたのですから。すばらしい成果です」

パタゴニア側では、ダグとクリスの環境保護が再自然化やリワイルディングと呼ばれる活動として国際的な注目を集めつつあった。再自然化とは、要となる植物相・動物相の再構築が進み、回復に向かうように生態系を導くことだ。ダグらがしているように、外来種は排除する。ただ、森林はいったん皆伐すると、多様性や平衡状態が永久に失われてしまう。こういう処置をすれば、何千年か後、森林が成熟して多様性や平衡状態を回復できるという処方箋などないのだ。

国レベルでいやがらせをされてきたにもかかわらず、ダグとクリスは、チリとアルゼンチンにあわせて4000平方キロ近い土地を持つにいたっていて、そここの森林や農場で再自然化を試せるようになっていた。

環境を再生するには近代農業を根本的に考え直さなければならない。近代農業は、殺虫剤を大量に使って単一栽培をする農業、土の健康を無視する農業だ。世界的に肉の需要が伸びていることも問題だ。農業を大きく変えられなければ自然の保護など夢のまた夢になってしまう。そう考えたダグは、アルゼンチンの荒れた農場をいくつも購入し、有機農業を始めることにした。川沿いの70平方キロに広がるラグナ・ブランカ農場だ。そして、来る日も来る日もその上を飛ぶ。真っ白なキャンバスを前にした画家のように、パイロットでなければ不可能なスケールでビジョンを描いていく。

2000年、プマリン公園は世界最大の私設公園となっていた。資金を寄付してくれる人々が、現地に来て自分の目で確かめたり、電気もないところに住む変わり者夫婦と話をしたりすることがあった。そういう人にとってダグとクリスは極上のホストだ。ダグは議論をふっかける、キレのいい一言をぶつける、世間の風潮をめった斬りにする。アルコールは飲まないが、湯冷まし（レモン水でもお茶でもない白湯《さゆ》だ）はグラスに用意してあるのに、それを飲みもせずしゃべりつづけて残り全員にうんざりされることも少なくない。クリスは平和維持の担当だ。寄付をしてくれる大物と縁《えにし》を結んだり、いらいらを癒やしたり、夫のワイルドな考えをうまく整理したりとプロジェクトを裏から支えている。

朝、彼に言われました――「ちょっと出かけようよ。このあたりで千の滝の地と呼ばれているところを見せたいんだ」と。彼は飛行機を持っているんです。その1機、ハスキーというのに乗りました。機体は布張りでした。シートはパイロットとその後ろの2席だけ。いわゆる超軽量機ではないのですが、とにかく小さな飛行機です。その飛行機で飛び立ち、滝やアンデスコンドルを見ながら狭い峡谷の中を飛びました。ほとんどコンドルになった気分ですよ。美しい滝の数々を堪能したあと、海側に戻ると「あそこに温泉があるんだよ」ってダグが言うんです。たしかに、石を積み上げてつくった露天風呂が見えます。その近くにはごく小さなビーチも。そこで気づきました。あそこに降りるつもりなんだと。一瞬まじかと青くなりましたが、でも、たぶん大丈夫なんだろうと思い直しました。すごく短いけど、前にも降りたことがあるんだろうな、と。ダグは高度を下げ、短い砂浜を上手に使って着陸しました。砂はかなりかたく締まっていたようです。とにかく、服を脱ぎ、温泉に20分くらいも浸かったでしょうか。ずっと、どうすれば地球を救えるのだろうかとかいまなにをしているとか、そんな話をしていました。温泉から出たら岩の上でまた20分くらい体を乾かし、服を着て飛行機に戻りました。まずは砂浜の端っこまで、後輪が水に浸かるくらいまで移動してからエンジンを吹かしはじめました。爆発するんじゃないかというほど強烈に。そして、クラッチがぽんとつながれたみたいにスタートして、無事、離陸しました。で、夜にはこんなことを言われました。「あんなところに降りて法的に問題がないのかどうかはよくわからないんだけど、あまりにきれいでね。温泉に入りたいと思ってしまったんだ」と。

——ランディ・ヘイズ（レインフォレスト・アクションネットワーク創始者）

このころ公園は、宿泊棟もビジターセンターもできていれば、ハイキングのガイドや公園の整備などをする人もたくさんいると、かなり充実してきていた。どこを登山口にすべきか、キャンプ場はどこにつくるべきかは、ダグが自分の足で何カ月も歩きまわって考えた。ハイキングルートも、ザ・ノース・フェイスのディスプレイを工夫したときやエスプリ社カタログでフォントのカーブを検討したときと同じように、細心の注意を払って決めている。だから、訪れるクライマーやバックパッカーはまだ少なかったが、彼らの眼前には、世界的に見てもすばらしい自然のサンクチュアリになることまちがいなしの光景が広がっていた。「秘密のヨセミテ」とダグが呼ぶ一角もある。

２０００年には社会民主主義のリカルド・ラゴスがチリ大統領に選出され、プマリン公園完成の可能性が大きく高まった。前から支持してくれていたラゴスが6年間も大統領を務めてくれるのだ。軍事独裁政権の時代、ラゴスは国外に逃れるしかなく、チャペルヒルのノースカロライナ大学で政治学を教えていた。勇気をもって信念に殉じるタイプで、ダグと同じように、たいへんなリスクをすばらしいバランス感覚で上手に乗りきっていく。ピノチェト将軍の独裁時代、社会主義系の若手リーダーだったラゴスは、暗殺者リストの上位に入っていた。そして１９８６年、ピノチェト将軍を避暑地で暗殺する計画が失敗に終わると、秘密警察の暗殺部隊に命を狙われてしまう。このときは、ラゴスの居場所を知ったチリ警察が彼を逮捕し、投獄するという形で守ってくれた。チリの「強制収容所」などと呼ばれる拷問室に送られないようにするにはこれしかないとチリ警察は考えたらしい。

チリが民主主義に戻るとラゴスは公共事業大臣になり、ハイウェイや橋をつくる何十億ドル規模の公共事業でチリ経済を一気に再生。現状がセルロース、銅、魚粉、果物など未加工品の輸出頼みであることから、携帯電話網、近代的な空港、多レーンのハイウェイ、コンテナ対応の港といったインフラ整備に力を入れたのだ。旅行業も将来的に有望だと考えていた。乾燥した砂漠で間欠泉が見られる国や南極大陸に向かうクルーズ船が寄港し、ワイナリーやイースター島に立ち寄れる国はチリくらいしかないはずだ。「自然のサンクチュアリ」という位置づけで公園ではなかったが、ラゴス大統領はプマリンを認めてくれた。激しい妨害活動や官僚のサボタージュ、常軌を逸した引き延ばしを乗り越え、最低限の保護が得られた格好だ。ここまで無視してきた省庁も、少しずつダグとクリスに門戸を開いていく。ダグはダグで、弁護士のすすめもあり、商工会議所の幹部や観光関係の役所、チリ政府の保守陣営にも趣旨説明をするようになった。

大統領府で海軍のトップに会った際には、ネクタイ着用でひと悶着もふた悶着もあった。

「ダグはほんとうにいやそうでした。反逆者の心を持つ人ですからね」と側近のダニエル・ゴンザレスは笑う。「ずっと『ネクタイなんぞなんでしなきゃいかんのだ。オレはそんなものつけないぞ』とぶつぶつ言っていましたし、部屋に入る直前にネクタイを締めて、出てくるなり外していました」

弁護士のペドロ・パブロ・グティエレスは次のように証言している。

「国立公園をつくるという考えを海軍に示したわけですよ。プレゼンが終わったら、『あなたについてずいぶんと聞かされていたのはご存じでしょう。今回、直接お目にかかってようやくわかりました。我々はあやつられていたのですね』と列席者のひとりから謝罪がありました」

このころダグは、森林破壊の記録書『チリ森林の悲劇（The Tragedy of the Chilean Forest）』に起きている時間の大半を費やしていた。昔つくった皆伐の本のチリ版だ。材料は、パタゴニアの空を小型機で何百時間も飛びまわって集めた。飛びながら写真を何千枚も撮り、夜にはどの森林がまだ残っているのかをチェックする。そんなある晩、ダグは、バイア・ティクトクなる湾に古いイトスギの森、グアイテカがあることに気づいた。地上から行く道はないし海は荒いため、木が切りだされることもほとんどなく、多少破壊されてしまった部分ももう何十年か放置されていて、再生が自然に進んでいる。持ち主を調べてみる必要がありそうだ。

友だちのピーター・バックレーをともない、バイア・ティクトクあたりをもう一度見てみることにした。広大な原生地で、環境保護のプロジェクトに最高だ。ダグは夢中でしゃべりまくっていた。同行したバックレーが、カフェインの取りすぎで興奮した不動産業者と飛んでいるみたいだったと言うほどだ。コルコバードというところを飛んでいると、眼下にバイア・ティクトクの透明な水が広がった。そこから、火山活動でできたピークがそびえている。それを見た瞬間、バックレーは心をわしづかみにされたように感じたという。

「リオデジャネイロのポン・ヂ・アスーカルを小さくしたような岩なんですが、この大岩と美しい湾、点在する花崗岩の島、注ぎ込む川を見た瞬間、思わず、『買えるものなら買いたい』と言ってしまいました」

1週間ほどで、火山と湾と周辺の森林をまとめて買うことが可能だと判明する。ただ、お金の流れがややこしい。まずリヒテンシュタインの企業を買わなければならない。続けて、資産をひとつだけ、つまり、チリのあの土地を持つパナマの会社を買わなければならない。

「ピノチェトのお仲間は、そういうやり方で自分たちにつながらないようごまかしていたわけです」とバックレーは言う。

ややこしい取引ではあったが、すべて、記録的なスピードで処理することができた。コルコバード国立公園の中核となる土地をダグが手に入れたのだ。

「あの原生地と森林のためなら175万ドルをぽんと出すよとピーター・バックレーが言ってくれたわけですが、あれほどの思いきりはそうそうできるものではありません」とダグはのちに記している。「尋ねた瞬間に、いいよと即答ですからね。胸を打たれましたよ。いろいろとうまくいかないなか、光が射したような感じでした」

詳しく調べてみると、周囲はチリの陸軍や海軍の所有地であることがわかる。であれば、潜水艦演習や上陸訓練、戦闘訓練などがおこなわれていて、銅の薬きょうがたくさん散っていることだろう。

チリ政府の保守派からバイア・ティクトクには潜水艦の秘密基地があるとも言われたが、さすがにそれはないとダグにはわかっていた。戦略的な価値はまるでなく、生物多様性に優れた場所なのだ。ダグは、全力でここを国立公園にしようとした。コルコバードを突破口にすればプマリン公園も実現できるかもしれない。

彼のことをよく知るようになったある日、朝ごはんが白湯なのに気づきました。だからレモンを垂らさないのかと尋ねたのですが、「いや、白湯がいいんだ」と言うんですよ。変わってますよね。だって、朝ごはんが白湯ですよ? 繊細な美的感覚を持ちながら、いつも破れたブルージーンズをはいている。同じ人とは思えませんよ。家具はすばらしいものをブエノスアイレスでオーダーしているし、美しいものが大好きなのですが、自分自身についてはとんちゃくしないのです。靴もすりきれそうになるまで履いています。たしかにすりきれるほど履いた靴は履き心地もいいわけですが、さすがにあそこまですり減った靴、私なら履けません。ほんとうに、どう折り合いをつけているのかまったくわかりません。彼は趣味がよく、あか抜けています。本もよく読んでいて、あらゆることに詳しい。いま、こんな本を読んでいるんだとよく話してくれるのですが、そう言われたら私も読まざるをえません。読まなければばかやろうだと思われてしまいます。私としては、そう思われるのはがまんできませんから。

――リカルド・ラゴス（チリ大統領、2000～2006年）

「私がチリ大統領になったあとも、我々はいい関係でした」とラゴスは言う。「大きな節目になったのは、彼が『今日はビジネスの提案に来ました』と言ってきた日です。『どういうお話でしょう』と先をうながすと、『コルコバードに800平方キロの土地を買いました。ほかに、陸軍が800平方キロ、あなた（国）が1000平方キロを持っています。ここを公園にしたらいいと思うんですよ。私が800出しますから、陸軍にも土地を提供するよう説得してください。国も1000を出してください』と来ました。『いいね。やろうじゃないか』と返しましたよ」

ラゴス大統領は直感的にダグを信じていたが、軍部には疑念をいだいていた。ピノチェト政権が独裁を敷いたころ、政治家仲間が何人も拷問を受けているし、殺された者もいるからだ。そんな軍の所有地を国立公園にできたらいいなと大統領は思った（軍部への報復だなどとは口が裂けても言わないが）。1920年代以降、歴代大統領はみな国立公園をつくってきたという歴史もある。

プマリンでは闘いやいやがらせなしにはなにも進まなかったが、コルコバードは順調に共同作業が進んだ。そもそも入植者はいないに等しいし、土地の権利関係ははっきりしているし、雪冠をいただくコルコバード火山があらがえないほどに美しかったしで、問題の起こりようがなかったとも言える。ラゴス大統領も折々状況を確認し、ねじを巻いてくれた。どこのねじをどう巻けばいいのかは当然によく知っているし、プロジェクトが山を越えたことを祝う晩さん会では、ダグをとなりに座らせるなど配慮も忘れない。

一方、ダグは、心が沸きたっていた。バックレーへの手紙にこう記している。

大統領とふたり、海岸を歩きながらじっくりと話をした。あれこれ話したが、一番は環境保護だ。で、ふたつめの国立公園を彼の2期目に間にあうように用意しようって言ったんです。笑って「いいねぇ」って返ってきた。私に対する人格攻撃、汚い政治的たくらみ、器の小さい官僚による下劣な攻撃、あら探し、胃が痛くなるような遅れ、積み上がっていく費用、愛する妻にさえつい当たってしまうほどのいらいらと、ほんとうにいろいろなことがあったけど、その価値はあったのかもしれない、やっと結実するんだなとようやく思うことができた。

コルコバード国立公園が完成すると、ダグは、ラゴス大統領や軍艦、開園式などの写真をバックレーに送った。だが、バックレーを招待し忘れていたことには気づいていなかった。

「言ってやりましたよ、『ご招待、ありがとう』って」とバックレーは言う。「『ごめん、大ポカをやらかしたみたいだ』って言われたから、『その一言でかんべんはできないね。リカルド・ラゴス氏から感謝状をもらわないと』って言ってやりました。そして、『それは無理だ』『無理じゃない。ぼくはマジだからね？ラゴス氏から感謝状をもらってくれ。電話で頼んでくれよ』とそんなやりとりをしました」

その何カ月かあと、チリには新しくコルコバード国立公園ができていて、バックレーの手元には、チリ大統領の署名が入った感謝状が届いていた。

Part 3

第14章 パタゴニアの中心で

南アメリカの我々が住んでいるあたりは、まだ農地開拓の段階なんです。森林を切り開き、耕して農地にする。農地開拓はものすごいスピードで進められています。そのとき、動植物の生息環境はどうなるか。消えるわけですよ。ほかの生物もこの地球を人間と共有しているはずなのに、そういう生物が生きていく場所がなくなるんです。だから、南極海にくじらのサンクチュアリがつくられているのです。人間のプロジェクトをなんとか押しとどめよう、阻止しようとしているわけです。

―― ダグ・トンプキンス

ダグとクリスが初めて訪れたとき、チャカブコ・バレーの牧場は、チリに多い野良犬のように薄汚れてぼろぼろだった。羊が2万5000頭も放牧されていて、草や低木はもちろん、若木まですべてを食い尽くしていた。緑色のものは残っていない。平地でそよいでいるはずのプレーリーグラスも、このあたりが原産のカラファテベリーも、ウインターズバークも野イチゴも、ぜんぶなくなっていた。何百キロもの鉄条網に囲まれたところに、自然派作家エドワード・アビーが言う「ひづめを持つイナゴ」、つまり羊の群れが放たれているからだ。銃や毒餌やわなで野生のピューマを駆除する「ライオンマン」も牧場に雇われていた。

山の上には湖があり、フラミンゴの群れが水浴びをしていたりする。また、夜が明けるころ、クロハラトキが独特のくちばしで草むらに潜む餌を食べたり、人が近づくと鋭い声で警告を発したりする。鉄条網の柱には小さなミナミスズメフクロウがとまっていたりする。はるか上空には、パタゴニアの氷原で冷えた空気が山の斜面にぶつかってできる上昇気流をとらえたアンデスコンドルの姿がある。ブナの森もいたるところにあるし、グアナコという南米のラクダもそこここに群れている。野鳥が飛ぶ湖も山の上に20ばかりもある。そんなこんなを見ると昔はさぞ輝いていたはずだとわかるのだが、2004年ごろ、この牧場バルチャセ自体も赤字なら、生物多様性もどんどん失われている状態だった。

「初めてチャカブコ・バレーを通ったとき、背の高い『グアナコ柵』があることに気づきました。牛に食べさせたい草原に、すごく高く飛べるグアナコが入ってこられないようにするためのものです」とクリス・トンプキンスは言う。「何万頭もの羊がバンチグラスを食べている光景に思わずため息が出ました。食い荒らされて草地がすかすかになっているのです。野生生物の分などみじんもありませんでした」

ここを生き返らせたい。クリスはそう思い、ダグとふたり、牧場の上を飛んでは写真を撮りまくり、それを貼りあわせて牧場全体の地図をつくってから、牧場のオーナー、フランシスコ・デ・スメットをレニウエの自宅に招いた。

ダグとクリスは天上からひそかに称賛のまなざしを送りつつ、どこまでできるのかを検討した。植物相を元に戻し、動物相の再自然化を進められるのだろうか。イヴォンとマリンダのシュイナード夫妻も賛同してくれて、土地やお金を提供してくれたりコネを駆使したりしてここの公園化を後押ししてくれるという。

交渉は2004年10月に決着するまで何年も難航した。デ・スメットは土地代として900万ドルに動物代として100万ドルを要求した。クリスが欲しいのは牧場だけで、2万5000頭の羊はいらないのだが、デ・スメットも羊は引き取らないと折れてくれない。これほど多くの羊を一気に売ったら価格が暴落してほかの羊農家に迷惑をかけてしまうし、そもそも、冷蔵設備や輸送能力も足りなくて売ること自体、無理があった。

クリスがバルチャセの牧場を買うと、「環境保護の運動家がこのあたりをつぶしに来た」とのうわさが広まる。プマリンがごたついていることはこのあたりでも知られていたからだ。なにせ数百キロしか離れていない。「チリをまっぷたつにした」ガイジン夫婦がこんどはパタゴニアの大事な宝物、放牧に狙いを定めたらしい、我々はいまの生き方をあきらめるしかないのか、とささやきあったのだ。

こう恐れるのも無理はないといえる。コロニア・ディグニダのような例もあるからだ。1968年の壮大な旅でも、エスプリ社時代のビオビオ川ラフティングでも近くを通ったドイツ人居留地である。無償の教育や医療が前面に押しだされていたが、じつは、チリ軍が拷問に使う恐怖の館でもあった。政治的にはドイツ政府の保護下で、国内に別の国があるようなものだ。冷戦の副産物といったところだろうか。暴力などおかしなことがあっても、チリ政府には口も手も出せない。それと同じようにトンプキンス夫婦もなにか表に出せない目的があるのではないかと、みな、疑ったわけだ。

バルチャセを買うにあたり、クリスは、女性3人を集めて準備を整えた。

「現地に行って牧場をオーナーから正式に譲りうけ、ガウチョ26人に料理人ふたりの社員全員と顔合わせをしなければなりませんでした」とクリスは笑う。「カロリーナが用意してくれた社員ハンドブックには『武器禁止』と書かれていて、それをみんなの前で読み上げたんですが、ガウチョは全員、下を向いてしまいました。だって、みんな、ピストルやライフル、ナイフを腰まわりにつけてるんですから。次は『ペット禁止』でした。でも、みんな、それぞれに犬を7頭から12頭も飼ってるんです。なんともおかしなスタートになりました」

数カ月後、危機が訪れた。子羊が何千頭も生まれる状況になったのだ。様子がおかしい羊の面倒はみなければならない、助からない子は安楽死させてあげなければならない、生まれた子羊には予防接種をしなければならない。羊は引き取らないとデ・スメットがあれほど強く主張した理由はこれだったのだ。

このあたりはクリスが大奮闘した。クリス・トンプキンスになる前はクリスティーン・マクディビットで、スコットランドの羊農家だった家系なのだ。ダグがアルゼンチンのラグナ・ブランカ農場、70平方キロを有機農場にすべく何百万ドルをつぎ込むとともに、有機農業に必要な生物化学の知識を必死で詰め込んでいるあいだ、クリスはバルチャセの動物相を調べていった。クリスと親しくもあり、パタゴニア時代の実績もよく知っているマリンダとイヴォンのシュイナード夫妻もチャカブコ・バレーの再自然化・再生はぜひとも成功させるべきだと賛同し、周辺の土地を買い集める手伝いをしてくれた。

クリスらが動物相を調べ、どういうやり方がいいかを議論しているうちに、疑問があれこれ湧いてきた。どの動物が絶滅するほど狩り尽くされたのか。その動物が生きていける生態系は残っているのか。そういう動物を荒れてしまった土地に連れてきたらなんとかなるのか。山にはさまれたこのあたりは、パタゴニアの中心を貫くいわゆる生態的回廊になっていて、さまざまな種が移動していく。つまり、再自然化に理想的な場所のはずなのだ。

農場を買ったあと、国との交渉はクリスを中心に進めた。土地はチリ政府に無償で提供し、管理はチリ国立公園庁に任せる。アルゼンチンのモンテレオンと同じやり方だ。だがこの提案は受け入れてもらえなかった。維持費も心配ならインフラ整備も大変すぎる。タダだと言われても受け取れないというのだ。

まさかの拒否にダグとクリスはかえって奮い立った。なんとかして、放牧で荒れ果てた土地を再生し、生態系を取り戻してやろう、と。

「ある意味、ロマンなんですよ。あんなふうにゼロからプロジェクトを立ち上げるには、山のようなフィールドワークが必要になりますからね」

夫とともにレニウエに住み、ふたりと一緒に仕事もしているイングリッド・エスピノーザは言う。

「自然の状態に戻したいと思ったわけですが、まずは数千頭もの羊を管理しなければならないという大問題がありました」

バルチャセの建物は、当初、ぼろぼろの羊小屋と、羊飼いが使っていた小屋しかなかった。まず、人が住めるレベルまでこの羊小屋に手を入れる。クリスとダグが週に何日もここに泊まり、国立公園のインフラを描いていくのだ。

夕方になると空の青は刻々と色を変え、紫に染まる雲の隙間から日の光が射しこむ。月明かりは、馬に乗れるほど明るい。夜には、さまざまな野生動物の鳴き声が聞こえてくる。耳に突き刺さるような鳴き声は、身の危険を感じたグアナコだ。

「追いかける物音や捕まって食べられる動物の悲鳴も聞こえたりします」とクリスは証言している。

羊がよくピューマに襲われるにもかかわらず、ダグもクリスも、いつも、湖のほとりに張ったテントで寝る。電話は通じないので、連絡はCB無線だ。コールサインは、ダグがアジラ（ワシを意味する）かロロ（若者がよく使うスラング）で、クリスはピカフロー（ハチドリを意味する）だ。

クリスは力がみなぎる思いだった。夜明けの散歩がすごくいいのだとクリスは言う。

「朝早く、まだ薄暗いころ外に行くと、すごく怖いんです。でもそう感じられるのはいいことでしょう。私は好きですよ。自分が食物連鎖のトップじゃないとわかっているのは……大きくうねる草原のまっただ中にいると感じるんです、そうか、大昔の人はこんなふうに感じていたんだって」

あたり一帯が、すべて、彼女が運営するコンサベーション・パタゴニアのものになったのだから、まずは、実際のところ何を買ったのか、詳しく見て回らなければならない。ダグとクリスは、手をつないで歩き回った。電話もなし。デジタル機器もなし。天気がよければ服もなし、だ。

ダグはLSDも幻覚剤もすっかりやめた。パタゴニア大地の美しさは、幻覚剤の助けなど借りなくても裸で歩くだけで身に染みるのだ。このころのダグは「人がじゃましなければ自然が花開くんだ」が口癖だった。

歩いていると、輪を描いてコンドルが飛んでいたりする。動物のしかばねがあるのだ。羊が何頭もズタズタにされているなど不自然なことになっていたりもする。ピューマの母子が狩りの練習をした跡だろう。母親は、喉元にかみついて即死させるのだと教えるが、子どもはうまくできず、ところかまわず羊にかみついてしまう。そうなると次の獲物でまた練習となるので、一晩に20頭も30頭も羊がしかばねをさらす結果になる。輪を描いて飛ぶコンドルは、そのしかばねを狙っているわけだ。

たまには南アメリカを離れ、どこかでワイルドな冒険がしたいなと思っていたダグは、友だちのマイケル・フェイに中央アフリカのチャド共和国で航空測量を手伝ってくれるベテランパイロットを探していると言われ、手を貸すことにした。とにかく退屈なフライトだ。ひたすらまっすぐ飛んで、3000平方キロもの砂漠に住む動物の個体数を調べるのだ。しかも、巨大なグラフ用紙のような飛跡になるよう、各方向何百回ずつも飛ばなければならない。ダグは計器も見ずにまっすぐ飛んだ。それで設定されたコースから3メートルもずれないのだ。

「さすがですよ」とフェイ。「パイロットの技量はどのくらいまっすぐ飛べるかでわかるのですが、ダグは完璧にまっすぐ飛ぶんです」

「ああいう挑戦が好きな人なんですよ。原生地を飛びまわるとか、環境保護活動をするとかの挑戦もおそらくはそういうことなのでしょう。ただアフリカは気に入らなかったようです。混乱の極みでぐっちゃぐちゃですからね。彼は細かなことが気になる性格なので、アフリカは性にあわなかったのだと思います」

ダグの操縦で飛んでいるとき、象牙を狙う密猟者のキャンプをみつけた。急降下してぎりぎりで反転上昇してくれ、そうすれば一人ひとりの顔がわかる写真が撮れるからとフェイが頼む。撃たれるんじゃないかと言うダグに、フェイは、大丈夫、連中はAKライフルの扱いが下手だからと返した。

結局、低空で4回、キャンプの上を旋回し、フェイが写真を撮った。

「銃でこちらを狙っている男がいました。その肩は大きく揺れてました。だから『ダグ、撃たれるぞ！』と注意をうながしたんですが、ダグは『え、まじで？』と言っただけで飛びつづけました。危ないとかそういうことは考えないようです。飛んでいたのは１００メートルも離れていないところで、３００メートル上空とかじゃないのにですよ。クリスはかんかんでした。『そんなのだめよ。当然でしょう⁉　死んだらどうするのよ？』と。だからもうやらないと約束しました」

このころのダグとクリスは、プマリンの雨林とイベラの湿地、そして新しいプロジェクトの地、パタゴニアの草原を行ったり来たりの生活をしていた。パタゴニアのバルチャセは太平洋から80キロほど内陸に入ったところで、その斜面から下を見るとアクアマリン色のバケル川が目に入る。両側は山だ。プマリンの空はいつも灰色で陰気だが、こちらの空は真っ青で日が降りそそいでいる。

ダグは、ここを毎回違うルートで南に飛んだ。計器にはほとんど頼らない。飛行時間は７０００時間にも達していた。計器が故障したり、そもそも自分はつい飛びすぎてよくやらかすのだが、ガス欠になったりしてもどうにかするには自分の目を頼りに操縦できなければならないのだと、よく同乗者に言っていたらしい。

環境活動家の来訪で一番おびやかされるのはピューマのハンターだろう。もともとは開拓者としてパタゴニアにカウボーイの文化をもたらした人々で、ライオンマンという意味のレオネーロと呼ばれている。アンデス山脈を馬で巡り、場合によっては隣国アルゼンチンまで行ってしまったりする。ナイフ、ピストル、ショットガンも持っているが、一番の武器は犬の群れだ。街のあちこちから集めてきたのかと思うほど、色も大きさも種類もさまざまだ。理由は、純血種より賢いことと、そもそも単なる猟犬ではないことだ。ガウチョは何カ月も原野をうろついたりするわけで、そんな彼らにとって犬は仲間なのだ。

ダグは、ピューマを守ろうと必死になった。ピューマが狩りを自由にできる場所をつくる――ピューマが食物連鎖の頂点に返り咲き、野生動物の個体数を調整する役割を果たせるようにしたいと考えたのだ。牧場のガウチョには、しっかり勉強してパークレンジャーになってもらう。ピューマは殺さない。麻酔矢を撃ち込み、50キロはあるその体を車輪付き担架に載せる。そして獣医が追跡用の首輪を取り付ける。ただ、このあたりは地面に裂け目が多く、電波が届きにくいので、ハンター改めパークレンジャーにはやり慣れていることをしてもらう。ピューマを追う、だ。生物学者をともなってピューマを追い、その生息域を確かめるわけだ。ピューマは100年から狩りつづけられてずいぶんと数を減らし、なかなか姿が見られなくなっていた。バルチャセに何頭いるのかなどまるでわからない。

ダグはさまざまな分野の専門家を集めると、チャカブコ・バレーのピューマについて、何頭残っているのか、彼らはどこに住んでいて、健康状態はどうなのかなどを調べていった。

サンティアゴ動物園に頼んで、飼育しているピューマの小便を集めてもらうということもした。ピューマを復活させるには、まず、この小便をたくさん奥地に運ばなければならないと考えたのだ。運んだ小便をそこここに吹きかければ、知らないピューマの縄張りであるかのようにみせかけることができる。そうすれば、楽な羊狩りをしていたピューマもほかの獲物を探すようになるだろう。

ふたりは、行き詰まっている北のプマリン公園と、とりあえずパタゴニア国立公園と呼んでいるチャカブコ・バレーの新規プロジェクトのふたつを進めていた。夜が明けると仕事にかかり、真っ暗になるまで働く。ダグは1日12時間も働くことがよくあった。チャカブコ・バレーを主導するクリスは、CEOに戻ったような気分を味わっていた。仕事はパタゴニア社の経営からパタゴニアそのものの生態系再生に変わってはいたが。

ダグは愛をささやくメモをクリスの服のポケットや靴、引き出しなどに入れまくっていた。操縦席の背中にも貼っていた。クリスが後席に座ると、目の前にメモが来るわけだ。

「おまけのようなものなんですけどね」とクリスは笑う。「でもあそこまでされたら体中元気になりますよ。表情だって変わります。電話の受け答えも。相手にかかわるものすべてが変わります。お互い夢中でしたからね。ふたりきりが最高です」

夜になると、ダグは、ろうそくの明かりを頼りに周辺をチェックする。アイセンと呼ばれている地域だ。写真をはぎあわせていく。写真は、片手で操縦しながらもう片方の手で撮ったものだ。高度は、地上15メートルしかなかったりする。ピントをあわせるときは、ひざで操縦桿をあやつった。そうやって撮った写真をつなぎあわせると、隠れた宝に気づけたりするのだ。アイセン地域はまともな地図がなく、山登りもするサレジオ修道会の神父、アルベルト・デ・アゴスティーニが6×6の中判カメラを持って山に入った1912年の情報くらいしかない。なお、デ・アゴスティーニの写真はアンセル・アダムスと同じようにさまざまな保護活動のきっかけになっている。

その発見をすごいと感じたサレジオ会は、神父としての義務を免除し、好きに放浪して写真を撮ることをデ・アゴスティーニに許した。原生地に布教する放浪の使徒というところだろうか。ともかく、放浪好きのデ・アゴスティーニをダグは気に入り、彼の記録を読みあさった。海岸から吹き上げてくる嵐に苦しめられる話も多く、この地域は「苦痛の湾」とも呼ばれている。

このようにパタゴニアは風が強く、移動が難しい。小型機は強風で雲に突っ込んだりするし、車はとなりの車線にふらついたりする。特に危ないのが湖だ。入り江や川や山のせり出しなど地形が複雑で、いまも小さなフェリーが使われている。車は一度に2~3台しか運べない。水温は零度ほどのことが多く、2メートル近い大波でフェリーでの移動さえ難しくなることもある。だからヘネラル・カレーラ湖の避難港は「プエルト・トランキーロ」、すなわち静謐《せいひつ》な港と呼ばれたりしている。

だがダグが興味を惹かれたのは、地図の空白部分だ。なにがあるんだろう。人が立ち入り、見たりにおいをかいだりしたことのない場所はないのだろうか。あちこち探検して、これはと思うところがあればひそかに買う。お気に入りの場所は秘密にしておくのだ。道などのアクセス手段がなければそのほうがいい。自然には資本の力が届かないほうがいい。目先の利益ばかりを追う工業社会に妨げられることなく、自然が独自に進化できなければならない。ダグはそう考えていた。そんなダグが傾倒していたひとりが、地球の半分には手をつけずにおくべきだと訴えるハーバードの生物学者、E・O・ウィルソンだ。さまざまな種が生き残り、繁殖するためには、地球の半分を自然保護区などにしなければならないというのだ。彼の「ハーフ・アース」論は「出発点として優れていると思うよ」とダグは笑いながら評した。

ダグや私は、いつも、地上から100メートルもないようなあたりを飛んでいます。地面に触れられるんじゃないかという気がするほど低いところです。地上1・5メートルまで下がることもできます。しっかり見たいときにはそのくらい低く飛ばなきゃダメなんです。高く飛んだり低く飛んだりすれば、3次元の空間を自由に探索し、好みの視点から好みのスケールで物事を見ることができます。川もさかのぼれるし、森も確認できる。野生生物の数も調べられる。

ダグは50年近くにわたり、何千時間も飛んできたベテランパイロットです。これほどのパイロットならたいがいのことは危なげなくこなせます。ほかの人にはできないようなことまでできてしまうんです。実際、ダグはそんな飛び方をします。ほとんど鳥です。飛行機の一部になるというか、飛行機が体の一部だというか。飛び方にあわせて体を動かしているんです。飛行機というより体の延長ですね、あれは。飛行機を着て空に舞い上がるという感じで、鳥と同じくらい自由に飛べるんだと思います。そんな具合に、できる人がほとんどいないようなことまでできれば、人の革新も感じられるのではないでしょうか。超人の域に入るわけで。
――J・マイケル・フェイ（環境保護活動家、野生生物の守り手、探検家）

チャカブコ・バレーを調べていくうち、ダグとクリスは、1万年ほど前の氷河でできた地形が残っていることに気づいた。持ち上がった基礎岩盤が削り取られ、そこに水がたまったのだ。だから大小の湖が点在する湿地帯となり、ピンクフラミンゴ、クロエリハクチョウ、ノドジロガモなどが集まっているわけだ。そして、うさぎや鳥、アルマジロなどを餌とするハイイロギツネやアカギツネもたくさん生きている。

スペインからコンキスタドールが入ってくる何百年も前、このあたりにはオアニケンクと呼ばれる人々が住んでいた。グアナコなどを狩り、高タンパク・高カロリーの食事だったことから、コンキスタドールの身長が163センチ前後だった時代に180センチと体がとても大きかった。あまりに大柄で筋肉質なことに驚いたマゼランが彼らを「パタゴン」（「大足」を意味するスペイン語）と呼んだことから、このあたりは大足の地、パタゴニアという名になったといわれている。

だがスペインの植民地になると、羊の放牧で生態系がひっくり返ってしまった。

発端は1908年。英国の探検家ルーカス・ブリッジズが夢を語り、チリ政府も容認したことから、パタゴニアで一旗揚げよう、チャカブコ・バレーの草原で羊を飼えばウハウハ儲かるはずだと人々が殺到したのだ。だがうまくいかなかった。30頭から60頭の群れで動くグアナコが食べてうまくバランスしていた生態系に、何万頭もの羊が群がったのだ。草原は消え、岩が目立つようになってしまった。低木くらいしか生えなくなり、ひざより高く伸びる植物はまず見当たらない。そんなところで放牧しても利益など上がるはずがない。それでも羊はすべてを食べ尽くし、地力は枯れていく。植物が根こそぎ食べられてしまえば表土は流れやすくなり、川が死んでいく。泥水の川は酸素が行きわたらず、魚も減ってしまった。

ここでチリ政府が打った手が森林を破壊してしまう。放牧事業を始めようとドイツ人、英国人、チリ人が次々入植している時期に、放牧なり農業なりをするなら土地の50％は開墾地でなければならないとしたのだ。森林を拓くなら火をかけるのが一番簡単だ。

「要するに、『3平方キロの農地が欲しいなら、1・5平方キロを燃やせ』とやったわけですよ。でも火は風で広がります。結局、アイセンの森林、7万平方キロが燃やされました」と環境保護の活動家ホアン・パブロ・オレゴは言う。「どこかが燃えている状態が10年も続きました。永久凍土が融けてしまったところもあります」

再生の手順として、最初にすべきだとクリスが考えたのは、グアナコを防ぐ鉄条網の撤去だ。グアナコは2・5メートルもジャンプできるので、この柵を越えようとしては鉄条網でけがをして死ぬ個体が相次いでいた。この柵を撤去しなければ、野生動物が本来のパターンで動き回るなどできるはずがない。

グアナコが山のほうから下りてくる。それをピューマが狩る。さらに、ダチョウに似たダーウィンレアが草原を駆けまわり、カエルやネズミ、植物を食べる。それがあるべき姿だとクリスは考えた。そのためには、全長600キロあまりもある鉄条網を撤去しなければならない。作業はボランティアに頼むことにした。マリンダとイヴォンの協力を得て、パタゴニア社員にボランティアとして働いてもらう仕組みをつくる。分厚い手袋をして柵の支柱を掘りだし、鉄条網をぐるぐる巻きのボールにまとめてもらうのだ。外来種もみつけたら取り除いてもらう。根っこまで掘りだしてどこかに捨てるか燃やすかするのだ。

「柵の撤去に対する地元の反応がとてもおもしろいと思いました」と昔からダグのクライミング仲間でこの近くにやはり土地を買ったリト・テハダ・フローレスは言う。「柵のない景色を見たことがなかったのではないでしょうか。遠くからも見物人が集まってきたんです」

チャカブコ・バレーを訪れた友だちのなかには、ここはいいところだと近くに土地を買う人もいた。サンフランシスコ時代からダグの親友であるエドガー・ボイルズとエリザベス・ボイルズの夫婦もそうした友だちで、プエルト・グアダルに土地を買ったので、息子のウエストンは小さいころからそこで川や原生地を探検したり、両親と一緒にトンプキンス家に遊びに行ったりしている。だから、10歳のころから、大学なんて行かずやりたいことをやれと「ダグおじさん」に言われて育ったそうだ。

ダグの孫、ガードナー・インホフも休みになるとバルチャセに行き、ハイキングやラフティングを楽しみ、さらには、「ハーバードはやらずぼったくりだ。あんなところはベニヤでふさいじまうべきなんだ」と祖父のご高説を拝聴した。ダグは正規教育を信じておらず、両親が考え、用意したレールをぶち壊すことに生きがいを感じてきた。クリスは人当たりがもっとずっと柔らかいが、しっかり自分がある点は同じだ。だから、ほかに人がいるところでも、それこそ夕食のときでさえ、

パタゴニア国立公園をつくる一環として、かつてその地に住んでいた動物を呼び戻そうと、何年もの時間をかけ、600キロにおよぶチャカブコ・バレーの鉄条網を取りのぞくボランティア。（写真提供：パタゴニア社ボランティア）

ダグとクリスはその判断はまちがいだ、そういう考え方はおかしいと激論を交わす。必ず激しい応酬になるのだが、議論が終わった瞬間、ふたりとも、スイッチが切り替わったみたいに節度を取り戻す。ところかまわず衝突するのは夫婦仲が悪いからではなく、逆に夫婦の絆がしっかりしているからだと友だちは見ていた。

青い空と湖と野生動物に囲まれたバルチャセのトンプキンス宅は、海外から友だちや客人が次々に訪れ、いつもにぎやかだった。ダグとクリスは新たな国立公園プロジェクトに突きすすむ。何日もハイキングやクライミングをしたり、新しい自宅の上を飛んだりもした。まだ登られていないし名前もつけられていないと思われる山をダグがみつけ、初登攀《とうはん》のチャンスだと大喜びしたこともある。そこには、イヴォンとふたりで登った。特に難しい山ではなかったが、1893メートルの頂に着いたとき、イヴォンもダグもへとへとだったし、イヴォンの靴は壊れていた。山の名前はギーザー・ピーク《変人山》なんてどうだとイヴォンは笑った。山荘に戻ると、ダグは、妻の名前をとって「クリス山」にすると言いだした。この山はまだ名前がなくて、だから好きな名前をつけられるはずだというのだ。チリ政府も認めてくれて、この山は、正式に「クリス山」と呼ばれることになった。最高の贈り物だ。「私を地図に載せてくれたのよ」とクリスは笑う。

チリでもアルゼンチンでも移動の9割は空でした。もっとかもしれません。ほとんどなんでも飛んで処理したのです。

空に上がると、地面の見え方が変わりますし、地形の理解が変わります。特にチリ南部は地勢が複雑ですからね。海岸線や島がどういう形なのか、島と陸地との関係はどうなっているかなどがよくわかるようになります。イベラの上を何千時間も飛ばなければ、あの湿地帯の自然環境を理解することはできなかったでしょう。国立公園をいくつも寄付してきましたが、そこにあるものは、山も、地層のうねりも、沼も、湖も川も、ひとつ残らず把握しています。空からなら、全体像が見えるんです。また、そこがなぜ大事なのか、政治家や周辺の人に納得してもらいたいときも、空から見せるのが一番です。地域社会にどういう影響があるのか、あるいは影響がないのかも見ればわかりますし。

あそこではほんとうにいろいろなことを経験しましたが、世界の見方を変えたのは、なにを美しいと思うかを変えたのは、本当の自分をみつけるきっかけになったのは、なによりもまず、ダグとふたりで何千時間も飛んだからです。そうそう、死にかけたことも2度あります。もうだめだと覚悟した経験です。1回は飛んでいるとき、もう1回は真冬にチリ沿岸でヨットをあやつっていたときです。こういう生活をすると、人生が変わりますよ。日用品の買物も空を飛んででしたからね。

ダグはずっと私を愛してくれていましたが、でも、ベッドさえもっと大きかったら、愛機ハスキーもとなりに寝かせたいと思っていたことでしょう。

——クリス・トンプキンス

羊牧場に住むのはとにかく大変だった。羊を全頭売り払うのに何年もかかってしまった。とにかく、羊が減るにつれ、あたりはどんどん美しくなっていった。金色に輝く草原が広がったのだ。

「草原の回復は、生態系の回復速度は、思っていたよりずっと速いものでした。もうあと何百年かかかると言わずにすむ話ではありませんけど」とワイルドアース誌の編集者で、ダグの本にも編集者としてかかわっているトム・バトラーは言う。「それでも、意外なほど早く回復したんです。パタゴニアを車で走っていると、草が目に入ることはありません。それがチャカブコ・バレーに入ると、みずみずしい草原が広がっていて、グアナコの群れがいるんです。こうでなきゃと思いますよ。ただただ美しい。自然の回復力には驚かされます」

Part 3

第15章 川殺し

チリは犠牲の国です。社会という面でも環境という面でも犠牲になった国です。川の大半を殺してしまいました。ロアは海につながっていない川になってしまいました。その水はぜんぶ下水か産業排水かです。アコンカグアも死の川になったと考えられています。マイポも死の川です。要するに、チリは使い尽くす国なのです。そこに、国立公園をつくらなければならないとガイジンが来たわけです。

――ホアン・パブロ・オレゴ

（チリの環境保護活動家）

「あなたは公園を新しくつくろうとしておられるわけですが、バケル川のダム建設計画についてはどうお考えですか」と電話取材で尋ねられたクリスは首をひねった。なんの話だろう。わけがわからず新聞を調べてみた。

32億ドルの費用を投じ、パタゴニアの中心部に水力発電用ダムを多数建設する計画が発表されていた。一番大きなダムは高さ72メートルで、建設に9年を要するという。9年間、6000人が工事に従事し、騒音と汚れをまき散らす。つまり、バラックの街がたくさんできて、売春やゴミがあふれ、平和な暮らしが破壊される。南アメリカとはそういうところなのだ。そして発電設備がいたるところにできて送電線がパタゴニアを切り裂く。チリ史上最大のエネルギープロジェクト、ハイドロアイセンである。

事業はチリ有数の富豪マッテ家が持つコルブン社と、スペインの多国籍上場企業ENDESA社の合弁だ。チャカブコ・バレーから数キロのところにもダムが建設されることになっていた。このダムができれば、チャカブコ川が流れ込むバケル川が流れなくなってしまう。この流域全体がおかしくなってしまうのだ。

クリスもダグも驚いた。ＥＮＤＥＳＡには、プマリン公園プロジェクトのど真ん中に位置する土地、ウイナイの購入でも出しぬかれている。こんどはあっちにもこっちにもダムをつくり、10本あまりの川からエネルギーを収穫しようというのか。

建設資金の手当てはついているという。ダムは年間１２００億ドルの収益を生み、20年の長期にわたり地域経済に貢献する。電力は、まず、コクラン近くのプラントに送り、そこから、４００メートルに１本、総計５０００本ほどの送電塔で国をジグザグに横断し、１６００キロも離れた国の反対側まで送る。発電量は年間３０００メガワット。チリの電力消費の２割をまかなえる計算だ。水力発電は「庶民のクリーンエネルギー」だ、「世界最長の送電線」建設は工学的大挑戦だと首都サンティアゴでは宣伝されていた。

ダム用地は何十人もの地主から買い集めている。ダムの人造湖はチャカブコ・バレー全体を水底に沈めるものとなるからだ。水から電気をつくれば、それは持続可能・再生可能な「グリーンエネルギー」である――ＥＮＤＥＳＡとコルブンはそう主張していた。

バケル川にはみっつ、パスクア川にはふたつのダムをつくる。チリは、水関連法と１９８０年制定の憲法で水利権が私有とされ、川の水は売買取引が可能な産物となっている。そして、その水を所有し、その移動から利益を得る優先的権利をＥＮＤＥＳＡは有利な条件でピノチェト政権から取得したのである。

ダグらが公園にしようと計画している土地の入口から道をはさんですぐのところにセメントを流し込む計画を策定したとき、ＥＮＤＥＳＡは、この話がひっくり返ることなどありえないと考えていた。なにせチリ国民の57％がダム建設に賛成しているとの調査結果が出ていたし、水力発電はいいものだと国民の大半が考えていたからだ。

ダグは、チリの国外に救いを求めた。そのひとりがロバート・ケネディ・ジュニアである。ウォーターキーパー・アライアンスという非営利組織の立ち上げを支援してくれたからだ。ケネディはダム計画を知って驚きあきれた。

「川はどれもかけがえがないのです。世界的にはモナ・リザを見る機会などない人のほうが多いはずですが、それでも、モナ・リザが損なわれてしまったら世界中の人にとって大変な損失になるのです」

利権屋や政財界の顔役は、十分な相談がおこなわれ、政府の支援が確約されたからこそプロジェクトが発表されたのだとわかっていた。環境にどのような影響が出ようと、そのあたりは政府がなんとかする――それが関係者の共通認識なのだ。総額30億ドルなら、連邦から地方まで規制当局に鼻薬をきかせる財源も十分にあるし、トラック数千台分ものセメントにサプライヤー数百社、レンタル機械5000台にサプライチェーンとここまで大がかりなら、サンティアゴの政治家も全員が喜ぶはずだ。バケル川のダムで水没するのは人が住んでいない谷だし、一部の土地は湖畔になって価値が上がるはずでもある。

水利権を得たコルブンとENDESAはあわせて電力の3分の2を提供するようになる。ハイドロアイセンはぼろ儲けができるプロジェクトなのだ。

ENDESAは過去にもチリでダムを建設している。昔、エドゥアルド・フレイ大統領の支持を得て、チリ中央部を流れる大河、ビオビオ川にダムをつくり、1980年代にダグが家族やエスプリ社員とともに下ったラフティングルートをつぶしたのだ。このダムは地元の環境保護団体が強く反対したが、止められなかった。民主主義にようやく復帰したばかりで、17年におよぶ圧政を経験した活動家は、まだ、政府批判を堂々と展開する勇気が持てずにいたからだ。有象無象が集まった状態で闘うのは厳しい。それでも、ビオビオ川を救わなければならないと欧州で訴え、国際連合で訴え、さらには、ワシントンDCの国際通貨基金本部でも訴えた。そしてもう少しというところまでこぎ着けたのだが、結局、チリ政府に押しきられてしまった。

今回、ＥＮＤＥＳＡはさらにいい立場にいる。アイセン地方に土着と言える人はいないに等しいし、住んでいる人もごく少なく貧しい。用地の調達は数百万ドルもあれば十分だろう。もう数百万ドルかければ、首都サンティアゴの人々に計画を売り込むこともできるだろう。大半はバケル川など聞いたこともない、いや、それを言うならパタゴニアという名前も聞いたことさえないのだから。また、ＥＮＤＥＳＡは、ビオビオ川ダムの経験から、チリの環境保護活動家などどうということもない、ヒッピーの集まりで、連中がいくら騒いでも許認可が多少遅れるくらいですむと考えていた。

ハイドロアイセンが許可されれば開発の波が押し寄せるとダグは仲間に訴えた。発展という名前の破壊がパタゴニアをのみ込む、と。ダグとクリスは、時間をかけてチャカブコ・バレーの原生地を回復するとともに、資源採掘型の産業に依存している地域経済を環境保護とエコツーリズムで支える形に変えていこうとしているのに、ダムで川の流れが妨げられればその長期戦略が根底から崩れてしまう。

ダムは基本的に無駄です。経済的に言えば、ダムとは、川の流れを私《わたくし》が囲い込むもの、公《おおやけ》から盗むものです。しかも、公的補助金が大量につぎ込まれるのがふつうです。流域に住む人々の暮らしが破壊されるという問題もあります。川がなくなり、家は水底に沈み、どこかに引っ越さなければならなくなるのですから。それでも公共の利益が大きければダムにも意義があります。ですが、よくよく検討してみると、じつはメリットらしいメリットはないとわかるはずです。真の自由市場では天然資源の価値が適切に評価されるはずなのですが、評価が低すぎると無駄づかいされてしまう。つまり、公のお金で公の資源を私化《わたくしか》するものであり、しかも、国民の大半を食い物としてごく少数の金持ちをもっと金持ちにするものなのに、そういう経済性は、必ずと言っていいほど、粉飾のかぎりが尽くされるのです。国民の暮らしを犠牲にして一部金持ちの暮らしをよくするもの、しかも、自由市場の規律をかいくぐり、生産コストを公に押しつけることでそうするものなのです。汚染企業には国のお金が流れています。政治的な影響力を行使する大口献金者なのです。これが自由市場資本主義ではないことをダグはちゃんとわかっています。これはお友だち企業資本主義なのです。

——ロバート・ケネディ・ジュニア

自分たちの裏庭と言える場所にＥＮＤＥＳＡが土足で入ってこようとしている。ダグとクリスにとってこれは譲れない闘いだ。ふたりは、過去何年も肩を並べてチリの環境問題に関わってきた戦友を動員することにした。

「対応を相談したいからチャカブコに集まってくれとダグに言われたのです」とチリの環境活動家、ピーター・ハートマンは証言している。「行くと、『こんなこと、あってはならない。このプロジェクトはひどすぎる。なんとかしなければならない。ぼくもできるかぎりのことをする。チリが経験したことがないほど大きな環境保護運動を巻きおこそうじゃないか』と言われました」

戦略策定はホアン・パブロ・オレゴが担当した。エコシステマスというＮＧＯを創設・運営している人物で、ビオビオ川ダムがつくられたときにも反対運動をリードしている。オレゴらがまとめた１１６ページの報告書には、パタゴニア・ディフェンス・カウンシルに対する勧告が記されていた。パタゴニア・ディフェンス・カウンシルは環境保護団体、旅行会社、市民、趣旨に賛同する政治家などで構成される連合組織である。

このカウンシルにも参加しているハートマンは次のように証言している。

「ＮＧＯの多くから反対の声が上がりました。こういう話に政治家を巻き込むなどあってはならないというんです。これは押しきりました。環境運動は清廉潔白でなければならないと言いだしたら、成果なんて出せなくなりますから」

パタゴニアにダムなどもってのほかだとダグは怒り心頭だった。ダム建設の認可はなんとしても止めなければならない。そもそも、世界は代替エネルギーに向けて動いている。技術革新で太陽電池パネルや風力タービンの製造コストは下がりつつあり、再生可能エネルギーの価格も下がっていくはずだ。もうすぐ代替エネルギーの時代なのだ。

「ダグは我々より広い目で世界を見ていました」とハートマンは言う。「彼の世界的な視野にはずいぶんと助けられました」

チリ史上最大の環境抗議活動をチリ各地の仲間に支援してもらうにあたり、ダグは、メディアを通じてどうダム建設反対を訴えればいいのか、メッセージ戦略を練った。発電用ダムで川をせき止めようとすれば、中南米のどこでも議論の的になる。特にチリでは実質的な宣戦布告だ。チリの若手環境活動家は、みな、ビオビオ川を救おうと闘い、手痛い敗北を喫してかけがえのないものを失った経験がある。だから、リベンジを果たしたいという強い思いがあった。

エコシステマスの若手活動家が短いスローガンを思いついた。ロマンチックで印象に残る「ダムのないパタゴニア」、スペイン語では「パタゴニア・シン・レプレサス」だ。パタゴニアは自然の楽園であることがよくわかる。パタゴニアがどこにあるのか、わかる人がほとんどいなくても、である。

チリ史上最大のエネルギープロジェクトに対する抗議行動を組織するのはとても難しかった。そもそもチリは木材パルプや魚粉、銅鉱石といった原材料の輸出を中心に、自由市場による開発・発展を進めているわけで、ダム反対はこのモデルに真っ向からぶつかるものだ。木材を家具にする、魚を切り身にする、銅をパイプにするなど、付加価値を高める加工産業の振興はおこなわれていない。ピノチェトが倒れたあとの政権、いわゆるラ・コンセルタシオンは、「関税なしでなんでも世界に輸出する」が基本戦略だとくり返していた。そのモデルに抗議するのは、反投資、反チリだと見られてしまいかねない。

ダグが妙案を思いついた。ダムではなく送電線に焦点を当てたらいいのではないだろうか。2000キロもの送電線は傷跡だ、皆伐に負けず劣らず醜いし、長さはずっと長い。長さ2000キロもの傷跡がパタゴニアに深く刻まれ、さらには、国の半分ほども続く――このイメージを前面に押し立てるわけだ。思わず顔をしかめたくなるコラージュをつくるのもいいだろう。送電線で景色がどう損なわれるのかを見せるのもいいだろう。

計画されている送電線は、パタゴニアで一番有名な国立公園、トーレス・デル・パイネの近くを通りはしないのだが、ダグは、鋭くそびえるトーレス・デル・パイネの山々を横切って送電線が走っている写真をつくらせた。仲間からは「そんなのでたらめじゃないか」と疑問の声が上がったが、ダグは大丈夫だと涼しい顔だ。不快であればあるほど、美を求める機運が全国的に盛り上がるはずだと考えたのだ。

この広告は、電力関係者の目にとまるようにと、サンティアゴ国際空港と、バルパライソのチリ国会に近い広告看板に掲げた。大騒ぎになった。ハイドロアイセンがトーレス・デル・パイネの景観に傷をつけることなどない、トーレス・デル・パイネに送電線を通すなどだれも考えない、こずるい広告だと、電力コンソーシアムのお歴々はかんかんになった。これこそダグの思うつぼだ。パタゴニア・ディフェンス・カウンシルが声明を出す。

「トーレス・デル・パイネに通してはならないのであるなら、パタゴニアのどこも通してはならないということです」

「あれは『たとえ』なんですよ」とダム反対のメッセージ構築にかかわったホアン・パブロ・オレゴは言

う。「それに連中はかみついてくれました。大成功です。ダグはほんとすごい人です。送電線で景観がどうなるのか、みんな、あの広告で理解しましたからね」

ダムそのものの議論や電気料金削減の可能性について議論するのを避け、ダグは、ダムを美の国民投票にかけた格好だ。イースター島のモアイ像を送電線が横切っている合成写真もつくり、「あってはならない――ここでもアイセンでも」とやったらどうかというアイデアも出た。

賭けが成功したことを受け、ダグは、金に糸目をつけず次々と広告を打った。ハイドロアイセンは国際的なチリのイメージを汚すとも訴えた。

「一般大衆ではなく、議員や官僚などを狙いました」と反対運動に参加した社会学者、ヘルナン・ムラディーニックは言う。「空港への行き帰りで目に入る大きな看板に広告を出したのはそういう理由です。そういう人々に訴えたいと思ったわけです」

ENDESAはチリ政界に深く食い込んでいた。独裁終了後の政権を把握した中道左派の連立内閣には、十指に入る政治献金をしている。また、法律面でピノチェトの独裁制を支えたパブロ・ロドリゲス・グレスを顧問弁護士に雇うなど、極右勢力とも緊密な関係を保っている。グレスは、ダムに反対する活動家を暴力に走る狂信者だ、エコテロリストだと指弾。チリ大学法学部で教授を長年務めている彼の言葉には重みがあった。だが実際にテロリストと疑うべきはグレスのほうだ。ピノチェトが政権を掌握する前、民主的に選ばれたサルバドール・アジェンデ政権の転覆をもくろむCIAに、グレスが立ち上げた軍事組織パトリア・ヤ・リベルタードが協力して「うっかり殺してしまう」などしたし、グレス自身も工作員として活躍したとされている。それから35年がたち、さすがに街なかで破壊工作をしたりはしなくなっていた。それでも、必要ならどこぞのファシストを登録電話帳から選んで連絡するくらい、いくらでもできる。

実際のところ、ピノチェト後、暗殺や拷問を国がすることはなくなったが、暴力の可能性をちらつかせて活動家を黙らせるくらいのことはよくおこなわれていた。

ビオビオ川を救おうとがんばっていたとき、自分たちもやられたことがあるとオレゴは言う。

「事務所を襲われました。建物は古いのですが、ドアの板は分厚いし、そこに鉄格子と大きな鍵が取り付けてあったのに、その鍵が引きちぎられていました。四輪駆動の大型トラックかなにかを使わなければあんなことはできないはずです。事務所のものは持ち去られました。コンピューターに電話、FAXとぜんぶです。壁一面にドルマークと『裏切り者』という文字がスプレーで描かれていました」

チリ・アンビエンテNGOのトップでダグのパタゴニア支援キャンペーンでは戦略を担当したパトリシオ・ロドリーゴは、事務所に銃弾を撃ち込まれたことさえあるという。

「留守番電話に『30億ドルのダムに比べたらなんてことないプロジェクトでも人が消えたりするからな』と恐ろしいメッセージが残っていました」

ENDESA陣営が巻き返しにかかると、現地のトラックや重機には「トンプキンスのいないパタゴニア」なるステッカーが貼られるようになった。

チャカブコ・バレーの騒ぎがヒートアップしていた2008年4月30日、ダグの世界を揺るがすことがもうひとつ起きる。マグニチュード5・4の地震だ。震源はプマリン公園予定地の中心。揺れたのは6秒で、ダグのスタッフにとっても、エル・アマリロの住民にとっても、また近くのチャイテンに住む人々にとっても特にどうというほどのものではなかった。チリは大きな地震が珍しくない場所で、特にチリ南部は、1960年にマグニチュード9・2という史上最大の地震が観測されているからだ。

それでも、エル・アマリロ、チャイテン、プエルトモントの人々、さらにはアルゼンチン側の人々は不安に襲われた。しばらくはなにもなかったが、5時間から6時間ほどのち、突然、バン！という感じで大きく揺れ、ただごとではない雰囲気になったのだ。地球の深いところからうなるような揺れが感じられる。

不気味な叫び声が聞こえる気がするという人もいた。夜通しほえつづける犬が多くて眠れない。余震があまりに続くので、これは余震ではなく、地震の前兆ではないかと思われた。そして5月1日、トンプキンス宅近くの公園用地がぐらっ、ぐらっと短く11回も揺れる。地震を知らせるサイレンが地下からのうめきに呼応して響く。「馬がたくさん走る音と叫び声が入りまじったような音」が地下から聞こえたと表現した人もいる。

5月2日になると、細かな揺れが1時間に20回もくり返されるようになる。恐ろしい。足元の地面がぱっくり割れ、街全体が呑み込まれるのではないかと大勢が心配した。じつは紀元前7420年に近くの火山が爆発し、いま、チャイテンの中心であり4600人が住んでいる河口の三角州に溶岩と灰と破壊をまき散らしたことなど、チリ政府にもパタゴニアにも知る人はいないに等しかった。それから9400年、休止状態だった火山が自然のサンクチュアリ、プマリンの中央で目を覚まそうとしていると理解している人はもっといなかっただろう。

2008年5月2日午前3時40分、「チャイテン・ヒル」(標高850メートルほど)の横っ腹に大きな穴が開いた。夜明けにかけて、真っ黒な噴煙が3000メートル、6000メートル、さらには1万5000メートルまで噴き上がる。すり鉢状の噴火口から何百万トンもの火山灰に高温の火山弾が噴き上げる。夜が明けるころにはみなテレビの前に集まり、「ミチンマウイダ火山の噴火」について知事やアナウンサーが語る言葉に耳を傾けていた。

ブエノスアイレスでこのニュースを知ったダグは、噴火の映像を見た瞬間、知事もテレビ局も事態を誤認していることに気づいた。何千時間も低空で飛びまわって地勢を調べてきた彼は、パタゴニアなら、入り江やフィヨルド、火山などを手がかりにあたりの風景を思いだすことができる。ミチンマウイダは自分の火山だ、自分が持つ地域にある山だ。絵はがきにできるくらいきれいな円《えん》錐《すい》形《けい》の山だ。対してニュースで報じられているのは丘陵のゆがんだ斜面である。なにが爆発したのかはわからないが、ミチンマウイダでないことだけはまちがいない。

すぐとなりが噴火したチャイテンでは、溶岩にのみ込まれて生きたまま焼かれるのではないかとの恐怖が広がっていた。噴火の熱で雪が融け、チャイテンの脇を流れるリオブランコ川に大量の土砂が流れ込む。爆発からほんの数時間で、火山灰、泥、渦巻く砂、根こそぎになった木々、音を立てて転がるピックアップトラックほどの大岩でリオブランコ川は姿を変えた。山側から流れ落ちてくる土砂で川のコースも街の中心へと変わった。チャイテンの大通りは数少ない舗装路なのだが、その舗装が剥ぎ取られる。

ダグは、ウェブカムでチャイテン事務所の様子を見ていた。水が流れ込んでたまりはじめる。ピックアップトラックのタイヤ半分くらいまで水がたまった時点で、これは大災害になると覚悟した。

緊急避難計画が大急ぎで取りまとめられた。釣り船に住民を詰め込む。荷物もペットも置いて、だ。ドックは、不安げな犬の声、子どもの泣き声、急ぐ人々で大混乱だ。セメント並みにどろっとした灰色の川にビジターセンターの区画はごっそり押し流されてしまった。砂と灰が渦巻く波となって押し寄せ、家屋は、みな、がれきの下敷きだ。噴火した日、噴煙の写真を見た瞬間、「高いな。2万メートルというところか」とダグが正確に判断しているところが動画に残っている。「原子爆弾の爆発みたいだな」との一言も記録されている。

現地事務所は浸水、ビジターセンターは倒壊。17年間も苦労に苦労を重ねてきたというのに、プマリン国立公園の創設はもう無理だろう。ダグはあぜんとした。「あと少しでプマリン国立公園をつくりそこねた男」になるのが自分の運命なのか。4カ月前にはプマリンビジターセンターの開所式をするところまでこぎつけたというのに。でも、公園のインフラは、ほとんどががれきに埋もれるか、行き着くことさえできないか、灰に覆われるかになってしまった。

そのあとしばらくは、火山灰を大量に含む雲が空を覆い、飛行機が飛べなくなった。ウルグアイまで離れてもだめなのだ。

公園はバックパッカーも増えれば、自然探索ツアーの事業者や寄付を考えている人の訪問も増えていて、公園の入口を新たに整備したばかりだった。なのに、噴火ですべてがご破算だ。何十平方キロもの森林が噴火の影響を受けている。建物は埋まり、灰で天井が崩れたものもある。緑の草地もセメントをぶちまけたように灰色一色だ。

ダグが空から公園の被害を確認したとき、火山はまだ噴煙を吐きつづけていた。

「火山のせいで頭の痛いことだらけだ。金もかかる。やり方も変えなければならない。復興費用を捻出するため、プロジェクトをいくつも延期するかキャンセルするかしなければならない」

チャカブコ・バレーのダム建設に反対するだけでもひとり分フルの働きなのに、ダグは、小さな村エル・アマリロにも全力を投入することにした。このところずっと一緒にやってきた人々が何家族も住んでいるのだ。ダグとクリスはレニウエの農場で過ごすことが減り、プマリン公園予定地のエル・アマリロ側入口の近くで寝起きすることが増えた。地域住民の気持ちに寄り添い、再建計画に有益な意見を集めようと、ダグはエル・アマリロ自治会副会長への就任を承諾したりもした。

噴火でプマリン公園の建設計画はご破算になってしまった。生き返らせ、磨き、ある意味、きれいにお化粧をしてきた公園用地、全体がぐちゃぐちゃだ。ビジターセンターに磨きをかけるどころか、一からやり直さなければならない。

ダグはいらいらが募っていた。気分転換が必要だ。じつはダグは、もうずいぶん前から、日本の捕鯨に反対しているシーシェパードのポール・ワトソンを手伝いたいと言いつづけていた。ただ、パタゴニアとイベラの環境保護が優先で行けていなかったのだ。クリスが背中を押す。船に乗ってきなさい、行かなければ後悔するわよ、と。渋るダグを説得できてクリスはホッとした。このころワトソンはムサシ作戦なるものをがんばっていた。二刀流の宮本武蔵にちなんだ名前の作戦だ。

Part 3

第16章 ムサシ作戦

そこは世界の果てで、自分たちと捕鯨船しかいません。船をぶつける。悪臭弾を投げつける。塗料弾を投げつける。排気管に向けて放水する。ダグは楽しんでいたようです。いたずらっ子の顔でした。

―― ビーサ・ファン・デル・ベルフ

（オランダの海洋保護団体シーレンジャーズの創設者）

２００８年12月、ダグ・トンプキンスは、オーストラリアのホバートという町の港にいた。ダッフルバッグひとつを肩に古い船に乗る。南極海で日本の捕鯨船と対決する任務に８週間参加するのだ。乗組員は、65歳と最年長のダグのほか、オランダのバイオリン職人、元米国海軍士官、ひげ面のポール・ワトソン船長などだ。ダグは、もう10年もワトソンの反捕鯨海軍を資金面で支援してきているのだが、ふたりが肩を並べて任務に就くのはこれが初めてだった。

ムサシ作戦の目標は、日本の捕鯨船団を引っかき回し、ミンククジラやナガスクジラの殺害をやめさせることだ。くじらは生息数が激減したことから、国際捕鯨委員会が捕鯨頭数を制限している。２００９年は７３２頭である。

日本政府は「科学的調査」という名目で捕鯨を許可しているが、この調査捕鯨で殺されたくじらはなぜか新鮮なくじらステーキとなって香港や東京のレストランで日本酒とともに供される運命をたどる。脂身もサイドディッシュとして添えられたりする。

活動家は、くじらは1頭でも捕りすぎだと考える。日本の２００８〜２００９捕鯨シーズンが始まるタイミングで、ダグは数カ月分のディーゼル燃料代25万ドルを携え、シーシェパードに同行させてもらうことにしたわけだ。

ワトソン船長が狙うのは操業の中枢、母船の日新丸である。母船をみつけたら、ゴムボートのゾディアックを何艘《そう》もくりだし、銛《もり》撃ちのじゃまをする、ネットを破る、船の進行を妨害するなどの奇襲をかける。危険は大きく成功の可能性は小さい任務だ。

「我々は1隻の船で３００万平方キロもの海域から6隻の船団をみつけださなければならないのです」とピーター・ハンマーシュテット副長は言う。「自転車に乗ってＲＶのキャラバンをアメリカ大陸からみつけるようなものです。しかも、ＲＶのいるところに道が通じているわけでもない状態で」

ダグはまず船内をざっと見て回り、手すりがぐらついていること、機関室の床に油が漏れていること、ＶＨＳ無線の電源が手回しであることなどに気づいた。この船、スティーブ・アーウィン号はもともとスコットランド沖の荒海で使う全長57メートルの漁船であり、船体に耐氷性がない。喫水線の下が氷の塊にぶつかれば、ものの数分で沈んでしまう。その場合、ポーラースターなどの砕氷船は一番近くてシドニー港なので、天候がよくても救助してもらえるまで五日はかかる。しかもこのあたりは、凶暴な南緯50度、悪魔の60度、残忍な70年度と船乗りが呼ぶ海域なのだ。

スティーブ・アーウィン号にダグを知る活動家はほとんどいなかったし、ダグも自分がだれかを明かそうとしなかった。また、このとき、船にはディスカバリーチャンネルの取材班も乗っていた。リズ・ブロンシュテインのドキュメンタリー「クジラ戦争（Whale Wars）」の第2シーズンを撮影するためだ。番組で取りあげるべき人を探して歩く取材班をダグは無視した。なるべく距離を置き、インタビューを避ける。

今回、ダグは若手活動家と知りあうため、また、動物を守るために参加したのだし、これ以上の露出は願い下げだった。メディアの取材は、地上でいやというほど受けてきたのだから。

ポール・ワトソン船長はメディアの扱いがなかなかにうまい。ディスカバリーチャンネルの取材も、戦略があって許可したものだ。シーシェパード環境保護団体は本部がカリフォルニア州サンタモニカとハリウッドに近く、ショーン・コネリー、ウィリアム・シャトナー、クリスチャン・ベール、ピアース・ブロスナンらセレブからの寄付が多い。俳優のダリル・ハンナなど、船に乗り組むこともある。

海洋生物の多様性を長期戦略で守るべきだと信じるワトソン船長は、科学的調査という国際捕鯨取締条約の抜け穴を使ってくじらという壮麗な生き物を殺しつづけるのは犯罪だとみなしていた。

ホバートから南に向かうスティーブ・アーウィン号は、12メートルもの荒波にもまれた。ダグはハンモック型の寝床にこもりきりだ。最初にぶつかった暴風圏はオーストラリアほどの巨大なもので、揺れを抑えるジャイロスコープも役に立たない。乗組員は全員船酔いになり、ボランティアは吐く者も多かった。そして、氷山が現れる。最初はレーダーがとらえ、つづけて双眼鏡でも見えるようになる。甲板員として乗り組んだボランティア、マル・ホーランドは、自分の船では船長である。彼は「山のような波に素人の乗組員、そして氷」で危ないことこのうえないと語っている。

ダグに割り当てられた仕事は操舵員だった。船橋から双眼鏡で危険を探し、船長に知らせる役割だ。当直は朝の4時から8時。南に進むと夜は短くなり、そのうち、日が暮れることがなくなる。氷山を探すのだがその数は少なく、たまにしかみつからない。対して野生生物は、次から次へと目の前を通りすぎていく。翼幅2・5メートルものハイイロアホウドリが船を追い、何時間もはばたくことなく浮かんでいたり、波頭に沿い、しぶきを浴びそうな高さでジグザグに飛んだりしていた。ザトウクジラ、ナガスクジラ、ミンククジラ、シャチも群れをなして海面に上がってくるのですぐにみつけられる。

「すごくきれいなくじらがほんとうにたくさんいるんですよ」とこの航海で甲板員を務めたモリー・ケンダルが言う。「船のすぐ近くまで寄ってくるんです。あれなら捕まえるのはすごく簡単でしょう」

南極地方は海が荒れていて、10メートル近い波に船が揺られたりするのに、当直がないあいだ、ダグはずっとノートパソコンに向かい、キーボードをたたいていた。

「荒れた海ではだれしも何かする気になれないものです。船酔いで気分が悪くなったりしていなくても、なんとなくやる気が起きないのです」とマル・ホーランドは言う。「なかでも、画面を見つめたりメールを読んだりは最悪です。なのに、彼はそればっかりしているんですよ」

ダグは、不安定な衛星経由インターネットで、アルゼンチンのチームとなにをどうつくるのか相談する、プマリン公園ビジターセンターの再建計画を相談する、クリスに愛のメッセージを送るなどしていた。有機農業プロジェクトの放棄手続きも進めていた。２００８年の金融危機で資金が減り、理想ではあるが現実にはお金ばかりかかる農業実験である70平方キロのラグナ・ブランカ農場など、金食い虫のプロジェクトは続けられなくなってしまったのだ。残念ながら有機農業は縮小し、中核プロジェクトに集中する。25歳くらいの若者だったら、有機農業に半世紀をかけることができたのにとダグは悔しがった。

船のインターネットはとにかく遅かった。写真1枚のダウンロードに1時間もかかったりする。しかも高額。この航海でダグが支払った接続料金は2万5０００ドルに達した。

10日間のつらい航海を経て南極大陸に近づくと、日新丸を探せと船長から指示が飛んだ。日新丸の電子メールをハッキングする、ＧＰＳを追跡する、少なくとも乗組員の投稿から情報を集めるなど、オンライン探偵のようなこともする。この年は新兵器としてベル・ヘリコプター1機が用意されていた。このあたりはすごく寒い上に突風が吹くし、湿度も高くて雲が多いと飛行機にとって天敵のようなところだ。だがヘリコプターなら10分も飛べばスティーブ・アーウィン号で１日かかる範囲の捜索ができてしまう。闘い方が根本的に変わるのだ。視界は早朝が一番いいので、朝に2時間ほど飛んでもらうことが多かった。探索を始めて三日目、1時間ほど飛んだところで航跡を発見。続けて数隻の船が確認された。日本の捕鯨船団だ。

距離は160キロ。時速25キロで船を進ませれば7時間くらいで着ける計算になる。ただあのあたりはふつうの海ではなく、まっすぐ走れない。時間は倍くらいかかるはずだし、そもそも船を進めること自体、かなり難しい。なにせ海全体が凍っているのだ。夏なので氷の割れ目を通って近道できるが、海流で氷のブロックが動き、割れ目が閉じる恐れもある。日本の捕鯨船団は、この氷をシーシェパードに対する盾として使うつもりらしい。ヘリコプターから確認したところ、氷原の奥に向かっているようだ。

スティーブ・アーウィン号に戻る途中、通れそうな割れ目をみつけたとヘリコプターから報告があった。だが割れ目の航行はトリッキーだ。捕鯨船団に追いつこうと全力で進んでいたこともあり、氷から出られる水路を曲がらず通りすぎてしまう。追いつきたければこのまま進むしかない。大浮氷原を行く。ワトソン船長はそう決断した。

氷の密度が上がり、レーダーでは氷と海面の区別がつかなくなっていく。氷山は双眼鏡で確認してよけるしかない。ただ、氷山というのは海面下が大きくせりだしていたりする。

「すごく危ない状態です。気づけずに氷山にぶつかったら船体に穴が開き、秒で沈んでしまいます。帰れない可能性がすごくあるのです」

テレビカメラを向けられた乗組員、ジェフ・ハンセンはこう語った。

ハンセンの恐れは現実になった。きーっという金属の悲鳴が船内に響く。船体が氷山をかすめ、船尾がぶつかってしまったのだ。砕氷仕様でないスティーブ・アーウィン号は大きくへこんだ。40ノットに達する強風で、ワトソン船長は、操舵《そうだ》を二等航海士から引きつぐと氷山の風下に回り込む。氷山で風を防ごうというわけだ。

　朝にかけて状況はさらに悪化した。氷がどんどん吹き寄せられ、氷山から離れることができない。船を旋回させて氷のない海面を確保しようとするが、じり貧だ。氷が閉じてしまったら、何百キロも先まで氷の原になってしまう。逃げるなら来た道を戻るしかないが、船を思いきり走らせれば、氷の塊でスクリューが壊れたり変形したりする恐れがある。それでもと後退することにした。氷はなおも増えていく。命あっての物種だ。船長は救命いかだの準備を命じた。

「ここで沈むかもしれません」

　二等航海士は、こんなときにも撮影を続けるカメラにこう語っている。その後、さすがのカメラクルーも船倉の撮影は断り、救命ボート、ゾディアックに乗る準備を進めた。

　乗組員ふたりが船腹の状態を確認しに下りていく。悲惨だった。かたい氷にこすれて鋼鉄の船体はべこべこになり、悲鳴のような音をたてている。塗料はひび割れているし、外板は爆発直前なのではないかと思うほどに膨れている。ふたりはあわてて甲板に戻った。機関室には「もし浸水したら、ここにとどまって浸水を止めろ」との指示が飛ぶ。

　ヘリコプターも飛ばせた。どこでもいいから逃げ道はないか、逃げられる可能性はないか、上空から探させるのだ。ぴりぴりした雰囲気の中、ダグは、船橋にいた。水平線を確認する、レーダーや海図をチェックする。巨大な氷の塊が船腹をこするようになり、ふたたび、ワトソン船長が舵輪を握った。

「氷の海はゆっくり進まなきゃいけないのです。機関をじんわりと吹かして氷を押す、押しのけて進む。辛抱が肝心なのです」

　こう語る船長が撮影されている。

　ヘリコプターが先導する形で氷の割れ目をたどり、スティーブ・アーウィン号は浮氷原を抜けることに成功する。追跡再開だ。攻撃の準備もしなければならない。悪臭弾に放水砲、捕鯨船にまとわりつき、スクリューに手を出すためのゾディアック2艘などだ。

ついに、捕鯨船にまとわりつかせるゾディアックを荒い海に降ろすところまできた。だが、ゾディアックが動きだしたころ、捕鯨船は何キロか先に行ってしまっていた。霧が出て視界が悪化する。その中をゾディアックは出発し、見当違いの方角に吹っ飛んでいってしまった。無線も通じない。

「ボランティアの乗組員ばかりで視界200メートルの悪条件にボートを出したわけですからね」と元海軍のジェーン・テイラーは言う。

ヘリコプターの助けを借りて戻ることはできたが、ミッションは翌日まで延期だ。次のチャンスに向け、ゾディアックチームはテイラーの指導を仰いだ。

それから1週間、衝突は激化していく。

捕らえたくじらを受け渡そうとする2隻のあいだにスティーブ・アーウィン号が割って入る。日本側の言う「故意の衝突」、ワトソン船長の言う「避けがたい衝突」である。船長は、AP通信に「状況は混乱の極みであり、極めて敵対的だった」と語っている。

船脚は捕鯨船団のほうが速いので、小競り合いをしてはシーシェパードが追うという展開になる。ヘリのパイロットは、捕鯨船団をみつけ、ルートを示すのがどんどん上手になっていく。ボランティアもゾディアックの発艦に慣れていく。キャッチャーボート1隻のスクリューを壊すことにも成功。だが、解体作業をおこなう母船、日新丸に追いつき、スクリューを壊すことはできなかった。これができればシーズンの操業そのものを終わりにできるのだが。

捕鯨船団も対抗策を用意していた。スティーブ・アーウィン号に追いつかれると、デッキをネットで覆うのだ。これをやられると悪臭弾による攻撃が通りにくい。放水砲も用意していた。

ワトソン船長は、燃料が許すかぎり捕鯨船団を追い回した。残量が心もとなくなると北に進路を取る。オーストラリアまで、長く危険な航海が残っているのだ。

このころになるとさすがに、ダグも、乗組員全員と顔見知りになっていた。というか、活動家全員の写真を撮ってさえいた。そんなこんなからうわさにもなり、ダグがじつは環境保護世界のロックスターであることに気づく者も増えていた。

ダグは、スティーブ・アーウィン号に乗り組む若手活動家に親近感を抱いていた。みな、真剣な活動家であり、自然破壊を遅らせたい、くじらの殺戮《さつりく》を減らしたいと考え、投獄や罰金をも覚悟して捕鯨船団の妨害ミッションに参加しているからだ。アドレナリンが山のように出なければやれないことである。

撮影チームは相変わらず避けていた。彼らが欲しがるのは番組で取りあげやすい気の利いた一言や感動的なドラマ、船橋に緊張が走るシーンなどだ。だからダグは、当直中のおしゃべりを控えていた。くじらを眺めたり、シャチからアザラシが逃れる様を見たりしながら、何時間も黙っていることさえあった。それでも、ウールのキャップをかぶって船橋にいる年寄りは「ザ・ノース・フェイスの創業者、ダグ・トンプキンス」なのだとあちこちでささやかれるようになっていく。

マル・ホーランドは、せっかくの機会なのだからダグの話を聞きたいと思い、当直が終わったタイミングで乗組員向けに話をしてくれないかと頼んでみた。ダグは快諾。環境アクティビズムの課題を中心に1時間あまりも語り、さらに、自分がザ・ノース・フェイスとエスプリ社の創業者であるだけでなく、いま、原生地を守る慈善事業という世界をリードする人間のひとりであることも明かしていった。

オランダの環境活動家、ビーサ・ファン・デル・ベルフは次のように語っている。

「私はこの船に1年以上も乗り組んでいました。でも、乗組員が集まって自分たちがしていることについて話しあったのは、ダグが乗ってきたあのときが初めてでした。ダグはすごく深く考える人です。事業やプロジェクトはすごく体系的に進めますし。何週間も何週間も海の上で過ごすわけで、いろいろなことを話しました。ダグは美的感覚も優れているんですよね。農場のあれこれも写真で見せてもらいましたが、どれもすごく美しくて。ダグは考える人であり、行動する人でもあり、さらには、芸術家でもあるんです」

「改革は一歩踏みだすことから始まるんだ」

少しずつ増えていくグリーンチームのメンバーに、ダグはこう語っている。

「それしかないじゃないか。まずは始めなきゃいけない。いままでさまざまな社会改革が起きているけど、どれも、最初はだれかがそうしなきゃと考えることから始まっている」

そして、自然を守るのは、美を復活させる行為なのだと力説する。

「美しい世界で生きれば喜びが感じられる。健康的な世界なのだとうれしくなるんだ。これ以上にやるべきことなどないとぼくは思っている」

ダグの講義は大人気になった。だれしもが次の会を待ち望むし、ダグもその気になり、友だちと焚き火を囲んだときのように、冗談を飛ばしたり物語を語ったりした。

「ダグは船橋の裏で1時間半、話をしてくれました。我々は座ってそれを聞いたり録音したりしたわけです」とテイラーは言う。「我々にあれこれ教えてくれたんです。若手に、学ぶ気のある新米の我々に。我々になにができるのか。過去はどうだったのか。友だちをサンフランシスコに集めて開いたフォーラムはどんな感じだったのか。これからなにをしようとしているのか」

環境保護の活動家は挑戦者でなければならない――ダグの持論だ。

「我々は善でなければならない。モンスターを相手にするのだから。ダビデとゴリアテなんだ。我々の活動はどれも小さい。だがその精神は正しいし、大義はこちらにある。ただ、数でも負けていれば、策略でも負けている。人員でも資金でも開発の力にはかなわない。日本の捕鯨船団には今年だけで7000万ドルもの予算が用意されている。豊富な資金力に対し、我々は寄せ集めだ。だから賢く立ちまわらなければならない。連中は我々の70倍、金を使わなければならない。道義的に破綻している建前をなんとか支えなければならないからだ」

２００８～２００９捕鯨シーズンを途中であきらめさせることはできなかったが、殺《さつ》戮《りく》は減らせた。９８５頭の割当に対して実績を３２５頭に抑えることに成功したのだ。６００頭以上のくじらが救われた計算になる。直接行動を展開するシーシェパードに対する投資は、ダグの寿命を超える期間、南極の生態系に配当をもたらしてくれるだろう。

オーストラリアのホバートでスティーブ・アーウィン号を降りるダグの手には、乗り組んでいた活動家全員の連絡先があった。下船後も連絡を取りあうためだ。１カ月後、みんなのところにダグからビラが届く。ム

シーシェパード環境保護団体のスティーブ・アーウィン号に乗り、南極海で日本の捕鯨船団を追うダグ・トンプキンス（右）。このときはくじら600頭あまりを救った計算になった。トンプキンスは、このミッションに必要な燃料費（25万ドル）を負担した。（写真提供：エリック・チェン）

サシ作戦に参加した活動家全員のコラージュが同封されていた。こんな環境保護活動をしている、資金援助をお願いしたいとダグに頼んだメンバーも多い。マル・ホーランドは、話も聞きたいし知恵も借りたいと、わざわざイベラまで出向いている。

ビーサ・ファン・デル・ベルフがダグに再会したのは、ムサシ作戦の数カ月後、アムステルダムでだった。ファン・デル・ベルフは、直接行動の組織、シーレンジャーズ・サービスを立ち上げようとしていた。プロに帆船をあやつってもらい、海洋モニタリングサービスを安価で提供する計画だ。顧客はオランダ政府。民間企業の依頼も受ける。

「ダグはオランダの女王に謁見する予定だったのですが、パスポートに問題があったらしくて。有効期限の残りが短すぎるとかなんだとか。それで入国ができませんでした」

女王にお目にかかるために来たのだと言っても、出入国管理官は信じてくれなかったらしい。最後は、女王の側近が電話をかけてくれたので、なんとか入国できたという。女王の謁見を賜ったあと、ダグはビーサ・ファン・デル・ベルフと昼食をともにした。

「賞金で5万ユーロが確保できていて、もう3万ユーロあれば、この組織を立ち上げられると考えていました」とファン・デル・ベルフは言う。「お昼ごはんの途中で、彼に『お願い』してみることにしました。『寄付をしていただけないでしょうか』と」

ダグからはわびが返ってきた。たいへん申し訳ないのだが、今年の予算はとうにオーバーしてしまっていて、これ以上の投資はあんまりできない、と。でも、5万ユーロなら出せる。このくらいでも足しにはなるだろうか。

「この寄付と賞金のおかげでシーレンジャーズ・サービスを立ち上げることができました。我々の実利的なやり方を彼が信じてくれたおかげ、我々が正しい理念のもとにやろうとしていたおかげです。彼はリスクを取り、『がんばってこい！』と送りだしてくれたのです」

Part 3

第17章 川守り

なんでも解決できると技術を信仰し、人類至上主義という危険な世界観を持つことを続ければ続けるほど、エコ・ローカルな開発へといたる道に戻るのが遅れてしまう。いまのモデルは盛大なる失敗と言わざるをえない。なにせ、過去6500万年（！）にわたって環境危機を生みだし、気候を破壊してきたのだから。事実には情けも容赦もなく、哀れみの心もない。

――ダグ・トンプキンス

日本の捕鯨船団を相手のドンパチを最前線で楽しみ、チリに戻ったダグを待っていたのは、総額30億ドルの水力発電用ダム設備に対して高まりつつある論議を鎮めようと必死であがくハイドロアイセンだった。ネタは電力不足だ。消費が急速に増えていて、このままでは停電が頻発してしまう。ハイドロアイセンはそう主張し、サッカースタジアムがどんと暗くなるテレビコマーシャルなどを流していた。このままではまともに住めない国になると言いたいのだろう。実際、国中で停電が起きていたが、どうにも怪しい、まやかしなのではないかと疑う人も少なくなかった。少し痛い目にあえばハイドロアイセンプロジェクトは必要だと思ってもらえるはずだと、わざと停電を起こしているのではないか。

そんなのはへりくつだ、連中は工業至上時代の恐竜だとダグは笑い飛ばした。GDPと電力消費の連動はすでに終わっている。再生可能エネルギーも利用できるようになりつつある。電力消費が横ばいでも、それこそ場合によっては縮小しても、経済成長は可能だ。

「水力発電？　んなもん、前世紀の遺物だ」

ＥＮＤＥＳＡが持ちだしてきた電力消費の予測は、２００８年のリーマンショックでご破算になった。米国不動産が高騰しすぎた、この値段ではもう売れないだろうとの思惑から金融危機が発生し、チリ経済が大打撃を受けたのだ。銅にセルロースに魚粉と原材料の価格が軒並み暴落。主要産品の輸出は激減した。

不況になったらなったで、不況だからこそダムは必要だ、数十億ドルという大規模投資以上の不況対策などないとハイドロアイセンは言いだす。環境活動家がくりだしてくる攻撃に対抗するため、雇用が山のように生まれるぞとニンジンをぶら下げた格好だ。

「ダムのないパタゴニア」というメッセージ展開の中心がダグだと知ったハイドロアイセンは、彼のことを過激な環境保護主義者だ、さらにはチリ人の敵だとまで言いはじめる。チリ人の環境活動家が多数参加していることには目をつぶり、ダム反対キャンペーンはダグの一人舞台であるかのようなイメージ戦略を展開したのだ。手加減することがまずないダグは、そういう標的として狙いやすいとも言える。

ＥＮＤＥＳＡはダム推進からチリの味方へと看板をかけ替えた。開発はチリの大事な権利だ、なのに、ダグなる外国人が自分は飛行機で飛びまわりながら、チリ人がテレビを見たり洗濯機を使ったりするのはまかりならんと自分勝手なことを言っている。そう主張することにしたのだ。ダグに（そして川に）とどめを刺すため、ハイドロアイセンは、バーソン・マーステラを起用した。汚染をたれ流す企業の依頼をよく受けるので「広告界のダース・ベイダー」とも呼ばれている広告代理店だ。

バーソン・マーステラの顧客リストには、放射能漏れを起こしたスリーマイル島原子力発電所や、ボパール工場でガス漏れ事故を起こしたユニオンカーバイドなどが並ぶ。ボパールのガス漏れは市全域が被害を受け、死者３８００人を数えたほか、数えきれない人が肺に一生治らないダメージを受けた事故だ。さらに、南アメリカでは、１９７０年代に３万人もの国民を殺したなどと言われているアルゼンチンの独裁者、ホルヘ・ビデラのイメージキャンペーンを担当した実績がある。このときは年120万ドルの契約で、冷酷な独裁者のおかげで経済がどれほど発展したのかをうたう31ページもの広告付録をビジネスウィーク誌に出すなどしている。この広告には「民間投資をこれほど後押しした政府は歴史をふり返ってもまれである……我々は真の社会革命を進めており、パートナーを求めている。重要な役割を果たすのは民間であるとの強い信念のもと、国家統制を捨てようとしているのだ」などとうたわれていた。

ダム推進派は、新たなスローガンとして「ハイドロアイセンこそがチリのプロジェクト」を掲げた。これにダムのないパタゴニアは、「何十億ドルもの企業収益が国のためになるなど『時代遅れで破滅的な考え方である』」と全面広告で対抗した。

ダグも、バーソン・マーステラの起用はいかがなものか、そこは成功の見込みがないときの頼みの綱だろうと毒を効かせる。

「ハイドロアイセンがすばらしいというなら、そのメリットを訴えればいいだろう。であるのに、守ることのできないところを守ってくれるとうわさのエージェントに頼まなければならないのはなぜなのだろうか」

大統領選挙も利用しようとダムのないパタゴニアは考えた。ハイドロアイセンをどう考えるか、候補者全員に立場を表明させるのだ。ハイドロアイセンが勢いづいた理由のひとつに、セバスティアン・ピニェラの政治力が高まったことがある。ピニェラはフォーブス誌に掲載された富豪の世界ランキング2009年版で765位にランクされた大富豪だ。

なにをするかわからない人物——ダグのピニェラ評だ。

ダグの言葉を借りれば、公然と人を刺すのを得意とする裕福な事業家にすぎないとも言える。話し下手で、テレビの実況放送では山のように言い損なっていたりするが、ガチガチの保守で固められたチリ政界には珍しく、進歩的な考え方をする人でもある。英語が堪能でボストンに留学していたこともあるし、チリの大学で長く教鞭《きょうべん》を執っている。本の虫でもある。冒険が大好きという側面も持つ。パイロットでもあり、燃料が心配になるとダグと同じようにビーチや空き地、フリーウェイに降りたりする。

ピニェラはレニウエで終日ダグの話を聞いたあと、自分もやろうと原生地を探すことにした。そんな彼に、ダグとクリスから、チロエ島の南側3分の1が売りに出ているとの情報がもたらされた。公園に理想的なサイトであり、面積も1200平方キロ弱と保存する価値が十分にある。ピニェラは現地に飛んで確認すると、購入し、「タンタウコ公園」をつくると発表。一般に公開し、所有・管理は自身が創設した基金に任せる。プマリン公園のそっくりさんと言えるし、推進役にダグの仲間であるカルロス・クエバスを雇い入れたりもしている。

ピニェラは一般の知名度こそ低いが、チリ実業界では汚いやり口でよく知られている。「彼と一番敵対するのは、昔の事業パートナーである」――資産26億ドルのこの富豪を2年間追って書かれた非公認伝記にはこう記されている。一緒に仕事をした人々は、「自分の企画を完璧な采配で実現してくれた、自分から盗んだ直後に」と何人も語っている。「泥棒だと言うべきか、ほとんど泥棒だと言うべきか」とまで言う人も少なくない。

若手銀行幹部だったピノチェト政権時代に、「タルカ銀行詐欺」として知られる不正に加わったかどで告発されそうになるが、コネを駆使して逃れることにも成功している。逮捕状が出たあと、政界の知り合いに時間を稼いでもらいながら1カ月近くも逃げまわり、司法の手を逃れる手を打ったのだ。ダグがレニウエに村をつくっていた1990年代、ピニェラは、民営化されたばかりのテレコムセクターに大賭けして大儲けしている。チリの航空会社LADECOも彼が株式を買い集めたあと、地域航空路線に転換して優良企業になっている。先見の明をもって大きく賭けるとともに仕事の虫で、1日14時間働くことも珍しくない。側近は、チリのカトリック大学を出たMBAで固めている。頭がよく2カ国語をあやつる連中だ。

自由市場至上主義で、「政府にできることは、すべて、自由市場のほうが上手にできる」とまで言いきっている。

２００９年11月、ピニェラは、対立候補を全員蹴散らし、大統領選挙に勝利した。自由市場を信奉する大金持ちが大統領になったら、ハイドロアイセンを止められる可能性はほとんどなくなるだろう。

ところが、ピニェラの大統領就任まで1週間の２０１０年2月27日早朝、マグニチュード８・８の大地震がチリを襲う。チリ南部の海岸沿い、コンセプシオン近くの町がいくつも壊滅したほか、チリ中央部のあちこちも大きく破壊されてしまう。翌日まで余震が続いた。さらに、もうすぐ終わるバチェレ政権の不手際で警報が遅れてしまい、津波で１５０人が死亡した。

大統領になったらなにをしようと考えていたのかはわからないが、すべてご破算である。まずは、被災した病院や学校、住宅を再建しなければならない。かたをつける好機とハイドロアイセンが動いた。

ＥＮＤＥＳＡの親企業でＣＥＯを務める有力事業家、パブロ・ジャラサバルが復興支援として１０００万ドルの供出を決定。この金額を会社が出すことに株主から異議が出ないように、ハイドロアイセン推進を大々的に訴える形で、である。巨大な小切手を大統領府に持参し、そこで、ハイドロアイセンについて「客観的な」取り扱いをしていただきたい、環境保護法の「過剰な要求」に屈しないでいただきたいとやったのだ。

国には現ナマ、アイセンの地域社会には奨学金、ブランコ、シーソーなどを提供。さらに、元大臣や政府関係者をロビイストとして雇いまくった。それでも世論ではダグが勝ちそうだったので、ＥＮＤＥＳＡは、ダニエル・フェルナンデスに法外な報酬（うわさでは月2万５０００ドル）を示すことにした。自分を売り込むのがうまく、チリ最大の公共テレビ局、テレビジョン・ナショナーレ・デ・チリを経営している人物だ。政治的に彼以上の適任者はいない。チリが民主主義の道を歩いてくるにあたり、その裏でうごめいていた企業や政府の派閥と昔から上手に渡りあってきた人物だからだ。自由自在に動く「政治的手首」を持つ男である。彼が采配を振るってくれれば世論を味方につけるなど造作もない、そこさえクリアできれば9年にわたる建設も始められるし、ダムの運用も始められる。ハイドロアイセンの幹部はそう考えていた。

フェルナンデスのもと、ダグは南部の僻地《へきち》で私生児を何人ももうけているなどのデマがチリのメディアに流された。対してダグは、売られたけんかは買うとばかり、ダムのないパタゴニアを通じて、コンソーシアムを裏で支える有力者をあばいていく。狙うのは、目先の利益に目がくらみ、川の自然な流れを破壊する資金を出している経営者だ。

「大きな方向性を決めたのはダグです」と、デザイナーとしてダムのないパタゴニアのキャンペーンに参加したエリザベス・クルサットは言う。

ダグは、メディアチームに次のように指示した。

「ああいう連中は表に引きずりださなきゃいけない。ハイドロアイセンプロジェクトを推しすすめる真の動機を語らなきゃいけない。彼らがなぜダムをつくろうとしているのかを明らかにしなきゃいけない」

クルサットと夫のパトリシオ・バディネーラがコルブン社で一番力のある経営者、エリオドロ・マッテの顔写真を使った広告をデザインした。顔をオオカミのように加工し、そこを羊毛で覆った上、羊の体をつける。マッテの息子、ベルナルドの写真も同じように加工した。完成した広告は、「ヒツジを着たオオカミ」というキャッチフレーズを添えて新聞各紙に出稿した。

チリのエリートもこれには驚いた。名指しで挑まれるなど初めてだったからだ。

「信望とか評判とかいうものがあることをマッテのような人々もさすがに知っていると、ダグはちゃんとわかっていたのです」とこのキャンペーンのアートディレクター、パトリシオ・バディネーラは言う。「E

NDESAは人の顔が見えない巨大企業ですが、コルブンはチリで有名な家族の会社だとよく知られているわけです。そこをつながなければいけない、していることが自分の評判にはね返るのだと示さなければいけないとダグはいつも考えていたわけです」

ダグは必ず敬意を示すタイプで、このときも、ベルナルド・マッテとエリオドロ・マッテのふたりに直接会うなどしている。自分はよそ者なので、いたずらに敵をつくらないように注意していたのだ。このときはふたりのマッテをプマリン公園に招待までしている。そして、自然の保護について、自分はなにをしているのかについて熱く語った。最後の問いは「パタゴニアを台無しにした家族として歴史に刻まれたいとお考えですか」である。

チリの主要新聞は、いずれも本能的に富裕層を擁護し、ダムのないパタゴニアの広告は掲載してくれなかった。だからダグはグリーンピースの戦術をまねることにした。掲載を断られた広告をテーマに記者会見を開き、「キツネが鶏小屋を守るとき」や「パタゴニア――非売品」などを新聞に掲載することの是非をあちこちのメディアに取りあげてもらうのだ。高額報酬で雇われた広告コンサルタント、ダニエル・フェルナンデスに強烈なスポットライトを当て、高圧送電塔のような角と延長コードの尻尾を生やした赤い悪魔として描かせることに成功したのは大きな成果である。

ハイドロアイセン上層部は焦った。これでは我々はぼけなすの集団ではないか。世論調査も、ダム反対が大きく増えてしまった。当初は賛成が57％だったのに、ダグが立案したパタゴニア・シン・レプレサスで世論は否定側に傾き、賛成は3人にひとりとなってしまった。

この火に油を注いだのがセバスティアン・ピニェラ大統領だ。環境保護の連中は「無責任で反対ばかりしている」とやったのだ。そして、建設業界の会合で講演し、「いま決断しなければ、10年後、チリは停電の刑に処されてしまう」とぶち上げた。逆効果だった。学者もコラムニストも歴史家も、こぞって、「我なくば混乱あり」とチリ政府の未来を語ったピノチェト将軍を引き合いにピニェラ大統領を批判した。

ハイドロアイセンは、チリの天然資源が海外に狙われているという論法に切り替えることにした。環境保護団体はまやかしだ、海外の電力会社が大きな事業チャンスをENDESAから盗もうとしている、ダム反対のキャンペーンはその隠れみのだと外国人アレルギーに訴えようというわけだ。

「ダニエル・フェルナンデスはなりふりかまわずって感じになっています。依頼が達成できずにいますからね」と、パタゴニア・ディフェンス・カウンシルのサラ・ラインは切り捨てた。「企業の傭兵《ようへい》になることをよしとした者の末路ですね」

ダグは揺さぶりをかけつづける。チリメディアの取材を受けるたび（世界メディアの取材も増えていた）、ダム推進派は近視眼だ、国の遺産を受けついでいく意識がまるでないと容赦なくたたく。外国人がチリの問題に首を突っ込んでいるとの批判に対しては、次のように反論した。

「パスポートなんて関係ありませんよ。愛国心は行動で決まります。自国にゴミをまき散らす、土をだめにする、水や空気を汚す、木を切り倒す、湖や川や海で魚を捕りすぎるなどしていたら愛国心があるとは言えません。自分には愛国心があると胸をたたきながら国をゴミだらけにしていく人を私はたくさん見てきました」

ダグは、このダム反対を海外でも訴えた。チリ政府がパタゴニアの搾取を進めていると、新聞や、ロンドンの2階建てバスに広告を出したのだ。

「政界にズバリ『告発する！』と突きつけたわけです」とクルサットは言う。「恥ずかしいと思わせるため、世界に対して『ここでなにがおこなわれているか知ってください』と言うため、英国で広告を展開したのです。こうして表沙汰にされるのは、チリ人にとって恥ですからね」

これは自分たちの川を救う好機だとあちこちの環境保護団体がダム反対運動に力を入れていく。ダムのないパタゴニアのロゴが入った旗を振りつつ大勢のカウボーイが馬でデモ行進し、大手テレビ局のニュースに取りあげられる。チリの有名環境保護活動家に大勢のボランティアもそこに加わる。

ダグはエスプリ社時代のマーケティング手法をよみがえらせたともいえる。当時は、カタログ写真の撮影会にアドレナリンとワイガヤの活気を持ちこみ、大きな動きに自分も参加している気分を顧客にも味わってもらった。今回は、その才能を生かして、パタゴニアで、また、チリ全域で、何千人というチリ人の心に火をつけた。ただ、やろうとしているのが、どんどん変わっていくファッショントレンドを生みだし、どんどん使い捨てていく服を売ることから、自然を守るに変わっただけのことだ。

昔、ザ・ノース・フェイスを立ち上げたとき、ダグは、アウトドアの魅力、山の美しさを前面に押しだした。そしてこんどはパタゴニア

パタゴニアで計画された30億ドルのダムプロジェクトに反対するチリのカウボーイ。地域の美しい自然や現地文化に光を当てることで、トンプキンスは、幅広い活動家を動員して地域への帰属意識を盛り上げ、ダム建設は悪であるとの世論を生み出した。（写真提供：リンデ・ワイドホーファー）

で同じことをくり返そうとしていたわけだ。

「どういう美を優先するのかは、美的感覚のみの問題とも言えます」と、ダグとクリスのエグゼクティブ・アシスタントを6年間務めたナディーン・レナーは言う。「同時に、それは、人々がなにに惹かれるのかをさっと判断することでもあり、ブランドをどうつくるのかという問題でもあり、また、人々が渇望する感覚をどう生みだすのかという問題でもあります」

どうすれば若い人々が動いてくれるのか、ダグはよく知っていた。パタゴニア公園で雑草や柵の支柱を抜くためボランティアに時間を寄付してもらったときと同じように、エスプリ社カタログに使う写真を撮るため何百人もの読者に並んでもらったときと同じように、今回も舞台裏でお金と戦略を用意することで、川を救い、パタゴニアを守る一大キャンペーンを実現したわけだ。

2700キロもの送電ルートについて、ボランティアが地主を一軒一軒訪ね、巨大な送電塔を建てさせるとはどういうことなのかを知らせて歩いた。

「地道な地固めをしたんです」とクルサット。「人海戦術で、現地の人々に『塔を建てさせたら土地の価値ががっくり下がりますよ。目の前に送電塔がある家なんて売れませんからね。引っ越すこともできなくなります。どこに行っても送電塔がありますからね』と告げて歩いたんです」

なんとかしようと必死のチリ政府は、ハイドロアイセンに環境影響評価を免除する特別法をつくろうとした。エネルギー安全保障の名の下、ダムは「迅速」につくるべしとする法律だ。ダグらははらわたが煮えくり返った。編集やデザインを早朝まで急ピッチで進め、新しい広告を完成させる。経営者をピンクの豚として描いたもので、太っちょで目は青く、意地が悪そうだし、口には100ドル札の束をくわえている。

このキャンペーンにチリの社会は騒然となった。エリオドロ・マッテも、息子で跡継ぎのベルナルドとじっくり話しあうことにした。ダムプロジェクトへの投資は、自分たちの社会的評価をかけるほどのものなのか、一番の財産である家名をかけるほどのものなのか？　もしかすると正しいのはダグのほうなのか？　マッテ家は正しくない側に加わっているのではないのか？

社会的な議論が沸騰し、パタゴニア各地でデモが始まった。カウボーイが道を封鎖する。チリ南部のあちらでもこちらでも、ダムのないパタゴニアの考えに賛同する人が増えていく。ダグを蛇蝎《だかつ》のように嫌い、批判してきたサーモン業界さえ、ダムをつくれば湖や川に悪影響があるかもしれないと心配し、ダムに反対すると声を上げた。広告を打つたび、デモが起きるたび、パタゴニアを守れという声が大きくなっていく。そして、賛同する業界もひとつ、またひとつと増えていく。

「ダグは、少しずつ、事情に通じ、チリ政界との駆け引きにたけた人材を集めていきました」と活動家のピーター・ハートマンは言う。「じっとがまんのときもあります。待つしかないときもあるんです。そのあたりも、ダグは承知していました」

ハイドロアイセン側は、ピックアップトラックでパタゴニアの関係者を一軒ずつ訪問する広報戦を展開した。

彼らは、次のような話を地主に語って歩いた。ダムは進歩の証しで、現金収入ももたらしてくれる。新しくできる湖は目障りなものではなく、観光客を呼び寄せる目玉になる。送電塔は国の経済にもプラスになるし、加えて、建設に同意してくれた人にはすぐお金が入るというメリットがある。いずれにせよこのあたりを送電線が走るわけで、どうせなら、送電塔を1本建てることを許可し、支払いをたっぷり受け取ったほうがお得だ。

ダグらはすぐに対応した。

対抗策を練るため、まず、アートディレクターのパトリシオ・バディネーラがハイドロアイセンの事務所に電話をかけた。地元カウボーイの話し方をまね、「トラックで来るみたいっすけど、どんなトラックっすかね？　話聞きたいんすけど」と尋ねると、青いロゴがドアに描かれた白いトラックだと親切に教えてもらうことができた。

バディネーラとトンプキンスは、白いピックアップに乗ったハイドロアイセン社員は押し売りでパタゴニア流の暮らしをぶち壊しに来た連中だとラジオを通じて訴えることにした。好きにさせるな、対抗しろと訴えるのだ。自分の土地を守ろう、と。だからドアも開けないこと、敷地にも入れないこと、と。巻き返しの種まきである。

ダムのないパタゴニアは、ダムのプロジェクトをくさすバラッドもつくった。パヤと呼ばれるチリの民謡で、スラップダウンラップのように皮肉たっぷりの即興詩が特徴だ。コンテストではパヤドールふたりがからかいあい、聴衆を笑いの渦にする。バディネーラによると、パヤにはこういう悪口ならいいという形式みたいなものがあって、ほかはまじめでなければならないらしい。

マンガ本スタイルの広告もつくった。ダムがいかに絵空事ばかりか、しわくちゃ顔に白髪のパタゴニアカウボーイ、ドン・エピファニオが馬と語りあうお話だ。スローガンも、「破壊はなにも解決しない」と「チリはハイドロアイセンにノーと言う」とふたつ追加した。

それでもハイドロアイセンの歩みは止められなかった。アイセン地方の環境委員会は満場一致でプロジェクトを承認。ハイドロアイセン経営陣はほっとした。地域経済の振興に出したお金や奨学金、地元向けの特別電気料金などの努力がようやく実を結ぶのだ。1万500ページの環境影響評価報告書により、あらゆる側面を検討し、すべてに対応したことも証明されている。

だが、9日後、ここ10年で最大のデモが勃発し、ビクトリーランは中断せざるをえなくなる。

サンティアゴ中心部に7万人が集結。デモ行進の列はプラザイタリアから大統領府のモネダ宮殿まで2

キロ近くに達した。そして、代表者がピニェラ大統領に書簡を手渡した。

さらに、ダムのないパタゴニアのキャンペーンが火種となり、さまざまな社会運動が動きだす。ダム反対のデモを見たチリ国民が、長年たまりにたまった不平や不満を表に出してもいいのだと、30年近い冬眠から目覚めた格好だ。正義を求める社会運動や民の声を聞けという社会運動などが次々と火を噴いた。高校生主導の運動も勃発し、ピニェラ政権が痛手を受けるという事件もあった。

発端は、公教育は「市場で取引される商品」であり、そういう商品として適切な値付けがなされるべきだという大統領の言葉である。すぐさま大反発が起きた。カミラ・ファレホ、ジョルジオ・ジャクソンとふたりの大学生をリーダーに、何十万人もの高校生が座り込みやデモをおこない、1年近くも国中で授業ができなくなる事態になったのだ。高校に泊まり込んだ人数も何十万人に上った。費用は、意気に賛同して無償で演奏してくれるバンドのライブチケットでまかなう。大統領をはじめとする上層部はあっけに取られた。チリの社会秩序はどうなっているのだ？　ティーンエージャーが軒並み活動家になるなど信じられない、と。

1980年以降生まれの彼らは、両親世代と異なり、ピノチェト将軍の拷問部隊や秘密警察（DINA、CNI）の恐怖を体験していない。ほんの何十年か前のチリがいかに不安定であったかも知らず、開発が何百万人もの国民を貧困から救ってきたことにもとんちゃくしない。彼らの行動は、ダム反対キャンペーンを一層活性化する一助ともなった。

「ダムのないパタゴニア」を求めるうるさくはあるが平和なデモを見て、デモは公平な民主主義を実現する手段のひとつだったとチリ国民も思いだしたらしい。チリでは、昔から、社会正義を求める闘いではデモが大きな役割を果たしてきた。しかも、デモをしたからといって拷問を受けたり行方不明になったりする心配はもうない。せいぜいが催涙ガスや、軽く殴られる、しばらく牢屋に入れられるくらいなのだ。あらためてそう気づいた人が多いのか、抵抗の炎が増えていく。

パタゴニア・ディフェンス・カウンシルに属さない団体が独自にダム反対のデモを組織することも増えていく。

「プエルトモントのデモはいつやるのかといった問い合わせが我々のところに来たりするんです。我々がしていることじゃないのでわかりませんとお答えしました」とムラディーニックは言う。「あのとき、そうか、国中がそういう流れになったんだ、もうだれにも止められないぞと思いました」

ハイドロアイセンに対する政府の支持も揺らぎはじめる。政治的に実現不能になったと判断した官僚が静かに足を引っぱる。ハイドロアイセンが政官界に張り巡らせたコネの網も、潮目の逆転を受けてほころびていく。

「ダグはおかしくなったんじゃないかと思うほど必死に取り組んでいました。楽しみつつ、ね」とアートディレクターのバディネーラは言う。「コミュニケーションにたけたすばらしいクライアントを相手にいろんな会社で仕事をしてきましたが、ダグほど多才な人はいませんでした。深く理解して自分の言葉で語れる。メディアにも詳しく、目的達成に活用することができる。一緒に働く人々を信頼する。彼らが自由にアイデアを出せるように扉を開いておく。このぜんぶなんてそうそうできるはずがありません。ダグとは7年間ご一緒しました。そのあいだ、彼のせいで話がおかしくなったことがあるかと問われたら、なかったと思うとお答えしますね。広告業界で仕事をしている人には常識なんですけど、クライアントが首を突っ込みすぎると、たいがい話がおかしくなるというのに、です」

ハイドロアイセン側はもう何年か、水面下で継続をめざして動いたが、政界の支持は戻らず、環境関連の許認可取得に時間ばかりがかかる状態が続いた。２０１４年にはまるで動かなくなり、数年後には、資金もぜんぶ引き揚げられてしまう。

「パタゴニア・シン・レプレサスのキャンペーンは、文化のレベルにまでなったんですよ」とのちにクルサットは語っている。「その前は、どこから来たのかと尋ねられると『南部からです』と答えたりしていたのに、いまは『パタゴニアからです』ですからね。パタゴニアレストランにパタゴニア料理、パタゴニアの工芸品がチリ中にあふれるようにもなりました。すべて、ここ10年の変化です」

クリスとダグは、そのパタゴニアで喜びをかみしめていた。パタゴニアを守るキャンペーンには600万ドルもの費用がかかった。環境保護の活動家にとってこれはすさまじい金額であり、これだけあれば、ハイキングルートを何キロもつくれるし、広い有機農場を維持することもできる。アレルセの若木をたくさん植えることもできる。それでもダグは、この金額であれほどの成果が出せたのはすごいと考えていた。なにせ、600万ドルで32億ドルのプロジェクトを止めたのだから。7年間闘いつづけた結果、ダグは、ダムを悪評の底に沈めたのだ。

Part 4

ダグとクリスのトンプキンス夫妻は、何千時間も空から観察することで地形を理解し、国立公園の構想を練った。また、そのときダグは愛をささやくメモを操縦席の背中に貼っていた。クリスが後席に座ると、目の前にメモが来るわけだ。

第18章 オウムに見せる人形劇

地球をほかの生物すべてと共有するようにならなければ、人類の命運はほどなく尽きてしまう。だから、生物多様性の保護を優先するよう国に求めなければならない。基本的にすべきなのは保護区を増やすこと、できれば、国立公園を増やすことだ。

――ダグ・トンプキンス

みずからがアルゼンチンに持つ広大な湿地帯を地上30メートルで飛びながら、ダグは、亜熱帯らしい日の光と湿気の中、カイマンの群れがくつろぐ姿を愛《め》で、また、世界最大の齧歯《げっし》類で体重が50キロにも達するカピバラの群れが浮島の空き地を駆け抜けていく姿を愛《め》でていた。鳥も多いため、このあたりを飛ぶのは危ない。1発しかないエンジンをコウノトリにやられ、墜落することも考えられる。

低空を飛んだりアシの中をカヤックで渡ったりして、ダグは、生物学者の目と反逆者の心で野生生物をチェックする。自然が回復できるように、このあたり一帯を買い取ることをダグは計画していた。イベラの湿地帯を守る闘いの先鋒《せんぼう》として起こした何十件もの訴訟は順調だ。すでに47件について判決が出ている。イベラ環境保護に前向きなものばかりだ。イベラの湿地帯にふたたび水が流れはじめた。野生生物も増えている。回復が始まったのだ。

法廷で勝利したことも、生息環境が予想より速く回復していることも喜ばしい。だが、薄氷の勝利であることもダグはわかっていた。だから、このすばらしき地をどうすれば守れるのか、クリスとソフィア・ハイノネン、マリーシ・ロペスの3人に検討してもらった。地面になっているところは、ごく少数の富裕層が所有している。現地に住む人は大半が貧しく、一般的な経済活動の外で暮らしている。そこここに小さな集落ができているのだが、そこでは「頭脳流出」が悩みの種だ。若者ほど、教育を受けた人ほど、チャンスを求めてブエノスアイレスやロサリオなどの都会に出ていってしまう。集落の存続さえあやうくなりつつあった。

チリで力を持つ利権集団と10年も闘った経験から、ダグもクリスも、チームビルディングが大事だと痛感していた。また、イベラの住民と話をすればするほど、彼らコリエンテス人は政治的なみなし子だと強く思うようになっていった。アンデス山脈反対側の多雨林に入植したチリ人と同じように、アルゼンチンの僻地《へきち》に住む人々も、自分たちは各種施策と関係がないと感じていた。たしかに、彼らのニーズや望み、要求を無視したところで政治的に痛くもかゆくもない。だから、求められることも勘定に入れられることもめったにない。

「あのあたりの小さな町は予算もないに等しいですし、まして、政治に参加しようという人もまずいません。すごく貧しい地域で、自治体としてもあれほど貧しいところはあまりないくらいです。だから、連絡を取って会いに行っただけでとても驚かれました」と、野生生物を専門とするアルゼンチンの生物学者ハイノネンは言う。「町長とその妻を全員、プマリンに招待しに行ったんです」

プマリンでは、チリの伝統料理、クラントをダグが用意した。また、あちこち案内したり、なにくれとなく世話を焼いたり、公園を上空から見せたりもした。

「こういうことを考えているんですと見せたわけです。みなさん、とても驚いておられました。そして、未来についてあれこれ語りあいはじめました」

こずるいガイジン、ダグとよくぶつかっていたコリエンテス選出のセルヒオ・フリンタ上院議員も同行していた。じつはフリンタは、プマリン公園の訪問を渋っていた。「敵」と通じていると見られ、政治的なダメージを受けるかもしれないと思ったのだ。だからダグはお土産を用意した。プマリンを訪問し、1週間、その可能性を視察してくれたら、コロニア・カルロス・ペジェグリーニのウォーターフロント地区を購入し、再生しようと約束したのだ。再生した暁には、町民のキャンプ場として寄付する。それなら、メリットもないのに頭のおかしいガイジンに会いに行ったと後ろ指をさされる心配もない。ダグとクリスにとっても、このキャンプ場は、地元の人々や土地と関係を深めていく足がかりになるはずだ。ダグとクリスは自分たちを食い物にしようとやってきた金儲けしか頭にない連中だ、かかわるんじゃないと言われにくくもなるだろう。キャンプ場にはボート乗り場も用意し、だれでも湿地帯に入っていけるようにする。このあたりならあって当然のものなのに、それまでなかったのだ。

レニウエで、ダグは、がたいのいいフリンタ上院議員をハスキーの後席に押し込んでエンジンを始動。家の前にあるでこぼこの滑走路から急角度で「ダグの領空」に舞い上がる。ここをよく知るダグだからこそ提供できる、目に美しく、勉強になり、同時に恐ろしい空の旅だ。そして、清らかな有機農場の上を旋回する、改修なった渡し場の脇を水面すれすれにかすめる、遊び好きなアシカがたくさん群れているところを写真に撮るなどした。

夜は一緒に火を囲んでワインを飲み、議論し、笑った。だがその夜、大きな食い違いが表面化する。ダグは、地方公園ではなく国立公園を推していた。対してフリンタは、首都からの独立が地元の望みであり、国立公園などありえないという。互いに声を荒げての大げんかになってしまった。せっかくここまでいい感じだったのに、たった一言が互いに譲れず、ご破算になってしまった格好だ。翌朝、ふたりは言葉もほとんど交わさなかった。

ここからフリンタはパタゴニアの中心部へ飛び、チャカブコ・バレーの環境保護プロジェクトを視察する予定になっていた。道中、フリンタは気持ちが沈んでしかたなかった。

「眼下には最高に美しい景色が広がっていたのに、ダグとの大げんかでそれを楽しむ余裕がありませんでした。なにせ、プマリンからバジェ・チャカブコまで、チリ領パタゴニア地方のアンデス山脈を越えていく空の旅ですからね。世界最高の旅ですよ。なのに私は、早く帰りたいとばかり思っていました」

チャカブコ・バレーに着くと、クリスがにこやかに出迎えてくれたもので、フリンタはびっくりした。クリスはもちろん大げんかの件を知らされていたが、そしらぬ顔で案内していく。ふたりは有機農場を視察し、ブエノスアイレスのオペラハウスが買えてしまうほど高価な銅製ランプの明かりでラムのローストを楽しんだ。クリスについてフリンタは次のように語っている。

「クリスはそれとなく気を遣ってくれました。自宅で私に料理までさせてくれました。私の心が少しでも晴れるように、と。彼女は温かですなおな人柄と愛情で気持ちを明るくしてくれるんです。だから、クリス抜きにダグは語れないといつも言うんです」

フリンタは、火を囲んでの口げんかを吹っきり、ここで見た国立公園の光景に心を奪われてアルゼンチンに戻った。公園は地元の工芸や伝統とごく自然に一体化していたし、ホテルチェーン、安っぽい家具、近視眼的な考えの悪影響などは閉めだしていた。どういうやり方であってもウォーターノロントのキャンプ場を選挙区の人々に提供できることに変わりはないはずだ。

イベラの湿地を守るのは第1段階にすぎない。再自然化を進めてその地域本来の動物が戻ってくるのは何十年もあとのことだ。クリスもダグも、自分が生きているあいだに再自然化を完了できるなどとは思っていない。それでも、くっきりはっきりと夢を思い描き、まずなにをすべきか、大まかな流れを考えた。

ジャガーから始めよう。ダグはそう考えた。食物連鎖の頂点に君臨する王者の存在は、地域全体の安定を左右するはずだ。これにクリスは反対。早すぎるというのだ。アルゼンチンチームが出してきた代案は、オオアリクイだった。そして、オオアリクイの復活を推進するセンターをクリスとダグの基金から数万ドルを出してつくることになった。

アリクイは、南アメリカ大陸で一番おかしな姿をした動物と言えるだろう。掃除機のチューブみたいに長い鼻と出し入れ自由な長い舌を持ち、舌のトゲとねばねばでアリをなめとって食べる。生態系における位置づけはニッチだが、重要な動物だ。尻尾は1メートル近くて毛深く、ツメは恐竜を思い起こさせる。アリクイはおとなしく見えるが、人を襲うこともある。鼻はきくが視力は弱く、そのせいで死んでしまうことがある。残されるのは子アリクイだ。

「母アリクイが狩猟や犬との闘いで殺されたり、交通事故で死んだりすると、孤児が生まれます。イベラが集めたのは、大半がそういう孤児です」と、主任生物学者としてイベラの再自然化構想にかかわったアリシア・デルガードはこう説明する。「小さな赤ん坊をみつけると、みんな、家に連れ帰るんです」

アリクイの赤ん坊はかわいいと地元で人気のペットである。だが8カ月ほど飼って大きくなると世話も難しくなるし、じゃまにも危なくもなってしまう。

「再自然化を始めるのにこれ以上の動物はいなかったと思います。姿はおもしろく、なかなかにショッキングです。追いつめたりしなければ、危ないこともありません。なんとも愛らしい動物なんです」とクリス。「孤児が来たら健康状態をチェックしてから自然に帰すのですが、みな、名前が付いていて、家族がぞろぞろついてくるんです。人形劇にも登場するしテレビにも登場します。有名なんです。ロックスターですよ」

オオアリクイの再導入が成功したことを受け、再自然化チームのリーダーで獣医のグスターボ・ソリスは、パンパスジカや野生のジャガーなど、ほかの動物の再導入についても可能性を探った。ソリス本人は、どうすれば野生のジャガーを沼地や湿地、草地が広がるイベラに戻せるのかの研究に没頭した。イベラはジャガーにとって住みやすいところであり、それもあって、何千年も昔から、ジャガーはグアラニの人々にあがめられてきた存在だ。アルゼンチンでジャガーは「ヤグアレテ」と呼ばれているが、これはグアラニ語だ。であるのに、絶滅が危惧される状態になってしまった。

「いまアルゼンチンでジャガーが確認できるのはわずかに3カ所で、その数は合計200頭ほどだと思われます。生息地がひとつ失われるごとに、絶滅の危険が高くなるのです」と生物学者のマイテ・リオス・ノウヤは言う。「ジャガーがいなくなったら悲惨です。恐竜のようにジャガーを思いだす、絶滅した種として思いだすなど、想像するのもいやですよ」

スペインの生物学者、イグナシオ・ヒメーネスは、ジャガーについて研究したいと言ってきた学生にそれは無理だと諭したそうだ。研究できるほどに頭数が残っていないのだ。そして、かわりに人々がジャガーをどう見ているのかを研究してごらんと提案。地域社会の幅広い支援がなければ、イベラの草地にジャガーを再導入するなどとうてい不可能だからだ。つまり、いわゆるアウトリーチが必要になる。まずは学生を現地に送り込んでデータを集め、432人の聞き取り調査を定量的に分析すると、驚きの結果が得られた。

地元の人々はジャガーを愛していた。戦士の文化と反逆者精神をむねとする地域のシンボルだと考えていた。ダグにとって追い風となる結果だ。チリではいつも現地の理解が得られず苦労してきたが、今回は、話が違うかもしれない。

ダグは、ジャガーを入れる大きな囲いの建設を決めた。だが、建設にかかると同時に、例年にない強い雨が降りだし、それから2年間、泥まみれで苦労することになる。その間、生物学者や獣医などのチームメンバーはジャガーの繁殖という難事業に必要な情報を集めにインド、ブラジル、南アフリカ、スペインに飛んだ。

ダグもクリスも渋ったが、再自然化チームは、鮮やかな赤と緑の大型オウム、コンゴウインコも取り戻そうと考えた。狩猟、密漁、密輸でコンゴウインコは100年も前に姿を消してしまっていた。人の住まない南アメリカの奥地にはまだ生息しているが、イベラではペットとして飼われているだけだ。新しく来たガイジンがオウムのすみかをつくろうとしているとのうわさが広まると、少しずつ、ウチのコンゴウインコを使ってくれと連れてくる人が増えていく。

「たしかにコンゴウインコなんですけど、鳥より人に近い感じで」と獣医のひとりは笑った。「まずは飛び方から教える必要がありました」

ここまで来たらしかたないと、ダグとクリスも承認し、持ちこまれたコンゴウインコの世話をして、野生復帰の準備を進めるスタッフを雇うことになった。だがこのプロジェクトは大失敗に終わる。飛べるようにはなっても飛び方が下手すぎて、すぐに食べられてしまうのだ。第1回の放鳥で生き残ったのは1羽だけだった。

「放鳥するとほかの鳥に攻撃されるんです」とチームの獣医、ニコラス・カーロは言う。「鳥は縄張り意識が強く、オナガオンドリタイランチョウなどの小鳥に侵入者とみなされてしまって。結局、とげのある植物の根元近くで暮らすしかなく、みんな、キツネやアリゲーターに食べられてしまいました。運動不足の事務職員がプロサッカーの試合に出させられるようなもので、すぐ疲れきってしまうんです」

再自然化チームは外部に助けを求めた。映画に出る動物を訓練するハリウッドのトレーナーなら野生復帰に向けた訓練ができるかもしれない。つてをたどり、鳥の訓練で右に出る人は映画業界にいないと言われるアルゼンチン人、ファビアン・ガベリをみつけることができた。大きな問題がひとつあった。鳥に野性を取りもどさせる訓練はしたことがなかったのだ。逆に、オウムを飼いならし、カメラの前で演技ができるようにしてきたわけで。コンサベーション・ランド・トラストの依頼は、飼いならす逆ができないか、である。

ガベリはこの挑戦に乗った。

彼の目から見ると、イベラのコンゴウインコ再導入が失敗したのは当たり前だった。オウムが餌を探し、巣をつくれる森林があるのは、広大な湿地帯に点在する小さな島だけだ。そこに、飛ばずに鳥かごで暮らしてきたせいで胸の筋肉が発達していないオウムを放す。それではすぐに疲れて湿地に降り、ほかの動物の餌食になってしまう。

コンサベーション・ランド・トラスト側には理解しづらい話で、反論がくり返された。たとえばソフィアとファビアンのあいだで次のような問答があったりした。

「ファビアン、鳥は飛ぶのが大好きなものでしょう?」

「違います。鳥が飛ぶのは、やりたいをするのにそれしか方法がないからです。鳥は飛ぶのが好きだと思うのは人間の考え方です。飛べたらいいなと我々が思っているからにすぎません。自然の中で鳥が飛ぶのは食べ物を探すためです。そういう暮らし方だからです。飛ぶのは手段にすぎません」

ガベリの処方は、厳しい食事療法と運動療法だった。25メートルほどもある長いケージの両端に給餌器を取り付けた訓練センターを用意する。向こう側まで飛ぶと餌がもらえるわけだ。失敗の記録でもうひとつガベリが注目したのは、たくさんの鳥にひとつの給餌器だった点だ。それでは力の強い鳥が果実を食べ尽くし、力の弱い鳥は残り物でがまんするしかない。結局、どちらも食事のバランスが崩れてしまう。今回は鳥をグループ分けし、さらに、餌も1羽ずつ小分けにした。この効果はてきめんで、3週間もすると、長い距離を飛ぶのに必要な胸筋の発達が確認できた。

巣をつくる試みも苦労の連続だった。生物学者マリアネリャ・マサットらのチームが担当したのだが、プラスチックは重すぎるし、木質に変えると、ミツバチやフクロウに取られてしまう。

コンゴウインコはさまざまな果実や種子を食べ、ひらひらと飛びながら排便する。そして食べた種子をばらまき、生態系の再生に一役買う。だから生物学者のヒメーネスはコンゴウインコを「森林ビルダー」と呼んでいる。

訓練が進んで速く飛べるようになるたび、飛行コースに障害物を増やしていった。

「飛行に耐える筋肉をつけさせるんです。それまで動物園で飛んでいた子たちですからね」とアルゼンチンの生物学者、ノエリア・ボールペは言う。

つかむ力がつくように、止まり棒もさまざまな太さのものを用意した。1羽ごとにあわせて果実、種子、植物の配合を調整した餌を与える。訓練ルートに設置する給餌器の間隔を広げ、途中に障害物を置く。給餌器をみつけにくくする。そのコースを飛ぶのにかかった時間、消費カロリーなどを記録し、進歩を測定する。

「強化選手みたいな扱いですよ」とガベリは言う。「必要なカロリーを摂取して運動メニューをこなす。パフォーマンスを記録し、チェックする。そういう訓練を人にではなく、動物を野生環境に戻すためにするのはすばらしいことだと思います」

ガベリは、食べようと自分を狙う動物のこともオウムに教えようとした。オウム用の円形劇場をつくり、自然のなかで生きていく際に遭遇する危険を描く人形劇を見せるのだ。ワシの人形を登場させてみた。まったく反応がない。自然の中で暮らした経験がないので、ワシを見ても食べられてしまうと恐れることがないのだ。いや、ワシがなんなのかさえ理解できていないかもしれない。コンゴウインコの警告用鳴き声を流しながらワシがオウムを襲うシーンを見せたらどうだろうか。

「襲うシーンを見せたら、みんな、ものすごく反応しました。ほんとうに食われているところを見たかのように、そこから逃げようとしたんです」

こう言うガベリは、攻撃のシーンをくり返し見せることにした。そのガベリのリハーサルを見たソフィアは、「これ、劇場ですよね。オウムに人形劇を見せるなんて信じられません！」と言ったという。

何カ月にもわたるトレーニングと、危険を教える人形劇を経て、放鳥の準備が整った。一部には無線で追跡する装置をつけた。

「コンゴウインコを放鳥する前に、『見かけたら連絡を』と電話番号を添えて盛大に広報しました。コンゴウインコホットラインですよ」とクリスは言う。「実際に何本も電話をもらいました。写真も。『このくらいの大きさだった。ウチの裏庭にいたんだ』とか『こういう木にとまってました』とか、大変な騒ぎになりました」

「自然の生態系を丸ごと保つこと、すなわち、バイソンやオオカミ、トラ、ピューマ、ジャガーなど、失われた大型獣を守ることが一番いいのだと地域社会に理解してもらわなければなりません」とイベラの再自然化に何年も取り組んだヒメーネスは言う。「だから、その地域やその国にまつわる物語や神話の類いまで総動員するんです。環境保護団体にしか響かない話をしてもうまくいくはずがありません。ふつうの人にとってなにが大事なのか。仕事です。誇りです。希望、文化、そして、国を愛する心です」

ブラジルとパラグアイの環境NPOから繁殖用にオスのジャガーを提供できると言われたのを受け、ダグとクリスは、ジャガー再導入センターの建設を決断した。大都市の動物園に匹敵するほど巨大なものだ。何百万平方メートルもの敷地を用意し、獣医の処置を受ける小さなポッドから繁殖用の小さな囲い、一次放獣の囲い、さらに、28万平方メートルの巨大な囲いへとジャガーが移動していけるように設備をつくる。たくさんの構造物からできた施設で、サンアロンソを空から見ると、平野部に何キロも続いているように見える。

湿地の自然環境にとってジャガーの再導入は欠くことができないものだと生物学者のセバスチャン・ディ・マルティーノは言う。

「バランスが崩れていたイエローストーン国立公園の生態系がハイイロオオカミの復活で回復したように、ジャガーが復活すればここの湿地帯も元に戻るはずです。再自然化が進めば、野生生物の観察や関連サービスにより、コリエンテス州に散る小さな地域社会の経済も活性化するでしょう。エコツーリズムと野生生物が経済的な支柱になっている小さな町なら実例がいくらでもあります」

ディ・マルティーノによると、メスから放すべきらしい。縄張りが小さく、個体が散りにくいからだ。戦略は、多様な遺伝子を持つ健全な集団をつくること。ただ、なにが起きるかわからないところがあるので、公園の敷地からジャガーを出さず、人からなるべく遠ざける工夫をできるかぎりしなければならない。1回でも事故が起きれば、1回でも問題が起きれば、ジャガーが1頭死ぬ、あるいは人がひとり死ぬなんてことがあれば、プロジェクトが何年分も後退してしまう。

地域の人々と交わった結果、ダグとクリスは、野生の生物に対する尊敬がコリエンテスの伝統であることを知った。毎年恒例のカーニバルでは、羽かざりやトロピカルカラーがふんだんに使われる。

「ガウチョはクジャクに似ています。見せびらかすのが好きなのです」

と、地域の伝統を尊重しつつ、動物を再導入・再自然化する道を探るため、クリスとともに地域文化に親しんでいたソフィアは言う。

ダグは、「コリエンテスを再びコリエンテスたらしめよう」なる自作スローガンを使い、一連のポスター50種類を制作。写真は、タテガミオオカミ、カイマン、ジャガーなど保護を必要としている動物だ。トンプキンスのロゴも使わず、海外を示唆するようなものも入れなかった。これを売店やスーパーマーケット、郵便局、ホテル、バーなどで無償配布すると、大人にも子どもにも大人気となった。動物についてよく知っ

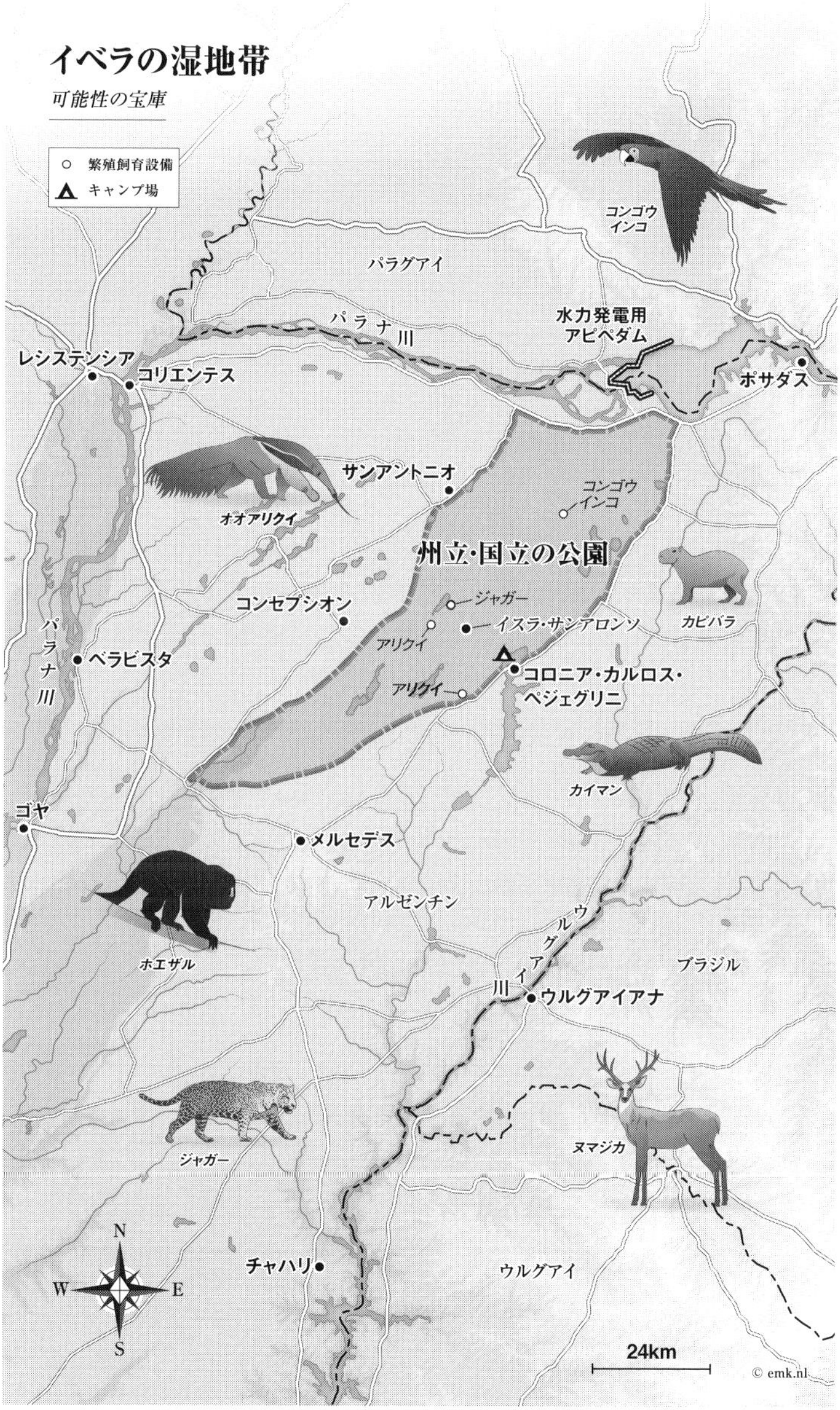
イベラの湿地帯
可能性の宝庫
繁殖飼育設備
キャンプ場
コンゴウ
インコ
パラグアイ
パラナ川
水力発電用
アピペダム
レシステンシア
コリエンテス
ポサダス
サンアントニオ
オオアリクイ
コンゴウ
インコ
州立・国立の公園
カピバラ
ジャガー
コンセプシオン
イスラ・サンアロンソ
アリクイ
パラナ川
ベラビスタ
コロニア・カルロス・
ペジェグリニ
アリクイ
カイマン
ゴヤ
メルセデス
アルゼンチン
ウルグアイ川
ホエザル
ブラジル
ウルグアイアナ
ヌマジカ
ジャガー
N
W
E
S
チャハリ
ウルグアイ
24km
© emk.nl

てもらうため、教育の支援や授業に使う資料などもコンサベーション・ランド・トラスト経由で提供する。学期が進むたび、学年が進むたび、年が変わるたび、もうずっと姿を見かけなくなっていた動物が湿地帯に戻り、学校の授業に戻ってくる。子どもたちはいろいろと学び、土地を愛し、動物を愛するようになっていく。10年後には、地元住民と野生生物の絆はかなり強くなっているはずだ。

ダグはギリシア神話のアトラスみたいに、その肩に世界の重みを担っている。見ればわかる。そのことは彼の気持ちに大きな影響を与えている。だから怒るしいらいらもする。だがなんといってもすごいのは、彼の人生が美にあふれていることだ。彼は暗い。破滅に直面している。彼がメールで送りつけてくる破滅の物語のように、欧州北部のどこぞにいる暗く無名の書き手による記事のように。あれを読むと、あまりの暗さに自殺したくなる。

オオアリクイ、ジャガー、クビワペッカリーなど保護が必要な動物の写真を使い、50種類のポスターを作った。ポスターは、地域の商店や施設などに貼られ、大人にも子どもにも人気となった。

暗闇が迫りつつあり、出口はない。そんなわけで、彼は暗いあれこれをたくさんその身に取り込んでいるのだけれど、でも、どうしたことか、仕事では、そこから解決策や選択肢を導きだす。たとえば、美しい農場をつくるとか、美しい公園をつくるとか、美しい本や美しいイメージをつくるとかするのだ。片手に破滅と世界の最後を持ちつつ、彼は、もう片方の手で美を生みだしていくのだ。

――ウエストン・ボイルズ

ダグもクリスも、地域社会の支援が不可欠だと考えていた。それがなければ、公園をつくることはできても100年もたせることはできないからだ。そのためもあり、「自然の生産」をもとにイベラの経済を復興したいと考えていた。自然を保護すれば、持続可能な経済発展が可能になると示すのだ。

昔からよそ者に対する警戒感が強く、また、アルゼンチン政府に無視されてきたこともあって、野生生物や観光業という面でイベラには金の鉱脈が埋もれていることが忘れられてきた。カヤック、バードウォッチング、ネイチャーツアー、アフリカ型のサファリツアーなど、持続可能な地域経済の基礎となるべきものがいくらでもあるのに、である。

「我々が示したのはパラダイムシフトです。野生生物を目玉とした観光業で10都市が発展できる可能性があるよと示したわけです」とハイノネンは言う。「この10都市には、我々が生産的な話をしているのだと理解してもらえました。自然そのものを通じて自然を生産するという話です。このアイデアは、地元に住んでいる人々の暮らしぶりを見て思いつきました。コリエンテスはとても貧しい地域です。トレッキングとかハイキングなんてする人はいません。だから、レクリエーションを通じて自然と絆を結ぶことはないのですが、仕事を通じては自然と絆を結べます。だから仕事の機会を生むなにか、なにかを生産すること、そういう考え方をすれば話がまるで違ってくるわけです」

　このあたりを反対派にも納得してもらおうと、ダグは、アフリカの国立公園を巡るツアーを企画した。少しずつ態度をやわらげつつあったセルヒオ・フリンタ上院議員も参加した。

「アフリカ視察で、ワイルドライフをベースとした経済とはどういうものなのかを理解することができました。特にクルーガー国立公園が参考になりました。地方政府の公園と国有の公園が入り交じった保護区だからです。そして、あの考え方を持ちかえったわけです。ですから、コリエンテスのイベラ公園には南アフリカ的なところやコスタリカ的なところがたくさんあります。アフリカ的要素はさまざまな生物種の再導入であり、コスタリカ的要素は地元の人間と発展の関係です」

　観光客がアリクイやカイマンを見に、わざわざお金をかけてアルゼンチンまで来るはずがないと地元の人々は考えていた。だが、だんだんと観光客が増え、ボートを借りたりサファリツアーの写真を撮ったり、食べ物や生活用品を買ったり、宿屋に泊まったりが増えると、お金をかけてまでカイマンやカピバラを見たいという人がじつは少なくないのだと明らかになっていく。

「ジャガーのような猛獣が仕事になると納得してもらうには、観光業が一番わかりやすくていいですね」と生物学者のヒメーネスは言う。「ワイルドライフのエコツーリズムで暮らし向きがよくなるのを見れば、ほかの地域の人々も、『ウチもあれやろうぜ』となります」

　多くの人が訪れることこそ、湿地の保護に役立つとダグは考えていた。観光の目玉だという認識が広がれば、湿地帯は共有の財産となる。そのとき、湿地帯の生態系を健康に保つことが自分たちの利益につながる、だから野生生物を守ろうと地元の人々が動くことになる。10年前のダグは、プマリンで、あらゆる開発に反対した。そこから戦略を進化させて、一般公開の船着き場をつくり、分け入るのが難しかった湿地帯の探索を推進するようにしたわけだ。まずは密使を送り込み、だれのものとも知れない土地に杭《くい》を打って自分のものだと宣言し、つづけて、観光業を通じて自然を守る闘いをすることを地元の人々に教える。そういう戦略になったのだ。

ダグとクリスがコリエンテスでしていることに注目していたひとりがアルゼンチンの観光大臣だ。環境庁は持続可能な観光業を柱にイベラを開発することには大きな価値があると理解していた。だから、大きなチャンスがイベラにあると気づくと、観光業やインフラの国家予算をつぎ込み、道路やキャンプ場を整備し、レンジャーを雇い、利用促進の広告を打った。地元の実業家や顔役も、ようやく、ダグらが文化戦争に勝利しつつあると気づいた。10年前、村の集会でダグが語ったたわごとが現実になりつつあると気づいたわけだ。なお、フリンタ上院議員は政治家にとっても、また、そういう地元の実業家や顔役にとっても頼るべき人となった。

イベラの湿地帯はエコツーリズムの地として次第に人気が高まり、地元での評価が上がるとともに、国レベルでも、さらには世界レベルでも知られるようになっていく。その結果、奇妙な追い風が吹いたことも特筆に値するだろう。みな、そこに参加したいと考えるようになったのだ。

「公園に反対し、通れないようにじゃまをしていた人々も、土地なら寄付するから道路をつくらないかと言ってくるようになったのです」と、転向したひとりだと自認するフリンタ議員が証言している。「一般公開などもってのほかだと強く反対していた人々も、なにも言えなくなりました」

Part 4

第19章 公園街道

たとえば米国の国立公園77カ所について見てみよう。衝突なり反対なりがまったくなくできたところはない。そういう障害をなんとか乗り越えなければならないのだ。60年もかかったところさえある。それに比べれば、我々はなかなかにいい成果をあげていると言えるだろう。

── ダグ・トンプキンス

２０１３年、70歳の誕生日を前にダグは焦っていた。まだ6時間くらいバックカントリーを歩けるし、96歳の母フェイスも元気だ。だが、残り時間が足りないのではないかと心配になったのだ。その心情をごく近しい相手への手紙で次のように吐露している。

「人生が終わる前にしたいことが山ほど残ってるんだよね。なにをどうしようが、世界が終わりに向けて走るのは止められないとわかってはいるんだけど、でも、ぼくの中のなにかが、美のために働けとぼくをせかすんだ。遺伝子にそう組み込まれているのかもしれない」

原生地の保護を急がなければならない。世界の人口は70億人を超え、手つかずの生態系を買い取って国立公園にするチャンスはどんどん小さくなっている。

「自分の目が信じられませんよ。会議の予定が朝8時からずっと、それこそ、晩ごはんまでとか、場合によってはそのあとまで続くんです」と、ダグと一緒に仕事をした風景写真家、リンデ・ワイドホーファーは言う。

寄付をしてくれる人が来ると、さまざまな保護プロジェクトを見せて歩いて現状を説明するので、そうでなくても過密なスケジュールがもっと大変になってしまう。イェンデガイア国立公園の創設は、1年ほどがんばった結果、フエゴ諸島のかなりの範囲を保護することができた。プマリンはまだまだの状態だが、流れは変わりつつあるのを感じる。

草分けの環境保護プロジェクトが成果をあげているのはまちがいないが、なんといってもお金の問題が大きい。パタゴニア社とその創業者、マリンダ・シュイナードとイヴォン・シュイナードがかなりの部分を負担してくれていることもあって、なんとかなってはいる。とにかく、資金集めは頭痛の種だ。

「自分も自然保護をしたいと考える富裕層からよく尋ねられるのです。『どうやったんですか？　お目にかかれますか？　どうすればそういうことができるのですか？　どうすれば大好きなところを守れるのですか？』と。ダグは、そういう人にいつもすごく丁寧に対応するんです」とカロリーナ・モルガードは言う。「そしてこちらまで来られると、みなさん、すばらしいとおっしゃいます。『ダグのしてきたことはすごい』とか、最近は『クリスのしてきたことはすごい』とか。我々と話をしているあいだはなんでもできる気になるのですが、ここから一歩出てしまうと、公園から一歩出てしまうと、生産を求める新自由主義の力、お金を生み出すことをしろという新自由主義の力が支配的になってしまいます。この力をなくすのが難しいんです。頭の中にチップでも組み込まれてるんじゃないかという気がするほどです」

あわせて数千万ドルの資産を持つダグとクリスだが、現金の不足が悩みの種だ。なにせチリで100人、アルゼンチンでも数十人に給与を払わなければならないのだ。

ふたりは100万人に1ドルずつ寄付してもらうのではなく、ひとりで100万ドルを寄付してくれそうな人を狙った。たとえば、ウォルマートのチリ事業を興してビリオネアになったニコラス・イバニェス。

彼にダグはこう投げかけた。

「ニコラスさん、あなたは、死んだとき、墓石になんて刻むんですか？『チリで一番重要なスーパーマーケットのオーナー』ですか？」

一歩まちがえれば怒らせてしまうところだが、ビリオネアは真意をくんでくれた。

ダグとクリスに直接会おうと南アメリカまではるばる来る資産家も、少ないながらいる。そして、来た人々が後悔することはない。打ち解けた雰囲気の夕食会が開かれる。

「ふたりの家には毎晩のように来客がありました」とナチュラリストで環境活動家のジョージ・ワースナーは言う。「政治家に科学者、慈善家、環境保護の活動家、有名な作家や芸術家などです。世界的なクライマーや冒険家が加わることもあります。そして、活発な議論が交わされるんです」

資本主義と環境保護、両方の頂点を極めた自分なら、客人に講義をしても許されるとダグは感じていた。相手が作家のデビッド・クアメンやCNNを興したテッド・ターナーほどのセレブであっても、だ。

「地球をほかの生物すべてと共有するようにならなければ、人類の命運はほどなく尽きてしまう。だから子どもたちには、我々一人ひとりが地球の家賃を払う必要があると教えなければならない。そのためには、生物多様性の保護を優先するよう国に求めなければならない」

アルゼンチンではモンテレオン国立公園、チリでもコルコバード国立公園が成功したことから、ダグとクリスは、型破りな企画を進めることにした。チリに持つ土地、すべてをまとめて差し出し、受け取るか否かの二者択一をチリ政府に迫るのだ。大胆な提案であることは承知している。チリ政府の最高幹部クラスが検討しなければならない話になるだろう。

ダグとは、プマリン公園の上を3回飛びました。最終日は強い風が吹いていました。この中を飛ぶのは危ないんじゃないかと問うと、「大丈夫、大丈夫。川をカヤックで下るのと一緒だよ。ちゃんと気をつけていれば大丈夫」と言われてしまいました。そんなわけで空に上がったのですが、かなり跳ねることになるからベルトをしっかり締めておけと言うんです。だから、いつものカメラ、でっかいハッセルブラッドはバックパックにしまい、小さなバッグに入れたもう1台、古典的名機のニコンFM2を使うことにしました。なのですが、ミキサーに放り込まれたかのようにめちゃくちゃ動くので写真を撮るどころではありませんでした。南北に走るコマウ・フィヨルドのあたりまで行きました。直角になっているカウエルモ・フィヨルドなんてものもありました。このカウエルモに着いたとき、東から風洞みたいな風が吹いてきたんです。ごぉ〜っとものすごい勢いで。この風にあおられ、飛行機が跳ねはじめました。ほんとに跳ねまわるんですよ。ダグも私も話なんかできません。あまりに動きが激しくて、ダグなんか、ヘッドセットが頭から外れたほどです。墜落を覚悟しましたよ。着陸後、ハッセルブラッドはあるのにニコンが見当たりません。機内を探していたら、透明なアクリルでできた天井に穴が開いているじゃありませんか。ええ、カメラの形をした穴が、です。

——パブロ・バレンズエラ（チリの風景写真家）

２０１４年、チリ政府はパタゴニア南部の島々で迷路のようになっている海にフェリーを通した。南部ハイウェイは漁村トルテルまでなのだが、そこから車ごとフェリーで島々のあいだを縫って南下し、プエルト・ナタレスからまた車を走らせられるようになったのだ。プエルト・ナタレスは、パタゴニアで一番有名な（そして一番大きな）国立公園、トーレス・デル・パイネの玄関口である。

地上・海上・地上と続くこのルートは、パタゴニアでも特に人の手が入っていないあたりを通る。地図で見ると、ここは巨人にハンマーでたたき割られたのかと思うほど粉々で、道路を通すのは無理がある。だから船で群島内を通るしかない。

新設された海上ルートを見たダグは、いままでばらばらだった地域や国立公園がこれでつながる、であればとすごいことを思いついた。さすがのダグにとっても一番とっぴなアイデアではないかと思うことを。南部ハイウェイは景観を台無しにする傷だとしてきたが、その批判は棚に上げ、これを脊髄だと考えてみよう。そうすれば、北側はプエルトモントにほど近いアレルセ・アンディーノ国立公園から1600キロ南のフエゴ諸島にいたるまでが、陸と海にまたがるルートで結ばれる格好になる。これはいい。だが統一コンセプトが欲しいな。そう考えたダグは、全体をひとつだととらえればいいと思いついた。

その方向でキャンペーンを企画しよう。グラフィックデザイナー、野生生物専門の生物学者、信頼する側近を集めると、朝から晩まで突貫工事で、チリのセバスティアン・ピニェラ大統領に対するプレゼンテーションの資料をつくっていく。頭の中で反すうすればするほどいいコンセプトに思える。このブランドなら時間という試練に耐えて生き残るはずだ。ザ・ノース・フェイス、エスプリ・デ・コープに続く3番目となるこのブランドは、ファッションなどという気まぐれに左右されず長生きするだろう。生まれながらのコレクターで、みごとに織り上げられたキルトや完璧なデザインの木製チェアを愛する男にとって、これは代表作となるものだ。公園街道――ダグはそう呼ぶことにした。

公園街道は氷河に覆われたアンデスの山々から海辺の湖沼、苔《こけ》に覆われ、シダが生い茂る密林を結ぶ。往時をしのばせる生物多様性の宝庫だ。ごく一部の公園しか訪れない人が大半だろうが、それでも、選ぶのに迷うほどさまざまなアクティビティを提供できる。ビュッフェスタイルとでも言えばいいだろうか。

「ダグは観光業そのものにはまるで興味がありません」と、ダグのもとで対チリ政府の窓口として働いていたムラディーニックは言う。「もちろん宿泊棟もハイキングルートも用意していますけど、それは観光客を増やしたいからではなく、公園にはだれにでも楽しめるインフラがなければならないと思うからです。アルゼンチンの経験から、観光業と自然保護、両方にとって利のある健全な関係があり得ることもわかってきましたし」

ダグとクリスは、仲間を通じ、このアイデアを世界中に発信した。保有する土地をひとまとめに寄付する総仕上げだ。チリに持つ土地は、すべて、予算をあまり持っていないチリ森林公社（ＣＯＮＡＦ）に寄付する。対価は、国立公園５カ所の新設と既存３カ所の拡張だ。

見どころを集めた動画もつくった。パタゴニアをツーリストのメッカにすればチリにどういうメリットがあるのかをビジュアルな映像で訴えるのだ。目を奪われる写真にシンプルなスローガンで、チリという国のイメージがどれほど高まるのかを強調する。国立公園をいくつも新設し、持続可能な観光業を中心にすえた開発計画を発表する以上に近代的なことがあるだろうか。

地域としても、コンセプトとしても、パタゴニアを恒久的に変えようとダグは考えていた。大臣や大統領と話をする際、ダグ以上にチリをよく知る人が同席していることはまずない。ダグは地図の上でチリの背骨に指を走らせながら、公園の名前を次から次へと挙げていく。もちろん、つくるべきだとダグが主張しているものも含めて、だ。そして、国が4万平方キロを国立公園に指定するなら、約４０００平方キロの地所を寄付しようと提案した。10倍というのはかなり大胆なレバレッジだと言える。一部しか実現しなくても、数千平方キロは国立公園になるはずだ。

交渉を得意とするダグはアウトドアのパイオニアで世情に通じているし、ディベートチャンピオン並みに速く頭が回転する。また、イアン・ダグラス・ハミルトン、マイケル・フェイ、ジェーン・グドールといった自然保護界のリーダーと同じく、ダグも、必死で守ろうとしている土地や動物に囲まれて生きる数少ない人間のひとりである。

「土地の購入に50万ドルを出すなら、『うまく使ってくれ』とそのお金をダグに渡すのが一番です」とバックレーは言う。「ダグなら大統領に連絡することもできるし、カウボーイと話すこともできますからね」

ピニェラ政権ではたくさんの前進があったが、一大寄付の件はまとまらなかった。だから大統領戦が近づいた2014年、勝利しそうな候補、ミチェル・バチェレに声をかけることにした。カトリックではなく、離婚し女手ひとつで子どもを育てたバチェレはチリのエリート層が理想とするタイプではないが、大統領を1期4年務めた経験もあるし、退任時も80％と支持率は高かった。ちなみに、当時、ダグとのつながりはなかったし、じつは会ったこともなかった。だが、2014年には環境保護がチリでも注目を集め、国立公園の設置や原生地の保護が政治的な成果として意味を持つようになりつつあった。

ダグは、設置した国立公園の面積で歴代大統領を並べた自然ランキングを準備した。チリでは、最初の国立公園がつくられた1926年以来、途中退任でもしないかぎり、全大統領が国立公園を増やしてきているのだ。共和制の伝統で、ピノチェト将軍でさえも国立公園をつくっている。大統領になるような人は負けず嫌いなのを知るダグは、バチェレが2位にランキングされているグラフも作成した。ダグの一大寄付の件にうなずきさえすればそうなる、と。

「これで決めるぞ」とダグは、側近中の側近、イングリッド・エスピノーザに言った。

「地域経済が重要であること、また、観光業は自然保護の結果として生まれるものであることを強調しました」と資料を作成したエスピノーザは言う。「今回は、提案も、政治的に意味のあるものにしました。つまり、単純に寄付しますよと言うだけでなく、その地域がどう発展していくのかを説明し、その発展を我々が支えるのだと訴えたのです」

パタゴニア国立公園になるあたりを見せてもらっていたとき、ダグに、「いや、ね？　そしたらこれを国に寄付にするんだけど……」と言われたんです。思いましたよ。どうしてこれを手放すの？　どうしてこれを寄付しちゃうの？　だって、まだ完成してもいないんですよ？　しかもダグは自分の思いどおりにしないと気がすまないタイプで、採算なんか取れるはずがないレベルの仕上げにしていたりするわけで。すべてについて。なのに、『そうしなきゃいけないんだ。それしかないんだよ。最終的な目標は国立公園じゃなきゃいけない、だから、手放さなきゃいけないんだ』って言うんです。この話をしたのは、温室脇の小道をふたりで歩いていたときでした。らしくないなぁと思ってしまいました。

——クインシー・トンプキンス

２０１５年10月、ダグはパタゴニアを見に来ないかとマイケル・フェイを誘った。到着したフェイをハスキーに乗せて飛び立つと、ダグは、機体を45度と大きく傾け、一方の翼端が暗い峡谷を指し他方が空を指す状態で、ぐるぐる回りながら高度を下げていく。峡谷両側の岩壁まで１メートルもないらせんを描くのだ。帰ってこれるのだろうかと後席のフェイは心配になってしまったそうだ。すごく長く感じた降下が終わると大きな空間が現れ、ジャングルに囲まれたすばらしい滝が目に飛び込んできた。映画『ジュラシック・パーク』のポスターかなにかのような光景だ。ダグは満面の笑み。フェイもほほが緩み、思った。こんなこと、ダグにしかできんぞ、と。

この日、ダグは、ロッククライマーのアレックス・オノルドも乗せて飛んでいる。のちにつくられるドキュメンタリー映画『フリーソロ』は、フリークライミングでヨセミテのエル・キャピタンを登頂する彼の挑戦を描いたもので、オスカーを受賞している。そのオノルドにも、隠れ谷や未登の岩壁や煙を吐く火山などを見せて回る。購入、土地、公園、闘い、農場、そして失敗——25年の歴史を語るダグはほんとうにうれしそうだ。

「ダグとパタゴニアを飛ぶのは、ツアーバスに乗るようなものです」とフェイは言う。「会話が途切れることはありません。まあ、だいたいはダグが説明をしてくれてるんですけどね。海面近くまで高度を下げていけすのサーモンを数えたかと思うと、山を越えて噴火している火山やそのせいで傷んだ森林を見に行ったりするんです。農場の上空を飛びながら、ここはいま手を入れているところで、あの建物とかこの建物とか、建て直しが終わったところなんだなどと話してくれます。火山灰が流れ込んで川の流れがどう変わったのかとかも見せてくれます。いろいろ見せてくれながら、見ているものの物語を聞かせてくれるんです。そうしながら、自分自身は、頭の中で、ここにはこれがあってとチェックしているわけです」

そうして森林や農場や小道や景色の説明をすると同時に、ダグは、公園街道の構想についても熱っぽく語った。このコレクションも、何十年も前に処分した芸術品のコレクションと同じように大きな価値を持つ。それをすべて寄付したいのだとダグは言いつづけているのだが、お役所相手の交渉はなかなか進まない。大統領の息子、セバスチャン・ダバロスを巡るごたごたで大統領側に余裕がないのも一因だ。支持率も70%台から30%台まで落ちてしまった。自然保護になどかかずらっている場合ではないのだろう。土地はチリの人々に提供すると最初から言っているのに、今回も難しいらしい。購入も、いらいらしたりつまずいたりでなかなか進まず何年もかかってしまったが、それを寄付するのも、また、難しいわけだ。

一大寄付の話が少しずつしか進まないので、そのあいだ、ダグは、パタゴニア国立公園となるはずのところの中心に建てるビジターセンターのデザインに没頭した。このセンターには、国立公園の創造や自然保護に対するダグの哲学を訴える展示を用意する。建設の費用は、エスプリ社時代に欧州事業のパートナーだったユルゲン・フリードリヒが600万ユーロを寄付してくれた。センターの展示は、地域の歴史や見ることのできる鳥の種類を単に紹介するものではなく、行動を呼びかけるものにしたい。こういう展示を見る時間はだいたい30分。そのあいだ、どう過ごしてもらえばいいのか。

「国立公園とはどういうものなのか、考え方の部分からしっかり理解してほしいとダグは考えていました」とクリスは言う。「なぜ国立公園が必要なのか。なにが起きているのかも理解してほしいと考えていました。だから国立公園は絶対に必要なのだ、と」

大まかな方針はすぐに決まった。まずショックを与え、つづけて事実を知らせて、最後に、自分もなにかしようと思ってもらう。だから最後の展示は大きな鏡で、「これからなにをしますか?」と問いかける。

２０１５年12月、ダグは、コーポレート・エコ・フォーラムというプログラムでリック・リッジウェイとジブ・エリソンが連れてきた経営者の集団を建設中のビジターセンターに案内し、制作途中の展示を見せることにした。ヒューレット・パッカードやディズニーなどフォーチュン５００企業の経営者で、いつもダグがかみついている相手である。そのあたりはエリソンがうまかった。ここは叱るより教えるほうが得策だと考えたのだ。大企業は環境に対する罪を自覚はしていて、やり方を改善しなければならないとわかっていることも多い。ウォルマートではオーナーのウォルトン家を説得し、梱《こん》包《ぽう》材を35%も削減させることができた。エリソンのコンサルティング会社ブルースカイは、これだけで、埋め立てに回るゴミを数千トンも減らせたわけだ。

大勢の企業経営者を前に、ダグは、すばらしいパフォーマンスをしてみせた。自然をもっと真剣に保護しなければならないと熱弁をふるったのだ。長年の友だち、リッジウェイは、信じられない思いでその様を見ていた。

「展示がまだできてもいない部屋を案内しながら、ここはどういうものになる予定なのだなどとぜんぶ説明していくんですよ。その話を私も聞いていたわけですが、彼はそのうち、昔は絶対に使わなかった代名詞、ああいうふうに使うことは絶対になかった代名詞を使いはじめたんです。協力の代名詞です。我々が、我々に、我々の問題、我々の課題、そして、我々が協力すればこういうことができる、と。ああいう話し方、初めて聞きました。えって思うほど、話し方が違っていたんです。そして思いました。『ほらね？　クリスと結婚してダグは変わったんだよ』と。私はきっと笑みを浮かべていたことでしょう」

Part 4

第20章 パタゴニアで被災

彼は終日コンピューターに向かっていました。珍しいことです。世界各地の活動家と大地の問題について話しあっていたんです。真剣でした。大地を守るというすごいビジョンがあるのに、時間がない。地球にとってだけでなく、ね。「時間がもうあんまりないんだ。そのあいだになんとかしないと」とダグはくり返していました。

―― エドガー・ボイルズ

（パイロット、写真家、そして、ダグラス・トンプキンスの生涯の友）

ダグ・トンプキンスは仕事のしすぎでいらついていた。パタゴニアの自然に囲まれた自宅で周囲に春の気配が濃くなっていく中、週七日、1日14時間も事務所にこもっているのだ。少しは出かけて、72年モノの体と心を充電したほうがいい。友だちみんなの一致した見解である。それにはドゥ・ボーイズの冒険が一番だろう。カレーラ湖北岸をシーカヤックで五日かけてのんびりと横断するのだ。ドゥ・ボーイズに招集をかける。ジブ・エリソン、リック・リッジウェイ、イヴォン・シュイナードが行くと言ってくれた。ダグを入れて4人だ。大先輩と一緒に行けるならと29歳のウエストン・ボイルズも手を挙げた。有能なガイドのロレンツォ・アルバレスもだ。若い力とベテランの知恵がそろうわけだ。カヤックとラフティングの経験は、6人あわせると100年を超える。アルバレスは米国ラフティングチームにいたことがあるし、ボイルズはクラスVの急流を下った経験がある。エリソンはシベリアでラフティングのガイドをしていた。リッジウェイは急流をカヤックで下りながらぶれない写真が撮れる。また、ESPNやナショナルジオグラフィック、パタゴニア社（バイスプレジデントを務めている）のアドベンチャードキュメンタリーの制作に20年も携わってきた。パドリングが得意なわけでは別にないが、イヴォンも1日15キロくらいはまるで気にならない。岸近くを行くのであればなおさらだ。それより、どのフライならよく釣れそうかのほうが気になる。仲間内では彼が主任釣り師なのだ。この旅について取材を受けたダグは、友だちに会うのが一番の目的で、「筋肉を軽くストレッチする」のも楽しみだと答えている。

6人はカヤック4艇《てい》に分乗した。二人乗りが2艇、一人乗りが2艇だ。二人乗りは、ダグとリッジウェイ、エリソンとイヴォンという組み合わせである。ボイルズとアルバレスは、野菜にオートミールの箱、パン、赤ワインの箱で重い一人乗りをあやつる。日程はのんびりとしたもので、二日漕いだら1日休み、湖東岸のプエルト・イバニェスまでもう二日漕ぐ。プエルト・イバニェスには家族や友だちが待っている予定だ。グーグルアースでキャンプ場所の当たりをつけ、ついでに、バックカントリーハイクによさそうな谷もいくつかみつけることができた。湖の北岸は絶壁になっていて、道路や柵など人間の痕跡はないに等しい。温度は夜の一桁半ばから昼間は20℃近くという予報だった。南緯46度と、ここより南にはニュージーランド以外に陸地がないところで、太陽は夜10時くらいまで沈まない。周囲が明るいうちに晩メシの焚き火をすることになる。

イヴォン・シュイナードはカリフォルニアから飛んできた。手紙はやりとりしているし、出張のついでに顔をあわせたりといったことは折々あったが、イヴォンとダグが一緒に遠出をするのは、ダグの70歳を祝った2年前以来である。ふたりの関係は、常人には不思議なものに見える。何日も一緒にいてほとんど口を開かなかったりするのだ。幸せな夫婦と同じように、58年もつきあえば、言葉を重ねなくてもわかりあえるのかもしれない。ふたりの心には、昔、クライマーとして、また、経営者として彼らを駆りたてた闘魂がいまも燃えている。だから、ダグは、登るときもカヤックのときも先行しようとする。もちろん競争を楽しむのが主眼で、きつい登りが終わるまで気づかないでくれよと願いながら相手のバックパックに2～3キロの石を仕込むなどのお茶目をしあったりもする。

遠征隊6人とその妻、友だち数人が集まり、カレーラ湖畔のエルミラドール・デ・グアダルで前夜祭を開いた。パタゴニアの12月は旅行に最適で、陽光と星空が楽しめる。また、観光客が押し寄せるまで1カ月もある。

前夜祭のテーブルについたロレンツォ・アルバレスは、一言も聞き漏らさないようにしようと思った。カヤックとクライミングのレジェンドがそろっているのだ。ダグは、チリの川数カ所を初めて下った記録を持つほか、ザンビアのザンベジ川もカヤックによる初下りに成功するという自慢していい記録がある。ザンベジ川では、体長3メートルものクロコダイルが獲物を待って滝つぼに群れている横を通ったりしたらしい。向かい側のリック・リッジウェイは、ダグと数回も大きな遠征に出かけている。また、ヒマラヤ山脈K2の無酸素登頂もなし遂げている。

ダグとイヴォンは、いいかげんトシだよなと笑いあっていた。若いサーファーだったころはずいぶんむちゃをしたよな、あのころがなんでもやってやろうのドゥ・ボーイズなら、いまは、もう無理だよの「ダン・ボーイズ」だろう、いやいや、そんなことはない、まだまだいけるの「ネバー・ダン・ボーイズ」だと楽しそうだ。

「四日も五日もカヤックを漕ぎ、100キロの行程を行くというのに、その話はまったく出てきませんでした」とアルバレスはのちに語っている。「ふつうなら『毎日、どのくらい漕ぐのか、ちょっと地図で確認しようか。ああ、あと、天候に注意しないといけないね』などという話になるはずなのですが。この日は、『いや～、久しぶりだね～。また会えるなんてうれしいよ』って話に終始していました」

我々が旅を始めるにあたり、ザンビア大統領も出席してうんぬんかんぬんと、まあ、盛大な式典がビクトリアの滝を一望できるところで開かれた。そして、川を下りはじめる。カヤッカーはダグともうひとりで、残りはゴムボートだ。私はゴムボートで撮影を担当する。スタート地点はビクトリアの滝の滝つぼである。いやもう、これだけではちゃめちゃだ。なにせ世界的な絶景に数えられる滝の滝つぼにカヤックなのだから。この世のものとは思えない光景だ。急流を下っていくと、淵《ふち》に出た。すばらしいところだった。ところが、「クロコダイルに狙われたら石を投げつけてください。逃げていきますから」とソベクのガイドに言われてしまって。

クロコダイルは急流から淵になったこういうところに潜み、大きな魚が来るのを待ってつかまえるのだそうだ。クロコダイルにかみつかれてゴムボートが一部裂ける事件もあった。そいつを追い払おうと、ソベクのジム・スレイドが木のオールでクロコダイルの頭をたたくシーンが映像に残っている。そんなところでダグはカヤックをあやつり、ロールしたりしていた。ほんとうに恐れを知らないやつだ。

夜は砂地で野宿だ。テントにもぐらなくていいので、すごく気分がいい。虫がいないのだ。ユタ州の砂漠と同じ感じだ。朝、目を覚まして寝袋や荷物を片付けていると、わりと近くになにかが通った跡をみつけたこともある。クロコダイルが1匹、水からはい上がってきたのか、水に戻っていったのかはわからないが、ともかく、寝袋で寝ている我々のすぐ近くを通っていったらしい。

――エドガー・ボイルズ

3時間の前夜祭で多少なりとも話題になったのが、翌朝の服装は悪天候用にすべきだねという件だ。大浮氷原を渡ってきた風で骨まで冷えきることになりそうだったからだ。パタゴニアでよく聞く冗談に、ここに来れば春夏秋冬を1日で体験できるというのがあるくらいだ。

「カヤック仲間に言われてたんですよ。カレーラ湖には気をつけろ、ふだんは鏡のような湖だけど、風で大荒れの海になることもあるからって」とアルバレスは言う。

２０１５年12月5日、朝5時45分、カヤッカー6人全員が小さな船に乗り込む。風速冷却により体感が零度近い気温の中、波しぶきを浴びる大揺れの舟行になるはずだ。みな、雨具を着込んでいた。ダグだけは、コットンのズボンにローファー、ボタン留めのウールセーターといういでたちだ。頭にはゴルフ用みたいなベレーをかぶっている。

ひとりだけ違う人が交じっている、『ウォーリーをさがせ！』みたいな状況だったとアルバレスは言う。「みんな、あっけにとられてしまいました。悪天候用の服を着てくるって話だったよね、と。『なんか、ひとりだけ、違う人が交じってるわね』と見送りに来た奥さんのひとりに言われたんですが、ダグは、『んなこたないだろ』って感じにぐるっと視線を巡らせただけでした」

見送りのあれこれに紛れ、ダグに気づかれないようにそっと、クリスが衛星電話をエリソンに渡した。ダグはハイテク機器が嫌いだからだ。この電話は土地の保護を専門とするボストンの慈善家、フォレスト・バークレーにもらったもので、ケースの裏側に緊急連絡先のメモがあった。クリスがリストアップしたのは、地元警察、トンプキンス・コンサベーションの事務所、側近のカロリーナ・モルガード、カレーラ湖を所管する沿岸警備隊の番号だ。

カレーラ湖でカヤックに乗る場合、沿岸警備隊に計画書を提出するとともに、毎日、電話連絡をすることになっている。だがドゥ・ボーイズは、当局への連絡など考えもしなかった。

「禅の絵師は必ずどこかを仕上げずに残すといわれていますけど、我々も、災難の余地を必ずどこかに残すんです」とイヴォンは言う。

団体客6人をカヤックとともにカレーラ湖の向こうまで船で運ぶ予約を受けたとき、フィリップ・ロイターは、環境保護、カヤック、クライミングという小さな世界のスター、イヴォン・シュイナードとダグ・トンプキンスが来るとは思っていなかった。じつはロイターも同類だった。エベレストも登頂しているし、世界で高いほうから7峰の火山をスキーで下ってもいるしと、冒険の人生を歩んできたのだ。いまはカレーラ湖畔に住み、テラルナ・ロッジを経営している。彼は、極寒のカレーラ湖に畏敬の念を抱いていた。

「私はここに15年も住んでいますし、毎日のように湖を渡っていますが、ここで泳ごうと思ったことはありません。そういうところなんです……この湖は、荒れるときはそれこそ一瞬で荒れますから。風は谷のほうから吹きはじめて湖に降りてくるんですが、最初はさざ波くらいなんですよ。静かな湖で小さな子どもに水浴びをさせながら、遠くをふと見ると、なにやら白いものが見えたりするんです。津波みたいな感じで。波ひとつなかったのに、一瞬で波にのまれてしまいます。

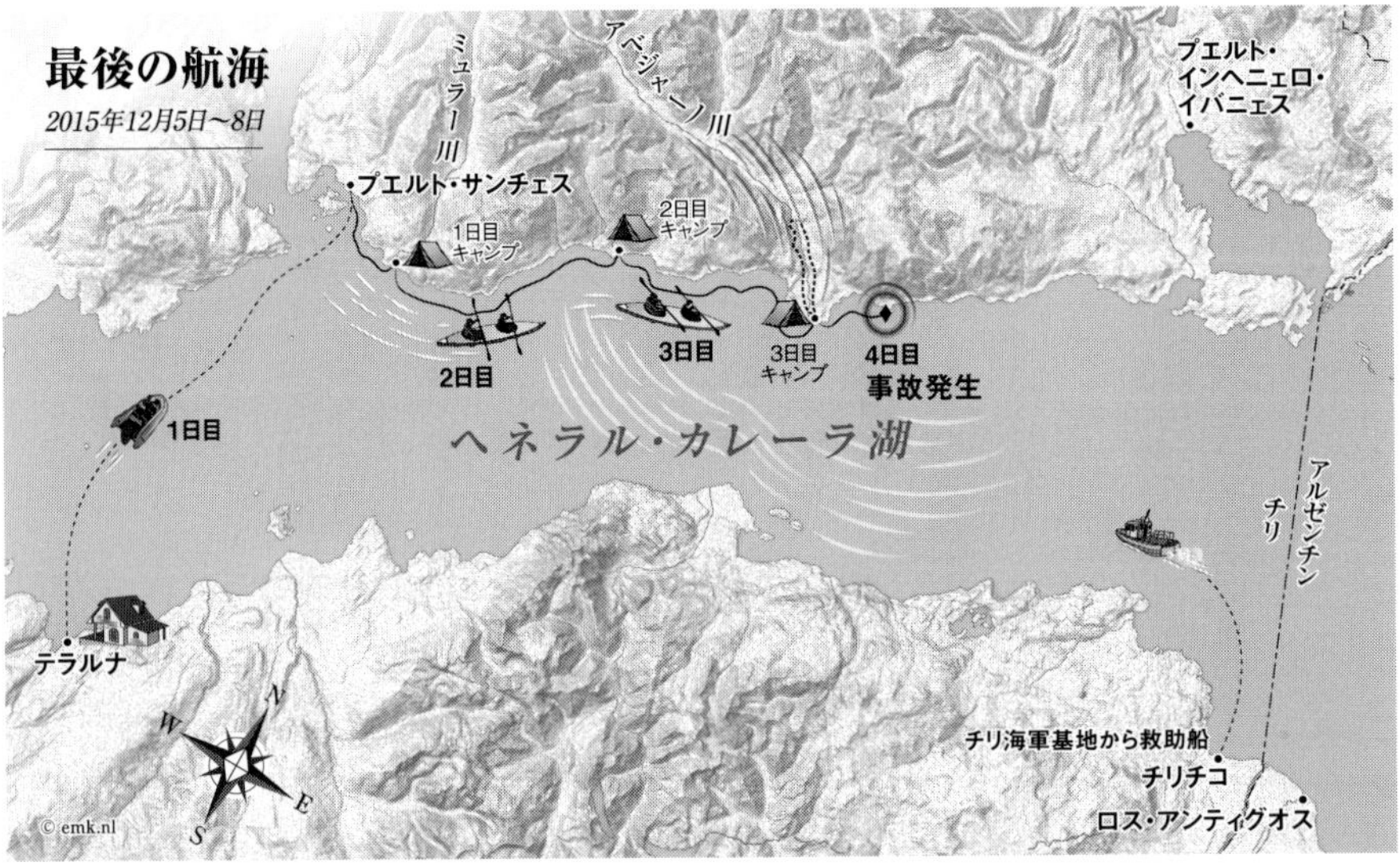

毎日、そんなことが起きるんです」

ダグはロイターの船に乗っているあいだにすっかり凍えてしまった。快晴で朝の光が降りそそいでいるというのに、半分も渡らないうちに濡れて冷えきってしまったのだ。船を止めてもらい、貴重な体熱がそれ以上失われないよう、ダグに悪天候用の服を着せることにした。

カレーラ湖北岸のプエルト・サンチェスに着くと、荷物をカヤックに積み、水の浸入を防ぐスプレースカートを装備してから、湖岸に沿って東へ出発する。青い空。渓谷。あちこちに岩壁がそそり立つ湖岸。金鉱跡がひとつに農場がいくつかある以外は、車が通れる道はもちろん人が歩く道さえない。

かなりいいペースで進んだ。レースでもしているんじゃないかと思わないでもないほどだ。水面は静かで、シャンパングラスくらいの波がやさしく寄せてくる。頭上からは暖かな日の光が降ってくる。1時間ごとに集まるとつかまりあってひとつのいかだのようになり、おしゃべりをしたり水を飲んだり、グラノラバーを分けあったりした。

ダグは調子が悪く、口数も少なかった。彼のカヤックはかじが壊れていてあやつるのが難しかったし、そもそも何年かカヤックにはあまり乗っていなかったし、ひじも痛かった。それでも弱音は吐かない。ダグは、流れが逆になるようにパドルを逆回転させるという奇策に出た。そのほうがドローを使えるから、と。

ともかく、当初予定していたキャンプ場所の5キロほど先まで進むことができた。

みんながテントを張っているあいだに、イヴォンが焚き火でごはんを用意する。食べはじめたところで、ジブ・エリソンがカヤックセーリングなるものを持ちだしてきた。カヤック用の帆を買ってみた、これが使えれば、ばんばん進めるかもしれない、と。スピンネーカーのようにパラシュート型の帆で、これをカヤックのへさき側に展開すれば追い風をとらえられる。

ラインがからまったりするし、風向きが変わると使えないので、スピンネーカーは、役に立つよりじゃまになることのほうが多い。だが、カレーラ湖に吹く風をエリソンとボイルズが調べたところ、パドリングせず、風に乗って進めるチャンスがかなりありそうだとのことだった。キャンプ場所から次のキャンプ場所まで、追い風基調で進めそうなのだ。

今回、エリソンは、この帆をオンラインで購入し、パタゴニアに持ってきたという。

「いつも一定方向に風が吹くとウインドスウェルが生まれます。これは、A地点からB地点の移動に昔から使われてきた手法です。追い風に乗って気持ちよく走りながら、なにか食べたりおしゃべりしたりできるわけです。セーリングしながらカヤッキングする。そんなことができたらいいなと思いました」

二日目の朝、一夜の宿を出発するときは、凧《たこ》で進むのに最適な天候だった。追い風で生まれた波に押され、まるで、もうひとり、透明人間が漕いでくれているようにカヤックがよく進む。波の高さは60センチくらい。波が来るたびそこから滑りおりる形になる。これはいい、まるでスキーだなとエリソンは思った。波が来るたび、パドルを後方の水に刺したまま滑りおりることができるのだ。

「50センチ以下の波は丸儲けですよ」とエリソン。「でも、もっと大きく、すぐ崩れるようになると、また、形や大きさが不規則になると、話がまるで違ってきます。クラスⅢからクラスⅤになってしまうのです」

ウエストン・ボイルズは、みんなから遅れてもいいから帆を張ることにした。帆さえ張れれば、数分でしゅんっと追い越せるからだ。二人乗りのカヤック2艇は追い風に乗って快調に飛ばす。アルバレスが全力で漕いでもついていくことができず、どんどん遅れていく。ひとりがふたりにかなうわけがないのだ。

ボイルズのラインはぐちゃぐちゃに絡んでいた。帆が張れずにいるうちにどんどん離れ、姿も見えなくなってしまう。これにいらついたのがアルバレスだ。岸に着くとドゥ・ボーイズを叱りつけた。あまりに無謀で、旅行ガイドとして見過ごすわけにいかなかった。

「私が沈《ちん》していたらどうするんですか。みなさん、後ろをふり返りもしなかったじゃないですか」と食ってかかる。「ウエストンなんて、出発から5分で見失いました。いまどこにいるのかもわかりません。いまごろ必死で泳いでいる可能性だってありますよ」

5人は岩に登ってあたりを見渡した。遠くにボイルズの姿がある。ゆっくりだが漕いでいる。姿勢もまっすぐで大丈夫そうだ。

このインシデントには、みな、背筋に冷たいものが走った。

「ライフジャケットを着てください」

アルバレスは怒りを抑えられず、会ったばかりに近いアウトドアのベテラン、ダグをとんこんと諭す。ダグは黙っているが納得はしていないようだ。

「水に落ちたらおしまいなんですよ」

アルバレスが重ねて訴える。しきたりは従うほうが安全とダグもわかってはいるのだ。だが、この五日間でどういう危険に遭遇する可能性があるのかアルバレスが語るのを聞きながら、ダグは、ただじっとカレーラ湖を眺めていた。大きさはマンハッタンの20倍で、その天候は、つい先日、カヤックは「まったく推奨できない」とチリ海軍が宣言したばかりだ。

「ぐだぐだ口うるさい心配性だと思われたくないという気持ちはたしかにありました」とアルバレスは言う。「ですが、プロのラフティングガイドとして、私は、楽しむためにはまず安全でなければならないと考えるのです」

だから、ふたり一組で行動するよう提案した。なにかミスったとき、助けてくれる人がいなければ大変なことになるからだ。このときもダグは特に反応しなかった。それを見てアルバレスは「有名になったから元からの性格なのかはわからないが、自分はなんでもわかっていると思って人の話に耳を傾けない人なんだな」と思ったそうだ。

今回の旅は、わざとリーダーを決めていない。晩メシも豆を持ってくる人あり、赤ワインを出す人ありという感じで、持ち寄りパーティのノリだ。全員がそれぞれに食べ物を持ってきているが、なにを持ってきてくれという話もなければ持ち物の調整も別にしていない。パンは水浸しになってしまったので、古い板きれに広げて乾かした。調理器具は鍋ひとつで、小さなふたをフライパンとしても使った。エリソンはスプーンを忘れたので、そのへんに落ちていた木片を削ってつくっていた。

ダグとイヴォンはこのやり方が一番好きだった。この湖からさらに南に何百キロか行ったフィッツロイ山の雪洞で友情を育んだふたりだからだ。ふたりがアルゼンチン側のパタゴニアに初めて訪れた1968年、フィッツロイ山麓のチャルテンはガウチョが立ち寄るだけの町で、あたりには野生の馬と放牧の羊くらいしかいなかった。それがいまはエコツーリズムのハブとして、1500人ほどが暮らしている。ここ40年あまり、ダグもイヴォンも、パタゴニアを守ろうと必死で働いてきた。ただ、そのやり方は、それぞれに大きく異なっている。

イヴォンは自分の会社を「パタゴニア」と名付け、それがどういうことなのかをわかってもらうため幹部研修をパタゴニアでしたり、「事業を通じて社会に示唆を与え、環境危機を解決する」を社是としたりしてきた。また、1%フォー・ザ・プラネットという構想を立ち上げ、世界各地の環境保護活動に何百万ドルもの資金を提供している。著書『社員をサーフィンに行かせよう』はベストセラーになり、イヴォンはクールな事業家として世界的な有名人になった。彼は自己紹介のとき「なすべきことをしない事業家の教育」という表現をよく使う。パタゴニア国立公園など、ダグとクリスが進めている環境保護活動にも多額の寄付をしてきている。イヴォンも妻のマリンダもことさらに自慢したりしないが、じつは多大な貢献をしているのだ。

ダグは、環境保護に持てる時間のすべてを注ぐべきだ、減速などもってのほかだと考えていた。昔、事業で稼いだ資金でこの夢を実現するのだ、と。

ダグとイヴォンがいたから、パタゴニアは自然の景観が残る場所として知られるようになり、みなで守っていかなければならない場所だと見られるようになったと言える。そういうメッセージを世界に向けて発信したのもこのふたりだ。

そのふたりが使おうと上陸したカレーラ湖畔のキャンプサイトには、とがった棒や牛の死骸《しがい》が散っていた。みなで棒は積み上げ、ひどくにおう死骸も片付け、ダグ好みのすっきりきれいな湖岸にしてから、晩メシを準備し、寝袋を取りだすことにした。


ダグは夜明けとともに目を覚まし、オートミールとドライフルーツを食べたあと、秘密をひとつ、仲間に打ち明けた。キャンプした場所からだいぶ登ったところ、アベラノ・バレー奥の高台に買いたい土地があるのだ、と。あまりに山奥で、ハスキーなら着陸できる程度の短い滑走路をつくるだけでも、木の根を牛に引っこ抜かせるなどしなければならないという。「クリスには内緒にしてくれ」と釘も刺された。あっちでもこっちでも農場や国立公園のプロジェクトを進めていて、これ以上増やすなとクリスに言われていたのかもしれない。これは秘密基地だ、考え事をするのに最高の場所だという話もあった。

この日は終日ハイキングの予定だった。カヤックはなしにして、足を延ばして探検するのだ。そろそろ出発というころ、ダグが、近くの岩に登りはじめた。岩だらけの湖岸から20メートル近くも小山のようにそびえていて、ロープなしで登るのは危なそうな岩だ。ボート用の靴でロープも使わず6メートルくらいの高さまで登ると、ダグは凍り付いた。小さなでっぱり、レッジの上にいて、そこから横に動いてまた登る、全盛期なら自然と体が動いたはずなのに。なにかあったのかと思うほど長い時間、動けなかった。足元はしっかりしている。クライマーの言う「スメアリング」というやり方で小さな足場を踏みしめているのだ。だが、手はどちらも動かせない。クライマーには見えないなとイヴォンは思ったそうだ。ロープがないので降りることもできない。数秒は固まっていただろうか。ダグはリッジに沿って滑ると、別ルートをみつけて上へ登っていった。

そのあとは、みんなで斜面を登った。だが歩きにくくてすぐにばらけ、各自、自分のペースでやぶをこぎ、岩を登っていく。ダグはどこにいるのだろうとエリソンは思った。遅れているのかもしれない。心配ではあるが、たぶんそのうち会えるだろう、少なくも谷を登りきれば会えるだろうと先に進んだ。適当なレッジがあったので登ってダグの姿を探したエリソンは驚いた。遅れているどころか、ダグは、ひとり、1キロ以上も先行していたのだ。下生えのやぶから白い帽子がぴょこぴょこ見え隠れしている。

ダグに追いついたひとりめはウエストン・ボイルズだった。ダグは、座ってアベラノ・バレーの景観を楽しんでいた。残りのメンバーが着くまでは、公園街道の話などをした。ふたりはこの前年、全長2700キロのルートをセクションに分け、その大半をマッピングしていた。ダグは低空飛行で、ボイルズはワゴン車を運転して。ダグはほんとうに細かいところまでチェックする。公共事業省が橋に使っている塗料の色とか、道路の拡幅で景観は美しくなったかその逆かなどだ。

メンバー全員が追いつくと、ダグが買いたいと言った小さな農場をみんなで見にいくことにした。アルバレスとダグも、前日の口論など忘れたかのように、有機ハチミツについて語りあった。ダグがレニウエで進めているハチミツ事業、ピリャンは、創業から10年もたたずに有機ハチミツの生産者として世界有数と言われるところまで成長した。取引先は欧州、アジア、米国と幅広い。すごいなとアルバレスは思った。ダグは、養蜂やハチミツ採取、さらには有機産物の輸出にかかわる殺虫剤残留量の基準など、細かなところまですべて把握しているのだ。向こう見ずなロッククライマーというだけの人物ではなく、異様なほど事情通という側面もあるらしいとアルバレスはダグを見直した。

午後はずっとやぶこぎで、みな、どうしようもないほどお腹がすいた。イヴォンの釣り運がどうであれ、晩メシは最高にうまいはずだ。空腹に勝るスパイスはないからだ。

晩メシでは、あたりの美しさが話題になった。現地の人に交じってチリで暮らして25年、土地の自然な美しさが自分たちのルーツだと思う人が増えているとダグは語った。自分がパタゴニアに惹かれたのは滝や山や川が美しかったからだが、最近は、パタゴニアの人々がそういう自然を守ろうと闘うようになってくれた、とも。

焚き火を囲んでの会話が終わると、ダグは、岩陰の寝袋にもぐりこんだ。風が強くなってきて、びゅうっと突風もときおり吹いていたが、岩がすべて防いでくれたので、みんなのオアシスが乱されることはなかった。

翌朝は早く起きて朝メシを食べ、荷物をまとめて出発の準備をした。今日は終日カヤックだ。ダグはいつもどおり白湯を飲んだあと、鍋がぴかぴかになるまで20分も砂で磨いていた。輝いていないと気がすまないのだ。

２０１５年12月8日は、祭日だった。無原罪の御宿りというカトリック系の祝日だ。信心深い人がみな教会のミサに行く日で、役所は基本的に休みとなる。

ウエストン・ボイルズが先行した。後ろをふり返っては残り5人の写真を撮る。イヴォンはエリソンと二人乗り、ダグも二人乗りでリッジウェイの後ろだ。もう1艇の一人乗りはアルバレスが漕いでいる。岸から離れると、風で白波がたっていた。きれいなセットで波高は60センチほど。気は抜けないが危ないと感じるほどではない。追い風なので波に乗って進める。ただ、状況がどんどん悪くなっていた。じつは、キャンプ場所が安全すぎたもので、嵐が迫っていることに、みな、気づけていなかったのだ。パタゴニア全土に警報が出ていた。空港、港、ドックはすべて閉鎖。強風が予想されていて、船はすべて港に戻るようにと沿岸警備隊が指示していた。

カレーラ湖を行くダグらも、ちょっと相談しただけで、今日はもうやめておこうという話になった。問題はどこに上陸するかだ。上陸できそうな場所を探す。目の前に広がる小さな湾の向こう側にハンマー状の半島がある。あそこがいい。あそこならまっすぐ1キロか2キロ進めば着くことができる。岸沿いに行かなくてもいいだろう。陰に隠れられそうな岩もある。

「また進みはじめて5秒もしたら、仲間とやりとりなんてとてもできない状況になってしまいました」とアルバレスは言う。波がものすごく高くなり、30メートル先もよく見えないほどだったらしい。「とにかくやばいと思いました。みんな大丈夫だろうかと心配にもなりました」

先頭は二人乗りのエリソンとイヴォンで、アルバレスとボイルズが続く。だが、風でみんなばらばらだ。サッカーコートいくつか分くらいも、すぐに離れてしまった。ダグとリッジウェイの二人乗りカヤックは、なぜか、岸のほうに向かっている。まさか、岩場に無理やり上陸し、そこから歩いて半島に向かうつもりなのか？

前日登ったアベラノ・バレーから氷のように冷たい風が吹き下ろしてくる。そして西寄りの追い風とぶつかり、渦を巻く。不規則な波が生じて、ダグとリッジウェイを翻弄《ほんろう》する。リバーカヤックはきびきび動くが、今回用意したシーカヤックは反応が鈍い。向きはもちろん変えられるが、何回もストロークしないと変わらないのだ。そして、横から波が来ると転覆してしまう。

「パドルがもぎ取られそうな感じでした。パタゴニアでよく吹くふつうの強風ではなく、地獄の爆風でした」とアルバレスは言う。

アルバレスは頭の中で安全チェックをしてみた。食べ物――大丈夫だ、十分にある。スケジュール――問題ない。毎日なにをするかは柔軟に決められる。火――ライターも燃料もマッチもある。嵐が終わるまで待てることを確認すると、アルバレスは、前を行くカヤックだけを見て、全力で漕いだ。体力的にも技術的にも厳しいルートだが、30分もがんばれば上陸し、カヤックから荷物を降ろしてキャンプの準備ができるはずだ。

アルバレスの後ろ、もっと岸に近いあたりで、ダグとリッジウェイは波に乗る闘いに敗れてしまった。岸から100メートルほどのところで二人乗りシーカヤックが転覆。カヤックを起こそうとするがそれもかなわない。リッジウェイはあきらめ、ライフジャケットをしっかり握ってカヤックを捨てた。

ダグは岸に向かって泳いだ。岸に打ち寄せる波も激しく、岩だらけの岸に打ちつけられる恐れがあったが、リッジウェイもダグもなんとかできるベテランだ。ところが、打ちつけられるどころか、強い流れで沖に持っていかれてしまう。

「我々の苦境に仲間が気づいてくれているかどうか、ダグも私もまったくわかりませんでした。ほかの人たちは、見えないくらい先行していましたからね」とリッジウェイは言う。「30分かそこらでなんとかできなければだめだろうと思いました」

激しい波がリッジウェイとダグを翻弄し、体温を奪っていく。ふたりとも溺れかけていた。もうだめだ、死ぬんだなと思ったとリッジウェイは言う。

「あきらめてしまいました。もういいや、と」

ボイルズ、アルバレス、エリソン、イヴォンは、無事、目的の半島にたどり着いた。だがダグとリッジウェイは来ない。崖に登ってふたりの姿を探す。みな、息をのんだ。カヤックが1艇、ひっくり返っている。近くに人がふたり、浮き沈みしているのが見える。ダグもリッジウェイも岸に向かおうとしているようだ。下手すれば岩にたたきつけられるかもしれないが、波に乗って岸に上がれそうに見える。あのくらいならロープが届くんじゃないか。ボイルズはそう考えた。救命索を投げて岸まで引き上げ、火をおこして暖めてやれる、と。

「最悪だけど、なんとかなる」――そう思ったのだ。

だがすぐに、ダグもリッジウェイも沖に流されているとわかった。大急ぎで救助に向かう。エリソン、アルバレス、ボイルズは荷物を降ろしてカヤックを軽くする。そして、ボイルズは、スプレースカート装着をイヴォンに手伝ってもらうと、先行して嵐の中に漕ぎだした。イヴォンは残り、浮き沈みするふたりを崖の上からじっと見守る。アルバレスとエリソンも二人乗りのカヤックで出発した。こちらには、予備のパドルとひそかに持ってきた衛星電話が積んである。

半島の陰から出ると、強風がまともに吹き付けてきた。最後にふたりの姿があったあたりをめざし、必死で進む。崖の上にいるイヴォンには全体の様子がよく見える。ふたりのあいだは50メートルくらい離れている。ダグは泳いでいる。まだ闘っているのだ。リッジウェイは死んでいるように見える。死体のように動かず、浮いているだけなのだ。

ボイルズはエリソンとアルバレスに先行し、懸命にパドリングして水面を切り裂いていく。湖とは思えないほど荒れていて、ほとんど海だ。水しぶきにうねり、風でパドリングは困難を極めた。ボイルズは、イヴォンの身ぶり手ぶりに従い、ダグのところへ向かった。

「ダグは、暗く、野生のネコ科を思わせる目をしていました」とボイルズは言う。「また、私のカヤックにつかまったあとも、せいいっぱい、足を動かしていました」

船尾につかまったダグは、疲れきって半ば凍えているというのに、指示を飛ばしはじめる。自身を救助する指揮を執ったのだ。

数分後、リッジウェイのところにもエリソンとアルバレスが到着した。あお向けで浮かんでいる。意識はないように見える。だが大声で呼びかけるとうめき声を上げ、カヤックの船首に片手をかけた。この状態ではカヤックを前に進められない。だから後ろに動いてもらうことにした。手を横につかみかえていくのだが、1回でもミスれば風と流れにもっていかれてしまう。エリソンに救助モードのスイッチが入った。シベリアのラフティングで死にかけたときのことを大きな声でゆっくりはっきり語って聞かせる。ずっと応援してもうるさいだけだろう、そのエネルギーはパドリングに取っておいたほうがいいんじゃないかとアルバレスは思ったそうだ。それはともかく、声かけの効果もあり、リッジウェイは無事、船尾まで移動することができた。エリソンとアルバレスはカヤックの向きを変え、ボイルズとダグのいるところへ向かおうとした。そちらの救助にも手を貸そうと思ったのだ。

だがほんの数ストロークで無駄な努力であることがわかった。ふたりがかりでパドリングしても沖に流されてしまうのだ。ボイルズを助けるどころではない。リッジウェイを助けることに集中しよう。いや、自分たちも助けなければならない。そう思うほどまずい状況だ。アドレナリン出まくりで全力のパドリングをしているというのに、前に進めない、景色が変わらない。岸に近づけないのだ。

岩の小島があったので、最後の力をふりしぼってカヤックを岩に引き上げ、風から逃れた。リッジウェイをカヤックの前にもたれさせると、衛星電話で助けを求める。だが祭日の早朝で、だれも出てくれない。沿岸警備隊もだめだ。壊れてるんじゃないだろうなと、アルバレスは、カリフォルニア州トラッキーに住む恋人にかけてみた。カリフォルニアは朝5時半だったが、彼女は電話に出てくれた。さらに、遭難をトンプキンス・コンサベーションのプエルトバラス事務所で働くカロリーナ・モルガードに知らせてくれた。モルガードからパイロットのロドリーゴ・ノリエガ、さらに、テラルナ・ロッジのフィリップ・ロイター、つまり三日前、ダグたちを運んでくれた男へと連絡が回される。モルガードからの連絡で沿岸警備隊もチリチコから救助の船を差し向けてくれることになった。ただし、悪天候で到着に1時間ほどかかるという。

現場では、ふるえるリッジウェイを乗せてエリソンが岸まで移動。火をおこした。

「濡れた服をぜんぶ脱がせ、裸で寝袋に入れました。乾いた木がたくさんあったので、小さな焚き火もおこすことができました。息はしていますが、反応はありません。ともかく、寝袋に入れたところで言いました。『ロレンツォを迎えに行く。すぐ戻るからな。がんばれよ』と。火は1・5メートルくらい離れているので大丈夫だろうと判断しました」

テラルナ・ロッジに連絡が入ったとき外で作業をしていたロイターは、走って、昔チリ空軍にいたアレサンドロ・マイノを探しに行った。そして、ユーロコプターB3の発進準備にかかる。エベレストの山頂まで飛んでいけるほどパワフルなヘリコプターだ。ただし、テラルナのものは旅行客や荷物を載せる仕様で、巻揚げ機もなければ救助用の装備もない。湖岸にだれか取り残されていて救助を待っているのだろう、けがもしているかもしれないと、そう思ったロイターは、ライフジャケットにクライミングロープ、さらに、プールなどにも用意されているオレンジ色の救命浮き輪を積んだ。モルガードの連絡を受けたあと5分もかからず空に上がると、ロイターとマイノは、白く波立つ湖を下に見ながら時速110キロでアベラノ・バレーをめざして飛んだ。

「人の姿を探しました」――こう言うロイターは、ハーネスを身につけ、開いたドアから身を乗りだしてうねる湖面に目を走らせたという。

ボイルズとダグはどんどん湖の真ん中へと流されていた。ボイルズは必死にパドリングする。ダグも、一人乗りカヤックの船尾になるべく乗っかるようにした。水の抵抗が小さくなって、風や流れに逆らって岸に近づける可能性が上がるからだ。そのダグに手を貸そうとボイルズが後ろに体をひねると、スプレースカートが外れてしまった。これでカヤックが一段水に沈んでしまう。腰にがしっと両手でしがみつくダグに、ボイルズがウールの帽子をかぶせてやる。ダグも足をめいっぱい使って泳ぐし、ボイルズも全力で漕ぐ。あそこに着けろとダグから指示が飛んだ。

「命がかかった闘いだとダグにはわかっていました」とボイルズは言う。「彼にはまだまだやらなければならないことがたくさん残っていました。あきらめて凍え死ぬ気はもうとうなかったんです」

「少なくとも20分か30分、ダグは意識がはっきりしていて、私と一緒に岸へ行こうと必死に足を動かしていました。でもついに意識を失ってしまって。だから、頭が水につからないようにしなければなりませんでした」

「後ろを向いたとき、パドルを落とし、流されてしまいました。だから、手で漕ぎながらダグを抱いていました」

それから30分ほど、ふたりは湖の中心へと流されていった。岸から何キロも離れてしまったのだ。

ヘリコプターで救助に向かったロイターは湖岸にふたりいるのを発見し、そこに降りようとした。ところがそのふたりは「違う！　違う！」と叫び、なぜか湖のほうを指さしている。急いで湖の上に戻った。

「時間がかかってしまいましたが、カヤックをみつけることができました。でも、人はいません」

さらに5分、ロイターは、ようやく一人乗りカヤッ

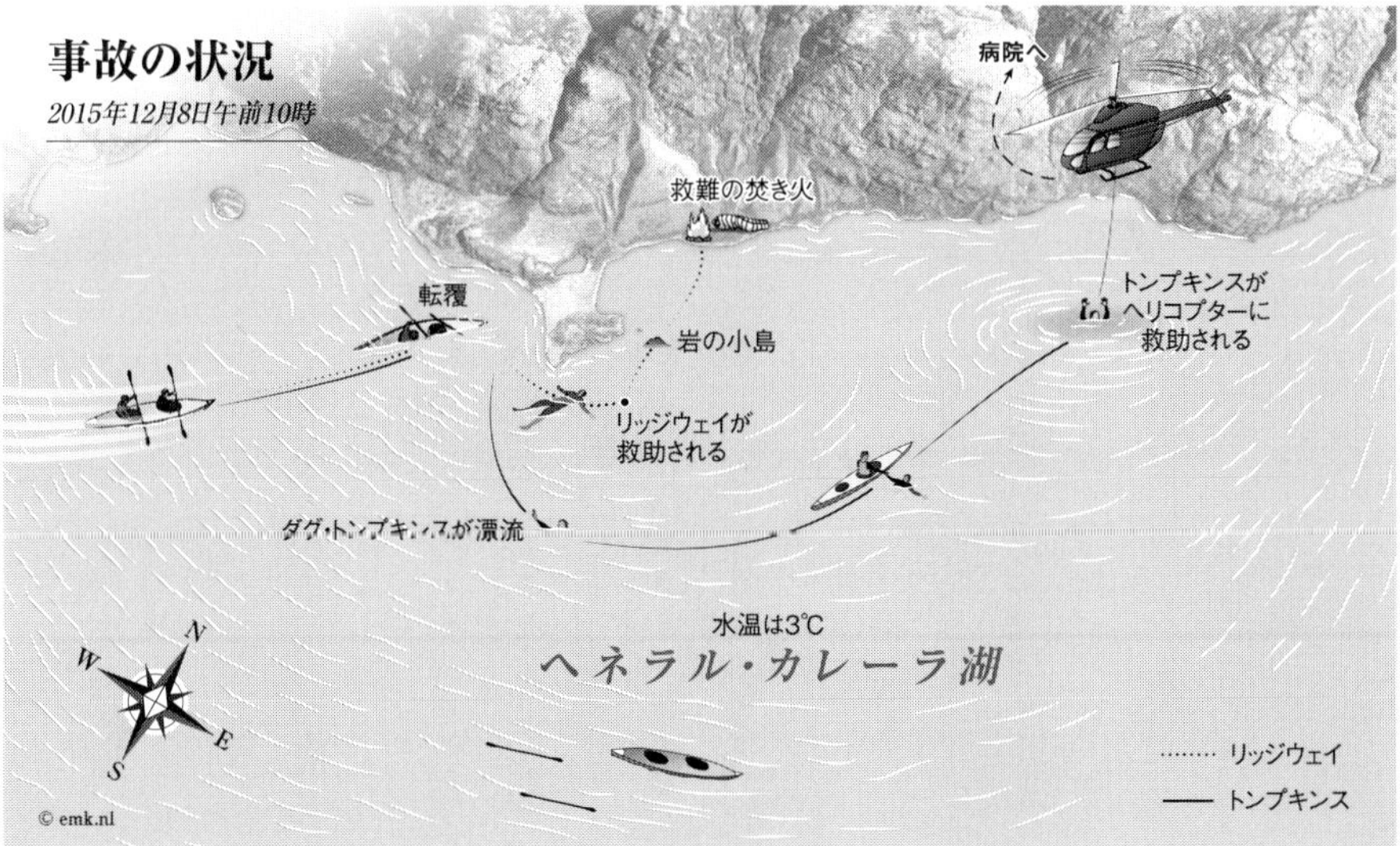

クとボイルズをみつけることができた。ダグが流されないようにと苦労しているみたいだ。ダグの体は水中で、つらそうだ。沖へと風に流されるあいだ、3℃の水に1時間以上も半ばつかっていたのだから当然だろう。

波高が1・5メートルもあるので、ヘリコプターからでさえ、どこにいるのかすぐにわからなくなってしまう。その波がカヤックを洗う。そのたび、ダグがもぎとられそうになる。カレーラ湖は流れが複雑で、さまざまな向きの波がぶつかりあう。そのため、ヘリコプターを飛ばすのも命がけである。

ヘリコプターが風上を向きつづけられるよう、ロイターが数秒ごとに指示を飛ばす。この指示と計器を頼りにマイノが高度を下げていく。カラビナを付けたロープをボイルズに向け、慎重に降ろす。このロープがリアローターに絡んだら、全員、あの世行きだ。マイノは、波頭から3メートルまで高度を下げた。ロープが18メートルと、米国沿岸警備隊が装備しているものの半分しかないのだ。風速は20メートルを超えていて、少しでも手元が狂ったらおしまいだ。ロープがボイルズに近づくように、慎重に操縦する。ついに、ボイルズが救命索をつかむことに成功。ボイルズはカラビナをカヤックにかけると、ダグをしっかりと抱いた。

ボイルズは、ふたつに引き裂かれそうになりながら救命浮き輪につかまっていた。ヘリコプターにつながる救命浮き輪に片手のひじを引っかけ、もう片方の手でカヤックの重みを支えているのだ。ダグを引っぱる水の力も支えなければならない。ローターが巻きおこす凍えそうに冷たい風も吹き付けてくる。痛みに顔がゆがむ。限界だ。速度を少し落としてくれとロイターがマイノに怒鳴る。ボイルズも、もう少し低く飛んでくれと身ぶりで示す。こちらはマイノに断られた。これ以上下げれば、ローターが波頭に当たり、墜落しかねない。

付け焼き刃なやり方で、少しずつ、少しずつ、カヤックを岸に引いていく。と、カヤックが転覆。一瞬のできごとだった。ボイルズは浮いているが、ダグは水面下に沈んでしまう。

「終わりの始まりだな。でもこのほうがいいのかもしれない」とロイターは思った。

カヤックをどうこうしようとするのは無理だった。だからボイルズは、救命浮き輪を自分の体に引っかけてあお向けになり、ダグを胸にしっかりかき抱いた。不安定なカヤックがなくなったおかげでずっと速く移動できるようになったが、それでも、岩だらけの岸辺まで冷たい水の中をもう30分引っぱられる必要があった。

最後は、ボイルズが救命索を離し、波が激しく打ち寄せる中、ダグを引いて岸まで泳ぐと小さな岩棚に横たえた。そりの片方を巨石に乗せて浮かぶヘリコプターからロイターが飛び降りる。ヘリのローターから岩壁まで1メートルもない状態だ。ボイルズはがたがたふるえている。ロイターが叫ぶ。

「大丈夫だ！　もう大丈夫だ！」

ボイルズはここまで2時間もエネルギーを絞りだしてきた。汗びっしょりから痛いほど冷やされ、全身の筋肉が悲鳴を上げている。凍えた心も悲鳴を上げていた。子どものころから憧れていた人が、いま、びしょ濡れで血の気も失せて倒れているのだ。おそらくはもう死んでいる。

ダグをヘリコプターに乗せようとしたが、結局、あきらめざるをえなかった。ボイルズは立つのがやっとだし、ロイターはダグより10キロも軽いのだ。さらに、強い風にヘリがふられ、下手をするとローターに切り刻まれそうだったとボイルズは言う。しかたがないので、ボイルズだけ、片そりを岩につけて微妙なバランスを保っているヘリコプターに乗せ、ほかのメンバーを助けに行くことにした。ダグはひとり、凍るような湖岸に置き去りだ。

数キロ飛んでほかのメンバーと合流すると、ロイターが言った。

「残念ながらダグは亡くなった」

号泣するイヴォン。あきらめるのは早すぎるかもしれない、最後まであがいてみようと提案したのはウエストンだ。人数を増やせばダグをヘリコプターに乗せられるのではないか、そして、近くの病院に運べるのではないか。低体温症の専門家は、「体が温かいのに死んでいる」状態にならないかぎり、死亡と確認することはできないとよく言う。極端に温度が下がると体の機能が一部、冬眠状態になるので、もっとひどい状態で死んだと思われた人が回復した例もあるというのだ。

多少なりとも体力が残っているふたり、エリソンとアルバレスがヘリコプターに乗り込んだ。ダグのところに戻ると、地面すれすれに浮かぶヘリから飛び降りる。そして、ふたりがかりでなんとかダグをヘリに乗せた。コジャイケ病院までは15分、低体温症だと連絡をしておいたので、対応チームが待機していてくれた。

チャカブコ・バレーで事故の報を受けたクリスは、ひとりにしてくれと頼んだ。

「事務所からひとり出て、石かなにかのように食堂の前まで行きました。セスナ207とダグのハスキーが係留してあるところです。そして、ハスキーの下にもぐりこみ、草の上に腹ばいになると、オオカミの遠ぼえのような声が出ました。指は地面に食い込んでいました。ずっとそうしていたら、足を引っぱって引きずりだされました。ハスキーから離れたらダグを失う。私にはそうとしか思えませんでした」

そんなクリスをダゴベルト・グスマンが無理やり四輪駆動車に乗せた。パタゴニア公園の支配人で、さまざまなプロジェクトでダグと仕事をしてきた男だ。コジャイケ病院までは、危ない未舗装路を6時間以上も走らなければならない。しかも、途中が補修工事で通行止めになっていた。ダゴが車から飛び降りると、ドン・ダグがけがをした、急いでクリスをダグのところに連れていきたいと作業員に頼む。作業員は道を開け、ヘルメットを外して胸に当てると、走り去るクリスを見送った。

コジャイケ病院では、ダグの蘇生を医師と看護師が必死に試みていた。到着時、ダグの体温は20℃。凍りそうな水に2時間近くもつかっていたからだ。

クリスが病院に急いでいるあいだに、ダグが事故にあったらしいとのささやきが広がっていった。心配した人々が病院の外に集まってくる。そして、パタゴニアという小さな地域社会のそこここで、ダグ・トンプキンスが重傷を負ったと言葉が交わされる。ダグが死んでしまった――そんなニュースが流れたかと思うと、逆に、ダグは生きている、蘇生に成功したというニュースが流れる。矛盾する情報が入り乱れ、みな、心配していた。

クリスは、車に揺られながら、電話やテキストで状況を逐一確認していた。側近のひとりで社会学者のムラディーニックが緊急治療室に入り、細かく報告してくれていたからだ。いよいよだめだとなったときには、ムラディーニックが電話をダグの耳に当て、別れの言葉をとクリスに伝えた。午後6時すぎ、クリスが着く15分前に信じたくない事実が確認された。ダグ・トンプキンスの死亡である。クリスがくずおれる。ワシは彼女を置いて飛び去ってしまった。

Part 4

第21章 ダグ後元年

一生のうちに終えられるライフワークなど、小さすぎる。

――ウェス・ジャクソン

（ランド・インスティテュート創設者）

イヴォン・シュイナードは打ちのめされていた。強風がたたきつける中、アウトドアの大ベテランはじっと座って涙に暮れていた。リック・リッジウェイは裸で寝袋に入り、けいれんでもしているかのように体をふるわせている。リッジウェイと同じ寝袋に入ったウエストン・ボイルズもわけのわからない状態だった。190センチとひょろ長い体は冷たいのに頭は燃えるようだし、全身の筋肉が悲鳴を上げているのだ。波風と格闘し、「アンクル・ダグ」を岸まで引いた彼は力を使い果たしていた。波が打ちつけるカレーラ湖岸から数メートル、焚き火を囲むように、遠征隊6人の残り3人はうずくまって沿岸警備隊の救助を待った。

沿岸警備隊はこの3人を船に乗せると、チリチコの港に向かった。調書を取る必要があった。尋ねなければならないことが山のようにあるし、メディアも、ダグ・トンプキンスがどうなったのかを知ろうと電話をかけまくってくる。たくさんの書類を書かなければならないし、たくさんの質問に答えなければならないし、チリ当局の手続きもいやになるほどたくさんこなさなければならない。心が折れた生き残りメンバーにとって、この聞き取りはほとんど拷問だった。早く解放してくれ、家に帰らせてくれと願うばかりだ。いつ果てるともしれずつづいた調査がようやく終わると、シュイナード、ボイルズ、リッジウェイはテラルナ・ロッジに戻るため、ユーロコプターに乗り込んだ。わずか四日前には、すばらしい夜明けを迎え、ずる休みする学生のように楽しく言葉を交わし、笑いあって出発した場所に帰るのだ。

ヘリコプターを飛び立たせたアレサンドロ・マイノは、冷や汗が流れるのを感じた。ユーロコプターは８５０馬力と強力なエンジンを積み、時速２５０キロ以上で飛ぶことができる。であるのに、前に進めない。後席のイヴォンも信じられない思いだった。自分たちもやばいのではないか？　テラルナ・ロッジに戻るのはあきらめて風下に向かい、不時着できる場所を探すべきなのか？　イヴォンは、だれにともなく「こんなくっそ遅いヘリは生まれて初めてだ」と思わずつぶやいていた。

軍用機を操縦していたマイノはさすがで、なんとか帰り着くことができた（戦闘条件のシミュレーションを経験していたことが大きい）。乱流に翻弄《ほんろう》されること20分、ついにテラルナ・ロッジに到着し、無事、着陸することもできた。出迎えは山ほどのハグと涙だ。どのように？　なぜ？　どこで？　すべて後回しだ。ロッジは、ただ、感情のるつぼと化していた。

イタリアはミラノ郊外の自宅で朝のコーヒーを淹れていた写真家オリビエーロ・トスカーニは、ダグが事故にあったとのニュースに固まった。ダグ・トンプキンス？　陰謀仲間のダグ・トンプキンスか？　死んだって、なんだよそれ？　わけのわからない怒りが湧いてくる。コーヒーのポットをあやうくたたき割るところだった。だから、自然に投資し、原生地を守り愛するダグに、「注意しろよ。自然っていうのは容赦のない獣なんだぞ」ってずっと言いつづけてきたんじゃないか。ちったぁ気をつけろと何回注意したかわからない。言わんこっちゃない。

「自然は危険だよっていつもダグに忠告してきました。『なのに、どうしてそんなに自然に近づこうとするんだ?』って。でも結局、彼は自然に殺されてしまいました。自然なんて大嫌いです」

ダグとよく一緒に飛んだナショナルジオグラフィックのマイク・フェイは、タンザニアにいた。そして、「自然保護活動家が死亡」という文字がスクリーンを流れるのを見た瞬間、友だちだ、仲間だ、一緒に飛んだ彼だとわかったという。

「私にとって自然保護とは戦争のようなものなのです」とフェイは言う。密猟者に殺されたり、ひそかに暗殺されたりで何十人もの仲間を失ってきたのだ。

「だから、こういうことが起きても、驚きはしません。ショックを受けたりしません。信じられないとも思いません。そういう日がいつか来ると前々から思っているからです。ですから、必ずしも悲しい思いもしません。そういうことが起きる前に十分悲しんでいるからです」

ロンドンのノーマン・フォスター卿は、カヤックの事故でダグが亡くなったとの報に接し、「ただあっけに取られた」という。

「みんな物理的にも精神的にもつながっていた感じなのです」と1980年代にダグとエスプリ社ショールームの仕事をした建築家、フォスター卿は言う。「ダグのエネルギーは伝染性がありますからね。熱意も好奇心も信念もあって。信念の人はかたくななことが多いのですが、彼はそういう人ではなく、心が広く包容力があったと思います。自然の力を体現していたと言いますか」

ダグが溺れていたころ、アルゼンチンでは、そんなこととはつゆ知らず、セルヒオ・フリンタ上院議員がブエノスアイレスの大統領府へ向かっていた。観光大臣グスタボ・サントスに自然保護の計画を示すためだ。

「トンプキンス・コンサベーションの本を何冊も持参し、イベラのプロジェクトについて語りました。すると、『すごいプロジェクトだ。ほんとうにすばらしい』と大臣がご自分のプロジェクトとして進めてくださる話になりました。最高の結果です。そしてホテルに戻ると、ダグの訃報が電話でもたらされたんです。彼が死にかけていたとき、私は、イベラのプロジェクトを国に取りあげてもらおうとしていたわけです」

クリスは、痛みの泉で半狂乱になっていた。じつは、クリスかダグのどちらかが、あるいは両方が突然死んだらどうすべきか、ふたりはずいぶん話しあっていた。風の強いパタゴニアを毎日のように小さな飛行機で飛ぶのは、どう考えても危ない。嫌いだからとシートベルトをせず（「あんなものをするから安全だと錯覚する」が口癖）、田舎の未舗装路を時速１３０キロくらいでぶっとばすのも危ない。でも、まさか、カヤックで事故るとは思っていなかった。しかも自宅からそれほど遠くもないところで。「頭を斧《おの》でかち割られた」ような悲嘆に暮れつつ、クリスは、ダグの強さを伝えようとあがいた。「喪失ではなく、切除です」と言って。

ダグとつきあいのあった大工や家具職人が一晩かけ、アレルセの木で棺《ひつぎ》をしつらえてくれた。「アンデス山脈のレッドウッド」とも呼ばれるアレルセは、チリの森林を守ろうとダグが考えるきっかけになった高木だ。きめが細かく、銅のように赤い年輪が美しいアレルセにダグ・トンプキンスが横たわる。四半世紀闘いつづけた彼にも休息の時が訪れたのだ。

追悼式典はトンプキンス・コンサベーションのプエルトバラス事務所で執りおこなわれた。近くのプエルトモント空港に、チャーター機が次々と到着する。チリのファーストレディ、セシリア・モレルが来る。チリの政治家も続々到着する。ワシントンＤＣの友だちもだ。葬送に訪れた人々を出迎える中に、ひとり、「トンプキンスのいないパタゴニア」と書いた看板を掲げ、抗議の意志を示す人がいた。

事務所の外に張られたテントに友だちや仲間が集まった。クリスは、弔問客一人ひとりと言葉を交わしていく。ハグを交わすことも多い。ダグがいかに幅広い人々とつきあっていたのかは（そして、どれほどの影響力を持っていたのかは）、昨日の敵が大勢見送りに来ていることを見ればわかる。チリ有数の富豪をたばねるベルナルド・マッテも来ていた。昔、羊の皮をかぶったオオカミだと雑誌広告でダグになじられたこともあるマッテは、じっと悲しみに耐えていた。メール、気軽なやりとり、夕食など何年も行き来した結果、マッテ家は、ダグ本人も、自然を守ろうという彼の情熱もすごいと考えるようになっていたのだ。

追悼式であいさつに立ったクリスは、切れ切れに言葉を紡いだ。ダグを失ったショックでまだ茫然自失《ぼうぜんじしつ》なのだ。ダグが使命としたことは続けていく――そう宣言した。広大な原生地、とうとうと流れる川、人の手がまだ入っていない氷河。どれも、もう少しで救えるのだ。森林、牧場、私設公園、自然サンクチュアリといずれも整備が進み、あとはチリやアルゼンチンの人々にお返しすればいいところまで来ている。完成した国立公園として寄付するだけでいいのだ。

「彼女の言葉には、内なる泉から湧き出る威厳と力が宿っていた」とリッジウェイは書いている。「彼女は持てるすべてをつぎ込み、一文一文、一段落一段落、語っていった。精根尽きると言葉を切り、苦しそうに息をする。そして、一息ごとに力を取り戻し、さらに力強く、我々が見たこともないほどの力で、また、言葉を紡いでいく」

追悼式が終わると、クリスら近しい人々は埋葬のためチャカブコ・バレーに向かった。移動は、ダグの棺が乗せられるよう座席を外した友人の飛行機だ。操縦は、こういうところではどうすればいいのかをダグに習ったロドリーゴ・ノリエガだ。ダグの体と魂をチャカブコ・バレーに連れかえるならこういう人に任せるべきだとクリスも考えたのだ。ノリエガはサンバレンティン山を目印に飛ぶ。三つの氷河をかぶったパタゴニア最高峰で、平たいその山頂に、ダグは癒やしを求めてよく行っていた。ハスキーの燃料を満タンにし、笠をかぶった山頂をぐるぐる回ると憂さが晴れたらしい。

　サンバレンティン山に近づくと、ちょうど雲が切れ、日の光を受けて氷河がきらめく。クリスが前席に移る。ノリエガは高度を少し下げると氷河の上で旋回。さらにもう1回、旋回。続いて山頂を越え、ダグが守ろうと闘った森林や川の上を飛んでいく。クリスは後ろに手を伸ばし、ダグの棺に手を当てた。ノリエガは、バケル川にダムをつくらせないとダグが闘っていた件に触れた。

「バケル川はカレーラ湖で生まれる川、あそこから流れだす川なんですよね。バケル川を救ったダグはカレーラ湖に命を奪われてしまったのか……そう考えると、なにやら感慨深いものがありますね」

　ふたりの娘、サマー・トンプキンスとクインシー・トンプキンスもダグの最終飛行に同行した。サンフランシスコからパタゴニアの奥地まで、急いで来たのに24時間近くもかかったという。クインシーは次のように語っている。

「父はなんでもなんとかしてしまう人でしたからね――車や飛行機の事故ならこれほどには驚かなかったでしょう。どうにも信じられない思いがあります。同時に、ああ、父は自分らしく生き、自分らしく死んだんだなと納得する自分もいます。友だちに囲まれ、自分がしたいと思ったことをしていたんだな、と。チノパンにブルックスブラザーズのボタンダウン・シャツと、あの状況には不十分な姿だったかもしれないけど、でも、父はそんな人だったんだよな、と」

　埋葬は、クリスの希望でチャカブコ・バレーの小さな墓地とした。パタゴニア公園のど真ん中、ダグが愛用した滑走路のすぐとなりで、丘の上にたつダグとクリスの家、バトラーハウスから歩いて10分しかかからない。このあたりが羊牧場だった時代につくられた20区画しかない小さな墓地だ。ただし、ダグが柵も入口のゲートも新しくしたし、ジョン・ミューアの言葉「美ほど神に近い言葉はない」という看板も掲げた。

パタゴニアへの入植では、小さな子どもが死んでしまうことがよくあり、子どもの墓碑がたくさんある。牧場内に埋葬すればこまめに訪れられるからだ。それはまた、配偶者でも同じである。だから、ダグには近くにいてほしいと、クリスは、ダグの側近ヘルナン・ムラディーニックに告げたのだ。

「ダグは100人分の人生を生きた人です。氷河をスキーで降りたときのシュプールだったり、建物だったり、美術品だったり、我々が家を建てた公園だったり、とにかく、美を追究した人として記憶してもらえたらいいなと思います。ルネサンスな人として。ワイルドな人として。楽しく、なにものも恐れず生きた人として」

家族、友だち、仲間が追悼の言葉を贈る。追悼のメッセージも次から次へと届く。最後の一言は、親友が贈った。

「パドリングを1回でもミスれば転覆してしまう」——イヴォン・シュイナードは、運命の日についてこう語った。「そんな状況に、我々は男らしく立ちむかった。だが、ダグを失ってしまった。頭《かしら》を失ってしまった。ダグは、いつも、行動でいろいろなことを我々に教えてくれた。いまなお、教えてくれている」

棺を土中に下ろすとき、一騒ぎがあった。ロープで支えるにはアレルセの棺が重すぎて、傾いてしまったのだ。そのとき、ダグそっくりのなまったスペイン語で大きな声が上がった。

「だめだだめだ。曲がってるぞ。そこまっすぐにしろ。そこまっすぐ！　まっすぐだって！」

爆笑。みな、涙を流しながら笑った。ダグなら、絶対にそこを気にするはずなのだ。その一言こそ、聞けなくて残念だとみんなが思っている言葉なのだ。

棺に土がかぶせられていく。この地方の花でつくったブーケをクリスが投げ入れる。そして、ひとりの女性が闘いの合言葉を口にした。「パタゴニア・シン・レプレサス！」と。それに集まった全員が続いた。「ダムのないパタゴニア！」と。

お葬式が終わると招待客の大半は帰っていったが、ダグに近かった仲間は、パタゴニア公園中央部に建つ宿泊棟やスタッフ棟に残った。5人の生き残り、シュイナード、リッジウェイ、エリソン、ボイルズ、アルバレスは宿泊棟で車座になり、ダグの最後の旅について、詳しくクリスに語った。事故をふり返るのはつらいことだ。それでもそうしたのは、半ば集団療法であり、半ばけじめだからだ。

クリスは詳しく聞きたがった。親しい友人も、もちろん、娘のサマーとクインシーも。K2さえも登り、世界に先駆けてカヤックで下る記録をあちこちの川で打ち立てた冒険の大ベテランがそろっていて、なぜ、午後の散歩くらいの軽いものとみなしていた冒険で命を落とすようなことになったのか。事細かに問うクリスが特にたたえたのは、ウエストン・ボイルズの勇気だ。そう、クリスは犯人捜しがしたいのではなく、ただただ、なにが起きたのかが知りたかったのだ。

最後の大混乱をふり返った結果、全員、ドライスーツを着ておくべきだったなど、こうすればよかったという後知恵がいくつも浮上した。同時に、あまりに運が悪かったのもいなめない。あまりに突然の嵐だったし、あまりに強烈な嵐だった。この日の気象データによると、風速は時速100キロほど、波高も1・8メートルに達していたのだ。

打ちのめされたとクリスは言う。

「彼が横にいない、いなくなってしまったというのが、すごくつらくて。この想いが消えることはないのかもしれません」

このあと、クリスは、ふたりの計画を進めることに集中する。ふたりの夢をかなえようと、力をふりしぼって突きすすんだのだ。ひと月、またひと月、使命を完遂しようと人生のすべてをかける。

「よく尋ねられました。『最愛の夫を亡くしたのに、どうしてそんなにがんばれるのか』って。逆なんです。

最愛の夫を亡くしたから、私は前に進みつづけたのだと思います」——彼女はのちにこう語っている。「このプレッシャーで私ははじけたんだと。ああいうことでもなければ、あれほどがんばることはできなかったかもしれません」

お葬式から1週間もたたないうちに、クリスはアルゼンチンに飛び、マウリシオ・マクリ大統領に会った。議題はイベラ国立公園だ。マクリ大統領はクリスが持参した特大本数冊をめくり、湿地帯に住む真っ白なシラサギ、色とりどりのコンゴウインコ、のろまなアリクイなどの姿に息をのんだ。アフリカのサバンナに南アメリカの野生生物が住んでいるのかと思うような光景だ。イベラは生物多様性の宝庫であること、コンゴウインコ、タテガミオオカミ、ジャガーの生息域になりうるのは、世界でもここくらいしか残っていないことなどをクリスが説明する。自然という製品に立脚した持続可能な開発で地域経済を振興

アルゼンチンのマクリ大統領に写真集を献本するクリス・トンプキンス(奥側右)。(写真提供:トンプキンス・コンサベーション)

できるこのチャンスにマクリ大統領は飛びついた。なにかデメリットはありそうか——そう大臣に尋ねる。私有地の寄付を受け、アルゼンチンの国立公園をつくるというアイデアを批判できる人などいるのだろうか。まして、寄付するのはカリフォルニアの金持ち夫婦なのだ。これほどすばらしいことはない。

「地殻変動が起きた瞬間です。でも、そこにダグはいませんでした」とクリス。「ダグがいなかったから地殻変動が起きたのかもしれません。少なくとも、ダグが亡くなったことなど関係がないと言えないのはまちがいありません。いろいろな意味で非凡だった彼を失った。その喪失感があふれていましたから」

ダグが亡くなってほんの数日で、チリでも大きな変化が起きていた。敵だった人々も含め、だれしもが彼をたたえるようになった。死んだことでダグに対する不信感が消えたらしい。陰謀論がなりを潜めると、じつは楽園を買い占めようと闘い、さらに、それをすべて寄付しようと死に物狂いであらがってきたというダグ・トンプキンスの真実が表に出たのである。

「ダグが亡くなると、事態は一変しました」とヘルナン・ムラディーニックは言う。「政府の態度も急変しました。信念を貫いて死んだ男と見られるようになったのです。じゃまばかりしていた官僚も『プロジェクトの実現を妨げる障害だと思われてはかなわん』と考えたのではないでしょうか。国民の敵ナンバーワンが国民のイメージキャラクターになってしまった格好です」

自然保護で多大な貢献をした栄誉をたたえ、ダグ・トンプキンスを名誉チリ国民にすべきだとの提案も4人の上院議員から連名で出てきた。そのひとり、ホアン・パブロ・レテリエルは次のように述べている。「彼はチリ国民の意識に多大な貢献をしてくれましたし、実業界に対しても、利益の大半を還元することさえできるのだと示してくれました」

この提案は満場一致で承認された。

「存命中ならどんなによかったかとは思いますが、生命力の塊のような彼が亡くなるとはだれも思っていませんでしたから」と、けんか上等のガイジンと「フライトも闘いもたくさん」ともにしたアルフォンソ・デ・ウレスティ上院議員は言う。

チリ大統領のミチェル・バチェレも心が波たっていた。ダグとクリスの一大寄付を現実にする手だてはないかと何カ月も政府内で動いていたからだ。

「ダグ・トンプキンスは革新的な人で、地球という自然遺産をなにがなんでも守ろうとした人です。その代表作と言えるものは世界規模であり、未来の世代に対する感謝と責任を訴えるものです」

バチェレ大統領はこうダグをたたえた。また、クリス・トンプキンスとの面談にも同意。こうして、ダグとクリスの一大寄付は、突然、国の最優先事項となった。

「バチェレ大統領とお目にかかり、大きなチャンスが到来したと思いました」とクリスも語っている。

夫が仕事の虫であることはわかっていたが、そのビジョンは大半が頭の中にだけあって紙に記されていないことは、ダグが亡くなるまで、クリスでさえ気づいていなかった。彼の頭には、ブリタニカ百科事典に匹敵する量の情報が記憶され、優先順位付きで整理されていたのだ。

クリスは、トンプキンス・コンサベーションの方向性も思いきり大きく変えることにした。チリ政府・アルゼンチン政府との歴史的な保護協定はなんとしても実現する。ただし、自分なりのやり方で。そのためには、すばらしいアイデアを思いつくたびに大きく変化するのではなく、長期にわたって安定した組織にすべきだ。

「私は彼から大きな影響を受けたわけですが、その影響は、彼が逝ってしまった日に受けたのだと思います。そこまでは、訓練だったんですよ」とクリスは言う。「ダグはよく言っていました。『我々はずっと結婚してなきゃいけない。我々と結婚していられる人なんてほかにいるはずがないのだから』って。彼はまじめにそう思っていましたし、実際、そのとおりです。そんな彼も亡くなってしまいましたが、その後も私は彼が生きていたころにしていたのと同じことをしています。ただ、私にとって最悪のことが起きてしまった。そういうことです」

ダグなら絶対にやらなかった動きにクリスは出た。助けを求めたのだ。

「ダグが亡くならなければ、我々がトンプキンス・コンサベーションの仕事をするという話はおそらくなかったでしょう」と、冒険の旅にダグとよく行き、環境系のコンサルティング会社ブルースカイを立ち上げたジブ・エリソンは言う。「ダグを亡くしてクリスはすごく悲しんでいました。でも、計画の詳細まで、すべてを知っているのはダグだけだったんですよ。一生の伴侶を亡くしたばかりという大変な状況なのに、ダグの下で働いてきたと考えている人々全員から話を聞き、なにがどうなっているのかをすべて把握し、その資金を財務部門と協力して確保するなど、できるはずがありません。ダグの頭の中になにがあったのか、だれかほかの人が棚卸しと整理をするしかなかったんです」

クリスとジブは数週間、数カ月と一緒に奮闘し、何十件ものプロジェクトに優先順位をつけて戦略的な5年計画を練りあげた。最高においしいグルメアイスクリーム、モリッツ・アイスを開発しようというダグの夢から、書籍『国立公園のつくり方（How to Make a National Park）』（仮題）のデザインにいたるまで、高い目標を掲げたプロジェクトばかりだ。

「彼が亡くなったとき、私がまずしたのは、現状の確認です」とクリスは言う。「毎年の予算をどう回すのか、私とダグでやり方がまるで違っていたからです」

クリスとダグの先妻スージーとは仲がよく、同時に、特にややこしいことにもならず、で来ていた。だが今回は話が話だ。ダグが亡くなってしまった。娘ふたりは、特にサマーは、父親ともっと話をしたかったのにと強く思った。そこへ遺言という爆弾が落ち、もともと不安定だったサマーとの関係がおかしくなってしまう。

遺言には、ダグが昔から公言していたことが書かれていた。つまり、財産は娘に残さない、すべてをクリスとトンプキンス・コンサベーションに譲る、だ。それでも、遺言を読んだサマーはあぜんとした。何百万ドルという遺産から1セントたりとも娘には残さない、異議の申し立てはするなと書かれていたのだ。サマー・トンプキンスは、墓の下からひっぱたかれたように感じた。

ダグが亡くなったとき、両家はそれなりにいい関係であったことから、これはショックだったとスージーは言う。

「あまりと言えばあまりですよ。元家族に対する仕打ちじゃありません」

クインシーもサマーも、お金に不自由していたわけではない。母親のスージーもエスプリ社の株式で大金持ちなのだから。

ダグは、このあたり、昔からはっきりしていた。子どもに遺産を残すと、なにかをしようとする気持ちをそぐことになる。だから万が一の医療費は十二分に払われるように用意するが、娘が健康であるかぎり、その人生を金銭面で助けることはしない。お金はすべて自然に使うべきだ、である。

サマーは反発し、カリフォルニアとチリのメディアで父親を批判し、さらに、両方で財産分与の訴えを起こす。自分とほんとうには絆を結んでくれなかった父、自分が生まれた翌日から6カ月も友だちと旅に出てしまった父が心に残した穴の埋め合わせを司法に求めた格好だ。

父はなぜこれほど冷淡なのか。サマーには理解できなかった。彼女は、頭の回転が速い、短気、自信満々など、父親似のところが多い。似すぎているから、ダグ・トンプキンスの人生に入れてもらえなかったのだろうか。サマーとダグは、仲たがいすることが多かった。ダグは威張りすぎるし、なんでも自分の判断を押し通すが、最近は距離が縮んできたとサマーも感じていたという。ダグの恋人だったことのある女性も、ダグは娘に愛情を示すのがすごく下手だが、ふたりきりのときはそうでもなかったと証言している。

「娘のことはふたりとも、すごく愛していました。私とふたりきりのときなど、娘たちをとても愛しているとよく語っていたんです。直接そう言ってあげたことはないのかもしれませんけど」

父娘がごたついていたころ、クリス・トンプキンスは、最優先課題に集中していた。公園用地の寄付だ。ぜんぶまとめた一大寄付1回でチリの公園計画を完遂できる相手がいるとしたらバチェレ大統領だけだろう。詳細はとてもややこしいが、全体としてはごくシンプルな提案である。トンプキンス・コンサベーションが5000平方キロほどの土地と総額9000万ドル分のインフラをチリ森林公社（CONAF）に寄付する。チリ政府側は、これに4万平方キロの国有地を追加し、国立公園5カ所を新設するとともに3カ所を拡張することで、チリ領パタゴニアにおける経済的発展の新時代を拓く。

クリスは、デビー・ライカー、カロリーナ・モルガード、イングリッド・エスピノーザと仕事に没頭した。頼れるつてはすべて使う。寄付の戦略的5カ年計画については、ブレーンストーミングと細かな数字の詰めを、ジブ・エリソン経由でブルースカイのチームにしてもらった。いままでは私費をつぎ込むことで私設公園を維持してきたわけだが、これからは、長期的に自立できる国立公園をチリ政府やアルゼンチン政府が運営する形にしなければならない。そのための戦略計画である。

アルゼンチン側は相変わらず朗報が続いた。遅々として進まないチリ側と異なり、アルゼンチン政府はイベラ公園の件を前に進めようという気持ちにあふれているように感じられた。地方政府と中央政府の縄張り争いはあるのだが、マリーシ・ロペス、ソフィア・ハイノネン、さらにコリエンテスのセルヒオ・フリンタ上院議員も加えたトンプキンス側チームはものともしない。現地で支持してくれる人も多い。国立公園ができれば観光客が来て、のどから手が出るほど欲しいお金を落としてくれるはずだ、だから地元グアラニの文化をたたえる博物館をつくろうと地方自治体の長らも動いてくれた。ブエノスアイレスなどの都市部に頭脳が流出していて地域社会に未来はないと思われていたのに、それからわずか10年で、若い学生が誇りをもって帰ってくるようになっていた。イベラもコリエンテスも昔の栄光をもうすぐ取り戻す楽園なのだと信じて。

「絶滅の危機が進むなか、コリエンテスでは生態系の保護が進んでいます。ここにダグがいないのは、ほんとうに残念です」――こう言うのは、昔、ダグを強く批判していたセルヒオ・フリンタ上院議員である。

「動植物の再自然化だけの問題ではないでしょう。もっと大きな成果があがっています。ダグとクリスは、彼らのプロジェクトに人間を組み込んだんです。知識人とか狂信者とかが高慢に進めるプロジェクトではないんです。コリエンテスの象徴であるジャガーを復活させるのはこのプロジェクトの肝ですが、若者が観光ガイドとして働いてくれることもそれと同じくらい大事だと私は思います」

Part 4

第22章 嵐に首をすくめる小島

公園をつくったというだけでない功績をダグはあげたと思います。意固地な人々が公園を愛するようになったのですから。だって、そうじゃないですか。地域社会のほぼ全員を相手に闘い、自然を愛するように変えてしまったのです。控えめに言って、めったにできることではありません。彼のせいで我々は公園に深くかかわり、自然のとなりで暮らすとはどういうことなのか、我々の認識まで変わってしまいました。すごいことです。

——クララ・ラスカーノ

（プマリン公園に近いチャイテンの町長）

ダグが亡くなった結果、クリスは3倍増で仕事をしなければならなくなった。たくさんの環境再生プロジェクトは続けていくべきだが、資金にはかぎりがある。ダグが人生をかけて求めた結果につながるのはどれなのか。

アイスクリームのモリッツ・アイスは捨てよう。ダグ・トンプキンスのオリジナルとして突然注目されたこのタイミングでニコラス・イバニェスに売ってしまおう。そうすれば、資金不足を多少なりとも緩和できる。

アルゼンチンに持つ金色に輝く細長い土地、有機農法のラグナ・ブランカ農場も、ダグが大事にしていたものだが売り払う。ダグの死で一大寄付の計画が前に進みはじめたことを受け、ダグの死を悼み、あるいは後悔の念にかられて寄せられた政治的善意も大いに活用する。そういう形で、5年をかけ、公園用地すべてを国に移管していく。

最初は数百人のレベルだったパタゴニア公園やプマリン公園の来園者数は、数千人へと増えていく。山にはさまれた平野から青々と茂った草地へ、川がとうとうと流れていく。その美しさに、来園者はみな息をのんだ。1980年代のエスプリ社ショールームもかくやと思うほどしっかりつくりこまれた自然観察路を歩くのは、ブラジル、ドイツ、英国など世界中から集まってきたバックパッカーやキャンパーだ。そして、そういうバックパッカーやゴアテックスを着込んだ観光客に自然観察路を案内するガイドは、かつて密猟者や猟師だった人々や木材の切り出しを仕事にしていた人々だ。そして、ピューマもグアナコも個体数がどんどん増えていた。

キャンプ場には、太陽電池を使った温水シャワーも用意されているし、だれでも使えるピクニック場所も用意されている。満天の星が楽しめる広場もあれば、大雨からテントを守ってくれる木立もある。ゴミ箱まで、ビジターセンターや宿泊棟にお似合いのデザインになっている。

「ダグは、ゴミ箱のデザインだけで14種類くらいは考えていました」と作家で環境歴史家のトム・バトラーは笑う。「世界一美しいゴミ箱かもしれません」

管理を移管すれば、この驚くほど美しい公園を構成する保守や建築の基準が落ちるのは避けられない。それはクリスらも承知していた。国立公園サービスがイベラのドックを「トンプキンス・グリーン」に塗るとか、プマリンのキャンプ場に用意した太陽電池式の温水シャワーを維持してくれるとかはありえない。それでも、パブロ・バデニエール環境大臣をはじめ環境系を担当する政府部局は、公園、宿泊棟、キャンプ場、遊歩道などダグ・トンプキンスがつくってきたあれこれを受け取るにあたって、求められた条件には同意してくれたのだ。

これは歴史的な寄付であり、国立公園の管理予算を増額できるだろうとバデニエール環境大臣は考えていた。だが、寄付の受領に向けて内閣が動きはじめてもなお、寄付はやめてほしいという声がチリ新聞への投書やソーシャルメディアへの投稿で届いていた。「政府に寄付なんてやめてくれ。だめにされるだけだ」というのだ。

公園用地の寄付は、子どもを遠くの大学に行かせるのと同じだとクリスは言う。

「手放すしかないんですよ。自分のものではないんです。問題はたくさんありますけど、それでも、長期的な保護という観点からは国立公園以上のやり方はありません。ダグは昔からそう考えてきました」

公園の寄付はパズルの1ピースにすぎない。公園が長期にわたって自立できる経済モデルが必要だ。「自然の生産」というコンセプトを触媒に経済発展をめざすことはできないか。イベラでの成功をパタゴニアでもくり返せないか。クリスは財務担当のデビー・ライカーとともに、17カ所の公園をまとめ、公園街道としてブランド化するというダグのアイデアに賭けることにした。

森林、大浮氷原、湖、未開発のビーチ、いにしえの氷河、そして、人の手が入っていないワイルドな美と、公園街道は世界でもまれに見るほど多彩だ。一つひとつの公園もそれなりだが、それをまとめれば、存在意義も価値も大きく高まる。それがダグのビジョンだ。経済発展という意味で、公園街道は驚くほどのかけ算が期待できる。観光客が入ってくるあたりの地域社会にもお金が落ちる。公園街道という考え方をすれば、ルートの端に現れた観光客は奪いあう対象ではなく、どの公園にも訪れてくれる可能性のある客になる。

チリの政治家も、自然保護に立脚した経済というパタゴニアの可能性にようやく気づこうとしていた。金鉱山やアルミニウム精錬ではなく、「自然の生産」に立脚した「もうひとつの経済」というダグのコンセプトがいいと考える人が、せいぜい数百人からなるチリの経済界・政界にも一定数出はじめたのだ。「気候変動や種の絶滅など、ダグが25年前になんとかしようとしたことは、あのころ、破壊活動に等しいと思われていました。それが最近はそういう話で持ちきりなわけです」とムラディーニックは言う。「ダグはカウンターカルチャーな人だったのに、価値や文化のほうが変わってしまって。昔はおかしかったこと、破壊的だったことが、いまは、常識であり自明の理でありになりました」

ダグ本人は死んでしまったが、彼が掲げた意欲的な理想は大半が生き残った。イベラの湿地帯にジャガーを取り戻すという夢も、少しずつ前進している。2017年3月、チキという名前のオスがパラグアイからイベラのジャガーセンターに送られてきた。つづけて、動物園やサーカスで飼われていた個体で、足が1本ないメス、タニアが到着。繁殖を試みたところ、1年と少しで、「タールの小さな塊2個にしか見えない」動画がケニアを旅しているクリスのところに送られてくることになる。

クリスは、しばらく、なんの動画なのかわからなかったそうだ。なぜ、融けたゴムの動画が送られてきたのか、と。ところが、よくよく見てみると、ほんのわずかだが、タールのボールが動いていた。生まれてすぐの赤ん坊ジャガー2頭だった。

「興奮しちゃいました。そうだとわかると、舌も見えるし尻尾も見えるんです。いや、あれはすごかった。お尻にビタミンB12の注射を打たれた感じです」

クリスは、この2頭の成長を知らせる動画が送られてくるたび、食い入るように見た。目が離せない、これは「ジャガーポルノ」かと冗談を言ったほどだ。

チャカブコ・バレーを本拠に、クリスは、ニューヨークで講演をする、タンザニアの国立公園を視察する、南アメリカに広がる国立公園プロジェクトを巡ると行ったり来たりの生活をした。目の回るような忙しさだが、その合間をぬって、イベラ公園の計画をダグと練りあげたソフィア・ハイノネンとふたり、ハイキングに出かけたことがある。そして「人が踏み込めない公園」と呼ぶアルゼンチン北部のジャングルでキャンプをしていたとき、そうか、そうだったのかと、あることに気づいた。単に国立公園をつくっているのではないんだ。これは野生を取り戻す闘いなんだ。野生の草木、野生のジャガー、そして、自分自身の野生のアイデンティティを取り戻す闘いなんだ。

「自分自身を再自然化しなければならないんです。自身も『野生』からどれほどずれてしまっているのかを認識しなければならないんです。人の手が入っていない自然、いわゆる野生から大きくずれているとわからないかぎり、こういう考え方はできませんから。人の心も再自然化しなければならないんです」

コリエンテス州が所有する土地を国に譲り、州立公園に加えてイベラ国立公園が生まれることになると、クリスの中で自然保護の情熱がさらに大きく燃え上がった。この協定書のインクが乾くか乾かないかのうちに、クリスは、絶滅した種や絶滅が危惧される種の再導入に倍賭けする、野生生物の復活に倍賭けすると決めたのだ。なぜもっと早く気づかなかったのだろう。ハイノネンと一緒に野山を歩きながらしたブレーンストーミングにより、アルゼンチンに置いた基金の名前を変えることも決まった。コンサベーション・ランド・トラスト改め、リワイルディング・アルゼンチンだ。

オオアリクイやパンパスジカ、クビワペッカリー、赤と緑に彩られたコンゴウインコの再導入も成功したし、ジャガーの繁殖にも成功したことから、イベラの再生は可能だとクリスは確信した。だからそのために必要となる百万ドル単位の予算を確保すべく、それまでにも増して講演で世界を飛び回ることにした。湿地帯にいるジャガーは7頭。巨大な檻《おり》に入れてある格好だ。食物連鎖の頂点に君臨するジャガーには味方がいる。文化的な側面にも、草原にも、だ。何年かしたら檻《おり》はなくし、湿地帯を自由にうろつけるようにする予定だし、10年からをかけて辛抱強く訴えてきた結果、たくさんのコリエンテス人がジャガーのためにと一生懸命働くようになってくれている。

2018年1月、ついに、受け取るか否かの二者択一とした一大寄付を受け取るというチリ政府の最終承諾書がクリス・トンプキンスのもとに届いた。

「いちかばちかの大ばくちでした」と仲間のひとりは言う。

ともかく、国立公園5カ所の新設と公園用地の4万平方キロ増を実現する歴史的な環境保全協定にバチェレ政権は同意したわけだ。調印式はプマリン公園で開かれた。

移行が正式におこなわれる日の朝、調印式に出席する来賓が数百人も集まっているというのに、交渉が続いていた。クリスとカロリーナは引かない。

「提示した地域、ぜんぶまとめてか、協定を白紙に戻すか、どちらかです」

1時間後にはチリ大統領のミチェル・バチェレもヘリコプターで到着する。メディアも来賓もすでに集まっている。であるのに交渉が続いていたのは、最終チェックで協定文書に不備がみつかったからだ。急いで改訂し、最終版を用意する。クリスがトンプキンス・コンサベーションの理事全員と朝食をとっていると、ヘルナン・ムラディーニックが駆け込んできた。

「数字がまちがっています！　面積、正しくはもうあと600平方キロあるんです」――そうまくしたてたあと、笑顔で「丸め誤差です」と言う。

戸外にしつらえられた演壇にのぼり、活動家仲間、支援してくれた政治家、チリ政府の要人を前に立つと、クリスは言葉に詰まってしまった。緊張のあまり原稿から手を放してしまう。その瞬間、一陣の風が舞い、原稿は芝生のかなたへ飛んでいってしまった。呼吸を整え、空を見上げる。墓地の上でワシが円を描いていた。クリスははっとした。まちがいない。あれはダグだ。歴史的な瞬間を空から見ようとしているんだ。レニウエ農場を衝動買いし、大胆な保護計画に乗りだしてから25年、そのあいだになんどもなんども夢見たはずの瞬間なのだから。

チリの新しい国立公園は環境保護活動の歴史的勝利を体現したものだと世界中で報じられ、ダグとともに闘い、悩んできた大勢の環境活動家が彼の成果に拍手を送った。ザ・ネイチャー・コンサーバンシーのマーク・ターセクＣＥＯもダグの成果をたたえたひとりだ。ターセクはダグとそりがあわなかった。なんども意見が衝突した。ザ・ネイチャー・コンサーバンシーは卑屈にすぎる、譲歩しすぎるとダグは言うし、実績豊富なザ・ネイチャー・コンサーバンシー側は、ダグなど、飛ぶコースを変えて現実に向きあおうとせず、後先考えずに突っ込んで散るカミカゼだと見ていた。だが、国立公園新設のニュースに接し、楽観的にすぎる公園設立計画が実現したのは、「脇目もふらぬビジョンと岩のようにかたい決意を持ち、批判に耳を傾けず、自分のやり方を貫く」ダグだったからこそという面が大きいと認識を改めたのだ。ターセクは次のように述べている。

「なにがしか過激な人でなければ、スケールが大きかろうが小さかろうが、環境保護をこの複雑な現代社会で実現することなどできないのです」

「ダグはスティーブ・ジョブズ、ビル・ゲイツ、ヘンリー・フォードと肩を並べられる人だと思います」——そう言うのは、ザ・ネイチャー・コンサーバンシーの元エグゼクティブ・バイスプレジデント、ウィリアム・ジンである。「私も、過去22年間に私費30億ドルほどを投じ、1万2000平方キロほどを救いましたが、ダグに比べるとぜんぜんですね」

調印式が終わると、チリ政府は、新設の国立公園5カ所も地図に掲載するよう命じた。しかも、死後ながらチリに対するダグの貢献を認め、プマリン公園の正式名称を「プマリン・ダグラス・トンプキンス国立公園」とした。ダグが生きていればかみついただろうが、なにか裏があるのだろうとさんざん疑い、批判してきたチリ政府が、ダグの自然保護活動を遅まきながら認めたのは喜ぶべきことだろう。

ダグ・トンプキンスは、いつも、ショールームでもキャンプ場でも、絵画やキルト、すばらしい建物などの芸術品に囲まれていた。そのなかで一番長持ちするのは、森林や氷河、湖が点在する国立公園17カ所だろう。公園街道は、南に細くなっていく南アメリカを何百キロも貫く存在であり、この緑の奔流は、万里の長城と同じように宇宙からも確認できる。トンプキンス・グリーンの奔流だ。

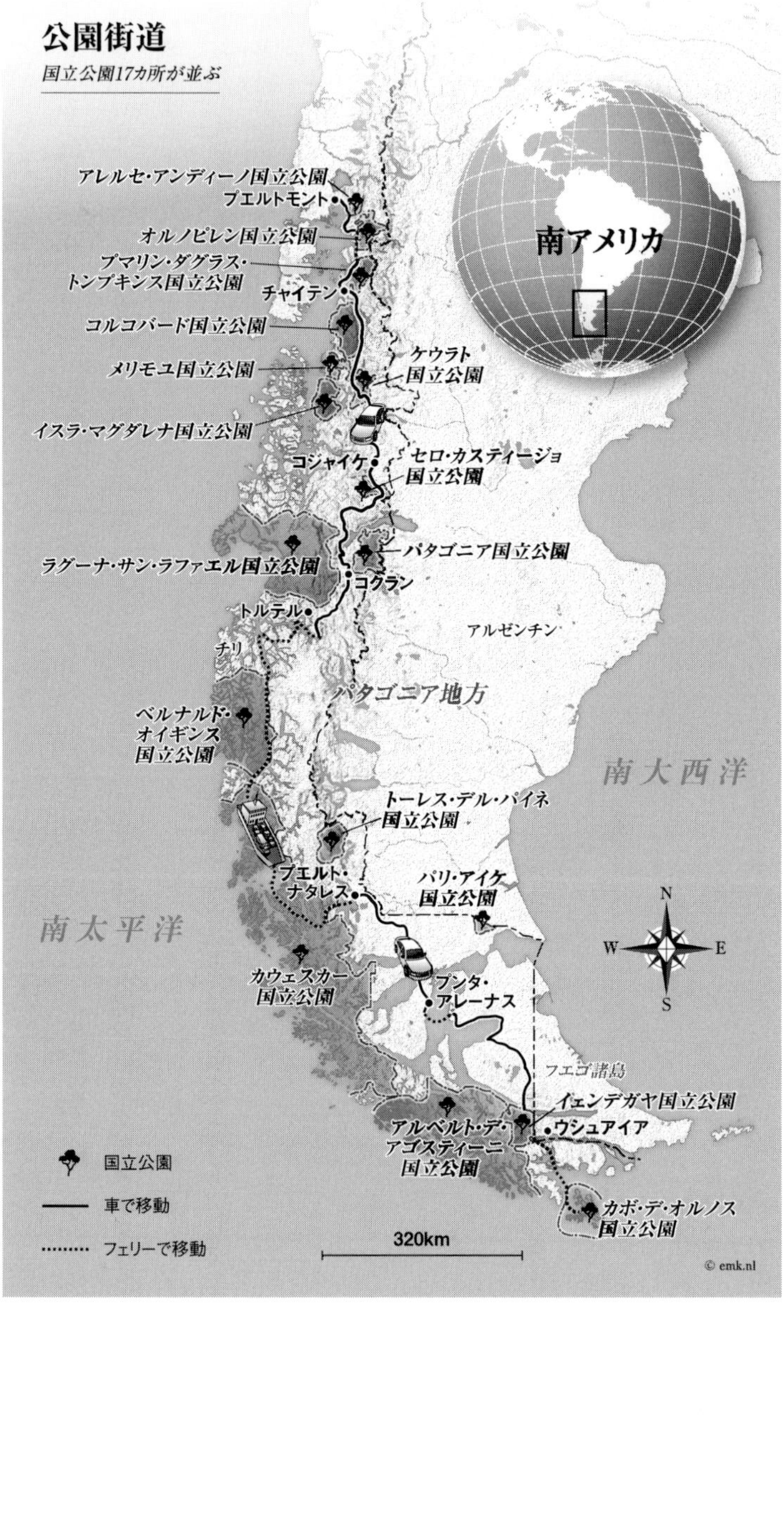
公園街道
国立公園17カ所が並ぶ
南アメリカ
アレルセ・アンディーノ国立公園
プエルトモント
オルノピレン国立公園
プマリン・ダグラス・
トンプキンス国立公園
チャイテン
コルコバード国立公園
メリモユ国立公園
ケウラト
国立公園
イスラ・マグダレナ国立公園
コジャイケ
セロ・カスティージョ
国立公園
パタゴニア国立公園
ラグーナ・サン・ラファエル国立公園
コクラン
トルテル
アルゼンチン
チリ
パタゴニア地方
ベルナルド・
オイギンス
国立公園
南大西洋
トーレス・デル・パイネ
国立公園
プエルト・
ナタレス
パリ・アイケ
国立公園
南太平洋
N
W
E
S
カウェスカー
国立公園
プンタ・
アレーナス
フエゴ諸島
イェンデガヤ国立公園
アルベルト・デ・
アゴスティーニ
国立公園
ウシュアイア
国立公園
車で移動
フェリーで移動
320km
カボ・デ・オルノス
国立公園
© emk.nl

国立公園ができた1年後、パタゴニア国立公園の動画が1本発信された。ダグの墓碑の向こうに広がる草原を風が渡っていく。動画そのものはぶれぶれでフレーミングもいまいちだ。携帯電話を手で持って撮影したのだろう。ともかく、なにやら金色のものが画面に入ってくる。ピューマだ。斜面を横切っていく。カメラが少し動くと、2頭目のピューマが映る。いや、まだいる。3頭、4頭、5頭、6頭。ぜんぶで7頭だ。みな斜面でくつろいでいる。ダグの墓碑のすぐ上で。と、2頭が墓地の隅石に登った。番兵のように鋭い視線を周囲に走らせる。

この動画をクリスはなんどもなんどもくり返し見た。もしかして、ピューマはダグに会うため、わざわざ山を下りてきたのだろうか。

この少しあとには、アルゼンチンでもすばらしいことが起きた。10年の努力が実り、トンプキンス・コンサベーションのイベラ・チームが不可能任務を成功させたのだ。

人の関与を限界まで減らし、ジャガーの子、一腹をほとんど野生の状態で育てるという不可能任務に、トンプキンス・コンサベーションのイベラ・チームが成功した。10年で2回だけ人が関与したのだが、その片方では、予防接種をしようとしたチームメンバーに1頭が思いっきりツメを立てるという事件が起きている。ジャガーらしい獰猛《どうもう》さだ。クリスが大喜びしたのは言うまでもない。

新型コロナの蔓延《まんえん》で世界がロックダウンに向かいつつあったころ、子ジャガー2頭と母ジャガーがイベラ中心部のサンアロンソ島に放たれた。それに続く一腹も順調に育っている。これなら、最低ラインまでジャガーの個体数を増やせる可能性がありそうだ。

「みな、感無量でした……ジャガーが檻《おり》を出てイベラ湿地帯の真ん中に足跡を記す様を動画で見ることができたのです」と生物学者のセバスチャン・ディ・マルティーノは言う。「その後、公園内を自由にうろつく姿が2回も確認されています」

100年前にいなくなった野生のジャガーがイベラに戻ってきた。8年間も、行政機関と闘い、科学的研究を進め、文化の広報活動をしてきた結果、尊い「ヤグアレテ」復帰の道が拓かれたのだ。トンプキンス・コンサベーションでジャガーの再自然化に携わった生物学者マガリ・ロンゴは、人工繁殖と放獣は欠かせないプロセスだと言う。

「損傷を修復しているのです。その成果が出はじめたのは、とてもうれしいことです。我々の仕事は絶滅したほうがいいわけで、そこをめざして努力しているのですから」

国立公園の成立は喜ばしいことだが、ダグ・トンプキンスがそれを盛大に祝うことはなかったはずだと彼をよく知る人々は思っている。たしかに、何千平方キロもの自然を保護し、動物に安全な逃げ場を提供できたし、ジャガーもピューマも生息環境

プマリン・ダグラス・トンプキンス国立公園ができた1年後、ジャガーの復活にも明るいニュースがもたらされた。10年以上におよぶ人工繁殖と放獣の成果が出はじめたのだ。（写真提供：トンプキンス・コンサベーション）

を取り戻しつつある。経済的な未来を自然保護にかける機運が地域社会に高まったことも大きな勝利である。だが、もっと大きな闘いには負けつつある。ダグはそちらも気にしていた。世界は炭素をじゃんじゃん使うライフスタイルで、人口も70億人を超えていまなお増えている。ダグがつくった国立公園は、生物学的小島にすぎないのだ。このままでは巨大な嵐が吹き荒れ、森林は燃やされ、種は絶滅に追いこまれる。もっと大がかりな革命が必要だ。

ダグ・トンプキンスは、もちろん、自分も一枚かむ、それしかないと考えていた。だから、近くに住む友だち、スティーブ・ジョブズと言い争った1980年代初頭からずっとテクノロジーとグローバル化の危険を訴えてきた。何十年も前から政財界のリーダーや友だちに、こうあるべきだという話をしてきた。だが、本当のリーダーシップは現場から興るものだ、街なかから、市民から興るものだ、そうでなければならないとも考えてきた。声を上げるより行動で示したい、常に反逆者でありたいと願うダグが我々に残してくれたのは、何千平方キロもの自然だけではない。彼の薫陶を受けた何千人という人材も残してくれた。

次なる革命の種も、数えきれないほどまいてくれている。パタゴニアでは、環境にやさしい事業が次々立ち上がっている。その多くは、彼の元で働いていた人が始めたものだ。ダグの補佐を何年も務めたナディーン・レナーは、いま、チュレンゴ・エクスペディションズという会社を立ち上げて原生地のトレッキングツアーを提供している。プエルトバラス事務所の近くに住むエネルギッシュな20代、トーマス・キンバーは、ビーチで回収したプラスチックをリサイクルしたサングラス、カルンをフランスで発売した。持続可能な製造方法で、ナショナルジオグラフィックも後援している。農家としてダグと一緒に働いたフランシスコとハビエルは、いま、フエルト・クアトロ・エスタシオニスを立ち上げて有機農法を推進している。年間を通じて新鮮な作物を地域消費者に届ける画期的な事業だ。

「チリのあちこちで、ダグがまいた種が芽吹き、力強く成長しているのです」とナディーンは言う。「いまも、遠い将来も、こんな感じだと思います。パタゴニアでは、ダグと仕事をした若者がそれぞれに『アースポジティブ』プロジェクトを立ち上げているのです」

自然派作家のエドワード・アビーが言う「口だけ出して手を出さないのは心の荒廃である」をダグ・トンプキンスも信奉し、ぶれることがなかった。日本の捕鯨に反対する闘いで出会った若手活動家に彼が投げかけた問いを最後に紹介しよう。

「自分なりの役割を果たす準備はできているかい？　だれでも、活力や政治力、金力などなんでもいいから自分が持つ資源や才能を活用して立ち上がり、健全な生態系や文化を求める世界的な動きに参加することができる。どんなことでも役に立つ。やらなければならない重要で有意義な仕事がいくらでもある。あらゆることを変えるため、あらゆる人が必要なんだ。すべて、大歓迎なんだよ」

後書き

ダグ・トンプキンスの言葉について

本書に記したダグ・トンプキンスの言葉は、私自身が取材した記録や、ほかのジャーナリストによる取材、ラジオ番組、テレビ・ドキュメンタリー、手紙、メール、さらには「南方聴音哨の閑談」というラベルをスタッフがつけていた、読むのが難しいほどあせたFAXなどから拾ったものである。なかでも、クリス・ジョーンズ、リック・リッジウェイ、ディック・ドーワースという親しい友人3人の私的日誌が大変な出来事の詳細を確認する上でとても役に立った。

スペイン語からの翻訳について

ダグ・トンプキンスは人生最後の20年を主に南アメリカで過ごした。だから、スペイン語でなされた会話は、字面で訳すのではなく、できるかぎりその趣旨が伝わるように訳した。チリやアルゼンチンの田舎でのみ使われる言い回しも多いのだが、それらも、できるかぎり、ユーモアや皮肉の両面を兼ね備えるように訳した。それでもなお、アルゼンチンのアリゲーターハンターの話や冷淡なチリのカウボーイの話など、翻訳で多くが失われたところがあるのもまた、残念な事実である。

取材者リスト

多くの人々が、ダグ・トンプキンスとの体験を語る時間を取ってくださった。ここに記すのはその一部にすぎず、実際にはもっと大勢の方に協力していただいた。名前が漏れてしまっている方々には陳謝申し上げる。メモ帳を紛失したり会話の記憶が混乱したりした結果である。

【ア】

アラン・ウイーデン　ウイーデン・ファンデーションの理事長。ダグとのつきあいが長く、公園の構築にも協力した。

アラン・ドレングソン　環境論を専門とする学者で、『ワイルドな道（The Wild Way）』の著者。

アルド・チビック　イタリアの建築デザイナー。1980年代には、ミラノから興ったデザインムーブメント「メンフィスグループ」の一環としてダグと一緒に仕事をした。

アレサンドロ・マイノ　ダグの救出に向かったヘリコプター・パイロット。

アレン・シュワルツ　衣料品営業のすご腕。1970年代前半、プレイン・ジェーン社に参加する。株の買収でダグと激しく争った。

アンディ・キンブレル　作家。書籍『致命的な収穫（Fatal Harvest）』では編集を担当した。インターナショナル・フォーラム・オン・グローバリゼーションのメンバー。センター・フォー・フード・セーフティのエグゼクティブ・ディレクター。

アンデレ・アゾカー　チリのジャーナリストで、ダグの評伝『ミリオネアの緑（El Millonario Verde）』の著者。

イヴォン・シュイナード　発明家でクライマー。アウトドアギアの会社パタゴニアの創業者。16歳からずっとダグの親友だった。

イグナシオ・ヒメーネス　野生生物を専門とするスペインの生物学者。アルゼンチンの草原にアリクイおよびジャガーを再導入する準備をダグとともに、10年をかけて進めた。

イングリッド・エスピノーザ　トンプキンス・コンサベーションの中核としてダグを補佐し、レニウエに長年住んだ。地図制作を得意とする。「狂気の天才」と呼ばれる。

ヴァンダナ・シヴァ　インドの農業活動家。クリスとダグの協力者で、昔からグローバル化の危険を訴えている。

ウィリアム・〝ビル〟・ジン　グローバル・コンサベーション・

イニシアチブ、ザ・ネイチャー・コンサーバンシーの元エグゼクティブ・バイスプレジデント。

ウエストン・ボイルズ　エドガー・ボイルズの息子で、小さなころから「ダグおじさん」になついていた。河川保護の活動家で、カヤックを子どもに教える活動をしている。

エイプリル・スターク　プレイン・ジェーン社とエスプリ社で働いた。

エイモリー・ロビンス　著作もある科学者、エネルギー戦略家。ＲＭＩを創設した。

エドゥアルド・ロハス　チロエの建築家。ダグの仕事をした。

エドガー・ボイルズ　映画監督。１９６０年代にスキー競技でダグと競い、その後も50年あまり、友人としてつきあいが続いた。一緒に飛ぶことも多かった。

エリザベス・クルサット　広告デザイナー。「ダムのないパタゴニア」キャンペーンで活躍した。

エリン・〝ルーイ〟・ビルマン　トンプキンス・コンサベーションの社員。ビジネススクール、ペンシルバニア大学ウォートン校の卒業生で、ダグが亡くなったあと、戦略コンサルタントとして貢献している。

エンリケ・コレア　人権と民主主義に関するチリの活動家。のちにコンサルタントとして、チリ政界という地雷原をダグが渡る手助けをする。

オリビエーロ・トスカーニ　イタリアのファッション写真家。ダグと協力し、従来のジャンルを打ち壊す「生身の人」キャンペーンでエスプリ社が世界に羽ばたくのを助けた。

【カ】

カルロス・マルティネス　チリの大学教授で反環境活動家。ダグの事務所に侵入して文書をコピーし、それを政府に流した疑いがある。

カルロス・ビラロボス　トンプキンス・コンサベーションのパークレンジャー。

カロリーナ・モルガード　ダグのエグゼクティブ・アシスタントを25年務めた。環境活動家。昔は、チリに残る手つかずの川のなかでも一番と言われるビオビオ川を守る活動をしていた。チリのトンプキンス・コンサベーションでエグゼクティブ・ディレクターを務める。

キャサリン・イングラム　ダグの友人で、パートナーだった時期もある。ダルマ・シャーストラに関する著作があり、ダグをダライ・ラマに紹介した。

キャサリン・ケイン　エスプリ社社員。ビオビオ川のラフティングに参加した。

キャロライン・マッカーシー　トンプキンス・コンサベーションでグローバル・コミュニケーションを統括する。環境保護、旅行、アウトドアを専門とするライター。
クインシー・トンプキンス　ダグの長女。小さい環境構想に資金を援助するため父親が創設した非営利団体、ファンデーション・フォー・ディープエコロジーで働く。
クララ・ラスカーノ　プマリンに近い町、チャイテンの町長。
クリス・ジョーンズ　山が登れる歴史家・作家で、1968年のファンホッグ遠征でダグとともにフィッツロイ山の登頂に成功する。
クリスティアン・サウセド　獣医。チリでダグの仕事をした。チリにおける再自然化に貢献した。
クリスティーン・マクディビット・トンプキンス　トンプキンス・コンサベーションの理事長。衣料品会社パタゴニアの元CEO。2018年には、国連が定める保護領域の環境パトロンに選出されている。
クロード・シュール　クライミング友だち。
ゲリー・レマー　ラフティングガイドで、ビオビオ川を守っている。
ゲルダ・カインズ　服飾デザイナー。エスプリ社の縫製士をまとめる立場にいた。
ケン・ブラウアー　環境活動家で作家。ダグにインスピレーションを与えたシエラクラブの元会長、デビッド・ブラウアーの息子である。

【サ】

サマー・トンプキンス　ダグの次女。父親と正面からぶつかることが多かった。
ジェーン・テイラー　元米国海軍軍人。シーシェパードとともに海生哺乳類の保護を進めている。
ジェームス・Q・マーティン　写真家、映画監督。トンプキンス・コンサベーションの仕事をした。
ジェリー・マンダー　反逆者の広告はどうあるべきかをダグに教えたサンフランシスコの活動家。活動家としてのダグに大きな影響を与えた『神聖なるものの消えた世界（In the Absence of the Sacred）』を著した。
ジブ・エリソン　持続可能性のコンサルティング会社、ブルースカイの創業CEO。ラフティング好きの探検家で、五大陸にわたるダグの遠征を手配した。
ジミー・ラングマン　パタゴン・ジャーナルの発行人。
ジム・スウィーニー　数学の天才。1970年代の初め、特別あつらえの備品をつくる家具職人としてエスプリ社に入る。
ジム・スレイド　ビオビオ川を下った経験があるラフティングのベテランガイド。
シャロン・ライスドルフ　エスプリ社の仕事をした建築写真家。
ジュリー・オガワ　エスプリ社社員。ビオビオ川のラフティングに参加した。
ジュリー・シルバー　キルトに詳しく、エスプリ社のキルトコレクションを管理していた。
ジョー・マッケオン　1960年代にダグのパートナーとしてあちこちを登り、生涯の友となった。
ジョージ・モンビオ　ガーディアン紙にコラムを持つ英国の作家。環境保護の活動家。再自然化についてダグと意見交換した。
ジョン・カサード　エスプリ社のロゴをつくったデザイナー。のちにアップルのマッキントッシュもデザインしている。
ジョン・デイビス　環境論を専門とする学者で、実力行使も辞さず、原生地を救う努力を米国各地の最前線でしている。ダグが環境保護団体に資金を提供するにあたり、助言を求めた人物である。
ジョン・ホイットマン　メイン州ポートランドの弁護士。ダグとはインディアン・マウンテン校8年生時代の同級生。
ジョン・ライル　ライター、人類学者。アウトサイド誌にダグの記事を書いた。
スージー・(ラッセル)・トンプキンス・ビューエル　衣料品会社エスプリの共同創業者。30年近くダグと寄り添う。ベイエリアを拠点とする進歩主義の活動家。
スティーブ・コミート　ザ・ノース・フェイスの社員第2号。
ストーン・アーメントロート　インディアン・マウンテン校の同級生。スキー仲間。
セバスティアン・ピニェラ　チリ大統領。1200平方キロの土地を購入してタンタウコ公園をつくるなど、ダグを支持する姿勢を示した。
セルヒオ・カルデナス　1994年から1998年の「悪だくみ」キャンペーンでダグの調査に当たったチリ情報部員。いまは、チリの公園整備部で働いている。
セルヒオ・フリンタ　コリエンテス選出のアルゼンチン上院議員。当初はダグと敵対したが、のちには最大の味方となる。
ソフィア・ハイノネン　野生生物を専門とするアルゼンチンの生物学者。リワイルディング・アルゼンチンのエグゼクティブ・ディレクター。

【タ】

ダニエル・ゴンザレス　チリの森林エンジニア。ダグの土地買収計画を手伝う。土地を視察するため、ダグとともに、何週間も馬で奥地を巡った。

ダニエル・ダンサー　写真家。書籍『皆伐：工業型林業の悲劇（Clearcut: The Tragedy of Industrial Forestry）』をダグとともに制作した。

タマラ・ロビンス　ロイヤル・ロビンスの娘。優秀なクライマー、カヤッカーで、ダグとなんども遠征に出かけた。ビオビオ川のラフティングにも参加。

ダン・インホフ　エスプリ社社員でダグの娘婿となる。音楽家。著作もある。

ダンカン・ドゥエーレ　ダグが1964年に立ち上げたザ・ノース・フェイスの社員第1号。仲間からは「トンプキンスのウォズニアック」と呼ばれている。

デイブ・ショア　ラフティングのベテランガイドで、ビオビオ川などを下ったことがある。

デイブ・フォアマン　森林を守って闘う勇敢な環境活動家。アースファースト！およびリワイルディング・インスティテュートを立ち上げた。

ディヤン・スジック　ロンドン在住のライター、ブロードキャスター。ロンドン・デザイン・ミュージアムの館長。

トーマス・キンバー　プエルトバラスの隣人。カルンの創設者。

トム・バトラー　環境歴史家。トンプキンス・コンサベーションの書籍は彼が書いたり編集に携わったりしたものが多い。ワイルドアース誌の編集者でもある。

トム・ブロコウ　ニュースのキャスター、アンカーとして知られる。ダグに同行し、トラを探してロシアまで行った。いまも机にダグの写真を飾っている。

トム・モンチョ　ダグが何カ月も遠征した際、エスプリ経営を託された幹部。

ドン・ウイーデン　ウイーデン・ファンデーションの創設者。ダグとのつきあいが長く、公園の構築にも協力した。

ドン・バンドゥッチ　カヤック友だち。ヤキマの創設者。

【ナ】

ナディーン・レナー　コンサベーション・パタゴニアのエグゼクティブ・ディレクター。雨の日にはダグのフェンシングにつきあった。チュレンゴ・エクスペディションズの創設者。

ニコラス・カーロ　生物学者。専門はジャガー（ヤグアレテ）。

ニューサム・ホルムス　ラフティングのベテランガイドで、ザンビアのザンベジ川でダグの案内をした。
ノーマン・フォスター卿　英国の有名建築家で、1980年代初頭、エスプリ社がロンドンに開いた旗艦店のデザインをダグに依頼される。

【ハ】
バート・ヘンダーソン　ビオビオ川のリバーガイド。
パトリシオ・バディネーラ　アートディレクター。「ダムのないパタゴニア」キャンペーンをクリエイティブ面で支えた。
パトリシオ・ロドリーゴ　環境活動家で、ダグと長年一緒に闘ったNGO、チリ・アンビエンテを創設した。
パブロ・バレンズエラ　野生生物と風景を得意とする写真家。暴風のなかをダグと飛び、死ぬような思いをした。
ハロルド・グラッサー　環境学と持続可能性学の教授。ダグに頼まれ、ファンデーション・フォー・ディープエコロジーを運営する。
ビクター・メノッティ　環境保護論者。ダグが開いたエコサミットに参加した。
ビーサ・ファン・デル・ベルフ　シーレンジャーズ・サービスの創設者。オランダの活動家で、日本の捕鯨船団と闘うシーシェパードのミッションに参加したおり、ダグの薫陶を受けた。
ピーター・バックレー　北カリフォルニアの農家であり、環境保護を推進する活動家でもある。ダグに深く信頼された友だちであり、また、チリの雨林800平方キロを購入し、コルコバード国立公園用に寄付したビジネスパートナーでもある。
ピーター・ハートマン　チリの環境活動家で、「パタゴニア・シン・レプレサス」キャンペーンでダグとともに闘った。CODEFFの創設者。
ビリー・キッド　オリンピック出場、世界チャンピオンとトップクラスのスキー選手。1960年代初頭、ダグと一緒にトレーニングしたりレースに参加したりした。
ビル・エバンズ　エスプリ社のコンピューターシステムを管理していた幹部。彼が磁気テープを耐火金庫にしまっていたおかげで会社は倒産を免れることができた。
ファビアン・ガベリ　映画撮影用動物のトレーナーで、イベラ湿地帯に戻すオウムの訓練を担当する。
ファン・ラモーン・ディアス　野生生物の写真家。ダグがイベラの本を制作する際、写真撮影を担当した。
フィリップ・ロイター　フランスのクライマー、スキーヤー、冒険者。命がけでダグを救おうとした。

フランシスコ・モランデ　建築家。ずっとレニウエに住んで仕事をした。

フリッチョフ・カプラ　『ターニング・ポイント』の著者。ダグの友だちで、環境保護活動の仲間でもある。

フレッド・パドゥーラ　ヨセミテのクライミングドキュメント『エル・キャピタン』で知られる映画監督。

フワン・エミリオ・チェイレ　チリ陸軍最高司令官（２００２〜２００６年）。造反し、ダグ支持へと軍部の舵を切った。

ヘクトル・ムニョス　チリ、ベリサリオ・ベラスコ内務副大臣の首席補佐官。

ペドロ・パブロ・グティエレス　ダグと長年仕事をした弁護士。チリからダグを追いだそうとする政府と闘った。

ヘリー・ロバートソン　１９８０年代にエスプリ社のカタログや写真撮影を担当したデザイナー。書籍『エスプリ社：イメージの作り方(Esprit: The Making of an Image)』の執筆にも参加した。

ベリサリオ・ベラスコ　元内務副大臣。何年もダグと敵対した。

ベルナルド・リケルメ　プロデューサー。ラジオ・チャイテンのホスト。

ヘルナン・ムラディーニック　社会学者。ダグの依頼でチリ政府最上層部に渡りをつけた。

ヘンリー・グルーシャジ　衣料品会社、エスプリのゼネラルマネージャー。

ホアン・パブロ・オレゴ　チリの環境活動家で、ダグと20年以上も共闘した。チリNGOエコシステマスの創設者。

ボブ・クッシュマン　スコーバレースキーパトロールの隊長でアウトドアのベテラン。１９８９年の南アメリカ冒険旅行でダグとともに小さな飛行機で飛んだ。

ポール・ライアン　ダグの友人で、写真家、映画監督。

ポール・ワトソン　日本の捕鯨をつぶそう、また密漁をなくそうと闘っている反捕鯨海軍、シーシェパード環境保護団体の船長。

【マ】

マイケル・フェイ　ナショナルジオグラフィックで働く探検家でパイロット。環境保護の活動家でもあり、アフリカや南アメリカで、ダグと何週間も空を飛んでいる。

マーク・ターセク　ザ・ネイチャー・コンサーバンシーのCEO。ゴールドマン・サックスのパートナーだった。

マツァレ・ブキッチ　建築家でダグの友人。

マリオ・バルガス・リョサ　ペルーのライター、政治家、ジャーナリスト。チリ南部森林地帯の自宅を訪れ、ダグを取材した。

マル・ホーランド　ダグの薫陶を受けた次世代の海洋活動家。

マルシ・（ルドルフ）・エリソン　エスプリ社で内装や仕入れを担当。１９９０年代初頭には、パタゴニアまでダグについていった。

ミチェル・バチェレ　チリ大統領。私有地と公有地、あわせて4万平方キロをチリ国立公園に追加するというダグの計画を実現しようと闘った。

メリンダ・エバンズ　エスプリ社のデザインコーディネーター。衣料品生産ラインを監督した。

【ヤ】

八木保　日本の有名デザイナー。ダグのもと、エスプリ社で仕事をしたのち、アップルでスティーブ・ジョブズの仕事もしている。

ユルゲン・フリードリヒ　スイスの衣料品メーカーで、エスプリ・インターナショナルの戦略的パートナー。のちに南アメリカの環境保護キャンペーンに数百万ドルを寄付する。

【ラ】

ランディ・ヘイズ　ダグのカヤック仲間。環境活動家。レインフォレスト・アクションネットワークの創設者。ファンデーション・アースのディレクター。

リカルド・ラゴス　チリ大統領（２０００～２００６年）で、ダグが示した２０００平方キロの寄付という提案に対応した。また、ダグの環境保護活動に対する軍部の反対を抑え込んだ。

リチャード・〝ディック〟・ドーワース　１９６０年代に世界最速を誇ったスキーヤー。ダグにとっては生涯の友であり、１９６８年、フィッツロイ山を一緒に登った「ファンホッグ」仲間でもある。

リチャード・バングス　ラフティング友だち。テレビで旅行番組のホストも務める作家。

リック・クライン　チリで20年以上も働く森林エンジニア、国立公園レンジャー。アレルセの森やレニウエをダグに紹介した。

リック・リッジウェイ　ドキュメンタリー映画の監督。ダグのパートナーとしてクライミングやカヤッキングの遠征にたびたび参加した。『七つの最高峰』など登山に関する著作多数。
リト・テハダ・フローレス　ダグとよく旅をした作家、写真家。ダグの仕事も欧州とアジアでしている。１９６８年、フィッツロイ山登頂のファンホッグにも参加している。
リンデ・ワイドホーファー　風景写真家。ダグのために航空写真を撮った。
ルーク・バン・ホルン　シーシェパードの乗組員で通信技師。
レグ・レイク　パイオニア的存在のカヤッカーで、ダグとともにカリフォルニア州の三大急流について初下りの記録を持つ、いわゆる「三冠」である。
レナード・コーレン　芸術家。日本の美についての著作が多い。
ロドリーゴ・ノリエガ　トンプキンス・コンサベーションのパイロット。
ロドリーゴ・ビラブランカ　プマリン公園におけるダグの協力者。
ロバート・ケネディ・ジュニア　カヤックが大好きな環境系弁護士で、ダグとあちこち遠征した。
ロブ・レッサー　カヤック写真家として知られる。北米およびノルウェーの遠征でダグに同行した。
ロレンツォ・アルバレス＝ルース　冒険旅行を提供するリバーガイド。ダグが亡くなった事故当日、カヤックで一緒に旅をしていた。

推奨書籍

ダグ・トンプキンスは本に囲まれて暮らしていた。だから、カリフォルニア、チリ、アルゼンチンそれぞれの自宅にも事務所にもたくさんの本があった。彼がどういうヒントを得ていたのかを知りたい人もいるだろうから、彼の蔵書からこれはと思うもの、彼の友人や仲間が書いた本、彼の人生を考える前提として私が調べた本などを紹介したい。もちろんこれですべてではない。すべてリストアップしたらそれだけで50ページくらいになってしまう。ダグの食欲満点の心を満たした食事のごく一部、前菜だと思えばいいだろう。

■『人間の大地』新潮文庫（アントワーヌ・ド・サン＝テグジュペリ著　堀口大學訳）
■『野生のうたが聞こえる』講談社学術文庫（アルド・

レオポルド著　新島義昭訳）

■『山と川、地球環境修復への道』南の風社（デビッド・ブラウアー著　鮫島一彦監訳）

■『無償の征服者』二見書房（リオネル・テレイ著　横川文雄、大森久雄訳）

■『アイスクライミング』山と溪谷社（イヴォン・シュイナード著　坂下直枝訳）

■『エリュール著作集　技術社会　上・下』すぐ書房（ジャック・エリュール著　島尾永康、竹岡敬温訳）

■『Esprit: The Comprehensive Design Principle』（ダグ・トンプキンス著）

■『In the Absence of the Sacred』（ジェリー・マンダー著）

■『The Last Place on Earth』（J・マイケル・フェイ著）

■『ターニング・ポイント』工作舎（フリッチョフ・カプラ著　吉福伸逸、田中三彦、上野圭一、菅靖彦訳）

■『グローバル・ヴィレッジ』青弓社（マーシャル・マクルーハン、ブルース・R・パワーズ著　浅見克彦訳）

■『Deep Ecology: Living as if Nature Mattered』（ビル・デバル、ジョージ・セッションズ著）

■『ヒューマニズムの傲り』中央書房（デイビット・エーレンフェルト著　野里房代訳）

■『森の隣人―チンパンジーと私』朝日選書（ジェーン・グドール著　河合雅雄訳）

■『Fatal Harvest』（アンドリュー・キンブレル編）

■『社員をサーフィンに行かせよう』ダイヤモンド社（イヴォン・シュイナード著　井口耕二訳）

■『砂の楽園』東京書籍（エドワード・アビー著　越智道雄訳）

■『バイオパイラシー』緑風出版（ヴァンダナ・シヴァ著　松本丈二訳）

■『自然の終焉』河出書房新社（ビル・マッキベン著　鈴木主税訳）

■『La Produccion de la Naturaleza』（イグナシオ・ヒメーネス・ペレス著）

■『Wildlands Philanthropy』（トム・バトラー著）

■『The Ecology of Wisdom』（アルネ・ネス著）

■『What Artists Do』（レナード・コーレン著）

■『爆破―モンキーレンチギャング』築地書館（エドワード・アビー著　片岡夏実訳）

■『More than 50 Years of Magnificent Failures』（オリビエーロ・トスカーニ）

■『地球に住めなくなる日』NHK出版（デイビッド・

ウォレス・ウェルズ著　藤井留美訳）
■『Encounters with the Archdruid』（ジョン・マクフィー著）
■『The Tiger: A True Story of Vengeance and Survival』（ジョン・バイラント著）
■『In the Footsteps of Gandhi』（キャサリン・イングラム著）
■『Sea Shepherd: My Fight for Whales and Seals』（ポール・ワトソン著）
■『われらをめぐる海』ハヤカワ文庫（レイチェル・カーソン著　日下実男訳）
■『沈黙の春』新潮文庫（レイチェル・カーソン著　青樹簗一訳）
■『ワールド・イズ・ブルー』日経ナショナルジオグラフィック社（シルビア・A・アール著　古賀祥子訳）
■『Flying South』（バーバラ・クーシュマン・ローウェル著）
■『野生の心、野生への旅』河出書房新社（デビッド・クアメン著　鈴木主税、藤田真利子訳）
■『Rewilding the World』（キャロライン・フレイザー著）
■『Feral』（ジョージ・モンビオ著）
■『環境戦士の告白』（デイブ・フォアマン）
■『In the Presence of Grizzlies』（アンドレア・ピーコック、ダグ・ピーコック著）
■『消費社会の神話と構造』紀伊国屋書店（ジャン・ボードリヤール著　今村仁司、塚原史訳）
■『愉しみながら死んでいく』三一書房（ニール・ポストマン著　今井幹晴訳）
■『サピエンス全史』河出書房新社（ユヴァル・ノア・ハラリ著　柴田裕之訳）
■『Ecodefense: A Field Guide to Monkeywrenching』（デイブ・フォアマン、ビル・ヘイウッド著）
■『スピルオーバー』明石書店（デビッド・クアメン著　甘糖智子訳）
■『ミクロコスモス』東京化学同人（リン・マルグリス、ドリオン・セーガン著　田宮信雄訳）
■『On Beauty』（トム・バトラー著）
■『Some Stories: Lessons from the Edge of Business and Sport』（イヴォン・シュイナード著）
■『Overdevelopment, Overpopulation, Overshoot』（トム・バトラー編）
■『Resurgence of the Real』（シャーリーン・スプレットナク著）
■『Abundant Earth』（アイリーン・クリスト著）

謝辞

ダグ・トンプキンスはたぐいまれなる宝石だ。カットは鋭く、ファセットは美しい。ワイルドでリッチな彼の人生をすべて描きだすことなどできるはずがない。それでも、なんとかしようと調べ、本書を書いてきた4年間、私は、文字どおり何百人もの助けを得ることができた。まずクリス・トンプキンス。夫であり環境保護のパートナーでもあるダグがどういう人なのかを率直に語ってくれた。イヴォン・シュイナードは、信じられないほど忙しいのに問い合わせには必ず答えてくれたし、原稿も読んでくれた。ダグの娘クインシー・トンプキンスとその夫、ダン・インホフは、ダグというもつれた糸をほぐそうと、ご自宅で午後いっぱいつきあってくれた。スージー・トンプキンス・ビューエルとサマー・トンプキンスも、ダグの気難しい面を正直に明かしてくれた。おかげでダグという人物に対する理解が深まったことを感謝申し上げたい。

マイケル・フェイは、ダグと一緒に経験した冒険の数々を詳しく語ってくれた。また、本書の原稿を早い段階で読んでくださった方々にも感謝の意を表したい。クリス・ジョーンズ、ロブ・レッサー、ナディーン・レナー、ジブ・エリソン、リック・リッジウェイ、ローラ・フェルナンデス、エドガー・ボイルズ、リンデ・ワイドホーファー、ウエストン・ボイルズ、リト・テハダ・フローレス、ディック・ドーワース、ヘルナン・ムラディーニック、イグナシオ・ヒメーネスらだ。

エージェントとして昔から助けてくれているロンドンはピーターズ・フレーザー&ダンラップのアナベル・ムリロには、今回も、企画を練りあげる段階でお世話になった。その企画を現実にしてくれたのは、ニューヨーク、インクウェルマネージメントのジョージ・ルーカスである。また何人もの編集者が手伝ってくれたが、なかでもハーパーワンのマイルス・ドイルは、一次原稿の構築という早い段階で大いに骨を折ってくれた。また、シドニー・ロジャースは、なんどもなんども書き直したくて時間をくれという私をそっと押してくれた。私のキャリアをそれとなく後押しし、助けてくれたのはハーパーワンのジュディス・カール社長である。彼女が自覚しているよりはるかにいろいろと助けていただいた。感謝している。コピーエディターのマーク・ウッドワースにはとにかく驚かされた。ふつうに編集してくれるのだと思っていたのに、彼の手にかかると、文章が驚くほどよくなってしまった。くじで大当たりを引いた気分だ。オランダEMKのクリス・ワーロとジャン・ホルストは、さすがプロは違うと思うほどの地図を作ってくれた。

ダグの弁護士、ペドロ・パブロ・グティエレスにも感謝したい。ダグについてはもちろん、1990年代初頭に移り住んだというチリについてもたくさんのことを教えてくれた。トム・バトラーはたくさんの情報とインスピレーションを与えてくれた。エリン・〝ルーイ〟・ビルマンには、本書の企画が沈みそうになったところを助けてもらった。彼女が本書をあれほど信じてくれたのは心強い援軍だった。ダグの仕事をアルゼンチン側で何十年間もこつこつとしてきたソフィア・ハイノネンに時間を取ってもらい、アルゼンチンでダグとクリスが進めていたあれこれを案内してもらえたのはほんとうにありがたかった。ジョイス・イバラは、息子マイケル・イバラがダグ・トンプキンスを取材した際の資料を本書のために提供してくれた。チリ南部については、カロリーナ・モルガード、ピア・モヤ、ウエストン・ボイルズが驚くほど詳しかった。また、チリ南部の運命をダグがどう変えたのかも詳しく教えてくれた。ダグが重用したカルロス・クエバスとダゴベルト・グスマンにも助けてもらった。チリのダグは、ふたりの分析を信じ、闘いに次ぐ闘いを乗りきったのだ。

チリ領パタゴニアとアルゼンチンのイベラでは多くの人の世話になった。多すぎて全員を挙げることができないほどだ。ともかく、再自然化小屋でマテ茶を飲んでいるときも、プマリン公園にたつロドリーゴ・ビラブランカの自宅でバーベキューをしているときも、ダグに示唆を与え、ダグと手を携えて努力してきた環境活動家のみんなに歓迎されていると私は感じていた。

フランシスカ、スーザン、メイシエル、キンバリー、エイミー、ゾーイ、アキラ、7人の娘に対しては、それぞれのなかに少しずつダグ・トンプキンスが存在してほしいと思っていることを伝えておきたい。私はいつも3階の部屋に逃げ込んで原稿を書いているが、漏れてくるきみたちの声を聞くのは好きだし、きみたちがなにかというとのぞき込み、ビールやコーヒーや笑顔を届けてくれる中で原稿を書くのも好きだ。

今回の果てしなく長い旅では、妻のトティにずいぶんとがまんをしてもらった。一方、ダグ・トンプキンスの公園を一緒に見て歩くという大きな楽しみも与えてもらった。きみがいなければ本書の長丁場を乗りきることはできなかっただろう。多すぎず少なすぎずと絶妙なインスピレーションで背中を押してくれたのは、本当にありがたかった。

最後になったが、調査や深掘りで助けてくれた編集者、バド・タイゼンにもお礼を申し上げたい。物語の構築から取材、調査、編集にいたるまで、彼が八面六臂《はちめんろっぴ》の働きをしてくれなければ、本書は完成しなかったかもしれない。非凡と言えばあまりに非凡な男、ダグ・トンプキンスの足跡を追おうともがいた4年間、彼はぴったりと伴走してくれた。おかげですばらしい本になったよ、バド。

ジョナサン・フランクリン
チリのプンタ・デ・ロボスにて

ジョナサン・フランクリン　Jonathan Franklin

作家・調査報道記者。チリのサンティアゴと米国のニューヨークを中心に活動しており、過去28年間、ワシントンポスト紙、ニューヨークタイムズ紙、ガーディアン紙、デルシュピーゲル誌に記事を書いてきた。既刊本のうち2冊が映画化されている。また、『438日間（438 Days）』はアマゾンランキングで世界2位のベストセラーになっている。さらに、何百本もの記事を書く、ドキュメンタリーを制作する、60ミニッツ、CNN、ボイス・オブ・アメリカに出演するなど、20年以上にわたり中南米をカバーしてきた。金密輸について著者が調べた内容は、2020年1月からアマゾンで配信されたシリーズ、『汚れた真実』でも描かれている。

JonathanFranklin.com

井口耕二　Koji Inokuchi

1959年生まれ。東京大学工学部卒、米国オハイオ州立大学大学院修士課程修了。大手石油会社勤務を経て、1998年に技術・実務翻訳者として独立。夏山縦走をするなど山好きで、子どもにも山にちなんだ名前を付けているし、いまも年の半分近くを山麓で過ごしている。主な訳書に『イーロン・マスク 上・下』（文藝春秋）、『スティーブ・ジョブズ I・II』（講談社）、『レスポンシブル・カンパニーの未来』『新版　社員をサーフィンに行かせよう――パタゴニア経営のすべて』（ダイヤモンド社）など、共著書に『できる翻訳者になるために プロフェッショナル4人が本気で教える　翻訳のレッスン』（講談社）がある。

A Wild Idea

ザ・ノース・フェイスの創業者は
なぜ会社を売って
パタゴニアに100万エーカーの
荒野を買ったのか？

ダグ・トンプキンスの冒険人生

2024年3月10日　初版第1刷発行

著　　者　ジョナサン・フランクリン
　　　　　Jonathan Franklin
翻　　訳　井口耕二
発 行 人　川崎深雪
発 行 所　株式会社山と溪谷社
　　　　　〒101-0051東京都千代田区
　　　　　神田神保町1丁目105番地
　　　　　https://www.yamakei.co.jp/
装　　丁　美柑和俊
組　　版　上清涼太
校　　正　中井しのぶ
地　　図　千秋社
協　　力　藤原尚雄

●乱丁・落丁、及び内容に関するお問合せ先
山と溪谷社自動応答サービス TEL.03-6744-1900
受付時間／11:00〜16:00（土日、祝日を除く）
メールもご利用ください。
【乱丁・落丁】service@yamakei.co.jp 【内容】info@yamakei.co.jp

●書店・取次様からのご注文先　山と溪谷社受注センター
Tel.048-458-3455 Fax.048-421-0513

●書店・取次様からのご注文以外のお問合せ先
eigyo@yamakei.co.jp

印刷・製本　株式会社光邦

©2024 Koji Inokuchi
All rights reserved.
Printed in Japan　ISBN978-4-635-17211-0